KATZEN

KATZEN

CHARAKTER & VERHALTEN
PFLEGE & HALTUNG
RASSEN

CLAIRE BESSANT

Claire Bessant befaßt sich als Direktorin des „Feline Advisory Bureau" hauptsächlich mit der Gesundheit von Katzen. Sie hat bereits mehrere Bücher über Katzen veröffentlicht und schreibt regelmäßig für Haustierzeitschriften.

Bradley Viner besitzt eine große und angesehene Tierarztpraxis. Er schreibt für verschiedene Tierzeitschriften und hat bereits mehrere Bücher über Tierpflege veröffentlicht. Darüber hinaus wurde er in England durch diverse Funk- und Fernsehauftritte bekannt.

Paddy Cutts züchtet selbst Katzen und hat mit ihren Burma zahlreiche Preise gewonnen. Sie ist Autorin mehrerer Katzenbücher und arbeitet auch für Katzenzeitschriften. Als erfolgreiche Tierphotographin gründete sie ihre eigene Bildagentur.

Julia May ist Tierärztin für Kleintiere. Sie züchtet seit langem Orientalisch Kurzhaar, Siamkatzen und Perser. Darüber hinaus gehört sie zum Komitee „Governing Council of the Cat Fancy" und ist Direktorin der „Supreme Cat Show".

Titel der englischen Originalausgabe
CAT – The Complete Guide

Genehmigte Lizenzausgabe
für Weltbild Verlag GmbH, Augsburg 2001

Projektleitung und Redaktion: Christiane Burkhardt
Übersetzung: C. Wilhelm, M. Jacober-Züllig
Consultant: Dr. J. Kienzle
Umschlaggestaltung: Gestaltungsbüro Thomas Uhlig, Augsburg
Umschlagmotive: Photodisc, Hamburg/Seattle; PhotoPress, Stockdorf (3; U4)
Gesamtherstellung: Druckerei Appl, Wemding

Printed in Germany

ISBN 3-8289-1602-3

Inhalt

6 Einführung
8 Katzen in freier Wildbahn

Teil 1: Katzenkunde
14 Einleitung • **16** Katzen sind einzigartig • **20** Der Körperbau
26 Die Sinne der Katze • **34** Bewegung & Balance
38 Perfekte Jäger • **40** Die Welt der Katze
42 Kommunikation • **52** Sozialverhalten der Katze
54 Mensch & Katze • **56** Der Lebenszyklus • **66** Der Alltag einer Katze

Teil 2: Praktischer Ratgeber
68 Einleitung • **70** Wozu Katzen? • **72** Die Auswahl
76 Eine Katze, woher? • **78** Eine Katze aussuchen
82 Die Ankunft vorbereiten • **84** Zu Hause • **88** Stubenreinheit
90 Die Ernährung • **92** Gefahren • **94** Lebensweise
96 Glückliche Wohnungskatzen • **98** Die Pflege
100 Die Kastration • **102** Schwangere und Katzen
104 Mit der Katze unterwegs • **106** Verhaltensstörungen
116 Ein guter Start • **118** Die Pflege einer älteren Katze

Teil 3: Gesunde Katzen
120 Einleitung • **122** Allgemeine Pflege • **126** Parasiten
128 Katzenviren • **130** Harnwegs- und Verdauungsprobleme
132 Kreislauf- und Atemwegsbeschwerden • **134** Häufige Hautprobleme
136 Gutes Spezialfutter • **138** Augen, Ohren, Maul & Zähne
140 Kranke Katzen pflegen • **142** Erste Hilfe
144 Naturheilkunde • **146** Abschied nehmen

148 Ein Katzenleben

Teil 4: Rassekatzen
154 Einleitung • **156** Katzenausstellungen • **160** Felltypen
162 Langhaar (Perser) • **175** Halblanghaar
186 Kurzhaar (Britisch und Amerikanisch) • **199** Kurzhaar (Schlankformen)
218 Orientalisch • **226** Burma • **231** Siamkatzen
238 Neuere Züchtungen

242 Katzen-Stars
244 Mythen & Legenden
246 „Musekatzen“
248 Katzen & Kunst

250 Nützliche Adressen und weiterführende Literatur
252 Register

Einführung

Katzenliebhaber wissen, daß ihre Zuneigung einem ganz besonderen Tier gilt. Doch noch vor gar nicht allzulanger Zeit wurde die Katze als Haustier nicht so sehr geschätzt: Sie war zwar billig und leicht zu halten, lebte jedoch meist im Freien. Nur gelegentlich gab man ihr etwas zu fressen. Für Katzen begeistern konnten sich nur wenige, die die Unabhängigkeit und Anmut dieser Tiere zu schätzen wußten.

Hunde dagegen wurden viel mehr geachtet, schließlich konnten sie sich die Zuneigung ihrer Besitzer durch Gehorsam verdienen – der Freiheitsdrang der Katze ließ sich nicht unterdrücken.

Im 19. Jahrhundert begann sich die Einstellung gegenüber Katzen langsam zu ändern. In Europa und Nordamerika wurden erstmals Katzen aus fremden Ländern eingeführt wie zum Beispiel die langhaarigen Perser und die exotischen Siamkatzen. Damit begann die Katzenzucht. Den kostbaren Rassekatzen brachte man eine viel größere Wertschätzung entgegen, von der letztlich auch die gewöhnlichen Hauskatzen profitierten.

Heutzutage sind Katzen nicht zuletzt deshalb so beliebt, weil sie äußerst anpassungsfähig sind. Doch auch sie haben Bedürfnisse, die berücksichtigt werden müssen. Schließlich darf man nie vergessen, daß in jeder noch so zärtlichen Schmusekatze auch ein wildes Raubtier steckt.

Jeder, der sich eine Katze anschaffen möchte, kann sich mit diesem Buch detailliert über Verhalten, Haltung und Pflege informieren. Wer bereits eine Katze besitzt, findet in diesem Nachschlagewerk noch so manche wichtige Information.

Katzenkunde

Im ersten Teil werden die Anatomie und die Organe der Katze erläutert. Vor diesem Hintergrund wird vorstellbar, wie die Katze die Welt erlebt, auf welche Weise sie mit ihren Artgenossen und mit dem Menschen kommuniziert und wie ihr normaler Tagesablauf aussieht.

Praktischer Ratgeber

Der zweite Teil ist ein praktischer Ratgeber, der alle Fragen beantwortet, die sich rund um die Haltung einer Katze stellen. Hier wird erklärt, wie jeder die zu ihm passende Katze findet, welche Vorbereitungen für die Ankunft des neuen Mitbewohners getroffen werden müssen und wie man ihn richtig füttert und pflegt. Außerdem wird auf die häufigsten Verhaltensprobleme wie das Kratzen an Möbeln oder das Spritzen im Haus eingegangen.

Gesunde Katzen

Im dritten Teil geht es um die Gesundheit der Katze. Wie kann man Krankheiten und Parasiten vorbeugen? Welche wichtigen Impfungen sollten vorgenommen werden? Wann sollte man den Tierarzt benachrichtigen? Alle wichtigen Katzenkrankheiten und deren Behandlungsmöglichkeiten werden genau beschrieben.

Rassekatzen

Im vierten Teil dreht sich alles um die Rassekatze. Welches Tier paßt zu mir? Zu jeder Rasse gibt es eine ausführliche Beschreibung, die über den Ursprung, Charakter, Körperbau, die Augen, das Fell und andere Merkmale detailliert Auskunft gibt.

Anschließend folgt ein amüsanter Abschnitt über die Rolle der Katze in Mythos und Legende, Literatur und Kunst.

Wer mehr über sein geliebtes Haustier wissen möchte, findet im Anhang weiterführende Literatur sowie eine Liste mit nützlichen Adressen.

Katzen in freier Wildbahn

Katzen sind Raubtiere und daher ausgezeichnete Jäger. Ob Löwe oder Hauskätzchen – beide zeichnen sich durch Schnelligkeit, Kraft und Geschmeidigkeit aus. Selbst in der verwöhntesten Schmusekatze lauert ein Jagdinstinkt. Insgesamt unterscheidet man 38 Arten von Wildkatzen. Hierzu zählen die Großkatzen wie

Löwe, Tiger, Leopard und Jaguar sowie zahlreiche kleinere Arten wie Ozelot, Baumozelot, Luchs und die afrikanische Wildkatze. Diese gilt als Vorfahr unserer Hauskatze. Leider sind viele dieser eindrucksvollen Geschöpfe heute vom Aussterben bedroht.

„Stark ist der Löwe; wie Kohlen seine Augäpfel,
wie eine Bastion stemmt sich
seine Brust dem Feinde."

CHRISTOPHER SMART

„Tiger, Tiger, grelle Pracht
in den Dickichten der Nacht,
wes' unsterblich' Aug' und Hand
wohl dein furchtbar Gliedmaß band?"

WILLIAM BLAKE

„Der Löwe tollte da mit Lust und spielte
mit einem Böcklein lieb in seiner Pranke ...“

JOHN MILTON

„Je sorgloser der Mensch den Herrn der Erde und aller seiner Tierdiener spielte, desto unheimlicher war ihm die einsame Würde der großen, freien Raubkatzen."

AXEL EGGEBRECHT

„Gott schuf die Katze, damit der Mensch einen Tiger zum Streicheln hat."
VICTOR HUGO

„Wer mit Katzen spielt, muß auf einen Kratzer gefaßt sein."
MIGUEL DE CERVANTES

Teil I

Katzen-kunde

Katzen sind äußerst faszinierende Tiere. Insgesamt kann man 38 Katzenarten unterscheiden. Unsere Hauskatze, die *Felis domestica*, stammt von der Falbkatze, einer nordafrikanischen Kleinkatze, ab. Vor etwa 4.000 Jahren wurde die Wild- zur Hauskatze: Im alten Ägypten hielt sie zunächst die Mäuseplage in den Kornkammern unter Kontrolle. Vom Menschen geschätzt, schloß sie sich ihm immer enger an, dennoch ist und bleibt sie eine unabhängige Einzelgängerin. Bis heute fasziniert die Katze durch Kraft, Zähigkeit, Anmut, Geschmeidigkeit und Schönheit. Es gibt wenige Tierarten, deren Zeichnung und Färbung des Fells so abwechslungsreich sind. Ihre einzigartige Anatomie, ihre geradezu überscharfen Sinne sowie die fantastische Koordination ihrer Bewegungen machen die Katze zu einer perfekten Jägerin. Raubtier und liebebedürftiges Haustier zugleich, leistet sie dem Menschen aus freien Stücken Gesellschaft.

Katzen sind einzigartig

Unabhängigkeit ✦ Domestikation ✦ Rassenvielfalt ✦ Wildlebende Verwandte ✦ Erfolgreiche Raubtiere

Was macht die Hauskatze so reizvoll? Ihre Individualität und Selbständigkeit oder die Tatsache, daß es ihr gelungen ist, sich ihre Unabhängigkeit zu bewahren, eine innige Beziehung zum Menschen aufzubauen, ohne sich ihm jedoch zu unterwerfen? Wie gelingt es der Katze, diese beiden Seiten miteinander zu versöhnen, also Raub- und Haustier gleichzeitig zu sein?

Die Katze als Haustier

Schon vor Jahrtausenden begann der Mensch, Tiere zu domestizieren. Bis heute dienen sie ihm als Nahrungsquelle, Arbeits- oder Wachtier. Die Katze paßt in keine dieser Kategorien. Natürlich ist sie „nützlich", weil sie Schädlinge vertilgt, aber anders als der Hund ist sie keine Befehlsempfängerin des Menschen. Daß die Katze Ratten und Mäuse fängt, ist nur ein angenehmer Nebeneffekt ihres natürlichen Jagdtriebs. Umgekehrt benutzt auch die Katze den Menschen, der ihr Nahrung und Obdach bietet.

Diese einzigartige Wechselbeziehung begann, als die Katze allmählich ihre Furcht vor dem Menschen verlor und seine Nähe suchte – ein Prozeß, der auch „Selbstdomestikation" genannt wird. Ganz anders der Hund: Er ist kein Einzelgänger, sondern lebt mit anderen Tieren in Rudeln zusammen. Hunde leben und jagen gemeinsam, die Zugehörigkeit zu einem Rudel ist für sie überlebenswichtig.

Domestizierte Hunde passen sich an den Menschen an, um im Gegenzug ihren Platz im „Rudel" der Familie behalten zu können. Die Katze dagegen jagt für sich allein – sie braucht keine Gemeinschaft, um überleben zu können.

Oben: Durch Züchtung sind Katzen mit besonderen Merkmalen entstanden. Das Fell dieses Tiers ist lang und dicht, allerdings aus rein dekorativen Gründen. Diese gepflegte Perserkatze scheint sehr gut zu wissen, wie schön ihre Besitzer sie finden.

Rassenvielfalt

Der Mensch hat das Äußere der Katze nur geringfügig verändert. Auch wenn in den letzten Jahren eine ganze Anzahl von Rassen gezüchtet wurde, ist dies nichts im Vergleich zu den Veränderungen, die der Mensch durch eine über zehntausend Jahre lange Selektion beim Hund bewirkt hat.

Oben: Man geht heute davon aus, daß unsere Hauskatze von der afrikanischen Wildkatze abstammt, die von den Ägyptern „domestiziert" wurde. Die afrikanische Wildkatze hat eine tigerähnliche Zeichnung und ist etwas größer als die Hauskatze.

Links: Hauskatzen sehen sich überall auf der Welt verblüffend ähnlich. Weil sie so anpassungsfähig und pflegeleicht sind, gehören sie für viele nach wie vor zu den beliebtesten Haustieren.

Der Hund im Vergleich

Anders als die unabhängigen Katzen sind Hunde gesellige Tiere. Ihr ganzes Verhalten ist darauf ausgelegt, in einer Gruppe zu leben, und so ordnen sie sich dem Menschen auch gern unter. In der Beziehung zwischen Mensch und Hund gibt es deshalb selten Probleme. Andererseits sind Hunde sehr auf ihre Besitzer angewiesen – sie müssen regelmäßig ausgeführt werden.

Unten: Ähnlich wie Hunde leisten auch Katzen dem Menschen Gesellschaft – doch die Spielregeln bestimmen sie. Sie freuen sich über seine Aufmerksamkeit, kommen und gehen aber, wann sie wollen.

Katzen wurden immer nur wegen ihrer Schönheit gezüchtet. Wenn man einmal von den Veränderungen der Haarlänge, der Fellfarbe und den Variationen des Körperbaus absieht, hat die domestizierte Katze ihre Größe und ihre Gestalt kaum verändert. Innerhalb dieser Variationsbreite findet jeder seine Katze!

Wilde Katzenarten

Es gibt 38 Wildkatzenarten, angefangen bei den bekannten Großkatzen wie Löwe, Tiger, Leopard und Gepard bis hin zu den kleineren Katzen, die der Mensch selten zu Gesicht bekommt wie zum Beispiel Fischkatze, Pampaskatze, Schwarzfußkatze und Jaguarundi (Wieselkatze). Löwe, Tiger, Jaguar und Leopard können brüllen. Ihr Stimmapparat ist frei beweglich, so daß sie zu dieser überaus beeindruckenden Lautäußerung fähig sind. Der wissenschaftliche Name für die Arten dieser Gruppe ist *Panthera*. Alle übrigen Katzen, mit Ausnahme des Gepards, können nicht brüllen und gehören der Gattung Felis an. Diese faßt man üblicherweise unter dem Begriff Kleinkatzen zusammen, auch wenn der Puma genausogroß ist wie ein Leopard.

Während die Wildkatzen in ihrer natürlichen Umgebung zunehmend vom Aussterben bedroht sind, nimmt der Bestand an Hauskatzen ständig zu. Verwilderte Hauskatzen haben ihre Anpassungsfähigkeit eindrucksvoll unter Beweis gestellt. Vorausgesetzt, das Nahrungsangebot ist ausreichend

Katzen sind einzigartig

Oben: Ob groß oder klein, wild oder zahm – die verschiedenen Katzenarten sind einander sehr ähnlich. Jeder Katzenbesitzer kennt das Bild, wenn sich sein Tier so reckt und streckt wie dieser Löwe oder dieselbe Haltung einnimmt wie dieser Tiger.

groß, können Katzen selbst in einer äußerst unwirtlichen Umgebung überleben. Darüber hinaus sind sie für ihre große Fruchtbarkeit bekannt. Theoretisch kann eine weibliche Katze in fünf Jahren 20.000 Nachkommen haben.

Erfolgreiche Jäger

Katzen sind so gute Jäger, daß sich ihr Körper im Lauf der Artentwicklung nie auf minderwertiges Futter einstellen mußte. Im Gegensatz zu Pflanzenfressern, die fast ununterbrochen fressen müssen, um sich mit genügend Energie für weitere Futtersuche und Fortpflanzung zu versorgen, fressen Katzen nahrhaftes Fleisch, mit dem sie ihren Energiebedarf in kürzester Zeit decken können. Um diese Energie zu speichern, schlafen sie nach der Nahrungsaufnahme. Ihr ganzer Körperbau ist auf das Fangen, Fressen und Verdauen von Fleisch ausgerichtet, ohne das sie nicht überleben könnten.

Pflanzenfresser wie Antilope und Zebra dagegen müssen fast ununterbrochen fressen, um sich ausreichend mit Energie zu versorgen – aber auch, um ihren Jä-

Verwandtschaftsmerkmale

Das Aussehen der einzelnen Katzenarten hängt stark von ihrem Lebensraum und ihren Lebensumständen ab. Dennoch haben alle Angehörigen der Familie eine Reihe gemeinsamer Merkmale:

- ✦ Männliche und weibliche Katzen sehen gleich aus. Nur der männliche Löwe unterscheidet sich von seiner Partnerin: Er trägt eine Mähne.
- ✦ Alle Katzen gehen leise auf den Zehen, die durch Ballen zusätzlich gepolstert sind. So können sie sich geräuschlos anschleichen und überraschend angreifen. Nur der Gepard ist so schnell, daß er sich an seine Beute nicht heranzuschleichen braucht.
- ✦ Katzen haben einen großartigen Gleichgewichtssinn, so daß sie selbst aus großer Höhe sicher springen und landen können.
- ✦ Katzen verfügen über einen hochentwickelten Gehör- und Tastsinn.
- ✦ Die meisten Katzen sind Einzelgänger, nur der Löwe tanzt hier wieder aus der Reihe: Er lebt im Gruppenverband mit mehreren Tieren.

Auch die Hauskatze, *Felis catus*, (unten) besitzt die oben aufgeführten Merkmale. Zurecht nennt man sie deswegen auch „Stubentiger".

gern, den Großkatzen, entkommen zu können.

Katzen sind unabhängig, schön und äußerst athletisch. Ihre Besitzer lieben ein Geschöpf, das, genetisch gesehen, immer noch eine afrikanische Wildkatze ist. Beide gehen eine Bindung ein, die 15 Jahre und länger dauern kann. In dieser Zeit entwikkeln Mensch und Tier mit Hilfe von Stimme und Körpersprache ein ganz eigenes System der Verständigung. Gibt es etwas Schöneres, als eine schnurrende Katze auf dem Schoß zu haben? Mit diesem entspannenden und wohltuenden Geräusch drückt die Katze dem Menschen gegenüber ihr absolutes Vertrauen und Wohlbehagen aus – eine einzigartige Freundschaft ist entstanden.

ZÄRTLICHE ZIEHMUTTER

Wild- und Hauskatze sind eng miteinander verwandt – wie sehr, beweist das Foto unten: Die Katze hat ein verwaistes Junges einer Geoffroy-Katze aufgezogen, einer wilden südamerikanischen Art. Nachdem sie das Junge angenommen hatte, säugte und pflegte sie es ganz wie ihr eigenes.

Oben: Die Hauskatze stammt ursprünglich aus rauhen Wüstenlandschaften, hat sich dem behaglichen Leben in Wohnungen jedoch mit Wonne angepaßt. Die meisten Katzen lieben nichts mehr als einen warmen, gemütlichen Sessel und einen zärtlichen Besitzer, der ihnen freudig Streicheleinheiten gibt.

„Die Katz ist ein schnelles und geschwindes Thier mit Steigen, Laufen, Springen, Kratzen und dergleichen, isset allerley gleich auch wie der Hund ...“

CONRAD GESNER

Der Körperbau

Das Skelett ✦ Knochen und Muskeln ✦ Zähne und Krallen ✦ Haut und Fell

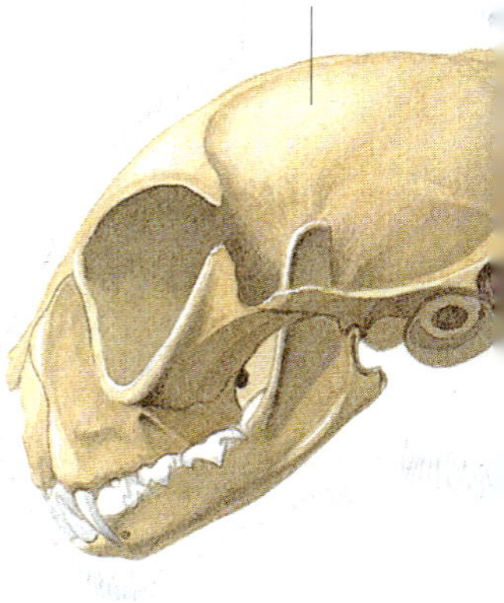

Die Katze hat sich im Laufe der 35 Millionen Jahre ihrer Evolution zum perfekten Jäger entwickelt. Ihre physischen und Verhaltensmerkmale sind das Ergebnis einer erfolgreichen Anpassung, die ihr Überleben sicherte.

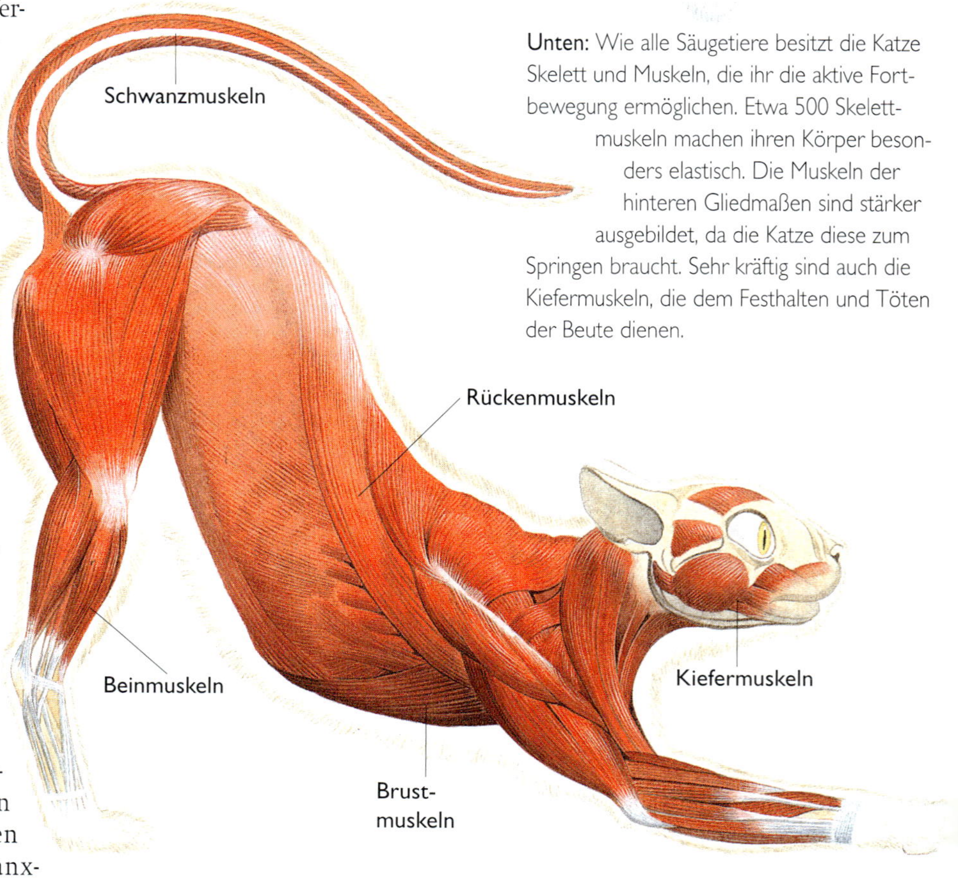

Unten: Wie alle Säugetiere besitzt die Katze Skelett und Muskeln, die ihr die aktive Fortbewegung ermöglichen. Etwa 500 Skelettmuskeln machen ihren Körper besonders elastisch. Die Muskeln der hinteren Gliedmaßen sind stärker ausgebildet, da die Katze diese zum Springen braucht. Sehr kräftig sind auch die Kiefermuskeln, die dem Festhalten und Töten der Beute dienen.

Skelett

Katzen sind außerordentlich beweglich. Ihr Skelett besteht aus etwa 240 Knochen, das sind 36 mehr als beim Menschen. Diese zusätzlichen Knochen finden sich hauptsächlich in der Wirbelsäule und im Schwanz. Über 28 verschieden geformte Wirbel bilden die sehr bewegliche Wirbelsäule. Meist sind sieben Halswirbel vorhanden, 13 Brustwirbel, an denen die Rippen befestigt sind, sieben Lendenwirbel und das Kreuzbein, das ursprünglich aus drei Wirbeln bestand und mit den Becken- oder Hüftknochen verbunden ist, sowie einige Schwanzwirbel.

Die Schwanzwirbel tragen erheblich zum Gleichgewichtssinn bei. Ihre Zahl schwankt zwischen einigen wenigen wie bei der Manx-Katze und 19 bis 28 bei den meisten anderen Katzen. Die Knochenoberflächen sind abgerundet und machen das Tier noch beweglicher. Auch durch die Art, wie Muskeln und Bänder an diesen Knochen ansetzen, ist die Katze in ihren Bewegungen viel geschmeidiger als andere Tiere.

Das fehlende Schlüsselbein

Anders als beim Menschen gibt es bei der Katze kein Schlüsselbein, das die Schultergliedmaßen mit dem Körper verbindet. Die Schultern sind somit außerordentlich beweglich. Die Katze kann sich durch engste Ritzen zwängen und ihre Vorderbeine so hintereinander aufsetzen, daß sie mühelos auf einem schmalen Sims laufen kann.

Wer seiner Katze bei der Jagd zusieht, kann folgendes beobachten: Beschleicht sie eine Beute, heben und senken sich nur die Schulterblätter, während Wirbelsäule und Kopf fast unbeweglich bleiben. Anders als beim Menschen, dessen Schulterblatt flach auf dem hinteren Brustkorb aufliegt, geht die Schulter der Katze mit dem Bein mit. Auch Hunde besitzen dieses Körpermerkmal, sind aber nicht so geschmeidig wie Katzen. Diese können sogar ihr Fußgelenk drehen und ihre Pfoten daher wirksam zum Klettern, Greifen, Zuschlagen und zur Körperpflege einsetzen.

Muskeln und Sehnen

Über diesem beweglichen Skelett liegen die Muskeln und Sehnen. Die kräftigen Muskeln der hinteren Glied-

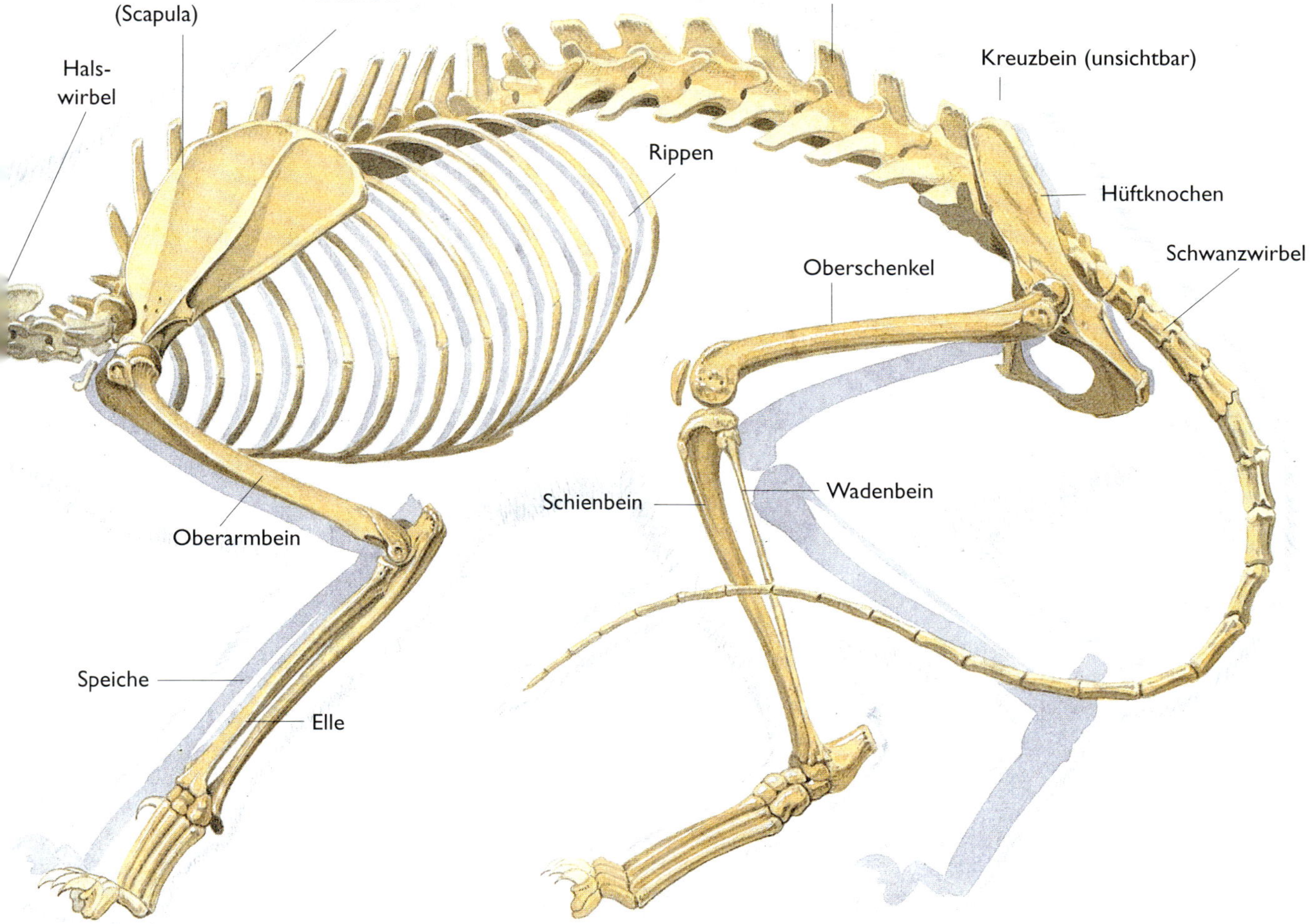

Oben und links: Der Körperbau der Katze ist sehr kompakt. Dementsprechend haben sich auch Skelett und Muskeln ausgebildet. Man beachte den flachen Schädel, die lange, bewegliche Wirbelsäule und die schlanken Beine.

Unten: Eine Katze kann etwa fünfmal so hoch springen, wie ihre Körpergröße beträgt. Vor dem Absprung prüft die Katze zunächst die Sprunghöhe, die sie überwinden möchte, und stößt sich dann mit den kräftigen Muskeln ihrer Hinterbeine ab.

maßen ermöglichen der Katze kurze, schnelle Sprints. Sehr ausdauernd ist sie nämlich nicht. Selbst der schnelle Gepard braucht nach einem etwa einminütigen Sprint eine Ruhe- und Erholungspause.

Diese physischen Merkmale, die der fließenden Bewegung dienen, können ihren Zweck natürlich nur dann erfüllen, wenn sie effektiv gesteuert werden. Dafür sorgt das Nervensystem der Katze, das ebenso komplex ist wie das des Menschen – wenn auch mit einem anderen Schwerpunkt: Bei der Katze spielt die Feinmotorik eine besonders wichtige Rolle. Als Raubtier ist sie auf die präzise Koordination aller Bewegungen angewiesen, um überleben zu können.

Körpersysteme

Die zwei auffälligsten Merkmale des Katzenschädels sind die großen Augenhöhlen und die kurzen starken Kiefer mit den beiden Reihen scharfer Zähne. Die großen Augen sind vor allem hilfreich bei der Jagd in der Dämmerung (siehe auch Seite 30), und die starken Kiefer gehören zu den unverzichtbaren Waffen eines jeden Raubtiers.

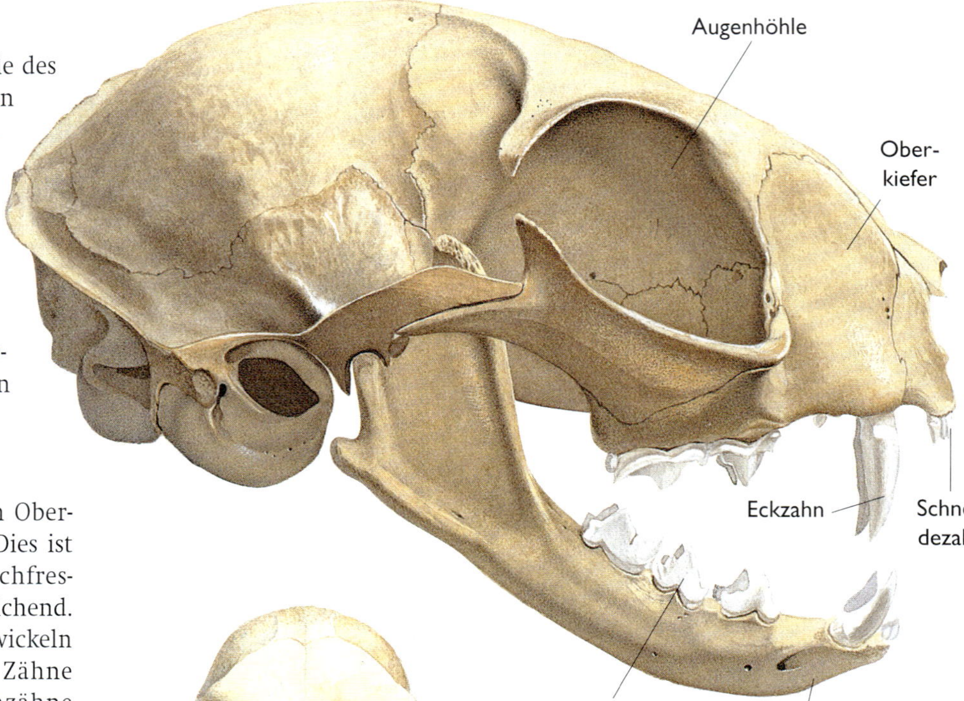

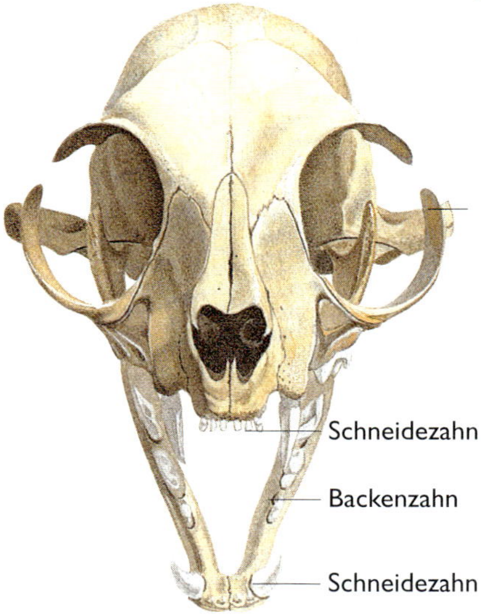

Oben und links: Die kleinen Schneidezähne im Vorderkiefer dienen der Katze zum Zerreißen und Abschaben des Fleisches vom Knochen. Außerdem kann sie damit Fellparasiten zerbeißen. Die dolchartigen Eckzähne setzt sie zum Festhalten und Töten ihrer Beute ein, und mit den Backenzähnen zerkleinert sie das Fleisch.

Zähne, Pfoten, Krallen

Die Katze besitzt 16 Zähne im Oberkiefer und 14 im Unterkiefer. Dies ist weniger als bei anderen Fleischfressern, aber offensichtlich ausreichend. Wie auch beim Menschen entwickeln sich bei der Katze die ersten Zähne nach der Geburt. Diese Milchzähne werden im Alter von vier bis sechs Monaten durch das Dauergebiß ersetzt.

Etwas Besonderes sind auch die Pfoten und Krallen einer Katze, denn sie sind alles andere als tapsig: Sie lassen sich vielfältig einsetzen und ermöglichen ein geräuschloses Anschleichen ebenso wie sicheres Klettern, tödliches Zupacken, sanfte Körperpflege und manchmal auch die Nahrungsaufnahme.

Das Harnsystem

Unsere Hauskatze besitzt immer noch viele Körpermerkmale ihrer wilden Vorfahren aus der Wüste. Während ihr Harnsystem perfekt auf den Verzehr großer Mengen an Eiweiß ausgelegt ist, brauchen Katzen extrem wenig Wasser. Daher bilden sie auch einen sehr konzentrierten Harn.

Fleischfresser

Weil Katzen so erfolgreiche Jäger sind, können sie es sich leisten, ausschließ-

Rechts: Wüstenkatzen können Wasser speichern und von proteinhaltiger Nahrung leben. Hauskatzen besitzen dieselben Merkmale auch heute noch. Füttert man sie mit dem wasserreichen Dosenfutter, brauchen sie nur noch wenig zusätzliche Flüssigkeit.

lich von Fleisch zu leben. Anders als andere Tiere brauchen sie keine Enzyme, welche die Nährstoffe aus pflanzlicher Nahrung extra für sie aufbereiten. Hunde und andere Aasfresser dagegen produzieren Enzyme, da sie sowohl Fleisch als auch pflanzliche Nährstoffe zu sich nehmen müssen, um zu überleben.

Vergiftungsgefahr

Da pflanzliche Nahrung auf dem Speisezettel der Katze praktisch keine Rolle spielt, hat sie die Fähigkeit verloren, die lebenswichtigen Nährstoffe aus pflanzlicher Nahrung zu verwerten. Katzen können sich also nicht vegetarisch ernähren.

Dadurch, daß sie andere Tiere frißt, überläßt es die Katze gewissermaßen ihrer Beute, sich mit den im Futter enthaltenen Giftstoffen auseinanderzusetzen. Das ist ein Vorteil. Andererseits kann die Katze wichtige Nährstoffe wie Taurin oder Arginin nicht mehr selbst bilden und muß diese daher direkt mit der Nahrung aufnehmen. Ihre Leber verfügt einfach nicht mehr über die Enzyme und Stoffwechselmechanismen. Diese können den Körper jedoch von ganz bestimmten Chemikalien entgiften. Deshalb sind Katzen sehr anfällig für Vergiftungen durch Substanzen wie Kreosot, Paracetamol und Phosphate. Veterinärmedizinisch müssen sie anders behandelt werden als Hunde.

KRALLEN

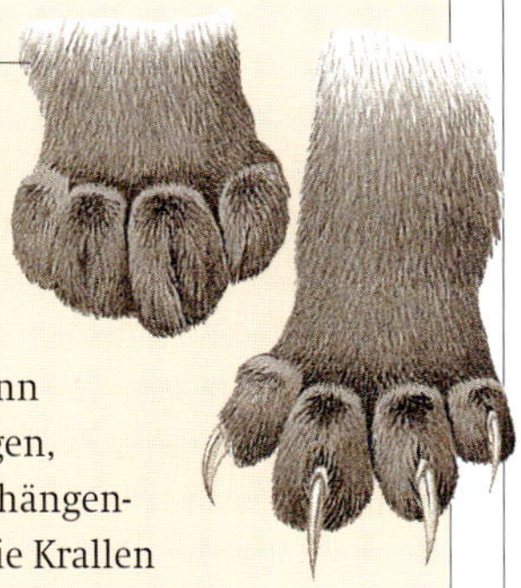

Die Krallen der Katze wachsen aus dem Ende der Vorderzehenknochen. Dank eines ausgeklügelten Systems von elastischen Bändern und Muskeln bleiben diese scharfen Werkzeuge normalerweise unter einer Hautfalte verborgen. So kann sich die Katze geräuschlos bewegen, ohne mit den Krallen irgendwo hängenzu bleiben. Braucht sie die Krallen zur Jagd, zur Verteidigung oder zum Klettern, drehen die Muskeln auf den Zehen die Zehenknochen nach vorn, und die Krallen werden ausgefahren.

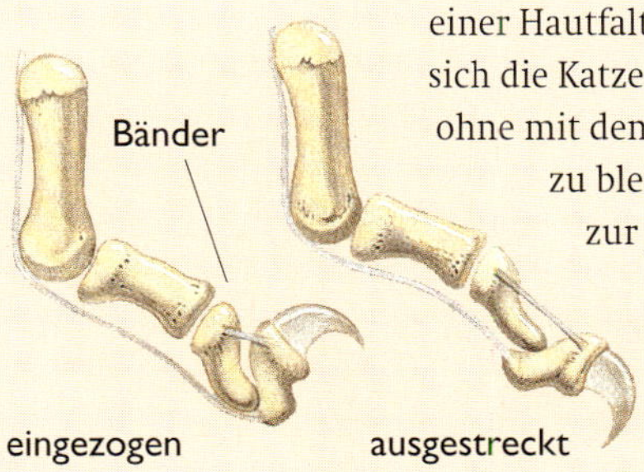

Oben: Wenn sie die Eingeweide ihrer Beute schlucken, nehmen Katzen anschließend auch etwas pflanzliches Material auf. Manchmal knabbern sie Gras. Auch Hauskatzen sollten immer ein wenig Gras zur Verfügung haben.

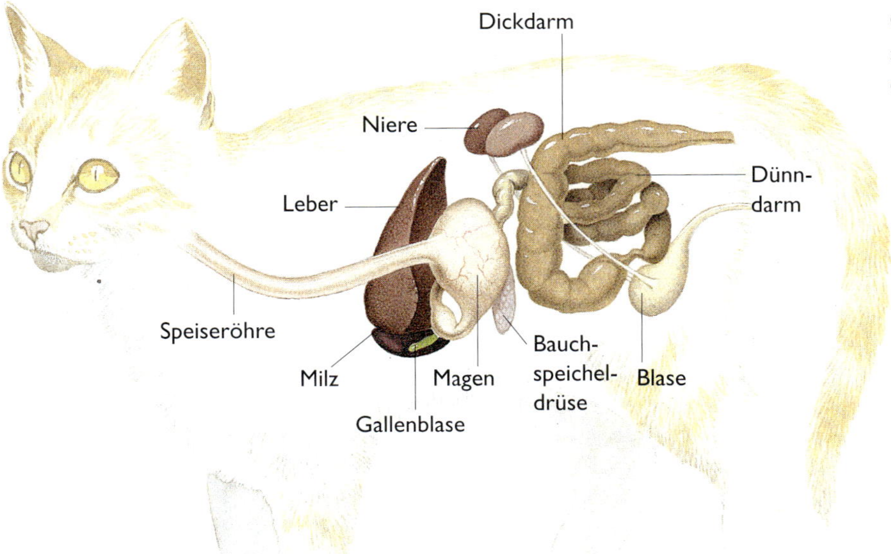

Links: Das Verdauungssystem der Katze ist auf rein fleischliche Nahrung ausgelegt. Drüsen im Magen sondern starke Salzsäure und Verdauungsenzyme ab. So gelangen kaum Erreger in den Körper der Katze. Weil diese darüber hinaus frische, am liebsten noch warme Nahrung zu sich nimmt, hat sie äußerst selten Magenbeschwerden bzw. Magengeschwüre.

Haut und Fell

Die Langhaar- oder Perserkatze **(ganz rechts)** hat ein langes, dichtes Fell mit bis zu 12,5 cm langen Deckhaaren und einer dichten Unterwolle. Die Deckhaare einer typischen Kurzhaarkatze **(unten links)** dagegen sind etwa 5 cm lang. Bei Halblanghaarkatzen **(rechts)** und langhaarigen Hauskatzen ist die Unterwolle weniger dicht, unc die Deckhaare sind lang und seidig. Die Devon Rex **(unten rechts)** hat ein weiches Kräuselfell ohne Leithaare. Kräuselung ist ein natürliches Merkmal der Grannenhaare und der Unterwolle. Selbst die „nackte" Sphinx ist mit einem feiner Haarflaum ausgestattet.

Halblanghaar

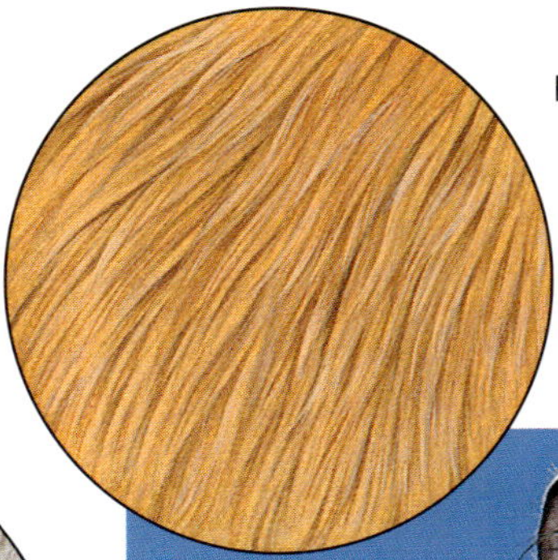

Kurzhaar

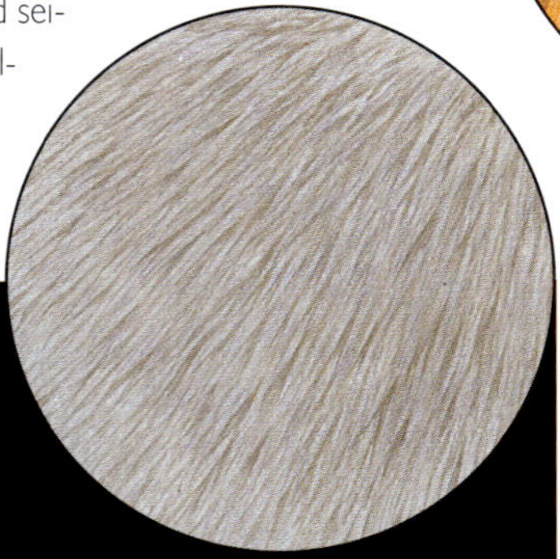

Rex

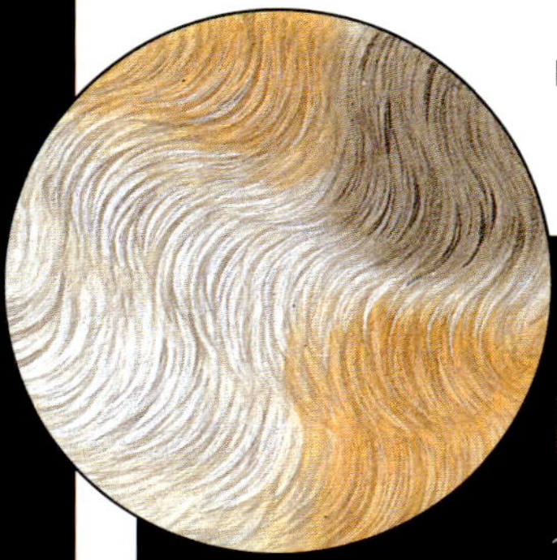

Die Haut ist das größte Organ der Katze. Wie bei allen anderen Warmblütern hat die Haut die Aufgabe, eine feste Grundlage für das Fell zu bilden und das Körperinnere vor äußeren Einflüssen wie Hitze, Kälte, chemischen Substanzen, Mikroorganismen und physischen Schäden zu schützen.

Katzen haben eine dünnere Haut als andere Haustiere; diese ist jedoch äußerst elastisch. An der Innenseite der Oberschenkel ist die Haut weniger als einen halben Millimeter dick. An ihrer dicksten Stelle, am Nacken der Katze, erreicht sie dagegen eine Stärke von zwei Millimetern.

Die Hautstruktur

Die Haut der Katze besteht wie beim Menschen aus mehreren Schichten: der äußeren Oberhaut, der Lederhaut und der Unterhaut. Haarfollikel, kleine Vertiefungen in der Haut, aus denen Haare wachsen, reichen von der Oberhaut bis tief in die Lederhaut.

Langhaar

Oben: Die meisten Wildkatzen haben eine Färbung und Zeichnung, die ihnen in ihrer Umgebung eine perfekte Tarnung verschafft. Das dichte helle Fell gibt nicht nur eine perfekte Tarnung ab und bettet den Luchs so vollkommen in seine verschneite Umgebung ein – es hält ihn auch warm.

Jedes Haar ist von verschiedenen Anhangorganen der Haut umgeben: von Talgdrüsen, Schweißdrüsen, Muskeln, Nerven und Blutgefäßen.

Die Talgdrüsen sondern Talg ab, eine ölige Substanz, die auf dem Fell einen wasserabweisenden Film erzeugt und es glänzend macht. Die kleinen Schweißdrüsen bilden eine milchige Flüssigkeit, mit der Sexuallockstoffe abgesondert werden. Drüsen für wäßrigen Schweiß besitzt die Katze nur an den Sohlenballen.

Spezielle Muskelzellen können die Haare aufrichten, sobald die Katze friert oder eine Drohhaltung einnimmt. Nervenzellen in Haut und Haaren leiten auch Sinneseindrücke wie Druck, Wärme, Kälte, Schmerz und Juckreiz weiter.

Die Haartypen

Das Fell der Katze wächst wie das Haar des Menschen etwa zwei Millimeter pro Woche. Wenn ein Haar ausgewachsen ist, bleibt es im Follikel, bis ein neues Haar wächst; dann fällt das alte Haar aus.

Der Bauch der Katze ist von etwa 200 Haaren pro Quadratmillimeter bedeckt; am Rücken ist die Dichte nur halb so groß. Aus zwei verschiedenen Arten von Haarfollikeln wachsen verschiedene Haartypen. Leithaare bilden das gröbere Oberfell und wachsen aus einzelnen Follikeln. Die weichere, feinere Unterwolle wächst in Büscheln und sorgt für die Wärmeregulierung. Dazwischen liegen die Grannen oder Oberhaare mit verdickten Spitzen sowie feine gekräuselte Haare. Die Schnurrhaare und andere sogenannte *Vibrissae* sind Haarsonderformen, die Spezialfunktionen erfüllen.

Zuchtkatzen haben kurzes, langes oder mittellanges Haar. Auch Kombinationen sind möglich. So fehlen zum Beispiel bei den Rexkatzen die Leithaare, und ihr Fell hat ein dünnes, gekräuseltes Aussehen.

Fellfarben

Die Farbe der afrikanischen Wildkatze, von der unsere Hauskatze abstammt, ist ein helles Graubraun, „Agouti" genannt. An den Beinen hat sie eine tabbyartige Zeichnung. In der freien Wildbahn hebt sich das Tier kaum von seinem Hintergrund ab; die Tabby-Zeichnung löst die Konturen zusätzlich auf, so daß das Tier schwer zu erkennen ist. Ähnlichen Tarnzwecken dienen die Streifen des Tigers, die rosettenähnlichen Zeichnungen des Jaguars sowie die Flecken des Leoparden.

Das Aussehen des Fells ist auch genetisch bedingt. Im Grunde aber ist jede Katze noch ein Tabby. Die Gene für andere Färbungen und Zeichnungen haben die Tabby-Gene nicht ersetzt, sondern überdecken sie nur. Bei der domestizierten Katze sind im Laufe der Zeit verschiedene Mutationen der Färbung und der Zeichnung aufgetreten. Eine wirklich große Bandbreite von Fellkleidern tritt jedoch erst bei den Zuchtkatzen auf, bei denen der Mensch gezielt in die Fortpflanzung eingreift.

Die Sinne der Katze

Tasthaare und Haare ✦ Wärmeempfindlichkeit ✦ Hören ✦ Sehen ✦ Riechen und Schmecken

Katzen verfügen über hochempfindliche Sinnesorgane, mit denen sie ihre Umwelt präzise wahrnehmen. Wenn Hauskatzen jagen, rennen sie ihrer Beute nicht einfach hinterher. Geduldig warten sie auf den richtigen Augenblick, um sich dann auf ihre Opfer zu stürzen. Hierfür braucht die Katze ihre hochentwickelten Sinne, die dann in höchster Alarmbereitschaft sind.

BERÜHRUNGSREZEPTOREN

Wie der Mensch besitzt die Katze in der Haut Druck- und Berührungsrezeptoren. Mit diesen kann sie zwischen Streicheln, Kitzeln oder Bürsten unterscheiden. Auch Temperatur- und Schmerzrezeptoren leiten Informationen weiter.

Auch Haare vermitteln Bewegungsreize. Besonders empfindlich sind die Schnurrhaare und andere sogenannte *Vibrissae*. Sie reichen dreimal tiefer in die Haut hinein als normale Haare. An der Basis sind sie von besonders vielen Nerven umgeben.

Wenn sich ein Barthaar nur um fünf Nanometer bewegt – eine Entfernung, die nur ein 2.000stel der Dicke eines menschlichen Haars mißt –, aktiviert das bereits die Nerven an der Basis. Mit diesen hochsensiblen „Antennen" kann sich die Katze sicher im Dunkeln, in engen Räumen, aber auch im Unterholz bewegen, wo sie

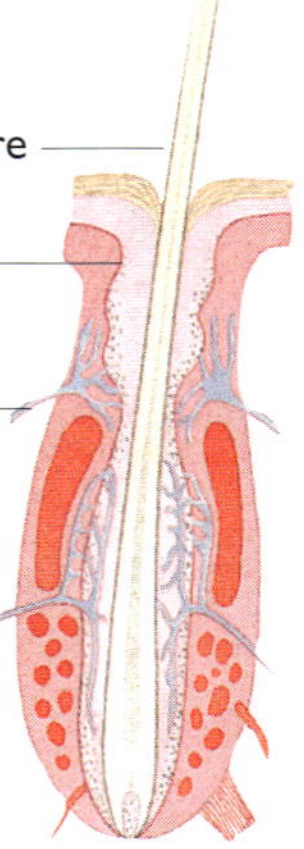

Oben und rechts: Die Schnurrhaare sind doppelt so dick wie die Leithaare. Schon bei der Geburt des Kätzchens sind sie voll funktionsfähig. Bei den meisten Tieren sind die Schnurrhaare weiß, bei schwarzen Katzen können sie jedoch auch schwarz und bei Burmas braun sein.

Unten: Die dicke Haut auf den Sohlenballen erlaubt es der Katze, sicher, aber geräuschlos aufzutreten. Sie besitzt vier Zehenballen und einen Hauptballen.

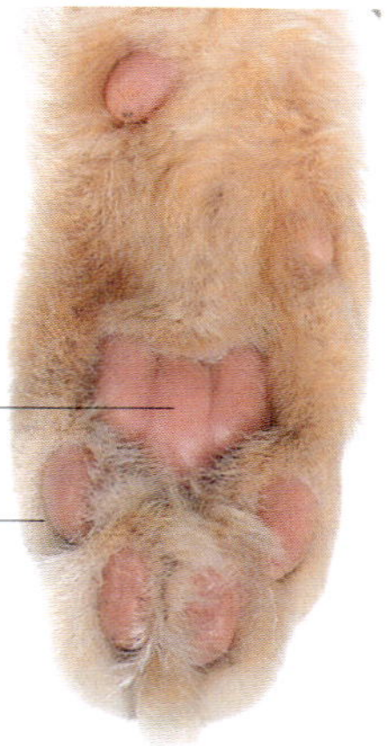

Links: Katzen lieben Wärme. Genüßlich räkeln sie sich in der Sonne oder vor einem knisternden Kaminfeuer. Die Fähigkeit, große Hitze zu ertragen, war für das Überleben ihrer Vorfahren in der Wüste unverzichtbar.

ihre verletzlichen Augen schließen muß. Die Schnurrhaare sind so empfindlich, daß sie sogar die kleinen Luftwirbel wahrnehmen können, die sich an Objekten bilden. Daher weichen Katzen Hindernissen wie von selbst aus. Angeblich können sich auch blinde Katzen noch sehr gut orientieren, während Katzen ohne Schnurrhaare vollkommen hilflos sind.

Die Schnurrhaare sind sehr beweglich, sie können entweder vorgefächert oder eng an den Kopf gelegt werden. Frißt die Katze, legt sie sie an, so daß sie nicht stören. Jagt sie dagegen, sträubt sie sie weit nach vorn, um deren ganze Empfindlichkeit optimal auszunutzen.

Bei den meisten Katzen sind die Schnurrhaare doppelt so lang wie das Gesicht breit ist, das heißt etwa so breit wie ihr Körper. Weitere Tasthaare liegen über den Augen sowie auf Wangen und Kinn. Dadurch ist der gesamte Kopf der Katze für Sinnesreize sehr empfänglich. Auch hinter den Vorderbeinen liegen Tasthaare, die der Katze beim Klettern oder beim Fassen ihrer Beute die nötigen Informationen liefern.

Die Ballen

Die Ballen der Katze sind ebenfalls äußerst empfindlich, insbesondere die der Vorderpfoten. Sie sorgen nicht nur für einen lautlosen Gang, sondern sind auch sehr feine Sinnesorgane. Katzen können gewissermaßen mit ihren Füßen „hören“. Spezielle Druckrezeptoren nehmen sogar die Schwingungen wahr, die von Nagetieren unter der Erde verursacht werden. Auch Informationen über Temperatur und Struktur der berührten Fläche werden von den Ballen weitergeleitet.

Wärmeempfindlichkeit

Katzen lieben Wärme. Sie sind weit weniger hitzeempfindlich als der Mensch: Temperaturen bis zu 52 °C machen Katzen gar nichts aus. Oft sitzen sie sehr nah am Feuer oder gehen über heiße Blechdächer, ohne daß es ihnen das geringste ausmacht. Diese Fähigkeit haben die Katzen von ihren Wüsten-Vorfahren übernommen.

Oben: Über den Lippen haben Katzen in der Regel 24 Schnurrhaare, seitlich davon jeweils zwölf, die in vier waagrechten Reihen angeordnet sind. Jede dieser Reihen kann einzeln eingesetzt werden. So kann die Katze mit der unteren Schnurrbartreihe die Bewegungen einer in ihrem Maul befindlichen Beute spüren, während sie mit den oberen Schnurrhaaren Hindernisse in der Umgebung wahrnimmt.

Rechts: Eine Katze tastet sich durch eine schmale Öffnung. Mit Hilfe ihrer Schnurrhaare kann sie abschätzen, ob ihr Körper durch die Öffnung paßt.

Andere wärmeempfindliche Körperstellen sind Nase und Oberlippe. Mit deren Hilfe finden die neugeborenen Kätzchen auch die Zitzen ihrer Mutter: Die Nase führt sie dahin, wo es am wärmsten ist. Diese Stelle befindet sich unter dem Bauch der Mutter, wo die kleinen Kätzchen dann auch auf ihre Mahlzeit stoßen.

Gehör

Jeder Katzenhalter kennt das Phänomen: Ganz behaglich sitzt er mit der Katze auf dem Schoß im Garten, alles scheint vollkommen friedlich. Und dennoch zucken und drehen sich die Ohren der Katze unaufhörlich, da diese eine Fülle von Geräuschen wahrnimmt, die dem Menschen entgehen.

Katzen hören Töne, die eine Oktave über dem Schallbereich liegen, den der Mensch noch hören kann, ja sogar die Geräusche, die kleine Nagetiere im Ultraschallbereich erzeugen. So ortet die Katze die Herkunft der Geräusche sehr genau – auch wenn sie momentan vielleicht zu träge ist, um auf die Jagd zu gehen.

Geräusche kanalisieren

Katzen jagen vor allem mit Hilfe von Auge und Ohr. Mit über zwölf Muskeln in der Ohrmuschel kann das Tier das Ohr nach ganz bestimmten Geräuschen hin ausrichten. Diese werden verstärkt und im Mittelohr gebündelt.

Rechts: Das Gehör ist von Geburt an vorhanden. Bis die kleine Katze einen Monat alt ist, hat es sich bereits vollkommen entwickelt. Schon im Alter von fünf Tagen reagieren die Kätzchen auf Töne. Im Alter von zwei Wochen orientieren sie sich anhand von Tönen, und im Alter von vier Wochen können sie die Geräuschquelle genauso gut orten wie eine erwachsene Katze.

Die mit der Ohrmuschel aufgefangenen Schallwellen erreichen das Trommelfell und versetzen es in Schwingungen, die dann von den Gehörknöchelchen auf das Innenohr übertragen werden. Das eigentliche Hörorgan ist die Gehörgangsschnecke. Sie ist mit einer Flüssigkeit gefüllt und von Nervenzellen ausgekleidet, die auf bestimmte Tonhöhen reagieren. Diese wandeln die Signale in elektrische Impulse um, die durch den Hörnerv zum Gehirn geleitet werden. Dort wird die Information entschlüsselt, und die Katze hat die Geräuschquelle genau geortet. Im Ohr sitzt auch der Vestibularapparat, der die Katze über ihre Körperposition informiert (siehe Seite 35).

Richtungssinn

Aufgrund der unterschiedlichen Laufzeiten der an das Ohr dringenden Töne kann die Katze Geräusche in einem komplexen Prozeß sehr genau orten.

Man nimmt an, daß die Katze zwischen Schallquellen unterscheiden kann, die in einer Entfernung von zwei Metern nur acht Zentimeter auseinanderliegen oder in einer Entfernung von 20 Metern 40 Zentimeter voneinander entfernt sind. Diese Informationen genügen, um der Katze einen punktgenauen Sprung zu ermöglichen. Darüber hinaus sind die Ohren so angelegt, daß sie ganz unabhängig voneinander bewegt werden können.

Kätzchen neigen ihren Kopf oft zur Seite. Das ist keine Koketterie, sondern dient dazu, Geräusche besser orten zu können. Man hat festgestellt, daß drei Wochen alte Kätzchen doppelt so gut hören wie erwachsene Kat-

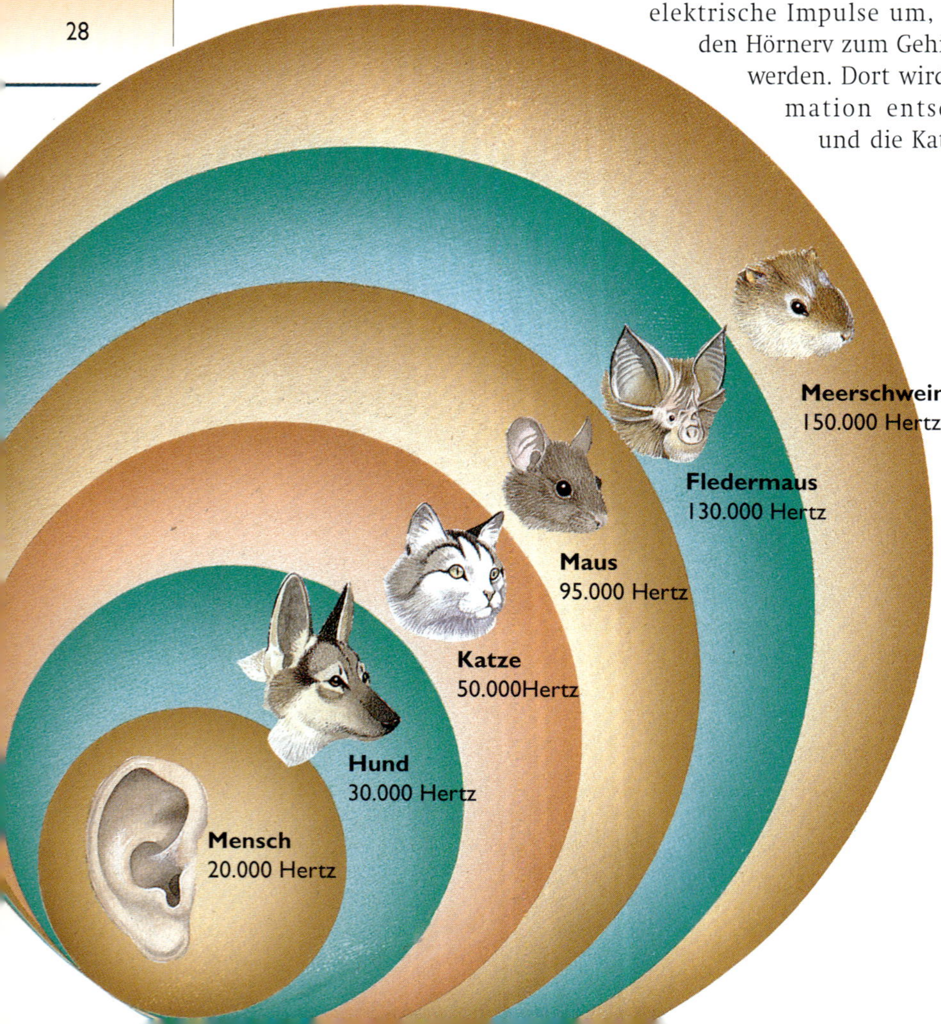

Links: Die obere Grenze des Hörbereichs verschiedener Arten. Die Höhe eines Tons hängt von seiner Frequenz ab, die in Schwingungen pro Sekunde oder in Hertz gemessen wird. Die Ohren einer Katze nehmen Schwingungen zwischen 30 und 50.000 Hertz wahr. Tiefe Töne hören sie nur annähernd so gut wie der Mensch.

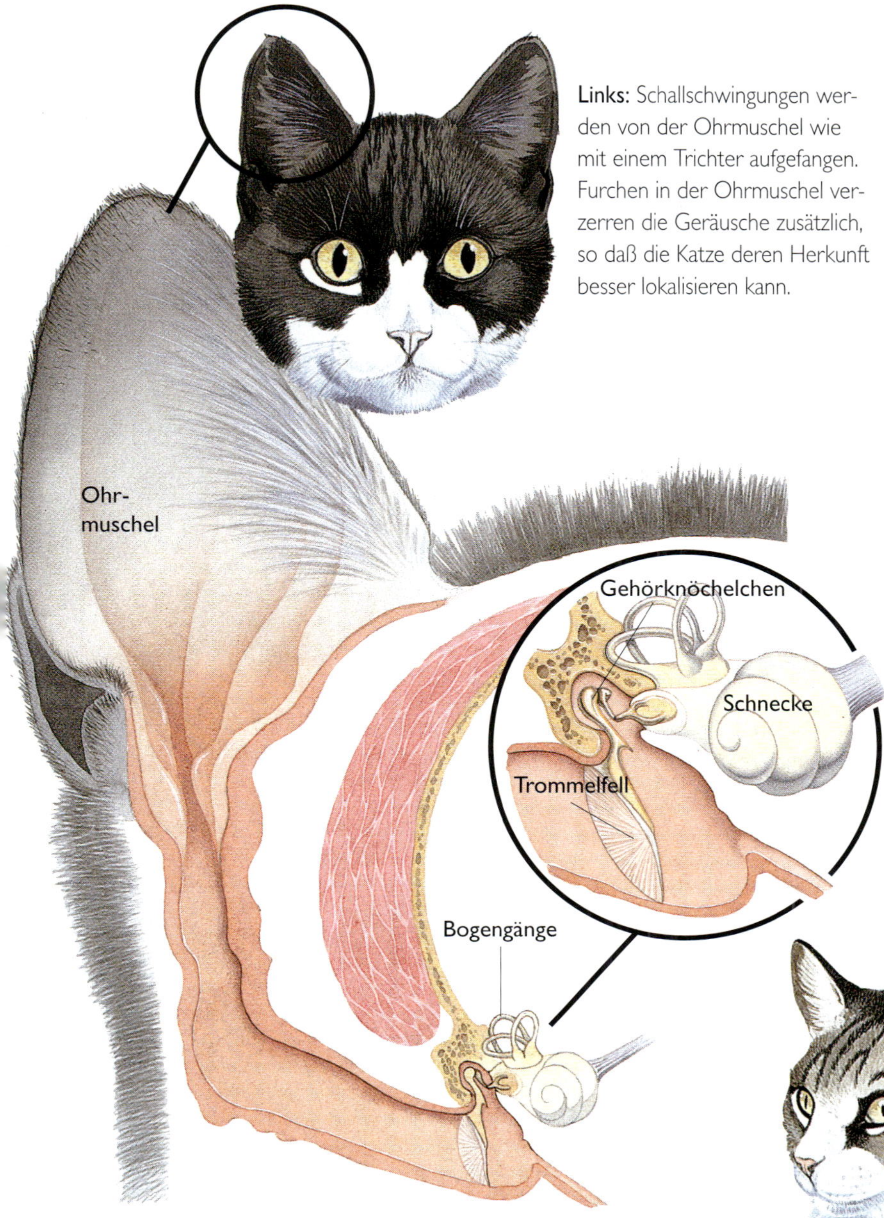

Links: Schallschwingungen werden von der Ohrmuschel wie mit einem Trichter aufgefangen. Furchen in der Ohrmuschel verzerren die Geräusche zusätzlich, so daß die Katze deren Herkunft besser lokalisieren kann.

Links und unten: Das Außenohr kann um 180° gedreht werden, um Geräusche optimal zu empfangen. Am Trommelfell werden die Schallschwingungen über drei Gehörknöchelchen auf die im Innenohr liegende Schnecke übertragen. Unterschiedliche Tonhöhen erzeugen dort unterschiedliche Schwingungen, die als Nervenimpulse zum Gehirn geleitet werden.

Unten: Die Katze ist als Jägerin deshalb so erfolgreich, weil sie ihre Beutetiere bereits aufgrund des kleinsten Geräusches orten kann. Regungslos verharrt sie, bis sie schließlich einen zielsicheren Sprung auf ihr Opfer ausführt.

zen. Solange die Katzenmutter ihre Jungen säugt, verfügt auch sie über einen gesteigerten Gehörsinn, so daß sie die von ihren Jungen erzeugten Ultraschallgeräusche hören kann.

Hörvermögen

Das Hörvermögen der Katzen umfaßt einen sehr großen Frequenzbereich. Nur Pferde und Delphine können noch mehr Töne wahrnehmen. Die Grafik von Seite 28 zeigt die obere Grenze des Hörbereichs verschiedener Arten. Bei der Katze umfaßt dieser Frequenzbereich zehneinhalb Oktaven, das ist eine Oktave mehr als der Mensch sie hören kann. Darüber hinaus empfängt die Katze auch noch alle Töne im Ultraschallbereich. Ihr Hörnerv umfaßt über 40.000 Nervenfasern. Beim Menschen dagegen sind es nur 30.000. Wenn, dann sind es eher die tiefen Töne, die der Katze Probleme bereiten. Höchstwahrscheinlich gleicht die Katze dieses Manko jedoch mit ihren empfindlichen Sohlenballen aus. Diese können auch die Schwingungen am unteren Ende des Frequenzspektrums wahrnehmen und leiten die Reize dann über die Nervenbahnen an das Gehirn weiter.

Gesichtssinn

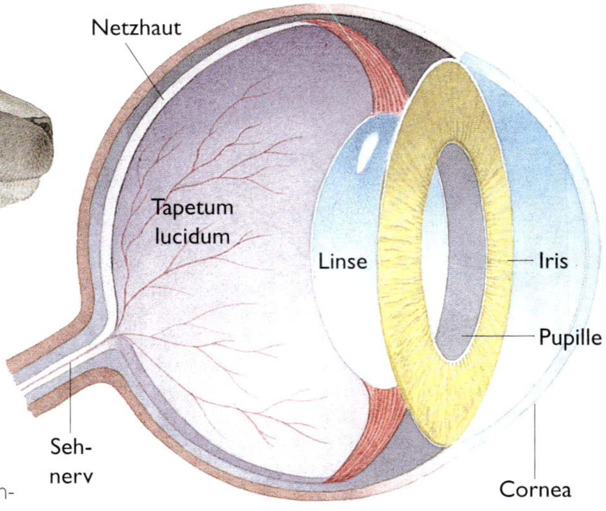

Oben: Das Auge der Katze besteht aus einer durchsichtigen Hornhaut, der Iris und der Linse, durch die das Licht auf die Netzhaut fällt. Letztere leitet die Seheindrücke mit Hilfe des Sehnervs an das Gehirn weiter.

Die großen Augen der Katze haben den Menschen schon immer fasziniert. Katzenaugen können die unterschiedlichsten Farben aufweisen und haben sich optimal an das Jagen in der Dämmerung angepaßt.

Wie der Mensch sieht die Katze binokular, das heißt mit beiden Augen gleichzeitig. Auf diese Weise kann sie ein Objekt fixieren und Entfernungen abschätzen. Katzen haben ein erheblich größeres Gesichtsfeld als der Mensch – eine weitere Folge der Anpassung an die Jagd.

Nachtsicht

Die Katze kann auch bei schlechten Lichtverhältnissen hervorragend sehen. Das ist überlebenswichtig, denn schließlich sind ihre Beutetiere vor allem in der Dämmerung aktiv. Wie beim Menschen fällt das Licht zunächst durch die Pupille auf die lichtempfindliche Netzhaut im Augenhintergrund. Dort regt es die Nervenzellen der Netzhaut an, die die Informationen über die Sehnerven zum Gehirn weiterleiten, wo sie dann entschlüsselt werden. Doch bei der Katze erweitern sich die Pupillen dreimal stärker als beim Menschen. Darüber hinaus verfügt die Katze noch über ein ganz außergewöhnliches Merkmal.

Rechts: Objekte, die zwei bis sechs Meter von ihnen entfernt sind, können Katzen am besten erkennen. Bevor sie zum Sprung ansetzt, bewegt die Katze das Hinterteil hin und her, wobei sie ihr Gewicht von einem Bein auf das andere verlagert. Dieses Hin- und Herbewegen erweitert ihr Gesichtsfeld, so daß sie sich kurz vor dem Sprung noch weitere Informationen verschaffen kann, um die Entfernung richtig einzuschätzen.

Das Tapetum lucidum

Im Augenhintergrund der Katze, hinter den lichtempfindlichen Stäbchen der Netzhaut, liegt eine Art „Spiegel", das *Tapetum lucidum*. Diese spiegelnde Schicht besteht aus hochreflektivem Zink und Eiweißen. Die Schicht reflektiert das ins Auge einfallende Licht und wirft es noch einmal auf die Netzhaut zurück. Das Licht trifft die Lichtzellen der Netzhaut zweimal, verdoppelt also die Menge des einfallenden Lichts. Das erklärt auch, warum Katzen in der Dunkelheit 40 bis 50 Prozent besser sehen können als der Mensch. Wenn nachts eine künstliche Lichtquelle, zum Beispiel ein Autoscheinwerfer, auf die Augen der Katze trifft, leuchten diese „Spiegelplättchen" in einem fluoreszierenden Grüngold auf.

Tagsicht

Weil Katzenaugen so lichtempfindlich sind, müssen sie tagsüber gegen das grelle Sonnenlicht geschützt werden. Deshalb kann die Katze ihre Pupillen zu schmalen, senkrechten Schlitzen verengen und die Augenlider senken. Durch diese horizontale und vertikale Dämpfung fällt nur noch sehr wenig Licht ins Auge.

Wer fotografiert, weiß, daß ein hochempfindlicher Film viel körnigere Bilder liefert als ein Film für normales Tageslicht. Das kann bedeuten, daß Katzen ihre Umgebung leicht verschwommen sehen.

Unten: Das dritte Augenlid der Katze hat die Aufgabe, ihre Augen feucht zu halten. Normalerweise liegt es hinter dem Augapfel und kann bei Bedarf blitzschnell über das Auge gezogen werden.

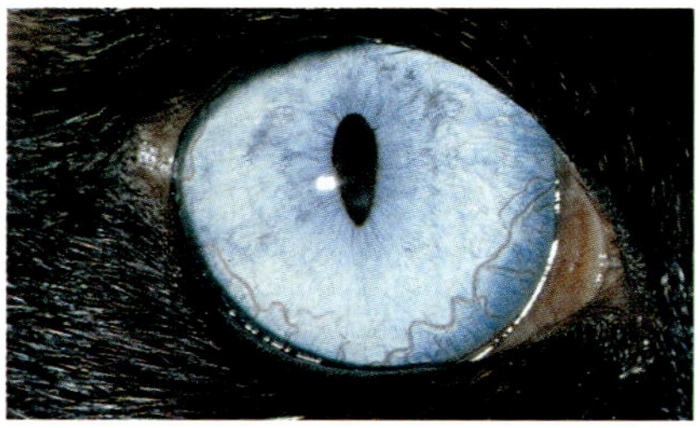

Die Farbwahrnehmung

Auch Farben nehmen Katzen anders wahr als der Mensch. Im Vergleich zu ihm weist die Netzhaut der Katze nur etwa ein Sechstel der Zäpfchen (farbenempfindliche Zellen) auf. Man nimmt an, daß Katzen Blau und Grün erkennen können, während sie bei

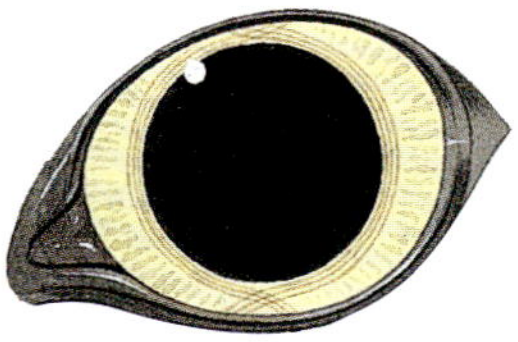

Pupille im Dämmerlicht

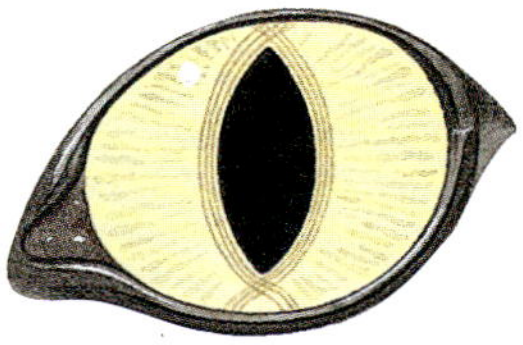

Pupille bei normalem Licht

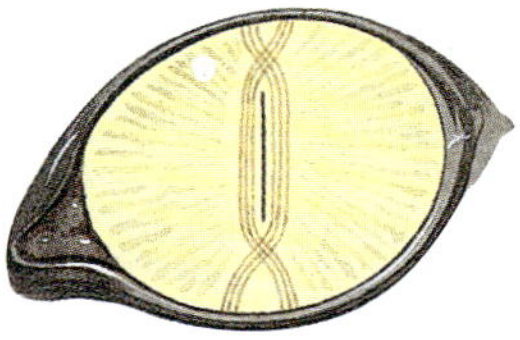

Pupille bei hellem Licht

Links: In der Dämmerung wird die Pupille der Katze rund und groß, so daß möglichst viel Licht auf die Netzhaut fallen kann. Bei normalem Tageslicht verengt sie sich zu einem Oval und bei Sonnenlicht zu einem sehr schmalen Strich.

Links: Wenn Katzenaugen nachts unheimlich glühen, liegt das am sogenannten Tapetum lucidum, einer Schicht spezialisierter Zellen im Augenhintergrund, die das einfallende Licht wie ein Spiegel auf die Netzhaut zurückwerfen und somit optimal nutzen. Katzen sehen in der Dämmerung, nicht aber, wie der Volksmund meint, in völliger Dunkelheit.

Rot und Orange nur Grautöne sehen. Katzen nehmen gerade soviel Farbe wahr, um in ihrer angestammten Umgebung überleben zu können. Nachdem sich jede Art in einem anderen Umfeld entwickelt hat, dürfte das Farbensehen bei den verschiedenen Katzenarten entsprechend unterschiedlich ausgeprägt sein.

Schnelle Reaktion

Wie es sich für ein Raubtier gehört, sprechen Katzenaugen besonders gut auf jede Art von Bewegung an. Wenn das Auge irgend etwas registriert, das nach einer Fluchtbewegung aussieht, leitet es diese Information sofort an das Gehirn weiter: Der Jagdinstinkt der Katze ist geweckt.

Unten: Das Spektrum der Augenfarben reicht bei Katzen von Orange über Gelb bis hin zu Nußbraun und Grün. Siamesen und einige weiße Katzen haben hellblaue Augen.

Schmecken und Riechen

Katzen sind reine Fleischfresser. Aber haben sie deshalb die Fähigkeit verloren, auch andere Geschmackseindrücke wahrzunehmen? Können sie verschiedene Mausarten voneinander unterscheiden? Schmeckt für sie das Fleisch einer Blaumeise anders als das einer Taube?

Geschmacksknospen

Die Zunge der Katze ist wie beim Menschen von sogenannten Papillen bedeckt. Das sind Gruppen von Geschmacksknospen, die von den verschiedenen Nahrungsbestandteilen gereizt werden. Wenn die Katze frißt, löst ihr Speichel bereits einen Teil der Nahrung im Mund auf. Deren chemische Bestandteile aktivieren dann die Zellen in den Geschmacksknospen.

Einzelne Bereiche der Katzenzunge sind dabei auf bestimmte chemische Stoffe spezialisiert. Erst die Kombination aller erhaltenen Signale erlaubt es der Katze, einen Geschmack zu erkennen.

Untersuchungen, die sich mit der Frage beschäftigt haben, ob Katzen zwischen Zuckerwasser, Salzwasser und anderen Substanzen unterscheiden können, haben gezeigt, daß Katzen für unsere Kategorien sauer, bitter und salzig ein unserem ähnliches Geschmacksempfinden besitzen. Für Süßes scheinen sie erstaunlicherweise gar nicht empfänglich zu sein.

Viele Katzenbesitzer werden jetzt sicherlich einwenden, daß ihr Tier sich wie verrückt auf süße Speisen wie Eiscreme oder Kuchen stürzt. Die Erklärung dafür könnte jedoch sein, daß die Katze mehr auf den Fettgehalt oder die cremige Konsistenz dieser Speisen anspricht als auf deren Süßigkeitsgehalt. Auf jeden Fall ist die Katzenzunge für verschiedene Aminosäuren empfänglich, also für Eiweißbausteine, von denen sich das Tier überwiegend ernährt. Es ist denkbar, daß bestimmte Aminosäuren der Katze denselben sinnlichen Genuß verschaffen, den uns eine leckere Süßigkeit bereitet.

M I N Z E - T R I P

Katzenminze (*Nepeta cataria*) hat auf viele Katzen eine außergewöhnliche Wirkung. Der Duft der Pflanze enthält Substanzen, die auch rollige Katzenweibchen mit dem Urin absondern. Dieser Geruch versetzt die Tiere in höchste Erregung: Sie beschnüffeln die Minze, wälzen sich in ihr und zeigen eine Reaktion, die man „Flehmen" nennt (siehe Seite 33). Der Duftstoff, Nepetalacton, wird für Katzenspielzeug verwendet. Die Wirkung ist harmlos und hält nur kurz an.

Katzenminze (*Nepeta cataria*)

Katzen lieben Futter mit einem hohen Fleisch- und Fettanteil, das intensiv riecht, eine sowohl weiche als auch knusprige Konsistenz besitzt und eine Temperatur von etwa 35 °C aufweist. Sie lieben die Abwechslung und probieren gerne etwas Neues aus.

Der Geruchssinn

So klein die Nase der Katze auch ist, verbirgt sich dahinter doch ein ausgedehntes Labyrinth von Knochen und Höhlen, die die Atemluft vorwärmen und befeuchten. Die Nase ist von 200 Millionen Zellen ausgekleidet, die zusammen die sogenannte Riechschleimhaut bilden. Deren Oberfläche bedeckt insgesamt 20 bis 40 cm^2, das ist doppelt soviel wie beim Menschen, jedoch erheblich weniger als beim Hund. Mit diesen Zellen werden bestimmte chemische Substanzen in der Luft identifiziert und an den Riechkolben im Gehirn weitergeleitet, der diese dann einem bestimmten Geruch zuordnet.

Geruchs- und Geschmackssinn sind eng miteinander verbunden. Jeder weiß, wie fad Speisen schmecken, wenn man eine verstopfte Nase hat. Auch Katzen verlieren ihren Appetit bei einer Infektion der Atemwege. Dafür besitzen sie noch ein ganz besonderes Organ, das ihre Geruchs- und Geschmackswahrnehmung steigert, das sogenannte Jacobsonsche Organ. Dieses liegt im Gaumen hinter den Schneidezähnen und erlaubt es der Katze, zusätzliche Duftmoleküle zu erkennen.

Rechts und unten: Das Jacobsonsche Organ verbindet den Geschmacks- mit dem Geruchssinn der Katze. Dieses kleine, zigarrenförmige Organ sitzt hinter den Schneidezähnen und ist über einen schmalen Gang mit dem Gaumen verbunden. Es ist mit Geruchszellen ausgekleidet und stimuliert die Teile im Gehirn, die dem Appetit und der Fortpflanzung zugeordnet sind.

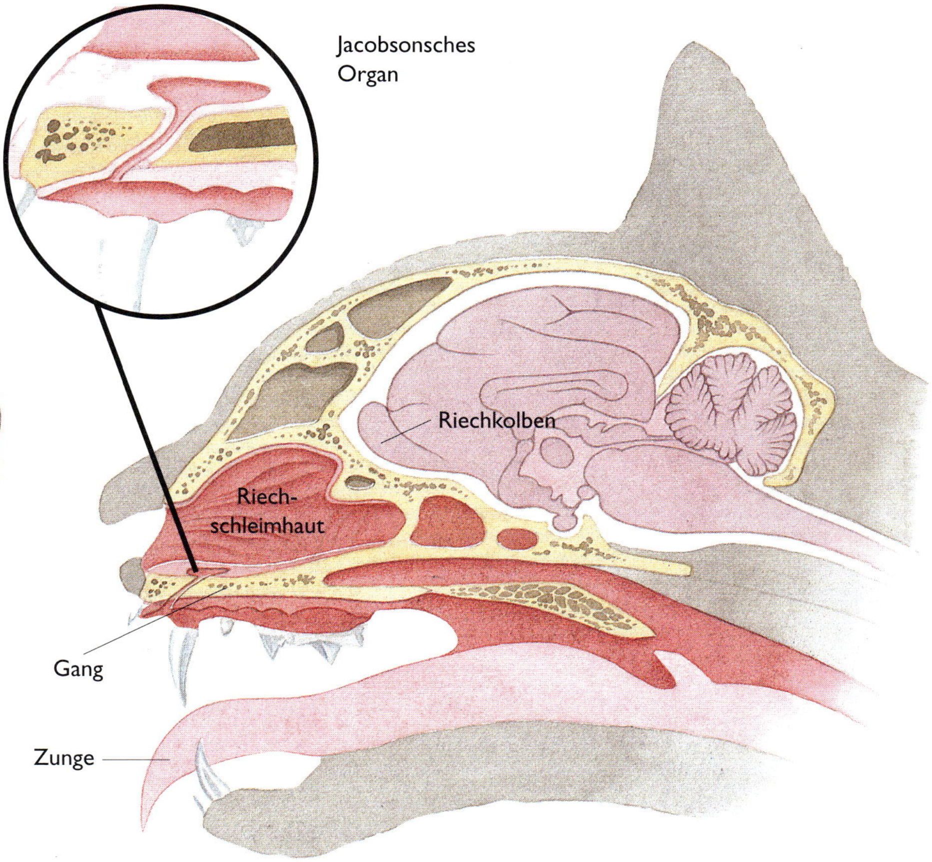

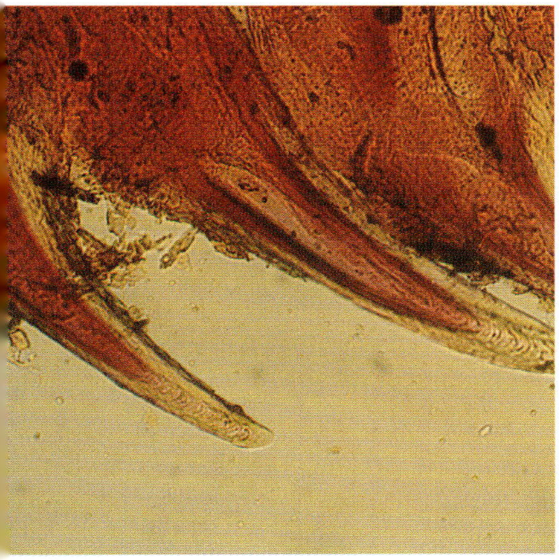

Oben: Dieser stark vergrößerte Ausschnitt zeigt die rauhe Oberfläche einer Katzenzunge. Mit ihr kann sowohl Fleisch vom Knochen geschabt, als auch das Fell gepflegt werden.

Rechts: Wenn eine Katze einen interessanten Geruch wahrnimmt (wie zum Beispiel ein rolliges Weibchen), drückt sie die Zunge gegen den Gaumen, um Luft durch das Jacobsonsche Organ zu pressen. Das führt zu einer erhöhten Konzentration von Duft- und Geschmacksmolekülen, die somit besser analysiert werden können, als durch bloßes Riechen. Die besondere Reaktion, die die Katze dabei zeigt, wird als „Flehmen" bezeichnet.

Bewegung & Balance

Beweglichkeit und Schnelligkeit ✦ Reflexe ✦ Gleichgewicht ✦ Auf die Füße fallen ✦ Gehen, Laufen, Klettern

Die Katze schätzt die Sprungentfernung ab.

Skelett und Muskeln der Katze sind ganz auf Elastizität, Beweglichkeit und Schnelligkeit hin ausgelegt. Ihre biegsamen Gelenke (siehe auch Seite 20) verleihen ihren Bewegungen eine einzigartige Eleganz.

Im Vergleich zu anderen Säugetieren ist das Kleinhirn der Katze relativ groß. Dort werden alle Sinneseindrücke ausgewertet. Die Bewegungen werden ganz genau darauf abgestimmt und so zielsicher koordiniert, wie sich das für einen erstklassigen Jäger gehört.

Im Sprung kann die Katze scheinbar mühelos das Fünffache ihrer Höhe oder aber das Sechsfache ihrer Länge überwinden. Zuerst schätzt sie die Entfernung mit den Augen ab, kauert sich zusammen und springt dann so ab, daß die Hinterbeine genau auf dem anvisierten Objekt landen. Ihr Schwanz sorgt dafür, daß die Katze dabei das Gleichgewicht nicht verliert.

Katzen haben einen hochentwickelten Gleichgewichtssinn. Wie Seiltänzer balancieren sie über schmale Zäune, und nur höchst selten sieht man sie einmal herunterfallen.

Links: Mühelos balanciert die Katze eine schmale Brüstung entlang. Aufgrund ihrer sehr beweglichen Schulterblätter und Schlüsselbeine kann sie die Vorderbeine ganz dicht nebeneinander aufsetzen, ohne ihr Gleichgewicht zu verlieren.

Reflexe

Die meisten Körperreaktionen laufen bei der Katze reflexartig ab. Die vom Gleichgewichtsorgan gelieferten Informationen werden von den Muskeln direkt in ein entsprechendes Bewegungsprogramm umgesetzt. Auf diese Weise geht keine wertvolle Zeit durch „Nachdenken“ verloren.

Rechts: Wenn ein Kätzchen begeistert auf eine Fliege oder auf eine Blume springt, lernt es, seine Bewegungen richtig zu koordinieren.

Mit den Hinterbeinen stößt sie sich ab.

Bei der Landung führt sie die Hinterbeine dicht an die Vorderbeine, um ihr Gewicht zu verteilen.

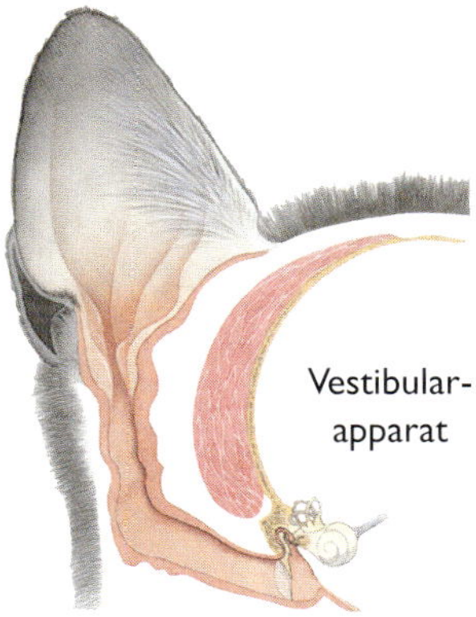

Links: Der Vestibularapparat ist Teil des Innenohrs. Die mit winzigen Härchen ausgekleideten Bogengänge liefern wichtige Informationen für die Orientierung.

Das Gleichgewichtsorgan, der sogenannte Vestibularapparat, hat seinen Sitz im Innenohr. Es besteht aus drei mit Flüssigkeit gefüllten Bogengängen, die mit unzähligen feinen Härchen ausgekleidet sind. Bei jeder Kopfbewegung gerät auch die Flüssigkeit in den Bogengängen in Schwung und berührt die feinen Härchen, die daraufhin Signale an das Gehirn weiterleiten. An der Basis der Bogengänge sitzen winzige Kristalle, die zusätzlich an die Haare drücken. Auf diese Weise kann sich die Katze perfekt orientieren und sowohl die Richtung als auch die Geschwindigkeit jeder Bewegung genau steuern.

Die vom Gleichgewichtsorgan gelieferten Informationen werden mit denjenigen der Augen und der Muskeln zu einem Gesamteindruck verknüpft, der die Katze wie automatisch reagieren läßt.

Gleichgewichtssinn

Auch wenn viele Säugetiere über einen hervorragenden Gleichgewichtssinn verfügen, ist der der Katze ganz besonders gut ausgeprägt. Das muß auch so sein, verfügen doch einige ihrer Beutetiere über ein gleichermaßen hochentwickeltes System.

Auch bei einer völlig normalen Kopfhaltung spricht ihr Vestibularapparat bereits auf geringste Bewegungen an. Die Katze kann ihre Bewegungen unmittelbar korrigieren; unbewußt und sehr schnell reagiert sie auf jeden Gleichgewichtsverlust, bevor sie ihn überhaupt richtig wahrgenommen hat. Vergleicht man das mit dem Gleichgewichtssinn des Menschen, funktioniert dieser wesentlich langsamer.

Unten: Um die Balance zu halten, nimmt die Katze automatisch kleine Gleichgewichtskorrekturen vor. So gelangt sie mühelos von einem schmalen Steg zum anderen.

Bewegung & Balance

Auf die Füsse fallen

Bereits sprichwörtlich ist die Fähigkeit der Katze, immer wieder auf die Füße zu fallen. Fällt sie, gelingt es ihr in aller Regel, sich so in der Luft zu drehen, daß sie unversehrt landet. So kann sie selbst Stürze aus großer Höhe überleben.

Schon siebzig Millisekunden nach Beginn des Falls lösen Informationen des Seh- und Gleichgewichtssinns automatisch folgenden Bewegungsablauf aus: Als erstes bringt die Katze den Kopf in die Waagrechte, indem sie ihren Vorderkörper um 180° dreht, so daß sie in Richtung Boden schaut. Nerven in der Wirbelsäule steuern bei diesem Vorgang die Vorderbeine. Während diese beim ersten Manöver noch dicht am Kopf gehalten wurden, werden sie jetzt nach unten genommen. Jetzt spreizt die Katze die Hinterbeine zur Seite und holt den Hinterkörper ebenfalls in die Waagrechte. Mit dem Schwanz steuert die Katze einer zu starken Drehung entgegen. Indem sie den Rücken wölbt, kann sie die Landung schließlich sanft abfedern.

Junge Kätzchen müssen erst lernen, ihre Bewegungen zu steuern. Sobald sich ihre Augen geöffnet haben, üben sie sich darin, alle Sinnesinformationen zu koordinieren. Nach einigen Wochen haben sie ihren Gleichgewichtssinn nahezu perfektioniert. Solange sie noch klein und sehr leicht sind, ist das Verletzungsrisiko gering. Spielerisch können sie alle Bewegungsabläufe trainieren.

Der Schwanz hält die Balance

Die Katze setzt ihren Schwanz ein wie der Seiltänzer seine Balancierstange. Er unterstützt das Tier bei der Aufrechterhaltung des Gleichgewichts und spielt auch in der Körpersprache eine wichtige Rolle (siehe Seite 44). Dennoch kommen auch schwanzlose Rassen wie die Manx-Katzen oder Tiere, deren Schwanz amputiert wurde, gut zurecht, da sie diesen Mangel anderweitig ausgleichen können.

Klettern

Katzen sind geschickte Kletterer. Ihre scharfen Krallen sind vorzügliche Steigeisen, mit denen sie im Nu jeden Baum erklimmen. Beim Hinunterklettern dagegen greifen die Krallen nicht. Deshalb machen Katzen dabei meist eine sehr schlechte Figur. Sobald die Katze nicht mehr allzu weit vom Boden entfernt ist, krallt sie sich mit den Hinterpfoten fest, nimmt ihre Vorderpfoten so weit wie möglich nach unten und springt dann ab. Ausnahmen bestätigen die Regel: Zur Familie der Katzen gehört auch eine wilde Art, die auf Bäumen lebt. Deren Pfoten sind mit einem besonderen Doppelgelenk versehen, das ihnen ein müheloses Abwärtsklettern ermöglicht.

Gehen und laufen

Die Vorderpfoten der Katze sind auf das Fangen von Beute, auf die Wah-

Unten: Läuft die Katze schnell, wölbt und streckt sie ihre Wirbelsäule im Wechsel und vergrößert so ihre Schrittlänge. Dabei stößt sie sich mit beiden Hinterbeinen ab, landet auf einem Vorderfuß und verlagert ihr Gewicht anschließend auf den anderen.

Oben: Diese Burmakatze macht die Erfahrung, daß es wesentlich einfacher ist, auf einen Baum hinaufzukommen, als wieder herunter.

rung des Gleichgewichts und auf die Körperpflege spezialisiert. Die hinteren Gliedmaßen dagegen sind ganz auf Kraftentfaltung hin angelegt. Katzen sind Zehengänger; ihre Ballen entsprechen unseren Zehen und dem Teil des Fußes vor dem Ballen. Wie auf Zehenspitzen bewegen sie sich leichtfüßig fort.

Beim Gehen setzt die Katze einen Fuß genau vor den anderen: Betrachtet man ihre Spuren im Schnee, sieht man, daß diese beinahe eine gerade Linie ergeben. Dadurch, daß die Vorder- und Hinterbeine hervorragend synchronisiert sind, entsteht ein gleichmäßig fließender Bewegungsablauf. Während die Hinterbeine für den nötigen Vorwärtsschub sorgen, halten die Vorderbeine den Katzenkörper im Gleichgewicht.

Wenn die Katze ihr Tempo beschleunigen möchte, beginnt sie zu traben, und wenn sie es ganz besonders eilig hat, galoppiert sie. Dabei setzt sie mit beiden Hinterbeinen gleichzeitig am Boden auf und schnellt sich mit ihnen unmittelbar anschließend wieder ab. Die Katze streckt ihren Körper zuerst, krümmt dann die Wirbelsäule und zieht die Hinterbeine möglichst weit nach vorn. Auf diese Weise kann sie die Schrittlänge maximieren und eine beachtliche Geschwindigkeit erreichen. Lange hält die Katze einen derartigen Galopp jedoch nicht durch, ihre Sprints gehen nur über eine sehr kurze Distanz.

DANKBARKEIT

Eine alte Legende erklärt das Phänomen, warum Katzen immer auf die Füße fallen, folgendermaßen: Muezza, die Katze Mohammeds, hatte sich als Schlafplatz den Ärmel seines Gewandes ausgesucht. Der Prophet wurde zum Gebet gerufen, und da er das Tier nicht stören wollte, schnitt er den Ärmel einfach ab. Bei seiner Rückkehr dankte ihm die Katze mit einer Verbeugung. Im Gegenzug schenkte Mohammed den Katzen die Kunst, immer auf die Füße zu fallen.

Oben: Dank ihrer Reflexe bringt sich die Katze bei einem Sturz im Nu in die Waagrechte und landet so unversehrt auf allen vieren. Doch auch das hat seine Grenzen: Ein Sturz aus einem oberen Stockwerk kann tödlich sein.

Perfekte Jäger

Jagdstrategien der Katze ✦ Jagen lernen ✦ Das Spiel mit der Beute

Ihre Beweglichkeit und ihre Schnelligkeit machen die Katze zu einem erfolgreichen Jäger. Hinter unserer Schmusekatze verbirgt sich nach wie vor ein Raubtier.

Aufgrund ihrer körperlichen Besonderheiten kann die Katze tagsüber, während der Dämmerung und natürlich auch nachts auf die Jagd gehen – je nachdem, auf welche Beute sie es gerade abgesehen hat. Im Gegensatz zu ihren Beutetieren ist die Katze unabhängig von Temperatur und Lichtverhältnissen.

Taktik

Normalerweise jagt die Katze Mäuse und andere Kleinsäuger. Diese machen etwa 75 Prozent der Beute aus. Die Taktik, die die Katze bei der Jagd auf ihre Opfer anwendet, heißt zunächst „Sitzen und Abwarten". Mit Hilfe ihres Geruchssinns nimmt sie die Fährte der Beute auf. Während sie auf ihr Opfer lauert, sitzt die Katze scheinbar ruhig da – ihr Gehör und ihr Gesicht sind dabei jedoch aufs äußerste angespannt. Doch sobald die Maus erscheint, schlägt sie zu.

Vögel sind schwieriger zu fangen und machen daher nur etwa zehn Prozent der Beute einer Katze aus. In diesem Fall muß sie anders vorgehen: Eng an den Boden geduckt und lautlos schleicht sie sich an ihr Opfer heran. Dabei konzentriert sie sich mit ihrem ganzen Körper auf die Beute: Die Augen lassen keine Sekunde von ihr ab, die Ohren sind nach vorn gerichtet, um jedes verräterische Geräusch sofort zu erfassen. Auf diese Weise robbt sich die Katze langsam vorwärts, bis sie noch etwa zwei Meter weit von ihrem Opfer entfernt ist. Ein kleiner Sprint und ein großer Satz genügen, um den Vogel zu erreichen.

Hat sich die Katze dem Vogel oder der Maus bereits so weit angenähert, wirkt sich ihre Weitsichtigkeit eher nachteilig aus. Daher fächert sie zusätzlich die Schnurrhaare nach vorn. Sobald diese empfindlichen Tastorgane mit der Beute in Berührung kommen, führt die Katze alle folgenden Bewegungen ganz automatisch aus. Sofort dreht sie dann den Kopf in die geeignete Stellung für den Tötungsbiß.

Oben: Für ein Kätzchen ist das Spiel eine ernsthafte Angelegenheit. Sobald es von seiner Mutter getrennt wurde, sollte man ihm Spielzeug geben, das es haschen und fangen kann.

Links und unten: Zusammengekauert wartet die Katze auf den richtigen Zeitpunkt für den Sprung. Alle Sinne sind in höchster Alarmbereitschaft, angespannt lauert sie auf die geringste Bewegung der Beute.

Sobald die Rezeptoren an den Lippen auf das Opfer treffen, öffnet die Katze den Kiefer, andere Rezeptoren im Mund lösen unmittelbar darauf den Biß aus. Dabei gleiten die Fangzähne zwischen die Nackenmuskeln und durchtrennen die Wirbelsäule der Beute – das Opfer ist tot.

Erfolgsquoten

Katzen jagen unabhängig davon, ob sie ein Hungergefühl verspüren oder nicht. Hunger und Jagdtrieb sind in unterschiedlichen Gehirnbereichen angesiedelt und werden von unterschiedlichen Reizen ausgelöst. Nahrungsmangel erzeugt in der Katze ein Hungergefühl, doch der Jagdinstinkt wird nur durch Bewegungs- oder aber akustische Reize ausgelöst. Deshalb macht auch eine gutgenährte Katze Jagd auf bewegliche Objekte, selbst wenn sie ihre Beute anschließend nicht frißt.

Forschungen haben ergeben, daß Katzen bei jedem zehnten Beutezug erfolgreich sind – sollten es die äußeren Umstände erfordern, kann sie ihre Erfolgsquote natürlich noch weit über diese zehn Prozent hinaus steigern. Katzen mit Jungen können sogar ein vierfach besseres Ergebnis erzielen: Etwa alle eineinhalb Stunden erlegen sie eine Beute. Der Jagdinstinkt ist bereits bei ganz jungen Kätzchen ausgeprägt. Von klein auf beherrschen sie das Anschleichen und das Beutemachen – nur den Tötungsbiß müssen sie noch von ihrer Mutter lernen. Schon im zarten Alter von vier Wochen schleppen die Kätzchen ihre erste, allerdings noch lebende Beute an, mit der sie üben können.

Beute mitbringen

Manchmal bringt die Katze ihre Beute mit nach Hause und will sie dort an einem geschützten Ort aufbewahren. Sie verhält sich dann so wie ihr Verwandter, der Leopard, der das geschlagene Wild auf den Baum trägt, um es erst später aufzufressen – mit dem Unterschied, daß die Katze bereits ausreichend von ihrem Besitzer mit Nahrung versorgt wird und ihre Beute gar nicht zu fressen bräuchte. Oder sie verhält sich wie eine Katzenmutter, die ihren Jungen die Beute zum Geschenk macht. Da es in der Regel jedoch der Mensch ist, der die Katze füttert, sollte dieser ihr auch die „Beute“ geben und nicht umgekehrt.

„Die Ratte wurde in ihrer kleinen Behausung vom Wiesel belagert und erwartete in beständiger Wachsamkeit ihre Vernichtung. Da kam die Katze hinzu, ergriff das Wiesel und verschlang es auf der Stelle. Die Ratte, ihrem Gotte zutiefst dankbar, und nachdem sie Jupiter einige ihrer Haselnüsse geopfert hatte, kam aus ihrem Loch heraus, um sich ihrer kürzlich verlorenen Freiheit wieder zu bemächtigen, wurde aber dieser und ihres Lebens durch die grausamen Krallen und Zähne der Katze unverzüglich beraubt.“

Leonardo da Vinci

Mit der Beute spielen

Wenn Katzen mit ihrer Beute spielen, ist das für den Menschen nicht gerade ein schöner Anblick. Ist das Opfer bereits tot, nimmt man das noch hin. Doch wenn die Katze ihre lebende Beute bloß noch quält, empfindet man ihr Verhalten als abstoßend. Warum tut die Katze das? Einige Forscher meinen, daß Katzen gern mit eher gefährlichen Tieren wie z. B. Ratten „spielen“. Auf diese Weise können sie sich an ihrer Beute abreagieren, ohne deren Gegenwehr fürchten zu müssen.
Vielleicht ist es ihr auch nicht gelungen, den Tötungsbiß vorzunehmen. Oder aber der Jagdinstinkt ist mit ihr durchgegangen.

Die Welt der Katze

Ihre Vorteile ✦ Die Sinnesmaschine ✦ Das Geruchsprofil

Oben: Der Katze ist kein Bereich des Hauses heilig. Von den Möbeln aus hat sie einen besseren Überblick. Wenn Fremde im Raum sind, fühlt sich die Katze in einer erhöhten Position sicherer.

Wollen wir uns die Welt aus der Sicht einer Katze vorstellen, müssen wir über unsere eigenen Fähigkeiten der Sinneswahrnehmung hinaus denken. Wenn wir Menschen einen Raum betreten, verlassen wir uns ganz auf unser Gesicht und unser Gehör. Auf Informationen, die uns der Geruchssinn liefert, achten wir jedoch nur, wenn ein Raum von einem besonders starken Geruch durchdrungen ist. Katzen dagegen betrachten die Welt eher aus der Perspektive eines Kleinkinds: Menschen sind für sie Lebewesen, die vor allem aus riesigen Füßen und Beinen bestehen. Alle Gegenstände, die auf dem Tisch oder auf anderen Möbelstücken liegen, entziehen sich ihrer Wahrnehmung. Im Unterschied zu Kleinkindern erfährt die Katze ihre Umwelt jedoch in einem viel stärkeren Maße über die Sinne. Außerdem weiß sie, daß sie sich jederzeit eine andere Perspektive aneignen kann. Wenn sie an für sie interessante Gegenstände herankommen möchte oder einer vom Boden her drohenden Gefahr entgehen will, springt sie einfach auf eine höhergelegene Ebene.

Hochsensible Sinnesorgane

Betrachten wir die Katze einmal als Sinnesmaschine. Ihr Vorderkörper, genauer gesagt Kopf und Vorderbeine, liefert ihr eine Fülle von Informationen über ihre Umgebung. Auch wenn die Katze vermutlich nur Abstufungen von Blau und Graugrün sehen kann, so nimmt sie doch jede noch so kleine Bewegung wahr. Dämmerlicht behindert sie dabei in keiner Weise – ihre Nachtsicht ist sechsmal stärker ausgeprägt als beim Menschen.

Aber das ist erst der Anfang: Durch ihre Haare und Schnurrhaare nimmt die Katze noch mehr Details wahr; sie zeigen ihr bereits den kleinsten Lufthauch an. Sensoren auf den Sohlenballen geben ihr Auskunft über die Struktur des Bodens und empfangen die Schwingungen, die durch andere, sich auf oder unter der Erde befindliche Tiere hervorgerufen werden.

Links: Dieses Bild vermittelt eine ungefähre Vorstellung davon, aus welcher Sicht die Katze ihr Heim erlebt. Die meisten Dinge spielen sich weit über ihrer Augenhöhe ab. Füße und Beine des Menschen sind näher als sein Kopf. Das kann das Tier verunsichern.

Geruchsprofil

Eine weiterer Pluspunkt ist der hochentwickelte Geruchssinn der Katze. Sie erkennt ihre Besitzer nicht nur anhand von optischen oder von akustischen Signalen, sondern auch an-

„Aus den Gesetzen der Katzen.
Dies ist mein Mensch.
Ich habe keine Angst vor ihm.
Er ist sehr stark,
denn er ißt sehr viel.
Was ißt Du?
Gib mir etwas davon!
Er ist nicht schön,
denn er hat kein Fell.
Weil er nicht genug Speichel hat,
muß er sich mit Wasser waschen.
Er miaut sehr laut
und viel mehr, als nötig ist.
Manchmal schnurrt er im Schlaf."

KAREL CAPEK

hand von deren Geruch, der ihr vertraut ist und bei dem sie sich wohlfühlt. Sie erkennt die Gerüche, die zu bestimmten Menschen, Hunden oder anderen Katzen gehören. Es spielt dabei überhaupt keine Rolle, ob diese noch im Raum sind oder ihn schon verlassen haben. Sie orientiert sich an den Duftmarken, die sie oder andere hinterlassen haben. Beschnuppert die Katze Besucher, kann sie sich ein Bild von ihnen machen. Selbst die Schuhe, die man trägt, bringen viele unbekannte Gerüche mit in die Wohnung.

Ist der Besuch eine andere Katze, kann das Tier anhand der Duftmarken (siehe Seite 48) des Gastes feststellen, welche Katze diese Marke wann hinterließ und in welchem sexuellen Zustand, ja unter Umständen sogar in welcher Stimmung sich diese befand.

Duftmarken sind ein wesentlicher Bestandteil der Welt der Katze. Auch wenn sie der Mensch nicht wahrnehmen kann, sollte er sich über deren Bedeutung für die Katze im klaren sein (siehe Seite 46).

Rechts und oben rechts: Katzen bevorzugen hohe Sitzplätze – Aussichtsposten, von denen aus sie die Welt unter sich gut und in Sicherheit überblicken können. Zudem läßt sich eine mögliche Beute von oben besser erspähen als vom Boden.

Kommunikation

Einzelkatzen ✦ Warnbotschaften ✦ Blicke ✦ Ohren, Schnurrhaare und Schwanz ✦ Körperhaltung

Die Notwendigkeit zu kommunizieren ist im Tierreich unterschiedlich ausgeprägt. Wie komplex die Kommunikationsmittel im einzelnen sind, hängt stark von der Lebensweise der Tiere ab. Einige leben im Gruppenverband und müssen sich daher untereinander verständigen. Andere sind Einzelgänger und kommen nur zur Paarung oder zur Aufzucht der Jungen zusammen.

Soziale Kontakte

Katzen sind mit Ausnahme der Löwen Einzelgänger. Nur in der Paarungszeit kommen sie zusammen. Die Jungen werden von den Weibchen alleine aufgezogen. Wenn es die Lebensumstände erfordern, bilden auch Katzen Gemeinschaften. Wo es reichlich Futter und Obdach gibt, sieht man mehrere verwilderte Katzen auf einmal.

Doch auch in der geschützten Umgebung einer Wohnung knüpfen Katzen untereinander soziale Kontakte. Sie verfügen über eine komplexe Körpersprache, mit deren Hilfe sie sich verständigen, unterstützt von Duftbotschaften und von einigen wenigen akustischen Signalen. Auch wenn sie andere Katzen normalerweise lieber auf Distanz halten, können sie bei Bedarf sehr gesellig sein.

Ganz anders der Hund und sein Vorfahr, der Wolf. Diese Tiere leben in Rudeln. Damit der Gruppenverband funktioniert, müssen sie während der Jagd zusammenarbeiten und Differenzen unblutig beilegen können. Ein verletztes Tier schwächt das Rudel, und wer ausgestoßen wird, kann alleine kaum überleben. Hunde brauchen ein Kommunikationsrepertoire, mit dem sie Dominanz oder Unterwerfung zeigen können. So legen sie ihre Rangordnung fest.

Katzen dagegen brauchen sich in keine feste Struktur einzufügen. Sie müssen zwar mit ihren Artgenossen aus der Nachbarschaft kommunizieren, Revierstreitigkeiten regeln, ihre Paarungsbereitschaft signalisieren sowie Streitigkeiten bezüglich des Nahrungs- oder Partnerangebots beilegen, doch ihre Kommunikation erfolgt weitgehend aus der Distanz: Meistens hinterlassen sich die Katzen gegenseitig einfach eine Duftmarke, die interpretiert werden kann, ohne daß man sich dabei jemals direkt begegnen müßte.

Körpersprache

Die Kommunikation zwischen Katzen verläuft hauptsächlich nach dem Motto: „Bleib auf Distanz!". Botschaften werden durch Geruchssignale übermittelt, die der Mensch nicht wahrnehmen kann. Unterwerfungsgesten wie beim Hund, der sich auf den Rücken wirft, kennt die Katze nicht. Kommt es zu Streitigkeiten, trollt sich der Unterlegene einfach. Das ist möglich, da es keinen Gruppenverband gibt, der durch das Ausscheiden eines Mitglieds geschwächt werden könnte.

Oben und ganz oben: Wenn eine Katze in ihrem Revier auf einen Eindringling trifft, kann dies zu einer Konfrontation führen. Normalerweise kämpfen Katzen nicht, sondern entscheiden die Situation bereits im Vorfeld mit Hilfe der Körpersprache. Wer sich in seinem eigenen Revier befindet, ist in der stärkeren Position und starrt den Eindringling aggressiv an. Dieser duckt sich dann vielleicht, legt die Ohren an und peitscht mit dem Schwanz. In der Regel zieht er sich daraufhin jedoch kampflos zurück.

1 2 3 4

Oben: Die Ohren der Katze lassen auf ihre Stimmung schließen. Eine glückliche, entspannte Katze (1) stellt die Ohren leicht nach vorn und hört ruhig zu. Eine wütende Katze (2) dreht die Ohren nach hinten. Belauert die Katze eine Beute (3), spitzt sie die Ohren und dreht sie leicht nach vorn. Eine verteidigungsbereite Katze (4) legt die Ohren eng an den Kopf an, unter anderem um sie im Falle eines Kampfes zu schützen.

Links: Dieses Tabby-Weibchen ist zum ersten Mal rollig und reagiert nervös auf die Annäherung einer fremden Katze. Die Ohren sind leicht angelegt und nach hinten gedreht. Geduckt hofft die Katze noch, einen Kampf zu vermeiden.

Unten links: Diese Burmakatze ist bereits in der nächsten Phase: Sie sträubt bedrohlich die Schwanzhaare.

Außerdem ist die einzelne Katze in keiner Weise so gefährdet wie ein Hund außerhalb seines Rudels.

Bei Untersuchungen an Hauskatzen haben Wissenschaftler nicht weniger als 25 verschiedene Gesten ermittelt, darüber hinaus gibt es wahrscheinlich noch viele weitere. Die Katze drückt ihr Befinden mit dem ganzen Körper aus. Die Botschaften lassen sich jedoch leichter interpretieren, wenn man die Körperteile isoliert betrachtet. Um zu verstehen, was uns die Katze sagen will, sollte man vor allem auf ihre Kopfhaltung, auf die Pupillen, auf die Stellung von Ohren und Schnurrhaaren, auf den Schwanz und auf ihre gesamte Körperhaltung achten. Indem die Katze die Haare am Rücken, am Schwanz oder am ganzen Körper aufrichtet, betont sie einzelne Körperpartien zusätzlich, sie erscheint dann größer.

Die Stimmungslage

Die Ohren verraten sehr viel über die Stimmungslage der Katze. Sie können um 180° gedreht und eng an den Kopf angelegt werden – auch einzeln. Eine entspannte Katze sitzt ruhig da und hat die Ohren nach vorn gedreht und etwas geneigt. Sind die Ohren leicht gespitzt und nach vorn gerichtet, ist die Katze hellwach und konzentriert. Zuckt sie mit den Ohren, ist dies meist ein Zeichen dafür, daß sie beunruhigt ist. Wenn sich die Katze bedroht fühlt, legt sie die Ohren an – einerseits, um sich zu schützen, andererseits, um sich kleiner und unauffälliger zu machen. Sie senkt den Kopf leicht und duckt sich, alle ihre Sinne sind in Alarmbereitschaft, und sie ist jederzeit bereit zu fliehen. Fühlt sich die Katze weiterhin bedroht, legt sie die Ohren als nächstes eng an den Kopf an und faucht, um den Angreifer abzuwehren.

Eine kampfbereite Katze dreht die Ohren nach hinten. Wenn sie dann noch die Pupillen weitet und weitere Drohgebärden äußert, zeigt sich, daß sie nicht mehr defensiv, sondern angriffslustig ist.

Körpersprache

Oben: Mit zurückgelegten Ohren versucht dieser männliche Silber-Tabby, seinen Gegner in Schach zu halten. Gleichzeitig weicht er jedoch zur Seite hin aus.

Oben: Dieses Kätzchen ist einem Hund begegnet und hat eine verteidigende Haltung eingenommen. Es macht einen Buckel, und das Fell ist gesträubt, wodurch das Tier größer wirkt. Noch bewahrt das Kätzchen seine Stellung, doch es wird sich bald davonschleichen.

Oben: Ein Kätzchen winkelt seinen Schwanz wie ein umgekehrtes „L" an. Dies signalisiert einen Konflikt. Das Tier ist in ein Scheingefecht mit seinen Geschwistern verwickelt.

Wenn Menschen lange Augenkontakt suchen, ist das meist ein Zeichen des Interesses oder der Freundschaft. Katzen empfinden dieses Verhalten als aggressiv, werden mit Blicken doch häufig stumme Kämpfe ausgetragen: Jede Katze versucht, die andere niederzustarren und ihr so ihren Willen aufzuzwingen.

Manchmal blicken Katzen einfach nur „ins Leere" – also ob sie träumen würden. Vermutlich sind sie damit beschäftigt, die vielen Informationen, die in ihr Gesichtsfeld dringen, zu verarbeiten, ohne sich dabei auf etwas Bestimmtes zu konzentrieren. Wenn sich Katzen entspannen, schließen sie die Augen halb und zwinkern langsam – eine beruhigende Geste.

Normalerweise hängt die Größe der Pupille von den Lichtverhältnissen ab – sie kann aber auch von der Stimmung beeinflußt sein. Bei Tageslicht ist die Pupille ganz schmal. Körpereigene Hormone wie Adrenalin können jedoch auch bei Tageslicht eine Weitung der Pupillen bewirken. Diese werden vor allem dann ausgeschüttet, wenn die Katze erregt ist. Genauso gut kann es aber auch sein, daß sich die Pupillen einer wütenden oder kampfbereiten Katze zu einem schmalen Schlitz verengen. Anhand der Pupillen läßt sich die Stimmungslage einer Katze also nur sehr schwer einschätzen, man sollte sich eher auf andere Hinweise verlassen.

Schnurrhaare

Auch die Stellung der Schnurrhaare sagt einiges über das Befinden der Katze aus. Wie die Ohren werden sie nach vorn gezogen, wenn die Katze etwas interessant findet. Fühlt sie sich bedroht, versucht sie sich kleiner zu machen, um eine Auseinandersetzung zu vermeiden. Dabei legt sie die Schnurrhaare eng an das Gesicht an.

Was der Schwanz sagt

Der Schwanz hilft der Katze nicht nur, ihr Gleichgewicht zu wahren, sie kommuniziert auch mit ihm. Richtet sie ihn steil auf, ist das eine Art Begrüßung. Peitscht sie damit heftig von einer Seite zur anderen, hat sie es wahrscheinlich gerade mit einem Gegner zu tun, der in ihr Territorium eingedrungen ist. Bei Furcht oder Erregung sträubt sie zusätzlich die Schwanzhaare und verschafft sich auf

diese Weise mit einem doppelt so groß wirkenden Schwanz Respekt.

Körperhaltung

Allein dadurch, daß die Katze eine andere Körperhaltung einnimmt oder ihr Fell sträubt, kann sie viel größer wirken, als sie eigentlich ist. Fühlt sie sich bedroht, versucht sie entweder, sich möglichst klein und unscheinbar zu machen, oder sie blufft: Dann plustert sie sich regelrecht auf, um ihren Gegner mit ihrer gefährlichen Größe zu beeindrucken.

Um optisch kleiner zu wirken, duckt sich die Katze und legt Ohren und Schnurrhaare an. Als Drohgebärde sträubt sie das Fell, wölbt den Rücken und richtet die Schwanzhaare auf. Doch auch dabei bleibt sie stets fluchtbereit und weicht langsam zur Seite hin aus. Dadurch bringt sie einen Sicherheitsabstand zwischen sich und den Gegner, den sie dabei nie aus den Augen läßt. Sobald sich eine Möglichkeit bietet, springt die Katze in Sicherheit.

An spielenden Kätzchen kann man das Repertoire der Körpersprache gut beobachten. Dabei sieht man manchmal die seltsamsten Posen, die man bei erwachsenen Tieren vergeblich suchen wird. Oft springen die Kleinen mit allen vieren zugleich ab, sträuben ihr Fell und drohen mit dem Schwanz – so furchterregend wie im Märchen, wo die Katze traditionell mit der Hexe gemeinsame Sache macht ...

Oben: Diese Katze fühlt sich bedroht und versucht den sich ihr nähernden Gegner durch Schreien zu erschrekken und zu verjagen.

Rechts: Dieses zehn Wochen alte Kätzchen begrüßt freudig eine andere Katze oder einen Menschen. Es hält den Schwanz senkrecht nach oben, die Schnurrhaare stehen nach vorn, und die Ohren sind aufgerichtet.

Bedrohte Katze

Neugierige Katze

Links: Schnurrhaare geben Auskunft über die Stimmung einer Katze. Normalerweise stehen sie seitlich nach außen. Fühlt sich die Katze bedroht, legt sie die Schnurrhaare nach hinten an. Bei Neugier werden sie nach vorn gerichtet, um das Geschehen zu ertasten.

Duftmarkierungen

Der Geruchssinn ist der am höchsten entwickelte Sinn der Katze, er spielt in jedem Bereich ihres Lebens eine wichtige Rolle. Er liefert der Katze dieselbe Fülle an Informationen wie dem Menschen der Gesichtssinn.

Duftmarkierungen sind ein wesentlicher Bestandteil der Kommunikation zwischen Katzen. Eine Katze kann zwar durchaus Umgang mit anderen Katzen pflegen, doch ist sie in der Regel eher auf Distanz bedacht. Mit ihren Duftmarken setzt sie Signale, die Konfrontationen mit anderen Katzen vermeiden sollen.

Ist eine Katze rollig, muß sie den Katern in ihrer Nähe ihre Paarungsbereitschaft signalisieren. Das direkteste Verfahren hierfür besteht in lautem Geschrei, mit dem sie die Aufmerksamkeit des Katers in nächster Nähe erregt. Dies nennt man auch „Rufen". Katzen müssen aber auch andere Botschaften hinterlassen können und ihren Artgenossen beispielsweise sagen, daß sie sich nähern oder aber fernbleiben sollen.

Dies tut die Katze mit Hilfe von Duftmarken. Diese enthalten Informationen über ihr Geschlecht, ihren sexuellen Status, ihre körperliche Verfassung, darüber, wann sie zum letzten Mal an diesem Ort vorbeikam, und vieles mehr. Je nach Inhalt der Botschaft können Katzen viele verschiedene Duftmarken setzen.

Duftquellen

Jeden Tag hinterläßt die Katze zahlreiche Duftmarken, sowohl in ihrem Heim als auch draußen in ihrem Revier. Beobachtet man seine Katze etwas genauer, kann man sehr schnell sehen, an welchen Körperstellen die Katze diese Düfte erzeugt und wo sie diese typischerweise absetzt.

Am Kinn, an den Lippen, zu beiden Seiten des Kopfes und an der Basis des Schwanzes verfügt die Katze über besondere Drüsen, die ein öliges Sekret absondern. Wenn sich die Katze wäscht, reinigt sie nicht nur ihr Fell, sondern verteilt auch die Absonderungen dieser Drüse über das ganze Fell. Sooft sie sich an Gegenständen im Haus, an anderen Katzen oder ihrem Besitzer reibt, verteilt sie ein wenig von diesem Duftstoff.

Auch wenn die Katze an einem Zaunpfahl oder an Möbeln kratzt, schärft sie damit nicht nur ihre Krallen. Drüsen zwischen den Sohlenballen sondern eine Art Schweiß ab, der die Ballen schmiert und sie so geschmeidig und empfindsam hält. Gleichzeitig informiert dieser Geruch

Oben: Wenn sich die Katze putzt, leckt sie sich nicht nur sauber, sondern verteilt auch Sekrete aus den Duftdrüsen über ihren Körper. Reibt sie sich dann an einem Menschen, überträgt sie ihre Düfte auf ihn.

aber auch andere Katzen über die eigene Anwesenheit.

Am intensivsten sind die Duftmarken, die mit Kot oder Urin gesetzt werden. Diese sind auch über große Entfernungen gut wahrzunehmen. Wer einmal den penetranten Geruch eines

Links: Beim Krallenschärfen hinterlassen Katzen auch Duftsignale. Aus Drüsen an den Füßen treten dann Sekrete aus, die andere Katzen über die eigene Anwesenheit informieren.

Oben: Diese Katze markiert ihr Territorium, indem sie den Kopf an einem abgebrochenen Ast reibt. Sekrete aus einer Drüse im Mundbereich verbreiten die Nachricht: „Dies ist mein Revier."

Zimmers wahrgenommen hat, in das ein unkastrierter Kater gespritzt hat, wird ihn so schnell nicht vergessen.

Katzen setzen sowohl Urin als auch Kot ein, um ihr Revier zu markieren. Dabei wenden sie ein besonderes Verfahren an, um sicherzustellen, daß die Urin-Botschaft auch ankommt. Direkt auf den Boden ausgeschiedener Urin könnte schließlich versickern und von anderen Gerüchen, die aus der Erde stammen, überdeckt werden. Der Urin läge dann auch viel zu tief, um von Luftströmungen erfaßt und verbreitet zu werden. Die Katze umgeht dies, indem sie den Harn verspritzt. Spritzen können sowohl männliche als auch weibliche, kastrierte und nichtkastrierte Tiere gleichermaßen. Normalerweise tun sie dies im Garten. Tiere, die auf Partnersuche sind oder einen Rivalen fernhalten wollen, bedienen sich häufig dieser Methode des Markierens.

Beim Spritzen nimmt die Katze eine charakteristische Haltung mit aufgerichtetem Schwanz ein. Es folgt ein Zittern, begleitet von einer Tretbewegung mit den Hinterbeinen. Dann spritzt die Katze einen dünnen Strahl Urin hinter sich, und zwar meist auf eine vertikale Fläche, die genau auf der Nasenhöhe anderer Katzen liegt.

Unten: An folgenden Körperstellen der Katze befinden sich besondere Talgdrüsen, die Duftsekrete absondern: im Gesicht, seitlich am Kopf, am Schwanz und unter den Pfoten.

Duftmarkierungen

Unkastrierte Kater vermischen den Harn mit anderen streng riechenden Stoffen aus ihren Analdrüsen. Man nimmt an, daß ein Kater den Urin eines anderen selbst bei Windstille noch in einer Entfernung von über zwölf Metern wahrnehmen kann. Der Geruch bleibt bis zu zwei Wochen haften; in diesem Zeitraum werden die Substanzen gleichmäßig abgebaut. Auf diese Weise können Katzen sehr genau feststellen, wann die Markierung gesetzt wurde.

Katzen setzen ihre Duftmarken nicht nur als Signal für andere Katzen ein, sondern schaffen sich dadurch auch eine Umgebung vertrauter Gerüche. Wenn eine fremde Katze in das Haus kommt und spritzt, ist unverkennbar, wie sehr dies die eigene Katze irritiert: Ihr Hausrecht wurde gewissermaßen von einem Eindringling verletzt. Eine eher ängstliche Hauskatze kann sich daraufhin veranlaßt sehen, selbst im Haus zu spritzen, um den Status quo wiederherzustellen.

Je mehr sich eine Katze bedroht fühlt, desto größer ist die Wahrscheinlichkeit, daß sie mit Duftmarkierungen versucht, ihr Gefühl der Sicherheit wiederherzustellen. In diesem Verhalten unterscheidet sie sich nicht sehr vom Menschen, der sich gern mit vertrauten Gegenständen umgibt und sich so in seinem Heim sicher und behaglich fühlt.

Oben: Wenn sich die Katze an Ihrem Bein reibt, ist dies nicht nur ein Liebesbeweis: Sie überträgt dabei zugleich Gerüche von ihrem Körper auf Ihren und umgekehrt. Dadurch entsteht für die Katze ein heimeliger Gruppengeruch.

1

2

3

4

Links: Die stärkste Form der Duftmarkierung ist das Urinspritzen (1). Daneben hinterläßt das Reiben des Körpers oder des Kopfes an Gegenständen (2 und 3) einen für uns nicht wahrnehmbaren Geruch. Auch beim Kratzen (4) hinterlassen Sekrete aus Drüsen an den Pfoten Duftmarkierungen.

Oben: Alle Katzen können ihr Revier mit einem Urinstrahl markieren. Während wir die Duftsignale, die weibliche und kastrierte Katzen hinterlassen, jedoch nicht wahrnehmen, ist der Geruch eines Katers unverkennbar. Der Strahl wird beim Spritzen auf Büsche, Zaunpfähle o. ä. gerichtet.

Oben: Diese Katze wälzt sich verspielt im Gras. Gleichzeitig setzt sie dabei Duftmarken, mit denen sie ihr Revier kennzeichnet. Mit diesem Geruch hinterläßt sie für andere Katzen gewissermaßen eine Visitenkarte. Die nächste Katze, die vorbeikommt, nimmt den Geruch wahr und kann die darin enthaltenen Informationen entschlüsseln.

Gruppengeruch

„Zuhause" bedeutet für die Katze nicht nur das Haus selbst, sondern auch seine Bewohner. Indem sie sich an den Mitbewohnern reibt und „Köpfchen gibt" – seien das nun Menschen, Hunde oder andere Katzen –, salbt sie nicht nur diese mit ihren Düften, sondern nimmt auch selbst etwas von deren Geruch auf. Dieser und die anderen Gerüche im Haushalt ergeben einen ganz speziellen „Gruppengeruch". Die Katze braucht dann nur kurz an jemandem zu schnuppern, um zu wissen, ob er zur Familie gehört oder nicht.

Auch Löwen in einem Rudel reiben sich aneinander, um einen solchen Gruppengeruch zu erzeugen. Neu zum Rudel hinzukommende Mitglieder fügen ihren eigenen Geruch hinzu und nehmen ihrerseits auch die Gerüche der anderen an. Erst dann werden sie von der Gruppe akzeptiert.

Auch wenn man als Mensch eigentlich nur den penetranten Spritz-Urin von Katern wahrnehmen kann, versteht man das Verhalten seines Haustiers viel besser, wenn man sich über die Bedeutung von Gerüchen im Leben einer Katze im klaren ist. Ein neuer Teppich zum Beispiel riecht sehr intensiv, selbst für unsere Nase. Man kann sich also vorstellen, wie dies erst auf die Katze wirken muß. Nicht genug, daß der alte Teppich und mit ihm auch die vertrauten Gerüche verschwunden sind, plötzlich füllt ein beißend neuer Geruch den Raum. Kein Wunder, daß manche Katzen sofort auf den neuen Teppich spritzen. Indem sie ihre Duftmarken darauf absetzen, eignen sie sich das neue Stück gewissermaßen an.

Oben: Katzen, die zusammenleben, pflegen sich oft gegenseitig, wobei sie sich besonders den Körperteilen zuwenden, die sie selbst nur schlecht erreichen können. Indem sie Drüsensekrete über das Fell der anderen Katze verteilen, tauschen sie auch Duftmarken aus. Dadurch verstärken sie ihre Bindung zusätzlich. Katzen im selben Haushalt nehmen einen Gruppengeruch an.

Lautäußerungen

Katzen kommunizieren auch mittels verschiedener Lautäußerungen. In Kolonien zusammenlebende Katzen schnurren, wenn sie einander pflegen. Den oberen Bereich ihres Stimmumfangs nutzen Katzen, wenn sie „rufen" (so nennt man das Geräusch, das rollige Katzen machen, wenn sie nach einem Kater rufen) oder wenn sie kreischen und fauchen, falls ihnen eine andere Katze zu nahe kommt. Kater begleiten Kämpfe um ein Revier oder einen Sexualpartner ebenfalls mit lautem Geschrei. Eine Katzenmutter ruft ihre Kätzchen, wenn sie sich zu weit davonwagen.

Allerdings kommunizieren Katzen stimmlich mehr mit ihren menschlichen Gefährten als mit anderen Artgenossen. Erwachsene Katzen miauen untereinander normalerweise nicht. Nur wenn sie noch ganz klein sind, drücken sie dadurch ihre Hunger- oder Angstgefühle aus. Wenn Katzen also in unserer Gegenwart miauen, wollen sie von uns letztlich auch nichts anderes als von ihrer Mutter: Aufmerksamkeit oder Nahrung. Katzen, die beim Menschen leben, haben gelernt, daß die stimmliche Kommunikation mit ihrem Besitzer Vorteile für sie hat. Auf diese Weise lehren sie uns, auf ihre Wünsche einzugehen: Wir füttern sie, lassen sie hinein oder heraus, oder aber wir schenken ihnen unsere Aufmerksamkeit, wenn sie uns etwas anderes mitteilen wollen.

Links: Wenn eine Katze Hunger hat, zögert sie nicht, dies zu äußern. Diese Katze macht ihrem Besitzer deutlich, daß das Frühstück längst überfällig ist. Aufmerksame Besitzer lernen rasch, verschiedene Nuancen des Miauens zu unterscheiden.

Unten: Diese Katze ist wütend und gibt dies ihrem Angreifer mit unzweideutigem und stimmgewaltigem Kreischen zu verstehen. Zischen und Fauchen flößen jedem Gegner Respekt ein.

Katzen erzeugen ihre Geräusche anders als der Mensch. Sie können sowohl beim Ein- als auch beim Ausatmen Laute von sich geben, setzen allerdings nicht die Zunge zur Lautbildung ein. Ihre Laute entstehen weiter hinten im Rachen, indem die Katze Luft mit unterschiedlicher Geschwindigkeit über die Stimmbänder gleiten läßt.

In der Regel wird die stimmliche Kommunikation nur bei kurzen Entfernungen benutzt. Ausnahmen sind hier das Rufen in der Hitze, das Jaulen während des Paarungsrituals sowie das wütende Warngeschrei rivalisierender Kater bei Nacht, wenn optische Signale nicht zur Verfügung stehen.

Katzensprache

Forscher haben etwa sechzehn verschiedene Lautmuster bei Katzen gefunden, wobei einzelne Katzen durchaus über persönliche Laute verfügen können, die sie nur ihren Besitzern gegenüber benutzen. Man kann die Lautäußerugen von Katzen grob in drei Gruppen einteilen: stimmlose Laute, Erregungslaute und stimmhafte Laute.

Stimmlose Laute

Zu den stimmlosen Lauten gehören das Schnurren sowie das Gurren, das die Katze von sich gibt, wenn sie uns begrüßt. Diese Laute, die im allgemeinen Laute der Zufriedenheit sind, werden mit geschlossenem Maul erzeugt. Das Schnurren gibt den Wissenschaftlern bis heute Rätsel auf: Noch immer läßt sich nicht genau sagen, wie die Katze dieses Geräusch erzeugt. Doch auch bei Schmerzen können Katzen schnurren, damit beruhigen sie sich selbst. Weibliche Katzen kommunizieren schnurrend mit ihren Kätzchen, und wenn diese zwei Wochen alt sind, schnurren sie zurück. Auf diese Weise lassen sie ihre Mutter wissen, daß alles in Ordnung ist.

Erregungslaute

Erregungslaute dagegen werden mit offenem Maul erzeugt, und zwar dann, wenn die Katze emotional angespannt ist. Mit diesen Lauten, zu denen Knurren, Fauchen und Zischen, Schmerzenslaute sowie das Jaulen rolliger Weibchen gehören, kommunizieren erwachsene Katzen. Außerdem erzeugen sie auch Ultraschalltöne, die wir nicht hören können.

Stimmhafte Laute

Das Miauen gehört in die Gruppe der stimmhaften Laute. Katzen miauen, indem sie den Mund öffnen und langsam wieder schließen, während sie den Atem stimmhaft hindurchtreten lassen und zugleich die Kehlkopfspannung verändern.

Die Katze kann die unterschiedlichen Miau-Laute mit ganz bestimmten Bedeutungen verknüpfen. So läßt sie ihren Besitzer wissen, was sie möchte. Hierzu gehört zum Beispiel auch das „stumme Miauen“, bei dem die Katze zu einem klagenden „Miau“ ansetzt, ohne daß ein Laut aus ihrer Kehle kommt – wahrscheinlich die herzerweichendste und damit erfolgreichste Methode.

„Dr. Turton sagt:
Die Katze hat ein ...
ausdrucksvolleres Stimmorgan
als jedes andere Tier:
das ... Gurren der Wonne ...,
das Schnurren der Zufriedenheit ...,
das Miauen des Kummers,
das Knurren des Zorns und
das schreckliche Jaulen des Schmerzes.“

Charles H. Ross

Oben: Zufriedene Kätzchen bahnen sich schnurrend den Weg zu ihrer Mutter. Sie können auch während des Trinkens schnurren – vermutlich regt dieses Geräusch sogar den Milchfluß an.

Links: Dieses Kätzchen faucht ein Geschwisterchen an, das beim Spielen etwas zu wild war. Es hat schon gelernt, seinen Unwillen auf wirksame Weise auszudrücken.

Sozialverhalten der Katze

Wildlebende Katzen ✦ Territorien ✦ Geheime Signale

Katzen sind Reviertiere: Wenn sich eine fremde Katze im eigenen Bereich aufhält, wird versucht, sie zu verjagen. Der Mensch hat aber in aller Regel keine Ahnung davon, welche Emotionen zwischen den Katzen hin- und herwogen und welche Machtspiele bezüglich eines Reviers oft ablaufen.

Wildkatzen und freilebende Katzen müssen selbst für ihren Lebensunterhalt sorgen. Sie verteidigen ein bestimmtes Gebiet, in dem sie ihren Ruheplatz haben, und ein anderes, in dem sie jagen.

Freilebende Kater haben ein etwa dreieinhalbmal so großes Revier wie Katzen, auch wenn sie dieses nicht ständig durchstreifen können, insbesondere während der Paarungszeit. Das Revier des Weibchens ist kleiner, wird aber um so aggressiver von ihm verteidigt, wenn es Junge hat. Dann ist die Katze auch viel weniger bereit, die Beute in ihrem Gebiet zu teilen.

Sobald jedoch mehr Futter zur Verfügung steht, ändert sich das soziale Gefüge vollkommen. Wer je in südlichen Ländern unterwegs war, kennt die großen Scharen streunender und freilebender Katzen, die sich um Hotels versammeln, wo es reichlich Futter gibt. Je größer das Nahrungsangebot, desto kleiner das Gebiet, das die Katze verteidigen muß, um zu überleben. Was ihr Sozialverhalten betrifft, ist die Katze also flexibel, d. h. der Einzelgänger kann auch mit Artgenossen zusammenleben, wenn dies notwendig sein sollte.

Unkastrierte, freilebende Kater haben ein Revier, das sich über mehrere

Oben: Ein neun Wochen altes Kätzchen nähert sich zum ersten Mal seinem Vater. Die meisten Kätzchen haben wenig mit ihren Vätern zu tun, dieser wirkt jedoch freundlich.

Unten: Diese wilde Katzenmutter hat eine Nische in einem gefällten Baumstamm als Unterschlupf für sich und ihre Jungen gewählt.

Durchschnittliche Reviergrößen verschiedener Katzentypen

Kastrierte Stadtkatze (männlich): etwa 80 Quadratmeter.

Revierkatze in der Stadt (männlich): etwa 800 Quadratmeter.

Freilebende Katze (männlich): etwa 60 Hektar.

Schottische Wildkatze (männlich): etwa 70 Hektar.

Rechts: Das Diagramm zeigt die typischen Reviergrößen verschiedener Katzenarten. Die Bedürfnisse einer Wohnungskatze und einer Wildkatze sind höchst unterschiedlich.

Quadratkilometer erstreckt, während das der meisten Hauskatzen nur auf das Haus des Besitzers, auf dessen Garten und vielleicht noch auf die Nachbargärten beschränkt ist. Katzen nehmen gern immer denselben Weg, sie haben ihre Lieblingsplätze, von denen aus sie das Leben um sich herum beobachten. Dort suchen sie sich auch ihr bevorzugtes Fleckchen zum Sonnenbaden.

Reviergrösse

In Stadtgebieten ist die Katzendichte so hoch, daß es keine exklusiven Reviere geben kann. Da aber die meisten Hauskatzen kastriert sind, regelmäßig mit Futter versorgt werden und von ihren Besitzern warme, sichere Schlafplätze zur Verfügung gestellt bekommen, besteht auch keine Notwendigkeit, ein großes Revier zu verteidigen. Außerdem hängt die Größe des Reviers auch von der Persönlichkeit, dem Alter und dem Geschlecht der jeweiligen Katze ab, ebenso davon, ob es in der Nähe andere Katzen oder Hunde gibt.

Mitbenutzung von Revieren

Katzenbesitzer wissen meist sehr wenig über das Leben, das ihre Katze außerhalb der eigenen vier Wände führt, über ihre Kämpfe, Kompromisse und Freundschaften. Dabei können die kompliziertesten Reviergrenzen durch die Gärten unserer Häuser verlaufen, die mit geheimen, für uns nicht wahrnehmbaren Zeichen markiert sind.

Ein solches Zeichen heißt nicht zwangsläufig „Zutritt verboten“. Meist bedeutet es eher so etwas wie „Kitty ist jetzt im Garten“ oder „Ginger benützt diese Route in der Abenddämmerung“. Auf engem Raum zusammenlebende Katzen scheinen oft eine Art gemeinsamen Nutzungsvertrag für ein bestimmtes Territorium geschlossen zu haben. Vermutlich hat dabei das stärkste Tier Zugang zum besten Jagdgebiet, und zwar genau zu der Zeit, während der mit der größten Wahrscheinlichkeit Beute unterwegs ist. Die weniger Selbstbewußten müssen sich dann mit Zeiten begnügen, in denen sich kein anderer dort aufhalten will. Mit Hilfe von Duftmarken lassen sich solche Dinge ganz friedlich regeln.

Unten: Eine Gruppe streunender Katzen ist in Gegenden, in denen die Straßen genügend Futter bieten, ein gewohnter Anblick. Diese Katzen auf Kreta können sich von den Abfällen eines Restaurants gut ernähren.

Mensch & Katze

Das Band zwischen Mensch und Katze ✦ Kommunikation ✦ Eine Mutter-Kind-Beziehung

Oben: Je nach den individuellen Bedürfnissen von Mensch und Katze kann die Bindung zwischen beiden sehr eng sein.

Unten: Bringt der Mensch das Kätzchen in der Katze zum Vorschein? Katzen, die vom Menschen umsorgt werden und dessen liebevolle Zuwendung erfahren, zeigen in vielerlei Hinsicht das Verhalten kleiner Kätzchen.

Manchmal scheinen Menschen und Katzen miteinander viel glücklicher zu sein als mit ihresgleichen – so eng kann die Beziehung zwischen Mensch und Tier sein. Jede funktionierende Beziehung ist durch wechselseitiges Geben und Nehmen gekennzeichnet. In der Gegenwart der Katze muß sich der Mensch keinerlei gesellschaftlichen Zwängen aussetzen. Er wird von seinem Schmusekater weder beurteilt noch kritisiert und kann so seine Zuneigung ganz offen zeigen, ohne Angst vor Zurückweisung haben zu müssen.

Der Katze dagegen garantiert eine solche Beziehung ausreichend Futter, ohne daß sie sich dafür besonders anstrengen muß. Beim Menschen lebt sie in einer recht sicheren Umgebung voller Wärme und Behaglichkeit und genießt das Gestreicheltwerden. Das Erfolgsrezept dieser gutgehenden Beziehung ist also gegenseitige Aufmerksamkeit, Geduld und Großzügigkeit – das funktioniert übrigens nicht nur zwischen Mensch und Katze!

Aus der Katzenperspektive

Wir werden nie genau wissen, wie Katzen den Menschen sehen. Alles, was wir tun können, ist, ihr Verhalten genau zu studieren und zu gucken, ob sie sich uns gegenüber anders verhalten als gegenüber ihren Artgenossen.

So kommunizieren Katzen stimmlich mehr mit dem Menschen als mit ihresgleichen, denn auf diese Weise können sie ihm ihre Wünsche mitteilen. Auf der Basis von Lautäußerungen, Körpersprache sowie anderen Verhaltensweisen kann so eine ganz individuelle Beziehung zwischen Mensch und Tier aufgebaut werden.

„Katzen kennen das Geheimnis, wie sie mit uns leben können, ohne an unserer Mühsal teilzuhaben, sie ganz allein."

AXEL EGGEBRECHT

Diese Art der Verständigung funktioniert ausgezeichnet, wenn sie sich auch nur auf so elementare Dinge wie zum Beispiel Füttern, Hereinkommen und Hinausgehen oder Gestreicheltwerden erstreckt. Da Katzen ohne weiteres zehn Jahre oder älter werden, haben Mensch und Katze viel Zeit, eine eigene Sprache zu entwickeln.

Die Beziehung zwischen Mensch und Katze wird manchmal als Mutter-

Oben: Der steil aufgerichtete Schwanz ist eine Begrüßungsgeste, die Freundschaft und Vertrauen signalisiert. Oft miaut die Katze gleichzeitig.

Oben: Wenn Kinder freundlich sind und darauf achten, daß sie sich ruhig und langsam bewegen, werden sie von Katzen sehr schnell akzeptiert.

Kind-Beziehung beschrieben, wobei die Katze den Menschen vermutlich als Ersatzmutter betrachtet (siehe auch Seite 55). Andere Forscher meinen, daß Katzen ihren Besitzer als ranghöheres Tier derselben Gruppe betrachten. Diese Annahme stützt sich auch auf die Beobachtung, daß Katzen sich an Menschen reiben. In der Katzenwelt sind es üblicherweise die niederrangigen Tiere, die das Reiben einleiten: Kätzchen reiben sich an ihrer Mutter, Katzen an Katern.

Vielleicht legen Katzen dem Menschen gegenüber auch einfach dasselbe Verhalten an den Tag wie gegenüber Artgenossen, von denen sie sich nicht bedroht fühlen. Bei Kätzchen ist dies die Mutter, die sie beschützt und ernährt. Ausgewachsene Katzen zeigen dasselbe entspannte Verhalten im Umgang mit anderen Katzen, zu denen sie in keinerlei Konkurrenzbeziehung stehen. Wenn die Katze auch uns gegenüber dieses Verhalten an den Tag legt, zeigt das nur, wie sehr sie dem Menschen vertraut.

EINE MUTTER-KIND-BEZIEHUNG?

Für diese Theorie der Mutter-Kind-Beziehung spricht:

✦ Junge Kätzchen kommunizieren über ihre Stimme. Dieses Verhalten behält die Hauskatze dem Menschen gegenüber bei.

✦ Katzen schnurren in Gegenwart des Menschen – ebenfalls ein Verhalten, mit dem sich Katzenmutter und Kätzchen ihr Wohlbefinden signalisieren.

✦ Häufig „treten“ Katzen, während sie auf dem Schoß des Menschen sitzen, mit den Pfoten. Kleine Kätzchen regen so bei ihrer Mutter den Milchfluß an.

✦ Katzen begrüßen den Menschen mit aufgerichtetem Schwanz. Auch dies ist Kätzchen-Verhalten, denn dann kann die Katzenmutter den Anus ihrer Jungen säubern.

✦ So, wie sich die Katze an unseren Beinen reibt, reibt sich auch das Kätzchen an der Mutter.

✦ Ähnlich einer Katzenmutter garantiert der Besitzer seinem Tier Nahrung, Sicherheit und Obdach.

Der Lebenszyklus

Lebensrhythmen ✦ Lebensspanne ✦ Fortpflanzung und Paarung ✦ Trächtigkeit und Geburt

Oben: Dieser schöne rote Tabby, der sich hier wohlig streckt, sieht einer längeren Lebensspanne entgegen als seine halbwilden Vettern, weil er gut versorgt wird.

Der Lebenszyklus von Hauskatzen unterscheidet sich von dem der wildlebenden Katzen hauptsächlich dadurch, daß erstere kastriert sind. Bei den domestizierten Tieren dreht sich das Leben daher nicht mehr hauptsächlich um die Paarung und die Aufzucht von Jungen.

Idealerweise kommt die Hauskatze im Alter von acht bis zwölf Wochen zu einem liebevollen Besitzer. Sie wird gegen die wichtigsten Krankheiten geimpft, gegen Würmer und Flöhe behandelt und mit guter Nahrung versorgt. Ungefähr im Alter von einem halben Jahr werden dann sowohl die männliche als auch die weibliche Katze kastriert. Mit einem Jahr sind sie bereits vollkommen ausgewachsen. Ihre biologische Lebenserwartung liegt etwa bei vierzehn Jahren.

Rassekatzen, die zur Zucht eingesetzt werden, wachsen meist unter besonders privilegierten Umständen auf. In der Regel bekommen sie eine spezielle Kost, die ganz auf die Bedürfnisse von Mutter und Kätzchen abgestimmt ist. Meist läßt man sie nur einmal im Jahr werfen.

Halbwilde Katzen

Ganz anders sieht dagegen das Leben streunender Katzen aus. Deren Junge bleiben einige Monate bei ihrer Mutter. Von ihr lernen sie, wie man sich selbst durchschlägt. Erst dann verlassen sie die Gruppe, um ein eigenes Revier zu finden. Etwa mit einem halben Jahr werden sie geschlechtsreif. Zu diesem Zeitpunkt werden auch die meisten Katzen trächtig. Diese können zwei-, ja sogar dreimal im Jahr Junge haben. Das kostet jedoch sehr viel Kraft.

Halbwilde Katzen sind zahlreichen Gefahren ausgesetzt: dem Straßenverkehr, anderen Raubtieren, Unwetter, Krankheiten sowie dem täglichen Kampf um Nahrung. Nur wenige von ihnen werden älter als zehn Jahre. Unkastrierte Kater werden häufig nicht

Links: Diese zehn Wochen alten Kätzchen werden bald ein neues Zuhause bekommen. Halbwilde Kätzchen ihres Alters müssen dann schon beginnen, für sich selbst zu sorgen.

einmal älter als fünf Jahre, weil sie durch ihre Lebensweise sehr leicht in Unfälle verwickelt werden und deshalb ganz besonders gefährdet sind.

Die Lebenserwartung

In der Tierwelt gilt folgende Regel: Je kleiner das Tier, desto kürzer ist auch seine Lebenserwartung. Im Verhältnis zu ihrer Größe haben Katzen ein relativ langes Leben. Eine Kastration, gesunde Ernährung, vorbeugende Maßnahmen (Impfungen, Wurmkuren, Parasitenkontrolle) sowie eine regelmäßige tierärztliche Versorgung lassen die Lebenserwartung zusätzlich steigen.

Katzen werden ziemlich schnell erwachsen – schließlich müssen sie sich in der freien Wildbahn schon früh selbst behaupten. Bereits im Alter von einem halben Jahr sind sie auf Fortpflanzung eingestellt. In ihrem ersten Lebensjahr haben Katzen schon einiges erlebt: Die Entwöhnung, mehrere Revierwechsel, die Geschlechtsreife, ja vielleicht schon den ersten Wurf.

Der Lebenszyklus eines jeden Tieres ist auf seine Umwelt abgestimmt, denn sonst könnte es nicht überleben. Junge werden zu einem Zeitpunkt geboren, zu dem das Nahrungsangebot groß ist. Die Katze bildet hier keine Ausnahme. Ihre innere Uhr ist auf den Wechsel von Tag und Nacht, auf die Jahreszeit und ihre jeweilige Temperatur eingestellt. Auch unsere Hauskatzen gehorchen dem Rhythmus der Jahreszeiten – selbst wenn sie während der Wintermonate weder Kälte noch Hunger leiden müssen.

	Katze	Mensch
Geburt Entwöhnung	3 Monate	9–12 Monate
Kommunikation voll entwickelt	4 Monate	3–4 Jahre
Geschlechtsreife	6 Monate	12 Jahre
	1 Jahr	15 Jahre
	2 Jahre	24 Jahre
	3 Jahre	28 Jahre
	4 Jahre	32 Jahre
	5 Jahre	36 Jahre
	6 Jahre	40 Jahre
	7 Jahre	44 Jahre
	8 Jahre	48 Jahre
	9 Jahre	52 Jahre
	10 Jahre	56 Jahre
	11 Jahre	60 Jahre
	12 Jahre	64 Jahre
	13 Jahre	68 Jahre
	14 Jahre	72 Jahre
	15 Jahre	76 Jahre
	16 Jahre	80 Jahre
	17 Jahre	83 Jahre
	18 Jahre	86 Jahre

Katzenjahre
In der Grafik wird der Lebenszyklus der Katze mit dem des Menschen verglichen. Das erste Lebensjahr einer Katze entspricht etwa 15 Menschenjahren. Eine zweijährige Katze ist von ihrer Entwicklung her mit einem Menschen im 24. Lebensjahr vergleichbar. Danach zählt man für jedes Katzenjahr vier Menschenjahre. Wenn die Katze ein Alter von 16 Jahren erreicht, rechnet man jeweils noch einmal drei Jahre dazu. Diese Zählweise ist zutreffender als die frühere, bei der man die Katzenjahre einfach mit sieben multiplizierte, um sie mit den Lebensjahren des Menschen vergleichen zu können.

Unten links: Zwei halbwilde Kätzchen schauen aus ihrer Mauerhöhle hervor. Schon bald werden sie sich ein eigenes Revier suchen und sich selbst zurechtfinden müssen.

Unten rechts: Diese ältere Katze hält in der Sicherheit ihres behaglichen Zuhauses ein Schläfchen. Halbwilde Katzen hingegen erreichen nur selten ein hohes Alter.

Lebenszyklus

Oben: Im Winter wächst der Katze ein längeres, dichteres Fell – und zwar unabhängig davon, ob sie im Freien oder in einer gutbeheizten Wohnung lebt.

Tiere müssen sich in ihrem Lebenszyklus nach den Elementen richten, um überleben zu können. Sie müssen zu einem Zeitpunkt Junge bekommen, zu dem das Nahrungsangebot groß ist. Die Katze bildet hier keine Ausnahme. Ihre innere Uhr ist auf den Wechsel von Tag und Nacht, auf die verschiedenen Jahreszeiten, Tageslängen und Temperaturen eingestellt. Auch die Hauskatzen gehorchen den jahreszeitlichen Rhythmen, selbst wenn sie während der harten Wintermonate weder unter Kälte noch unter Hunger leiden müssen.

Lebensrhythmen

Jeder Mensch hat einen ganz bestimmten Wach- und Schlafrhythmus, den er jeweils im Verlauf von 24 Stunden beibehält. Auch die Katze verfügt über einen solchen Rhythmus, dieser ist allerdings wesentlich stärker gegliedert als beim Menschen. Wann und wie oft eine Katze wacht oder schläft, hängt von vielen Faktoren ab. Muß das Tier jagen, um zu überleben? Oder lebt die Katze in einem Haushalt und hat sich an den Rhythmus ihrer Besitzer angepaßt?

Auch die Jahreszeiten bestimmen den Lebensrhythmus der Katze. Unter anderem haben sie großen Einfluß auf das Wachstum der Haare und auf das Paarungsverhalten des Tieres. Im Herbst werden die Tage kürzer. Dann beginnt die Katze, sich auf den Winter einzustellen – ihr Fell wird dicker und länger.

Der Wechsel der Jahreszeiten und die damit verbundene unterschiedliche Tageslänge beeinflussen auch den Fortpflanzungszyklus der Katze. Auf der nördlichen Erdhalbkugel sind Katzen von Oktober bis Dezember überhaupt nicht an Katern interessiert. Von Januar bis September dagegen sind sie mehrmals im Jahr rollig – vorausgesetzt, sie sind geschlechtsreif und wurden nicht kastriert.

In diesen Monaten sind die Tage wieder länger, was sich auch auf das Paarungsverhalten auswirkt: Trifft genügend Licht auf die Netzhaut des Auges wird der Hypothalamus stimuliert, eine Gehirnregion, die die biologische Uhr und damit auch Freß-, Wach-, Schlaf- und Sexualverhalten steuert.

Je mehr Tageslicht durch das Auge einfällt, desto mehr wird die Hypophyse, die Hirnhangdrüse, dazu angeregt, das sogenannte follikelstimulierende Hormon (FSH) auszuschütten. Dieses Hormon regt die Eierstöcke und die Bildung des Hormons Östrogen an: Die Katze wird rollig.

Partnersuche

Jetzt muß die Katze zeigen, daß sie paarungsbereit ist. Indem sie zusammen mit dem Urin Östrogen ausscheidet, hinterläßt sie für die Kater der Umgebung Duftmarkierungen. Außerdem „ruft“ sie, womit sie Kater ermuntert, in ihr Territorium zu kom-

Unten: Katzen haben einen anderen Wach-Schlaf-Rhythmus als der Mensch. Sie halten oft und gern ein Nickerchen.

Links: Wenn der Kater die Katze besteigt, packt er sie am Nacken. Ist das Weibchen bereit, drückt sie sich flach auf den Boden und hebt das Hinterteil.

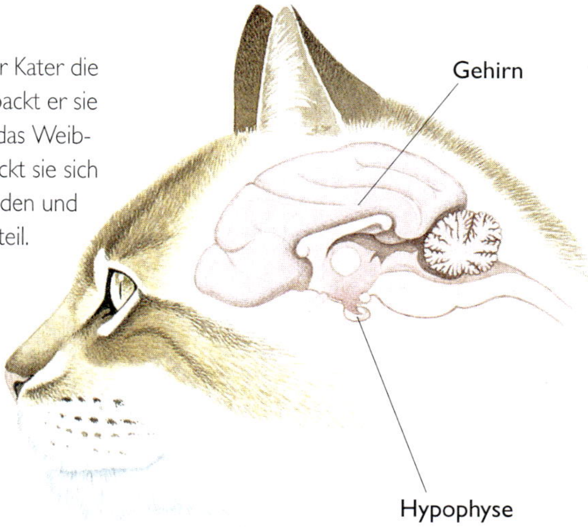

Rechts: Wie bei allen anderen Säugetieren auch, steuern bei Katzen Hormone die meisten Körperfunktionen. Wenn die Tage länger werden, regen Hypothalamus und Hypophyse die Tätigkeit der Sexualorgane an.

men. Katzenbesitzer, die noch nie eine rollige Katze erlebt haben, glauben manchmal, das Tier leide unter starken Schmerzen. Wälzt es sich auf dem Rücken, drückt sein Hinterteil auf den Boden und hebt den Schwanz, ist es nicht etwa krank, sondern zeigt seine Paarungsbereitschaft an.

Sobald sich mehrere Freier einstellen, trifft die Katze ihre Wahl. Dem Auserwählten erlaubt sie es, sie zu besteigen und sie mit den Zähnen im Nacken zu packen. Der Paarungsakt selbst ist nur sehr kurz und endet üblicherweise damit, daß die Katze schreit und versucht, dem Kater einen Hieb zu versetzen: Der Penis des Katers verfügt über kleine Stacheln. Ob dieser beim Herausziehen Schmerzen verursacht, weiß man nicht – auf jeden Fall löst der Kater auf diese Weise den Eisprung bei der Katze aus. Das hat den Vorteil, daß keine Eizellen verschwendet werden, falls einmal kein Kater in der Nähe sein sollte. Durch die Reizung der Penisstacheln wandern die reifen Eier über den Eileiter in die beiden Hörner des Uterus, wo dann die Befruchtung erfolgt.

Bis der Eisprung wirklich ausgelöst wird, können mehrere Paarungen notwendig sein. So hat jeder Kater, der das Weibchen deckt, eine reelle Chance auf Nachwuchs. Das ist auch der Grund dafür, daß Katzen in einem Wurf Junge von verschiedenen Vätern haben können. Bis die Eier die Gebärmutter erreicht haben, dauert es etwa zwei Tage. Das Sperma des Katers dagegen bleibt mehrere Tage lebensfähig und wandert durch die Vagina den Eiern entgegen. Sobald diese befruchtet wurden, nisten sie sich in der Gebärmutter ein. Die Fetusse liegen nebeneinander in den beiden Uterushörnern, wo sie sich in einem Zeitraum von neun Wochen entwickeln.

Wenn es zu keiner Paarung und Befruchtung kommt, hört die Rolligkeit der Katze vorübergehend auf. Dieser Zeitraum kann sich über zwei Tage bis zu zwei Wochen lang hinziehen. Danach wird das Tier wieder paarungsbereit. Das ganze dauert so lange, bis die Katze trächtig wird oder die Tage wieder kürzer werden.

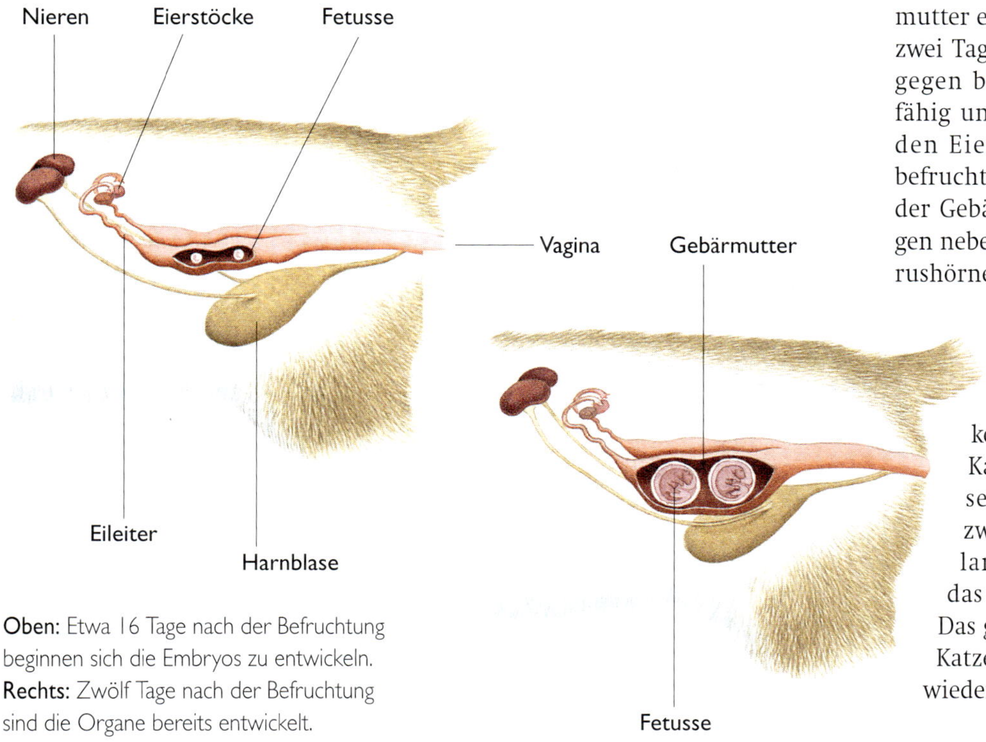

Oben: Etwa 16 Tage nach der Befruchtung beginnen sich die Embryos zu entwickeln.
Rechts: Zwölf Tage nach der Befruchtung sind die Organe bereits entwickelt.

Trächtigkeit und Geburt

Die Trächtigkeit einer Katze dauert etwa 63 Tage (neun Wochen). In dieser Zeitspanne macht der Körper der Katze einige Veränderungen durch. Etwa in der dritten Trächtigkeitswoche bewirkt das Hormon Progesteron ein Anschwellen der Brustdrüsen. Die Zitzen nehmen eine rosa Farbe an und treten deutlicher hervor. Mit fortschreitender Trächtigkeit wird die Katze immer schwerer. Wie sehr sie dabei an Gewicht zunimmt, hängt von der Größe des Wurfs ab. In den letzten Tagen der Trächtigkeit beginnt sie damit, Milch zu produzieren.

Oben: Anhand des runden Bauchs dieser Katze kann man erkennen, daß die Trächtigkeit schon weit fortgeschritten ist. Bald wird sich das Tier auf die Suche nach einem geeigneten Wurflager machen.

Die Geburtsvorbereitung

Einige Wochen vor der Geburt wird die Katze ruhelos und macht sich auf die Suche nach einem geeigneten Ort, an dem sie ihre Jungen zur Welt bringen kann. In freier Wildbahn hängt das Überleben des Wurfes dann nicht zuletzt von diesem sicheren Unterschlupf ab. Viele werdende Katzenmütter sind mit einem Karton oder einer von ihrem Besitzer gebauten Wurfkiste völlig zufrieden. Andere sind da wählerischer und bestehen beispielsweise auf einem Platz auf der Couch oder oben auf dem Kleiderschrank. Es kann durchaus vorkommen, daß Katzen mehrere Wurflager vorbereiten – nur für den Fall, daß es ihnen an einem der Lager zu unruhig oder zu unsicher werden sollte.

Einige Stunden vor der Geburt beginnt sich die Katze zu lecken, vor allem im Bereich des Geburtskanals und der Zitzen. Wissenschaftler nehmen an, daß sie dadurch eine Speichelspur legt, die die Kätzchen nach der Geburt zu den Zitzen führt.

Wenn die ersten Wehen kommen, atmet die Katze schneller, manchmal auch durch den Mund, wobei sie häufig schnurrt. Diese Phase kann sich oft über mehrere Stunden hinziehen. In der zweiten Phase beginnen die Preßwehen, die durch heftige Kontraktionen gekennzeichnet sind. Jedes der Kätzchen wird in einer eigenen Fruchtblase geboren, die von der Mutter aufgebissen wird. Mit ihrer rauhen Zunge leckt sie das Gesicht des Neugeborenen, um es von Hautresten zu

Die Entwicklung des Embryos

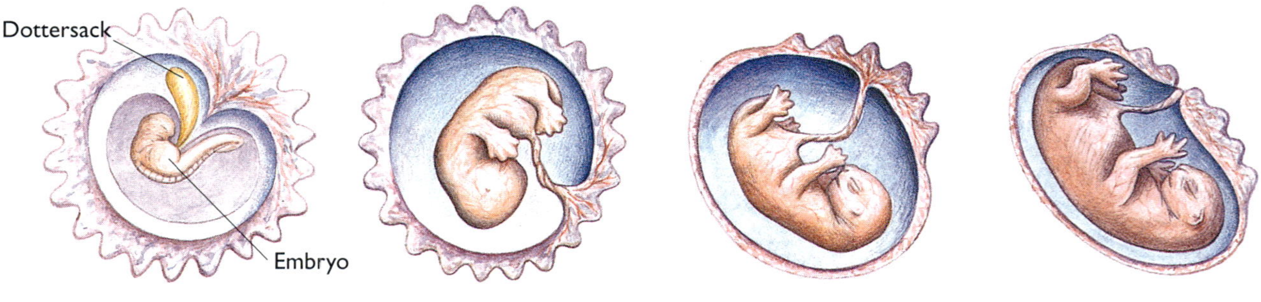

Während der ersten 18 Tage wird der Embryo noch über den Dottersack mit Nährstoffen versorgt.

Danach schrumpft der Dottersack, und der Embryo muß über die Plazenta ernährt werden.

In der vierten Woche ist der Embryo etwa 2,5 cm lang. Die ersten Organe sind bereits angelegt.

Zwischen der vierten und neunten Woche verdoppelt der Fötus seine Größe, die Knochen bilden sich aus.

Oben und oben rechts: Gleich nach der Geburt beginnt die Mutter damit, das Gesicht des Kätzchens sorgfältig zu reinigen, und beißt ihm die Nabelschnur durch. Anschließend leckt sie das Junge am ganzen Körper, um sein Fell zu säubern.

Unten: Diese einen Tag alten Kätzchen sind noch völlig hilflos. Sie können weder sehen noch gehen und sind darauf angewiesen, daß ihre Mutter sie säugt und warm hält. Selbst die Verdauungsfunktionen muß sie bei ihnen anregen.

Oben: Nach der Geburt eines jeden Kätzchens frißt die Mutter die Plazenta auf.

befreien und die Flüssigkeit aus der Fruchtblase zu entfernen. Dadurch regt sie gleichzeitig die Atmung an. Schließlich beißt die Katzenmutter die Nabelschnur durch. Kurz nach der Geburt des Kätzchens stößt sie die Nachgeburt ab und frißt sie auf. In den ersten Tagen verläßt die Mutter ihre Kätzchen kaum – ohne die wertvollen Nährstoffe der Plazenta wären ihre Energiereserven rasch erschöpft. Genauso kümmert sich die Mutter um jedes weitere Kätzchen eines Wurfes – so gut sie es eben kann.

Zwischen den Geburten der Jungen können fünfzehn Minuten vergehen, manchmal dauert es auch mehrere Stunden. Wenn das letzte Kätzchen geboren ist, legt sich die Katze auf die Seite und ermuntert die Kleinen zum Trinken, indem sie sie leckt. Ihr Geruchssinn und ihre wärmeempfindliche Nase lassen die Neugeborenen zu den Zitzen finden. Diese erste Milch, auch *Kolostrum* genannt, ist besonders wichtig für die kleinen Kätzchen, denn sie enthält eine Menge wertvoller Antikörper.

Durchschnittlich bekommt eine Katze vier bis fünf Junge, einige Rassen sogar noch mehr. So haben Siamesen und Burmesen nicht selten acht Kätzchen, manchmal auch elf oder zwölf.

Jetzt ist die Katze vollkommen damit beschäftigt, sich um ihren Wurf zu kümmern. Sie gibt den Kätzchen Schutz, Wärme und versorgt sie mit wertvollen Nährstoffen. Sie leckt die Kleinen unter dem Schwanz, um deren Blasen- und Darmfunktion anzuregen. Die Ausscheidungen frißt sie auf und hält so das Nest sauber.

Das junge Kätzchen

Unten: Neugeborene Kätzchen trinken nie mehr als einen Teelöffel voll Muttermilch auf einmal, das aber um so öfter. Nach etwa zwei Wochen benötigen die Junger bereits die doppelte Menge an Muttermilch.

Kurz nach der Geburt bahnen sich die Kätzchen den Weg zu den Zitzen: Ihre empfindliche Nase folgt der Speichelspur, die die Katze hinterließ, als sie sich vor der Geburt den Bauch leckte. Dabei helfen dem Kätzchen verschiedene angeborene Verhaltensweisen. Ein Reflex veranlaßt sie, die Zitzen zu suchen und sich an ihnen festzuhalten. Es folgt der Saugreflex. Nach einigen Tagen erfolgt der sogenannte Milchtritt, der den Milchfluß zusätzlich stimuliert. Viele Katzen zeigen dieses Verhalten dann auch noch im Erwachsenenalter. Das Schnurren beginnt kurze Zeit danach.

Die ersten Tage

In der ersten Zeit gibt es für die Kätzchen nichts anderes als Trinken und Schlafen. Sie können bis zu acht Stunden täglich an den Zitzen saugen und wachsen daher sehr schnell. Haben sie direkt nach der Geburt noch 100 bis 120 Gramm gewogen, verdoppelt sich das Gewicht der Kätzchen bereits in der ersten Woche.

Anfangs können die Kleinen ihre Körpertemperatur noch nicht selbst regulieren. Auch ihre Bewegungen sind noch sehr unbeholfen. Ohne ihre Mutter sind sie völlig hilflos. Da ihre Augen noch geschlossen und ihre Ohren von Hautfalten bedeckt sind, müssen sie sich ganz auf ihren Tast- und ihren Geruchssinn verlassen, um ihre Mutter nicht zu verlieren. Die Katzenmutter erkennt ihre Kinder an deren kläglichem Maunzen sowie an deren Geruch. Die ersten beiden Tage

Oben: Im Alter von einer Woche kann das Kätzchen bereits mit Hilfe der Vorderbeine zu seiner Mutter robben.

„Ein Kätzchen ist für die Tierwelt, was eine Rosenknospe für den Garten ist.“

ROBERT SOUTHEY

Links: Diese Burmesin leckt den Anus ihres Kätzchens, um dessen Blasen- und Darmfunktion anzuregen. Täte sie dies nicht, käme die Verdauung nicht in Gang, und das Kätzchen müßte sterben. Wenn man ein Kätzchen selbst aufziehen muß, muß man die Analregion während der ersten vier Lebenswochen mit feuchter Watte stimulieren.

Unten: Im Alter von etwa vier Wochen beginnen sich die Kätzchen zu balgen. Sie springen einander auf den Rücken, boxen mit den Vorderpfoten und kugeln durcheinander. Dies sind spielerische Scheingefechte, in denen sie ihre Sinne schärfen und die richtige Jagdtaktik trainieren.

nach der Geburt verläßt sie das Wurflager nicht.

Zwischen dem fünften und zehnten Tag beginnen sich die Augen der Kätzchen zu öffnen – dann dauert es noch etwa drei Tage, bis sie vollständig geöffnet sind. Bei Siamesen und Burmesen vollzieht sich diese Entwicklung schneller. Der Gesichtssinn ist erst im Alter von etwa vier Wochen voll entwickelt. Erst jetzt kann das Kätzchen Entfernungen richtig einschätzen. Bei der Geburt haben alle Jungen blaue Augen. Nach etwa sechs Wochen beginnt sich die Augenfarbe zu verändern. Erst nach drei Monaten steht sie endgültig fest.

ERSTE SCHRITTE

Im Alter von zehn Tagen können die Kätzchen krabbeln, um den 15. Tag herum versuchen sie dann erstmals zu stehen. Die Milchzähne brechen durch, und die Kätzchen beginnen zu hören. Vollständig entwickelt hat sich der Hörsinn jedoch erst im Alter von etwa vier Wochen. Auch jetzt verbringt die Katzenmutter immer noch 70 Prozent ihrer Zeit bei den Kleinen, die jederzeit saugen dürfen. Ab der dritten Woche beginnt die Katze mit der Entwöhnung. Für die Kleinen ist das eine erhebliche Umstellung – schließlich sind sie es gewohnt, jederzeit an ihre Nahrungsquelle zu kommen. Langsam entfernt sich die Mutter immer länger von ihren Jungen

Das junge Kätzchen

Oben: Dieses fünf Wochen alte Kätzchen wird gerade an den Menschen gewöhnt. Nur wenn es in der wichtigen Sozialisierungsphase zwischen der zweiten und achten Lebenswoche oft mit Menschen in Berührung kommt, entwickelt es sich zu einem guten Haustier.

Unten: Spielmäuse wecken den natürlichen Jagdinstinkt einer Katze. Mit ihnen kann sich die Katze gut auf ihr künftiges Leben als Jägerin vorbereiten.

oder nimmt eine Körperhaltung ein, in der diese nicht mehr so leicht an ihre Zitzen gelangen. Gleichzeitig versucht sie die Aufmerksamkeit ihres Nachwuchses auf die Beute oder auf das vom Besitzer bereitgestellte Futter zu lenken. So werden die Katzenkinder langsam entwöhnt, und ihre Mutter kann allmählich wieder zu Kräften kommen.

Erste Spiele

In dieser Phase beginnen sich die Kätzchen auch für Gegenstände und füreinander zu interessieren. Langsam beginnen sie, ihre künftigen Jagdfertigkeiten einzuüben. Auch wenn der Jagdtrieb angeboren zu sein scheint, müssen die Kleinen den Tötungsbiß von ihrer Mutter lernen. Im Alter von drei bis vier Wochen lernen Kätzchen auch, ihre Verdauung zu beherrschen. Um Darm oder Blase zu entleeren, verlassen sie nun das Nest und ahmen die Bewegungen der Mutter auf dem Katzenklo nach.

Zu diesem Zeitpunkt können Kätzchen bereits laufen, ihr Gleichgewichtssinn ist nun schon recht gut entwickelt. Im Alter von etwa elf bis zwölf Wochen beherrschen sie fast alles, was eine erwachsene Katze können muß. In der fünften Woche beginnen sie auch, ihr Fell selbst zu pflegen. Schon ab der sechsten Woche haben die Kätzchen gelernt, „auf die Füße zu fallen“ (siehe Seite 36–37).

Die Sozialisierungsphase

Ab der dritten Lebenswoche müssen die Kätzchen nicht nur die Entwöhnung verkraften, sondern machen auch sonst neue Erfahrungen. Zwischen der dritten und 13. Woche liegt die sogenannte Sozialisierungsphase. In dieser Zeit gehen die Kätzchen Beziehungen mit ihren Artgenossen ein und lernen, miteinander zu kommunizieren (siehe Seite 42–51).

Zunächst setzen sich die Kätzchen mit ihren eigenen Geschwistern auseinander. Spielerisch üben sie das Springen, liefern sich Scheingefechte und machen Drohgebärden. So lernen sie auch, ihre Körperkraft richtig einzuschätzen. Etwa ab einem Alter von 14 Wochen gewinnen Verfolgung und Zielsprung an Bedeutung. Spielerisch wird an Objekten das ausprobiert, was später für die Jagd unerläßlich ist.

Gewöhnung an Menschen

Von der zweiten bis zur achten Lebenswoche liegt die wichtige Phase der Sozialisierung, in der die Katze zum Menschen oder zu anderen Tieren Kontakt aufnimmt. In dieser Zeit sollte das Kätzchen möglichst häufig mit Menschen in Berührung kommen, damit es seine Scheu vor ihnen verliert und sich bei ihnen wohl fühlt. Kommt das Tier in dieser Zeit nicht mit anderen Tierarten zusammen, wird es sich später kaum mit diesen vertragen.

Schon selbständig

Im Alter von etwa drei bis vier Monaten verfügt das Kätzchen bereits über einen gutentwickelten Gleichgewichtssinn und kann seine Bewegungen perfekt koordinieren. Es hat nun gelernt, seinen Körper geschickt einzusetzen. Jetzt kann es schon ausschließlich von fester Nahrung leben und sich durch die Jagd selbst ernähren. Zu diesem Zeitpunkt kann das Tier auch von seinem Besitzer mit ganz normalem Dosen- oder Trockenfutter ernährt werden. Die kleinen Hauskätzchen haben bereits ein neues Zuhause gefunden, wohingegen sich halbwilde Katzen spätestens jetzt auf die Suche nach einem eigenen Territorium machen müssen. Vielleicht ist ihre Mutter auch schon wieder trächtig und muß sich bald um die Jungen eines neuen Wurfs kümmern, und so schickt sie ihren nunmehr großgewordenen Nachwuchs hinaus in die Selbständigkeit.

Oben: Im Alter von etwa einem halben Jahr sind Katzen selbständig und können sich notfalls alleine versorgen. Ihre Sinne sind vollständig entwickelt, und sie verfügen über eine ausgezeichnete Körperbeherrschung.

Links: Kätzchen müssen sich nicht nur an den Menschen, sondern auch an andere Tierarten gewöhnen. Dieses Kätzchen beschnuppert neugierig das erste Kaninchen, dem es je begegnet ist.

Wie Katzen ihre Jungen tragen

Wenige Tage nach der Geburt trägt die Katze ihren Nachwuchs häufig an einen anderen Platz, der ihr sicherer erscheint, vielleicht auch deshalb, weil das Wurflager durch die Geburt verunreinigt wurde. Dabei packt die Katze die Kleinen vorsichtig im Genick, worauf diese in die sogenannte Tragestarre fallen: Die Vorderbeine hängen schlaff herab, Schwanz und Hinterbeine werden an den Körper gezogen. Dank dieses automatischen Reflexes verhalten sich die Kleinen absolut ruhig, und ihre Mutter kann sie sicher an einen anderen Platz tragen.

Der Alltag einer Katze

Tagesablauf ✦ Schlafen und Träumen ✦ Fellpflege

In freier Wildbahn orientiert sich die Katze am Wach- und Schlafrhythmus ihrer Beutetiere. Aus diesem Grund sind die meisten Katzen besonders in der Abend- und Morgendämmerung aktiv, denn da sind die meisten Kleinsäuger unterwegs.

Eine Hauskatze, die von ihrem Besitzer versorgt wird, ist von solchen Rhythmen vollkommen unabhängig. Sie kann es sich leisten, auszuschlafen oder sich bereits am frühen Abend behaglich einzurollen. Hat die Katze ausreichend Nahrung zu sich genommen bzw. steht gerade keine Beute zur Verfügung, legt sie sich sofort schlafen. Auf diese Weise schont sie ihre Energien. Es gibt kaum ein anderes Tier, das soviel schläft wie die Katze. Jeder Katzenbesitzer weiß das aus eigener Erfahrung: Sollte die Katze ausnahmsweise einmal nicht jagen oder schlafen, ist sie mit Sicherheit mit der Fellpflege beschäftigt.

> *„Nachsinnend nehmen sie*
> *der Sphinxe edle Haltung ein,*
> *die dämmernd an dem Strand*
> *der tiefen Einsamkeiten*
> *endlose Träume dichten*
> *in lässiger Entfaltung."*
>
> CHARLES BAUDELAIRE

DIE SCHLAFENDE KATZE

So verbringt eine Katze etwa die Hälfte des Tages mit Schlafen und Dösen. Eine verwöhnte Hauskatze hält morgens ein kleines Nickerchen im warmen Wäscheschrank, ruht sich nach dem Mittagessen auf einem sonnigen Fensterbrett aus, kuschelt sich abends auf dem Schoß eines Familienmitglieds zusammen und schlüpft nachts unter Umständen sogar noch mit ihren Besitzern unter eine Decke.

Wo eine Katze schläft, hängt von ihrem Charakter ab. Selbstbewußte

Katzen können sich auch inmitten eines Zimmers voll spielender Kinder und anderer Haustiere ausstrecken und friedlich schlafen. Sensiblere Tiere ziehen einen ruhigen Platz vor.

Häufig sieht man die Katze im Schlaf mit Pfoten und Schnurrhaaren zucken. Bedeutet das, daß die Katze träumt? Wissenschaftler bestätigen diese Vermutung. Man kann zwischen einem ruhigen Schlaf, bei dem das Gehirn Wellen in niedriger Frequenz produziert, und der sogenannten REM-Phase unterscheiden, die durch schnelle Augenbewegungen gekennzeichnet ist. Der Körper ist dann zwar entspannt, da Gehirn aber aktiv.

Wovon die Katzen träumen, kann man nur erraten – vielleicht vom Mäusefangen? Neugeborene Kätzchen schlafen 60 bis 70 Prozent der Zeit. Mit etwa drei Wochen sinkt dann das Schlafbedürfnis allmählich auf die 40 bis 50 Prozent einer ausgewachsenen Katze. Wie stark das Schlafbedürfnis ausgeprägt ist, hängt natürlich auch davon ab, wie aktiv die Katze ist oder sein muß. Ältere Katzen verschlafen mindestens 50 bis 75 Prozent des Tages. Sehr alte Katzen sind nicht einmal mehr ein Viertel des Tages wach.

Oben: Gegenseitige Pflege stärkt den Zusammenhalt zwischen befreundeten Katzen. Dabei nimmt das Fell die durch Duftdrüsen abgesonderten Sekrete der anderen Katze auf, wodurch ein Gruppengeruch entsteht.

Die Fellpflege

Die meisten Katzen haben ihr eigenes Pflegeritual und verbringen bis zu einem Drittel ihrer Wachzeit damit, sich von Kopf bis Fuß sorgfältig zu putzen. Befreundete Katzen helfen einander an so schwer zugänglichen Stellen wie Nacken oder Kinn.

Wenn sich gemeinsam lebende Tiere gegenseitig bei der Fellpflege helfen, stärkt das auch den Zusammenhalt, da sie auf diese Weise einen Gruppengeruch erzeugen.

Das Putzen dient auch dem Spannungsabbau. Achten Sie einmal darauf, was Ihre Katze macht, wenn etwas sie erschreckt hat: Sie springt zur Seite und sieht sich um. Besteht keine akute Gefahr, beginnt sie, sich zu putzen, um sich wieder zu beruhigen.

Links oben: Während eines leichten Schlummers sind die Augen der Katze nur halb geschlossen, ihr Kopf ruht wie bei einer Sphinx auf der Brust. Schläft die Katze fester, legt sie sich hin, und ihre Muskeln sind entspannter. Im Tiefschlaf ist die Katze völlig entspannt, sie streckt sich ganz lang aus oder rollt sich ein. Katzen suchen sich oft die merkwürdigsten Schlafplätze aus. Das Exemplar auf der gegenüberliegenden Seite hat es sich auf einem Teller bequem gemacht.

Links: Putzen kann ein Drittel der Wachzeit einer Katze in Beschlag nehmen. Das Tier säubert sich nicht nur, sondern sorgt auch dafür, daß das Fell glatt und wasserabweisend bleibt.

Rechts: Katzen putzen sich sehr systematisch. Zuerst nehmen sie ihre Vorderpfoten zur Hilfe, die sie mit Speichel benetzt haben. Mit kreisförmigen Bewegungen fangen sie an, sich im Gesicht und hinter den Ohren zu säubern. Anschließend lecken sie sich mit ihrer rauhen Zunge über Vorder- und Hinterbeine und den Schwanz. Sobald sie einen Parasiten finden, zerbeißen sie ihn.

Teil 2

Praktischer Ratgeber

Katzen gehören zu den beliebtesten Haustieren. Ihre Anmut, ihre Geschmeidigkeit und ihre Würde haben den Menschen schon immer fasziniert. Die sprichwörtliche Unabhängigkeit der Katze macht ihre Haltung relativ unkompliziert. Doch wer sich eine Katze anschafft, übernimmt auch Verantwortung: Das Tier muß geimpft, eventuell kastriert und ausgewogen ernährt werden. Darüber hinaus benötigen Katzen ein artgerechtes Umfeld und eine gehörige Portion Zuwendung, damit sie sich in ihrem neuen Zuhause wohlfühlen. Man sollte also genügend Lust und Zeit mitbringen, sich mit dem Tier zu beschäftigen. Ein berufstätiger Single mit kleinem Appartment stellt andere Erwartungen an eine Katze als eine Familie mit Haus und Garten. Doch wer Bescheid weiß, findet den Hausgenossen, der zu ihm paßt, und erlebt später keine Überraschungen. Eine liebevolle und artgerechte Behandlung sichert der Katze ein langes und glückliches Leben.

Wozu Katzen?

Eine symbiotische Beziehung ✦ Zuwendung geben und erleben

Links: Wird eine Katze von klein auf an Kinder gewöhnt, ist sie auch für Familien ein ideales Haustier. Katzenbesitzer schätzen die Selbständigkeit ihres Hausgenossen: Man kann ihn ruhig einmal alleine lassen.

Rechts: Katzen bleiben meist in der Nähe des Hauses und begrüßen ihren Besitzer mit einem liebevollen Schnurren.

Wie konnte ein kleines Raubtier aus der ägyptischen Wüste die Herzen der ganzen Welt im Sturm erobern? Was macht die Katze zu einem so beliebten Haustier?

Eine enge Beziehung

Menschen, die keine Katzen mögen, empfinden diese häufig als undankbar, denn Katzen nehmen, was sie kriegen können, ohne dies dem Menschen mit Gehorsam zu vergelten.

Katzenfreunde sehen in dieser Beziehung eher eine Symbiose, bei der beide Seiten auf ihre Art voneinander profitieren. Fragt man einen Katzenbesitzer, warum er seine Katze liebt, bekommt man recht unterschiedliche Antworten. Am häufigsten werden die Schönheit der Katze, ihre Zuneigung, Reinlichkeit, Unabhängigkeit und Selbständigkeit erwähnt. Hundehalter würden sich eher auf die Treue und den Gehorsam ihres Gefährten beziehen – Eigenschaften, auf die Katzenbesitzer weniger Wert legen. Vielleicht ist die Katze ja gerade deshalb so beliebt: Wo man keine Fügsamkeit erwartet, ärgert man sich auch nicht, wenn man ignoriert wird. Diese Art bedingungsloser Zuneigung bringt man normalerweise nur kleinen Kindern entgegen. Doch auch die Katze erwidert die liebevolle Pflege mit Zuwendung. Sie leistet dem Menschen Gesellschaft, und er ist ihr dankbar dafür.

> *„Könnte man den Menschen mit der Katze kreuzen, wäre dies rundum vorteilhaft für den Menschen, aber sehr nachteilig für die Katze."*
>
> MARK TWAIN

Geben und Nehmen

Jeder Mensch hat das Bedürfnis, sich um etwas zu kümmern. Heutzutage haben viele kaum noch Zeit für eine Familie. Doch auch wer viel beschäftigt ist, kann seinem Haustier noch genügend Zuwendung geben

Bis vor kurzem noch bevorzugten viele Familien einen Hund als Haustier. Doch in einem Haushalt, in dem beide Erwachsenen arbeiten müssen, ist die Hundehaltung schwierig: Man kann Hunde nicht den ganzen Tag allein lassen. Verhaltensgestörte Hunde können zum wirklichen Problem werden, insbesondere dann, wenn sie nicht nur im Haus, sondern auch anderen Menschen gegenüber aggressiv reagieren.

Viele Menschen ziehen daher die Haltung einer Katze vor – inzwischen gibt es in Europa sogar mehr Hauskatzen als Hunde. Für die Katze spricht auch, daß man kein schlechtes Gewissen haben muß, wenn man sie längere Zeit alleine läßt. Ist ihr Besitzer tagsüber in der Arbeit, kann sich das Tier problemlos mit sich selbst beschäftigen. Viele Katzen können jederzeit ins Freie, um ihr Geschäft zu erledigen, ansonsten steht ihnen ein Katzenklo zur Verfügung. Sie sind nicht darauf angewiesen, daß ihr Besitzer sie spazierenführt. Das einzige Verhalten, mit dem Katzen oft anecken, ist ihre Neigung, Nachbars Blumenbeet als Toilette zu benutzen. Laut oder aggressiv werden Katzen dagegen äußerst selten.

In guter Gesellschaft

Für viele sind Katzen gewissermaßen ein Kinderersatz. Immer mehr Menschen entschließen sich erst spät oder auch gar nicht, Kinder zu bekommen, genießen es aber, für eine Katze zu sorgen. Wenn man abends müde und abgespannt nach Hause kommt, freut man sich über die liebevolle Begrüßung durch die eigene Katze. Sie miaut zärtlich, schmiegt sich an das Bein ihres Besitzers und verbringt den Abend schnurrend auf dessen Schoß.

Die Auswahl

Rassekatze oder Hauskatze ✦ Katze oder Kätzchen ✦ Lang- oder Kurzhaar

Bevor man sich eine Katze anschafft, sollten einige Dinge geklärt werden. Möchten Sie lieber eine Haus- oder eine Rassekatze? Ein kleines Kätzchen oder ein bereits erwachsenes Tier, eine oder mehrere Katzen? Wie wollen Sie an Ihre Katze kommen? Sie sollten sich darüber im klaren sein, daß der neue Mitbewohner vierzehn Jahre oder länger bei Ihnen sein wird.

Haus- oder Rassekatze?

Bei den meisten Hauskatzen ist der Vater unbekannt. Anders als Hundebesitzer, die auf eine bestimmte Rasse festgelegt sein können, legen Katzenbesitzer weniger Wert auf den richtigen Stammbaum. Für sie ist der Charakter des Tieres entscheidend. Wer dieses Buch bis zum Ende durchblättert, wird überrascht sein, wie viele

Oben links: Kleine Kätzchen sind sehr aufgeschlossen und passen sich leichter an das Leben mit lebhaften Kindern an als eine bereits erwachsene Katze.

Oben: Ältere Menschen oder jemand, der tagsüber nie zu Hause ist, sollten sich nicht für ein junges Kätzchen entscheiden. Es gibt genügend erwachsene Katzen, die dringend ein neues Zuhause suchen.

verschiedene Katzenarten es gibt – auch wenn sie sich von ihrer Größe oder den Proportionen her kaum voneinander unterscheiden. Obwohl jede einzelne Rasse durch ganz individuelle Merkmale gekennzeichnet ist – die Siamesen sind beispielsweise sehr kontaktfreudig – unterscheiden sich die Katzen weniger durch ihre Rassenzugehörigkeit als durch ihren individuellen Charakter. Jede Katze hat ihre eigene Persönlichkeit. Eines läßt sich jedoch sagen: Siamesen und Burmesen brauchen in der Regel mehr Zuwendung als andere Katzen. Wer nicht soviel Zeit investieren möchte, sollte sich also für eine andere Rasse oder für eine Hauskatze entscheiden. Um sich ein Bild von den verschiedenen Rassen machen zu können, empfiehlt es sich, eine Katzenausstellung zu besuchen und sich dort mit Ausstellern und Züchtern zu unterhalten. Diese geben gerne Auskunft, und man kann sich die Tiere gleich ansehen.

Katze oder Kätzchen?

Die meisten Menschen, die sich erstmals für eine Katze entschieden haben, möchten am liebsten ein ganz kleines Kätzchen. Sie wollen sich nicht nur von seiner Tolpatschigkeit und Possierlichkeit entzücken lassen,

DAS SPRICHT FÜR EIN KÄTZCHEN:

◆

✦ Verhalten und Krankengeschichte des Tieres sind bekannt.
✦ Man erlebt, wie so ein kleines Kätzchen aufwächst.
✦ Das Tier gewöhnt sich leichter an bereits vorhandene Haustiere.
✦ Alter und Lebenserwartung sind von vornherein bekannt.
✦ Man kann sich auf ein langes gemeinsames Leben freuen und eine besondere Beziehung aufbauen.

DAS SPRICHT FÜR EINE KATZE:

◆

✦ Erwachsene Katzen sind ruhiger.
✦ Die Tiere sind meist stubenrein und kastriert.
✦ Ältere Katzen treiben weniger Unfug und geraten seltener in Schwierigkeiten.
✦ Man kann das Tier tagsüber unbesorgt alleine lassen.
✦ Die erwachsene Katze braucht weniger Aufmerksamkeit.

Ganz oben: Hauskatzen sind nicht nur günstig in der Anschaffung, sondern auch äußerst freundliche Hausgenossen.

Oben: Die Siamkatze gehört wegen ihres eleganten Aussehens zu den beliebtesten Züchtungen. Es heißt, diese Rasse sei besonders intelligent und freundlich – die Tiere können sogar an der Leine gehen. Allerdings brauchen sie viel Aufmerksamkeit.

sondern haben auch das Bedürfnis, ihre Katze von klein auf zu kennen.

Wer nicht ständig darüber nachdenken mag, was der kleine Racker wohl als nächstes anstellen mag, sollte sich lieber für eine ausgewachsene Katze entscheiden. In den Babymonaten hat man nämlich noch alle Hände voll zu tun, die Katze von den Vorhängen zu holen und dafür zu sorgen, daß sie stubenrein wird.

Unten: Überlegen Sie sich, wieviel Zeit Sie in Ihre Katze investieren wollen. Langhaarrassen wie diese Perser müssen täglich gebürstet werden, denn sonst verfilzt ihr schönes Fell, und sie sind kaum wiederzuerkennen. Am besten gewöhnt man seine Langhaarkatze schon als Kätzchen an die Fellpflege durch den Menschen.

LANG- ODER KURZHAARKATZE?

Auf viele Menschen übt das lange, dichte Haar der Langhaarkatzen einen besonderen Reiz aus: Dabei wissen sie nicht, wieviel Arbeit mit der Pflege dieses Fells verbunden ist. Mensch und Katze müssen sich täglich darum kümmern. Ganz im Gegensatz zu den Halblanghaarrassen wie zum Beispiel der Maine Coon können Perserkatzen ihr Fell nicht selbst pflegen.

Natürlich genießt es auch die Kurzhaarkatze, wenn man ihr bei der Fellpflege hilft. Dennoch: Als künftiger Besitzer sollte man sich gut überlegen, ob man täglich ein aufwendiges Pflegeprogramm absolvieren will. Wer sich lieber nur nach Lust und Laune damit beschäftigen möchte, sollte sich für eine Kurzhaarkatze entscheiden, die ihr Fell alleine in Ordnung halten kann.

Die Auswahl

Wie viele Katzen?

Aus der Katzenperspektive gibt es dafür keine festen Regeln. Unter wie vielen Artgenossen sich eine Katze noch wohl fühlt, hängt von dem Einzeltier ab, von seiner Vorgeschichte und von seinem Charakter. Eines steht jedoch fest: Jede Katze jagt für sich allein, sie ist nicht auf andere angewiesen.

Wer gleich mehrere Katzen haben möchte, nimmt am besten zwei kleine Kätzchen auf einmal. Sind sie noch jung, können sie leichter aneinander gewöhnt werden. Keines von beiden verfügt über angestammte Revieransprüche, so daß sie sich ihr Territorium problemlos teilen können. Bei älteren Tieren kann es zu Reibereien kommen. Das hängt jedoch auch vom Geschlecht der Katze, ihrem Alter und dem verfügbaren Platz ab. Es ist ganz wichtig, daß man die beiden Tiere richtig miteinander bekannt macht (siehe Seite 84–87).

Wer schon eine Katze hat, sollte immer daran denken, daß nicht sie es ist, die sich einen neuen Gefährten wünscht. Wenn man schon unbedingt eine zweite Katze anschaffen möchte, ist ein kleines Kätzchen zu empfehlen. Dieses wird von einer erwachsenen Katze eher akzeptiert. Um Rivalitäten zu vermeiden, sollte man sich auch für ein Tier des jeweils anderen Geschlechts entscheiden. In diesem Fall sollten natürlich beide Katzen kastriert sein.

Oben: Manche Katzen leben lieber allein, andere dagegen teilen sich gern ein Zuhause. Es ist einfacher anfangs mehrere Kätzchen auf-, als später noch eines dazu zu nehmen.

Wenn Sie sich für eine der Rassekatzen entschieden haben, die viel Aufmerksamkeit brauchen, und Sie sich selbst nicht ausreichend mit ihr beschäftigen können, ist die Anschaffung eines zweiten Tieres zu empfehlen. Ist man tagsüber nicht zu Hause und auch abends gern noch länger unterwegs, braucht man kein schlechtes Gewissen zu haben, da sich die Tiere gegenseitig Gesellschaft leisten.

Links: Die meisten Rassekatzen sind alleine ganz glücklich. Eine Halblanghaarkatze wie diese Main Coon braucht weniger Pflege als eine Langhaarkatze.

Eine oder zwei Katzen?

Für zwei Katzen spricht:

- ✦ Zwei Tiere brauchen weniger Aufmerksamkeit.
- ✦ Die Tiere spielen miteinander und zeigen ihr ganzes Verhaltensrepertoire.
- ✦ Man braucht später keine zweite Katze einzugewöhnen.
- ✦ Man hat weniger Schuldgefühle, wenn man die Kätzchen einmal allein lassen muß.
- ✦ Ein Spielgefährte kann einer älteren Katze guttun.

Gegen zwei Katzen spricht:

- ✦ Doppelte Anschaffungs- und Tierarztkosten.
- ✦ Es besteht die Möglichkeit, daß sich die Tiere zu Beginn mehr mit sich selbst beschäftigen als mit dem Menschen.
- ✦ Bei Langhaarkatzen verdoppelt sich auch der Aufwand für die Fellpflege.
- ✦ Zwei Racker können größere Verwüstungen anrichten als einer ...

Wer seine Katze nicht ins Freie lassen kann, verschafft ihr ebenfalls mehr Abwechslung, wenn er ihr einen Spielgefährten zur Seite stellt. Dann aber wirklich von Anfang an – einer Hauskatze zuzumuten, ihr Revier im Nachhinein mit einer neuen Katze zu teilen, ist ein schwieriges Unterfangen.

Welches Geschlecht?

Sofern man nicht schon eine Katze hat, spielt das Geschlecht bei der Anschaffung eigentlich keine Rolle – vorausgesetzt, das Tier ist sterilisiert. Ist das der Fall, ähneln sich Männchen und Weibchen in ihrem Verhalten sehr. Schafft man sich aber zwei Kätzchen gleichzeitig an, empfiehlt es sich, einen Kater und eine Katze zu

Links: Kätzchen sind oft ganz eingeschüchtert, wenn sie von ihrer Mutter getrennt werden. Nimmt man gleich zwei Geschwisterchen, fällt die Umstellung leichter.

Unten: Abessinier sind eine besonders schöne Katzenrasse. Ihr kurzes Haar braucht nur wenig Pflege.

nehmen. Auf diese Weise kann man möglichen Rivalitäten vorbeugen. In diesem Fall sollte man die Tiere jedoch unbedingt kastrieren lassen, bevor sie geschlechtsreif werden.

Wann eine Katze?

Erwachsene Katzen kann man jederzeit über das Tierheim oder auch von Privat bekommen. Die meisten Jungen kommen im Frühjahr oder Sommer zur Welt.

Anfangs sollte man wirklich genügend Zeit einplanen, um dem neuen Familienmitglied beim Eingewöhnen zu helfen – kleine Kätzchen sind da ganz besonders betroffen. Sie müssen sich schließlich nicht nur an eine völlig neue Umgebung gewöhnen, sondern auch damit fertig werden, daß sie jetzt zum ersten Mal von ihrer Mutter getrennt sind.

Liebevolles Zureden beruhigt das Tier. Mindestens ein ganzes Wochenende sollte man schon einplanen, um sich mit dem neuen Kätzchen vertraut zu machen. Wenn es nicht bereits stubenrein ist, muß es auch noch lernen, seine Geschäfte auf dem Katzenklo zu verrichten.

In der ersten Zeit sollte man alles vermeiden, was Unruhe ins Haus bringt. Wer bald nach der Anschaffung in Urlaub fahren möchte, sollte den Zeitpunkt der Anschaffung verschieben. Auch kurz vor Weihnachten empfiehlt es sich nicht, eine Katze ins Haus zu holen. Der mit dem Fest verbundene Trubel würde das Tier nur unnötig belasten. Wer bald ein Baby erwartet, sollte sich die Sache ebenfalls noch einmal überlegen. Nach der Geburt des Kindes findet man wohl kaum die Zeit, sich um ein kleines Kätzchen zu kümmern.

Eine Katze, woher?

Zufallswürfe ✦ Tierhandlungen ✦ Erwachsene Katzen ✦ Tierheime ✦ Rassekatzen

Im Frühjahr und im Sommer erscheinen zahlreiche Kleinanzeigen des Typs „Kätzchen in gute Hände abzugeben". Sie werden meist von Katzenhaltern aufgegeben, die nicht rechtzeitig bemerkt haben, daß ihr kleines Kätzchen geschlechtsreif geworden ist. Der Revierkater dagegen hat dies sehr wohl registriert und sogleich für Nachwuchs gesorgt. Neun Wochen später kommt ein Wurf Junge auf die Welt.

Kätzchen von Privat eignen sich sehr gut als Haustiere. Sie werden in eine liebevolle Atmosphäre hineingeboren und sind häufig schon an ein lautstarkes Familienleben gewöhnt, bevor man sie bekommt. Nach dieser ersten Feuertaufe kann sie auch in ihrem neuen Zuhause so schnell nichts erschüttern. Sie entwickeln sich zu selbstbewußten, anpassungsfähigen Lebewesen, die mit neuen Situationen gut zurechtkommen und sich leicht auf andere Menschen und Haustiere einstellen können.

TIERHANDLUNGEN

Wer sich eine Katze anschaffen möchte, sollte dafür nicht in eine Tierhandlung gehen. In der Regel bekommt man dort keine zuverlässige Auskunft über Alter, Gesundheitszustand oder Impfstatus des Tieres. Darüber hinaus leben die Katzen in einer Tierhandlung auf engstem Raum mit vielen anderen Tieren zusammen – Krankheiten können auf diese Weise leicht übertragen werden. Die Tiere sind dort einem ziemlichen Streß ausgesetzt, der sie auch anfälliger für Infektionen werden läßt.

ERWACHSENE KATZEN

Wer sich für eine erwachsene Katze entscheidet, hat mehrere Möglichkeiten: Über Aushänge beim Tierarzt oder Kleinanzeigen wird man schnell fündig. Besitzer geben ihre Katzen aus ganz unterschiedlichen Gründen weg: Sie ziehen um, trennen sich von einem Partner, die Katzen vertragen sich nicht mit anderen Haustieren, oder aber ein Familienmitglied hat eine Katzenallergie entwickelt.

In Einzelfällen kann es sich dabei auch um Tiere handeln, die aufgrund von Verhaltensproblemen abgegeben werden, doch normalerweise lebt sich eine erwachsene Katze ohne weiteres in ein neues Heim ein. Wer sich für ein erwachsenes Tier entscheidet, hat auch Vorteile: Man wird von dem Vorbesitzer detailliert über die Vorgeschichte der Katze informiert.

Oben: Eine Katze, die in ihrem derzeitigen Heim unerwünscht ist, kann einem neuen Besitzer viel Freude machen.

Rechts: Interessenten sollten sich immer die Mutter des Kätzchens zeigen lassen, um sich über dessen Gesundheitszustand zu informieren. Wer Probleme vermeiden möchte, sollte sich auf keinen Fall für das kleinste Kätzchen des Wurfs entscheiden!

CHECKLISTE FÜR TIERHEIME

- ✦ Die Katzen sollten in kleinen Gruppen oder einzeln in sauberen Gehegen untergebracht sein.
- ✦ Jede Katze muß einen Platz für sich allein haben wie z. B. eine Pappschachtel.
- ✦ Das Futter muß von guter Qualität, das Lager sauber sein.
- ✦ Im Heim darf es nicht riechen.
- ✦ Auf äußere Krankheitsanzeichen achten: laufende Nase, tränende Augen, Niesen oder Kratzen etc.
- ✦ Die Katzen müssen kastriert und geimpft sowie auf Infektionskrankheiten hin untersucht sein.
- ✦ Eine individuelle Beratung sowie Unterstützung auch nach dem Kauf sollte zugesichert werden.
- ✦ Es muß gewährleistet sein, daß das Heim das Tier gegebenenfalls zurücknimmt.

„Nein, ich werde mir keine Perserkatze zulegen; die Verantwortung wäre mir zu groß. Ich muß eine Katze haben, die ich herrenlos auf der Straße finde, ... und der gegenüber ich daher zu nichts verpflichtet bin.“

SAMUEL BUTLER

TIERHEIME

Tierheime können in puncto Unterbringung von sehr unterschiedlicher Qualität sein. Grundsätzlich gilt: Je mehr Katzen auf engstem Raum zusammen gehalten werden, desto schneller breiten sich Krankheiten aus. Man sollte sich in einem Tierheim genau umsehen, bevor man von dort eine Katze mitnimmt (siehe auch die nebenstehende Checkliste).

Verantwortungsvolle Tierheimbetreiber nehmen höchstens zwei Würfe gleichzeitig auf oder suchen für die ihnen anvertrauten Tiere nach einer individuellen Lösung. Sie achten sorgfältig auf die Hygiene und sorgen für eine artgerechte Haltung.

Häufig will der Tierheimbetreiber wissen, wie man lebt und ob man auch genug Zeit hat, sich um eine Katze zu kümmern. Vielleicht will er sogar die Wohnung sehen. Wenn man sich für ein Kätzchen entschieden hat, sollte das Tier spätestens nach Erreichen der Geschlechtsreife kastriert werden. Katzen aus Heimen des Tierschutzvereins sind immer kastriert und geimpft. Die Kosten dafür, die etwa zwischen 80 und 150 DM liegen, muß der neue Besitzer dem Heim dann meist zurückerstatten.

KAUF BEI EINEM ZÜCHTER

Wer eine Rassekatze möchte, sollte sich direkt an einen Züchter oder Züchterklub (zum Beispiel an die Deutsche Rassenkatzen-Union e. V.) wenden. Die meisten Clubs sind auf bestimmte Rassen spezialisiert. Am besten erkundigt man sich zuvor telefonisch, wann ein neuer Wurf verfügbar sein wird – in der Regel werden die Kätzchen erst nach Erreichen der zwölften Lebenswoche abgegeben. Ein seriöser Züchter hat dann alle Tiere bereits impfen lassen.

Dem Züchter sollte unbedingt mitgeteilt werden, ob die Katze zu Zuchtzwecken oder nur als Haustier erworben wird. Manche Kätzchen haben „kleine Fehler“, so daß sie nicht mehr für Wettbewerbe und Ausstellungen geeignet sind. Für gewöhnlich werden diese Tiere etwas billiger abgegeben. Vereinbaren Sie mit dem Züchter einen Termin, und lassen Sie sich Kätzchen und Mutter gemeinsam zeigen.

Oben: In guten Tierheimen hat jede Katze Platz für sich und genügend Auslauf.

Links: Die Katzen in diesem vorbildlichen Tierheim werden in kleinen Gruppen gehalten. Jede hat ihr eigenes Futterschälchen und Kistchen. Leben zu viele Katzen auf engem Raum zusammen, ist das ein erhöhtes Gesundheitsrisiko.

Eine Katze aussuchen

Erste Erfahrungen ✦ Gesunde Kätzchen ✦ Was zu beachten ist

Als erstes sollte man sich überlegen, welche Persönlichkeit die Katze haben soll. Die meisten Menschen wünschen sich eine freundliche, zutrauliche Katze, die sich sowohl mit Erwachsenen als auch mit Kindern, ja unter Umständen sogar mit Hunden verträgt. Leider wählen Katzenfreunde ihr Tier häufig nur nach der Fellzeichnung oder der Augenfarbe aus. Dann bekommen sie zwar eine Katze, die sehr hübsch, dafür aber sehr nervös sein kann und ihr Versteck beispielsweise erst dann verläßt, wenn sich keine Fremden mehr im Haus aufhalten. Natürlich kann man nie ganz genau vorhersagen, wie sich eine Katze entwickeln wird, doch böse Überraschungen lassen sich leicht vermeiden, wenn man folgende Punkte berücksichtigt:

Der Charakter einer Katze wird von mehreren Faktoren beeinflußt: von ihrem Erbgut, dem Verhalten der Mutter sowie von ihren eigenen Erfahrungen. Forscher haben festgestellt, daß es im Hinblick auf Sanftmut und Kommunikationsfähigkeit in der Tat ganz unterschiedliche Katzentypen gibt. Manche Katzen sind sehr gesellig, während andere die Aufmerksamkeit des Menschen überhaupt nicht zu schätzen wissen und auch nicht gerne mit anderen Katzen zusammenleben. Auch das Sozialverhalten der Mutter hat Einfluß darauf, wie sich die Kätzchen dem Menschen gegenüber verhalten: Eine Katze, die ein Vertrauensverhältnis zu ihrem Besitzer aufgebaut hat und diesen ihre Jungen sogar berühren läßt, signalisiert damit ihren Kindern, daß Menschen keine Gefahr für sie darstellen.

Den größten Einfluß auf den Charakter eines Tiers haben jedoch die eigenen Erfahrungen in den ersten Lebenswochen. Der Zeitraum, in dem ein Kätzchen lernt, mit anderen Arten umzugehen und sie als Teil ihrer Umgebung zu akzeptieren, erstreckt sich nur auf ganze zwei Monate. In dieser Zeit lernt sie auch, alltäglichen Ereignissen ohne Angst zu begegnen. Wächst das Tier in diesen zwei Monaten in einer abwechslungsreichen, interessanten Umgebung auf, wird es auch im späteren Leben allem Neuen gegenüber aufgeschlossen sein.

Werden einem Kätzchen diese ersten Lebenserfahrungen jedoch versagt, wird es sich später mit aller Wahrscheinlichkeit zu einem ängstlichen und nervösen Tier entwickeln, dessen Charakter sich nicht mehr ändern läßt. Wer je ein Wildkätzchen bei sich aufgenommen hat, das älter

Oben: Manche Kätzchen sind so süß, daß man kaum widerstehen kann. Trotzdem sollte man darauf achten, daß das Tier gesund und nicht scheu ist.

Unten: Zwei Kätzchen machen ihrem Besitzer doppelt Freude. An ihnen kann er das komplette Verhaltensrepertoire der Tiere beobachten.

Rechts: Drei Siamesenkätzchen können ihren Besitzer ganz schön auf Trab halten. Siamesen sind lebhafte, gesellige Katzen, die von ihrem Besitzer besonders viel Aufmerksamkeit erwarten.

als acht Wochen war, kennt dessen stürmische Persönlichkeit. Optimistische Besitzer versuchen in solchen Fällen oft, die Kätzchen mit einem außerordentlichen Aufwand an Liebe zu „zähmen" – oft jedoch ohne Erfolg.

Die meisten Kätzchen verdanken ihre Existenz dem Umstand, daß die Geschlechtsreife der Mutter zu spät bemerkt wurde. Im Alter von sechs bis acht Wochen kann das Kätzchen abgegeben werden, dem neuen Besitzer bleibt also noch ausreichend Gelegenheit, es bei der Entwicklung seines Charakters selbst zu beeinflussen. Kätzchen aus Tierheimen sind solche Erfahrungen meistens versagt, deshalb sollte man diese Tiere sehr sorgfältig auswählen und sich über ihre ersten Lebenswochen informieren.

Züchter verkaufen Kätzchen meist nicht vor ihrer zwölften Lebenswoche, deshalb tragen sie auch die Verantwortung dafür, wie sich die Tiere in dieser Zeit entwickeln. Ein erfolgreicher Züchter trägt nicht nur Sorge für Hygiene und Gesundheitszustand des Tiers, sondern kümmert sich auch um die soziale Entwicklung der Katze. Kätzchen, die in einer reizarmen Umgebung aufwachsen, sind zwar gesund, aber nur ungenügend auf die Wechselfälle des Lebens vorbereitet.

Oben: Sich angesichts eines Wurfes für ein oder zwei Kätzchen entscheiden zu müssen, ist nicht immer leicht. Nehmen Sie auf keinen Fall das Kleinste und Schüchternste!

Unten: Vor dem Kauf sollte man sich auch ein Bild von der Mutter machen. Soll die Katze später zutraulich sein, muß die Mutter diese Eigenschaft bereits besitzen.

Bevor man sich eine Katze anschafft, sollte man sich genau überlegen, was auf diese zukommen wird. Gibt es Kinder und Hunde im Haus? Empfängt man häufig Besuch, oder lebt man allein und in Abgeschiedenheit? Als Faustregel gilt folgendes: Wer ein Kätzchen aus einer häuslichen Umgebung nimmt, die der eigenen ähnelt, erlebt später keine Enttäuschungen.

Eine Katze aussuchen

Die Kätzchen nach Möglichkeit immer zusammen mit ihrer Mutter beobachten, denn deren Persönlichkeit beeinflußt auch ihre Jungen. Das Kätzchen sollte wach und lebhaft wirken und sowohl zu den Wurfgeschwistern als auch zum Menschen Kontakt aufnehmen. Außerdem sollte man beobachten, wie es auf Geräusche und unvorhergesehene Ereignisse reagiert. Ist es selbstbewußt? Läßt es sich gerne streicheln, oder sträubt es sich, wenn man es anfassen will? Keinesfalls aus Mitleid ein Kätzchen nehmen, das sich in der Ecke versteckt – es ist entweder extrem scheu oder sogar krank. Der Charakter einer erwachsenen Katze ist leichter zu beurteilen als der eines Kätzchens. Denken Sie daran, daß eine Katze immer auch von ihrer Umgebung beeinflußt wird. Wer eine Katze von Freunden oder von einer anderen Familie übernehmen möchte, sollte sich dort einmal umsehen. Wenn man sich für ein Tier aus dem Tierheim entscheidet, sollte man berücksichtigen, daß die Katze dort möglicherweise großem Streß ausgesetzt war und sie sich deshalb nicht von ihrer besten Seite zeigt. Wenn das Heim überfüllt ist und zu viele Katzen auf zu engem Raum zusammenleben, steigert dies die Aggressivität der Tiere. Katzen sind Einzeljäger, bei knappem Raumangebot versucht jede Katze, ein stilles Plätzchen zu finden, an das sie sich zurückziehen kann.

In einem gutgeführten Heim leben die Tiere in kleinen Gruppen. Jeder Katze steht also ausreichend Platz zur Verfügung, von dem aus sie auf ganz natürliche Weise zum Interessenten Kontakt aufnehmen kann. Nur unter diesen Umständen läßt sich beurteilen, wie freundlich und zutraulich eine Katze wirklich ist. Eine wichtige Rolle spielt die Herkunft des Tieres. Gab es in der Vergangenheit Verhaltensprobleme? Warum befindet sich das Tier im Heim? Natürlich können nicht alle dieser Fragen beantwortet werden. Gute Tierheime nehmen die Katze wieder zurück, falls sie nicht zu ihrem neuen Besitzer passen sollte.

Oben: Dieses silbergestromte Kätzchen wirkt gesund und selbstbewußt – das ideale Haustier. Die Ohren sind sauber, die Augen wach, das Fell ist glatt und glänzt.

Links: Wer seine Katze bei einem Züchter kauft, kann sich bezüglich des Geschlechts seines Tieres sicher sein. Für Unerfahrene ist es jedoch häufig sehr schwierig, das Geschlecht eines Kätzchens zu bestimmen. Es kann nie schaden, genau hinzusehen und noch ein zweites Mal nachzuprüfen.

Kater: Die obere Öffnung ist der Anus, darunter liegt der Hodensack. Ein Zentimeter unterhalb des Anus befindet sich die Öffnung für den Penis.

Katze: Unter dem Anus befindet sich eine senkrechte Spalte, die fast in diesen übergeht. Beide zusammen sehen beinahe wie der Buchstabe „i" aus.

Ist das Tier gesund?

Von großer Bedeutung bei der Entscheidung für oder gegen eine bestimmte Katze ist natürlich ihr Gesundheitszustand. Es empfiehlt sich, den Vorbesitzer beziehungsweise das Heim nach bisherigen Krankheiten und Behandlungen zu fragen: Welche

Impfungen wurden durchgeführt, gab es Wurmkuren etc.? Nur so können gegebenenfalls die entsprechenden Maßnahmen ergriffen beziehungsweise eine Weiterbehandlung veranlaßt werden.

Die Anschaffung einer kranken Katze ist nicht nur eine sehr traurige Erfahrung, sondern kann unter Umständen auch sehr viel Geld kosten. Selbst wenn man sehr weit gefahren ist, um sich einen bestimmten Wurf anzusehen und an diesem Tag unbedingt ein Kätzchen mit nach Hause nehmen möchte, sollte die Entscheidung reiflich überlegt sein.

Macht die Katze einen guten Eindruck? Glänzt ihr Fell? Sind ihre Augen klar? Hat man das Gefühl, daß etwas nicht in Ordnung ist, sollte man gezielt nachfragen und die Katze tierärztlich untersuchen lassen.

Worauf man achten muss

Augen, Ohren, Mund und Nase müssen inspiziert werden. Sie sollten weder Ausfluß noch sichtbare Verletzungen aufweisen. Die Augen müssen klar sein, die Nickhaut, die als drittes Augenlid im Augenwinkel zu finden ist, darf das Auge nicht bedecken. Das Fell der Katze sollte glänzen und weder kahle Stellen noch schuppige Haut aufweisen. Die Ohren müssen sauber sein – Ohrenschmalz kann bedeuten, daß die Katze Ohrmilben hat. Ratsam ist auch ein Blick in das Maul: Das Zahnfleisch muß rosa sein, die Zähne eines Kätzchens müssen weiß leuchten, und sein Atem darf nicht riechen. Wenn man sich für eine ältere Katze entscheidet, müssen die Zähne möglicherweise behandelt werden (Zahnstein). Schwerwiegendere Erkrankungen kann selbstverständlich nur ein Tierarzt feststellen. Die Katze darf nicht schniefen oder niesen, die Atmung sollte normal sein, also auf keinen Fall rasseln oder pfeifen. Unter dem Schwanz darf es keine Anzeichen für Durchfall geben, also kein beschmutztes Fell oder gerötete Haut. Die Katze sollte sich sicher bewegen und beim Gehen nicht stolpern oder hinken.

Wenn die Prüfung zur Zufriedenheit des Interessenten ausfällt und die Katze hinsichtlich Persönlichkeit und Gesundheit seinen Vorstellungen entspricht, dann steht einer Anschaffung nichts mehr im Weg. Erwerben Sie das Tier bei einem Katzenzüchter, muß eventuell eine Anzahlung geleistet werden; das Kätzchen kann man einige Zeit später abholen, sobald es alt genug ist.

Oben: Vor der Anschaffung sollte man der Katze unbedingt ins Maul sehen. Das Zahnfleisch muß rosa sein, und der Atem darf nicht riechen. Bei älteren Katzen kann Zahnstein vorhanden sein, der vom Tierarzt entfernt werden sollte.

Unten: Rassekatzen wie diese schönen Abessinier erhält man nur bei einem Züchter. Am besten erkundigt man sich vorher telefonisch, wann es wieder einen Wurf gibt.

Unten: Wer sein Auge auf erwachsene Rassekatzen wie diesen Tabby Point geworfen hat, wendet sich am besten an einen Züchterclub.

Die Ankunft vorbereiten

Das Tier abholen ✦ Zubehör ✦ Kennung

Die neue Katze holt man am besten in einem sicheren Transportkorb ab, der zuvor mit einer Zeitung und einer waschbaren Stoffunterlage ausgelegt wurde. Es empfiehlt sich, eine kleine Decke aus dem früheren Haushalt mitzunehmen, da der vertraute Geruch der Katze ein wenig Sicherheit in ihrem neuen Zuhause vermittelt, wo sie zunächst von lauter Fremdem umgeben ist. Es gibt viele Arten von Transportbehältern – Einmalkartons, geflochtene Weidenkörbchen und Kunststoffkisten. Wichtig ist eigentlich nur, daß der Behälter stabil und einfach zu reinigen ist.

Katzen brauchen nicht viel Zubehör, doch an der Anschaffung von Futter, Schälchen und einigen Pflegegeräten kommt man nicht vorbei (siehe auch Seite 98–99). Futterschälchen müssen stabil und rutschfest sein, ein Schälchen mit Wasser sollte den ganzen Tag über bereitstehen. Die neue Katze muß im Haus bleiben, bis sie geimpft ist und sich eingewöhnt hat. Aus diesem Grund ist auch der Kauf eines Katzenklos (siehe auch Seite 88–89) ratsam.

Der neue Mitbewohner braucht einen Schlafplatz, an dem er sich sicher fühlen kann. Da genügt schon ein abgeschnittener Karton mit einem warmen Kissen oder einer Decke. Selbstverständlich gibt es im Handel auch fertige Katzenkörbchen. Diese „Schlafhöhle" sollte an einem windgeschützten Platz aufgestellt werden, wo die Katze vor Kindern und Hunden sicher ist und ruhig schlafen kann. Natürlich suchen sich Katzen ihren Schlafplatz am liebsten selbst aus, sobald sie sich etwas eingewöhnt haben – doch für den Anfang ist es gut, ihnen ein Plätzchen anzubieten. Katzen mögen es behaglich. Wenn die Atmosphäre stimmt, leben sie sich in der Regel schnell ein. Bei vielen Katzen sehr beliebt sind „Hängematten" mit Plüschbezug, die am Heizkörper befestigt werden. Dort ist es nicht nur schön warm, sondern das Tier hat seine Umgebung auch sofort im Blick. Unter Umständen lohnt sich auch die Anschaffung eines abschließbaren Aufzuchtkäfigs, nämlich dann, wenn man häufig außer Haus ist und das neugierige Kätzchen nicht selbst überwachen kann. Dort hat es einen sicheren Platz, in dem sich auch das Lager, die Toilette und das Futterschälchen befinden. Im Aufzuchtkäfig kann der neue Mitbewohner schlafen und vor allem nicht in Schwierigkeiten geraten, darüber hinaus erleichtert er das Kennenlernen anderer Katzen oder Hunde.

Oben: Eine solche „Kuschelhöhle" vermittelt dem Tier das Gefühl von Geborgenheit und Wärme. Das ist wichtig, wenn die neue Katze erst kurz zuvor von ihrer Mutter und ihren Geschwistern getrennt wurde.

Rechts: Kletterbäume bieten viele Vorteile: Sie sind nicht nur ein ideales Spielzeug, auf dem die Tiere herumtoben können, sondern dienen gleichzeitig dem Krallenschärfen.

Kennung

Wenn die Katze zur Kennung ein Halsband tragen soll, das gegebenenfalls mit einem Magneten oder Microchip zur Steuerung der Katzenklappe versehen ist, sollte man das Tier möglichst schon als kleines Kätzchen daran gewöhnen. Damit sich die Katze

Oben: Katzen sollten nicht frei im Auto herum klettern. In einem Transportkorb lassen sie sich problemlos mitnehmen. Natürlich sollte man sie im Vorfeld gut mit dem Behältnis vertraut machen.

nicht daran erhängen kann, müssen die Halsbänder elastisch sein oder sich mit einem Druckknopf verschließen lassen. Das Halsband sollte dem Tier nicht über den Kopf rutschen können, aber dennoch so weit sitzen, daß zwischen Hals und Band noch zwei Finger breit Platz bleibt. Ein Anhänger mit Name, Anschrift und Telefonnummer erleichtert die Identifizierung, wenn sich die Katze einmal verlaufen sollte.

Seit einigen Jahren besteht auch die Möglichkeit, die Katze durch einen Mikrochip dauerhaft zu kennzeichnen. Dieser nur etwa reiskorngroße Chip wird unter die Haut implantiert, danach kann man das Tier mit Hilfe eines Scanners identifizieren.

Eine natürliche Verhaltensweise der Katze ist das Krallenschärfen. Für Katzen, die ausschließlich in der Wohnung gehalten werden, ist ein Kratzbaum unerläßlich. Diesen gibt es in vielen verschiedenen Ausführungen. Ein einfacher, mit Teppichvelours bezogener Pfahl eignet sich genauso gut, doch oft mißversteht das die Katze als Aufforderung, alle Teppiche als Kratzgelegenheit zu betrachten.

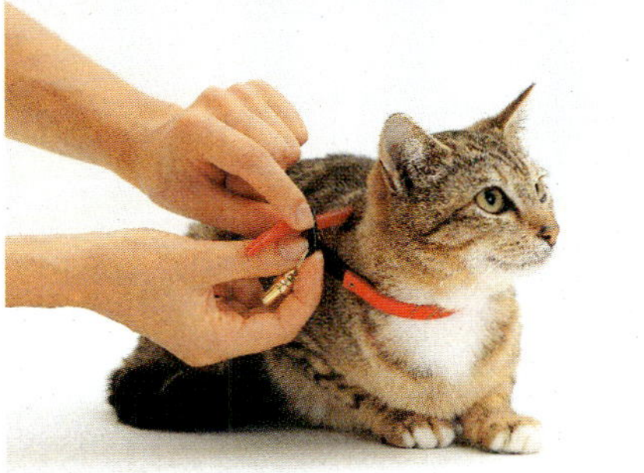

Oben: Das Halsband darf nicht zu eng sitzen. Zuerst wird sich das Tier noch kratzen, sich aber bald daran gewöhnen. Für den Fall, daß sich das Tier verläuft, kann man das Band mit einer Kennmarke versehen.

KENNUNG DURCH MIKROCHIP

Ein kleiner Mikrochip, der mit einer speziellen Nadel unter dem Nackenfell eingesetzt wird, ermöglicht eine dauerhafte Identifizierung. Den Eingriff nimmt ein Tierarzt vor. Jede Katze erhält eine bestimmte Nummer, die dann mit einem speziellen elektronischen Scanner gelesen werden kann.

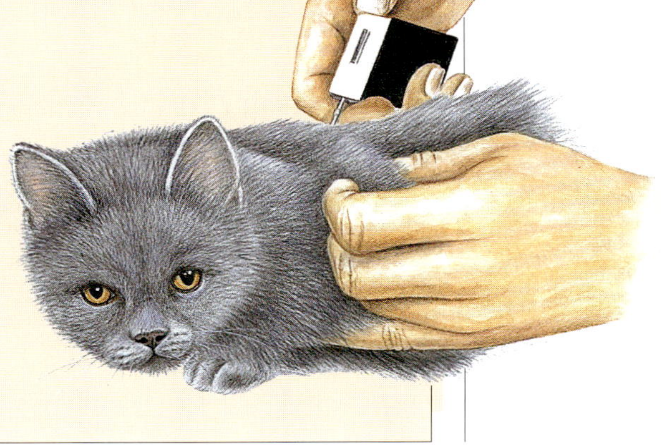

Zu Hause

Die erste Nacht ✦ Hausgenossen ✦ Sich eingewöhnen

Die erste Nacht in einer fremden Umgebung ist nicht ganz einfach. Unter Umständen ist es das erste Mal, daß das Tier von seinem Zuhause und seiner Mutter getrennt wurde. Für eine erwachsene Katze stellt das neue Heim ein neues Revier dar, das erst einmal sondiert und dann erobert werden will. Ein geschütztes Plätzchen für die Nacht hilft bei der Eingewöhnung sehr.

Natürlich ist die Katze auch neugierig auf ihre neue Umgebung, doch tut man besser daran, sie zunächst nur einen Raum erkunden zu lassen. Während sie all die neuen Dinge und Gerüche erforscht, sollte man ihr aufmunternd zureden. Keine Angst, wenn die Katze vorübergehend unter dem Bett verschwindet oder sich auf dem Kleiderschrank verkriecht – Futter und beruhigende Worte locken sie wieder hervor. Wichtig ist, daß alle Fenster und Türen verschlossen sind. Auch ein Katzenklo sollte bereitstehen und der Katze gleich bei ihrer Ankunft gezeigt werden. Die Kätzchen müssen so lange im Haus bleiben, bis alle Impfungen durchgeführt wurden und bis sie wissen, wo sie hingehören. Erwachsene Katzen sollten etwa zwei Wochen lang nicht ins Freie gelassen werden, damit sie in dieser Zeit eine feste Bindung zu ihrem Besitzer und zu ihrem neuen Territorium entwickeln können.

Unten: Kinder lieben Kätzchen, aber sie müssen lernen, daß Tiere kein Spielzeug sind, sondern respektiert und vorsichtig behandelt werden wollen.

Links: Auch wenn das neue Kätzchen gesund aussieht, sollte es so bald wie möglich von einem Tierarzt untersucht werden.

Rechts: Katzen haben ihren ganz eigenen Rhythmus: Selbstbewußte Tiere nehmen sofort Kontakt mit ihrem neuen Zuhause auf, andere wollen zunächst in Ruhe gelassen werden. Kinder und andere Tiere sollte man erst einmal fernhalten.

Hausgenossen

Wenn eine neue Katze angeschafft wurde, sollte sie sobald wie möglich Bekanntschaft mit den anderen Familienangehörigen oder Haustieren schließen. Dies sollte in aller Ruhe geschehen, so daß sich alle gleich zu Beginn auf ein harmonisches Zusammenleben vorbereiten können.

Kinder und Katzen

Kinder reagieren auf ein neues Haustier meist mit großer Begeisterung – und einer Menge Lärm. Eine neue Katze teilt diese Begeisterung nicht unbedingt. Aus diesem Grund ist es ratsam, die Kinder entsprechend vorzubereiten. Man sollte ihnen erklären, daß sie die Katze mit ihrem Jubel und Trubel nur verängstigen und daß sich das Tier am schnellsten eingewöhnt, wenn sie sich etwas zurückhalten und nicht dauernd versuchen, die Katze anzufassen und zu streicheln.

Wenn die Katze aus einem Haushalt mit Kindern kommt, dürfte sie deren „Liebesbeweise" und „Zudringlichkeiten" gelassen hinnehmen. Ansonsten sind alle plötzlichen Bewegungen oder lauten Geräusche nach Möglichkeit zu vermeiden. Die Kinder sollten am Boden sitzen, damit die Katze auf sie zugehen kann. Zeigen Sie den Kindern, wie man eine Katze am Rücken streichelt und wo das Tier gerne berührt werden will.

Die Katze sollte Gelegenheit haben, ihre Umgebung selbst zu erkunden, ohne dabei ständig von den Kindern verfolgt zu werden. Nach einigen Tagen legt sich die anfängliche Aufregung ohnehin. Das Tier steht dann nicht mehr im Zentrum der Aufmerksamkeit und kann sich in Ruhe eingewöhnen.

Rechts: Ein Aufzuchtkäfig erleichtert das Kennenlernen, ist aber relativ teuer in der Anschaffung. Manche Katzenzüchter verleihen diese Käfige auch.

Die Eingewöhnung

Andere Katzen

Die alte Katze wird über den Neuankömmling höchstwahrscheinlich nicht gerade begeistert sein. Schließlich hat sie keinerlei Vorteile durch den Artgenossen.

Doch solange keine Konkurrenzsituation in bezug auf Futter oder auf sichere Schlafplätze entsteht, können Katzen einander akzeptieren, ja sogar eine gewisse Freundschaft zueinander entwickeln. Dies hängt nicht zuletzt vom Charakter der jeweiligen Katze ab und auch davon, wie sehr man sich darum bemüht, die Tiere miteinander bekannt zu machen.

Der alten Katze ist ihr Territorium sehr wichtig. Die meisten Besitzer sind stolz darauf, wenn ihre Katze einen Eindringling verjagt, der sich auf ihr Grundstück vorgewagt hat, gleichzeitig erwarten sie jedoch, daß eine neue Katze automatisch akzeptiert wird – und das nur, weil sie sie selbst mitgebracht haben. Man sollte der alten Katze auf jeden Fall genug Raum und Zeit gönnen, damit sie feststellen kann, daß der Neuankömmling keine Bedrohung für sie darstellt.

Der Aufzuchtkäfig

Die grundlegende Voraussetzung für ein unverkrampftes Kennenlernen ist, daß sich sowohl die alte als auch die neue Katze möglichst sicher fühlen. Damit der Neuankömmling nicht gleich gejagt oder bedroht wird, empfiehlt es sich, ihn zunächst in einen Aufzuchtkäfig oder eine Katzenhöhle zu setzen. So kann die alte Katze die neue begutachten, ohne das Gefühl zu haben, ihr Territorium sei bedroht, die neue Katze dagegen ist vor Angriffen geschützt. Durch das Gitter können beide Kontakt zueinander aufnehmen, doch gleichzeitig bleibt der notwendige Sicherheitsabstand gewahrt.

Bevor es jedoch soweit ist, sollte man zuerst die eine und dann die andere Katze streicheln und diesen Vorgang innerhalb mehrerer Stunden wiederholen. Auf diese Weise vermischen sich die Gerüche der beiden Tiere. Anschließend kann man die neue Katze im Aufzuchtkäfig oder Transportkorb in einer leicht erhöhten Position aufstellen, damit die Katzen nicht gleich gezwungen sind, Augenkontakt aufzunehmen. Wird die alte Katze in das Zimmer hineingelassen, hat sie Gelegenheit, den Neuankömmling ausgiebig zu begutachten. Läuft die Katze weg, ohne sich um den neuen Hausgenossen zu kümmern, sollte man sie nicht zurückholen, sondern akzeptieren, daß die Gewöhnungsphase ihre Zeit braucht.

Links: Junge Katzen genießen die Liebe und die Aufmerksamkeit älterer Kinder, die mit Tieren bereits gut umgehen können, sehr.

Reagiert die Katze aggressiv, muß sie durch ein Geräusch abgelenkt werden. Bei einer friedlichen Annäherung nicht mit Lob sparen! Es hat sich bewährt, beide Tiere mit einer beson-

Oben: Katzen und Hunde können gute Freunde werden. Das klappt dann am besten, wenn die Tiere von Anfang an miteinander aufwachsen.

Unten: Wurde eine ältere Katze sorgfältig auf den Neuankömmling vorbereitet, ist sie vielleicht schon nach kurzer Zeit mit dem jüngeren Tier eng befreundet.

deren Leckerei zu füttern und dabei allmählich das Schälchen der alten näher an den Käfig der neuen Katze heranzurücken. Gelegentlich werden sich die Katzen noch anfauchen, diese Unmutsäußerungen werden jedoch bald der Neugier weichen. Wie lange dieser Prozeß dauert, läßt sich nicht eindeutig vorhersagen: Manchmal gewöhnen sich die Katzen bereits nach wenigen Tagen aneinander, manchmal auch erst nach Wochen.

Es ist wichtig, daß diese Begegnungen zunächst nur von kurzer Dauer sind und in einer ruhigen Atmosphäre und in Gegenwart des Katzenbesitzers stattfinden, damit dieser gegebenenfalls eingreifen kann. Dem Neuankömmling sollten alle Räume des Hauses offenstehen, damit sich die Gerüche verbinden und ein neuer Gruppengeruch entsteht. Bevor die Katzen sich ungehindert begegnen dürfen, sollte man nicht nur die neue, sondern auch die alte Katze in den Käfig setzen und sie einander beschnuppern lassen. Wenn die Zeit gekommen ist, läßt man beide Tiere ungehindert zusammenkommen und füttert sie in einiger Entfernung voneinander mit ihrem Lieblingsfutter, um sie abzulenken. Dabei muß jedoch die neue Katze immer die Möglichkeit haben, davonzulaufen und sich verstecken zu können. Wenn die erste Begegnung klappt, sollte das Kennenlernen in anderen Räumen fortgesetzt werden.

Hunde und Katzen

Auch für die erste Begegnung zwischen Hund und Katze empfiehlt sich die Verwendung eines Tragekorbs oder Aufzuchtkäfigs. So kann der Hund die Katze gefahrlos beschnüffeln. Trotzdem sollte er dabei immer unter Kontrolle gehalten werden.

Alter und Hunderasse spielen beim Kennenlernen eine nicht unbedeutende Rolle. Junge Hunde sind sehr lebhaft und versuchen vielleicht, mit dem Neuankömmling zu „spielen". Leicht erregbare Hunde sind nur sehr schwer ruhig zu halten – eine plötzliche Bewegung, und die wilde Verfolgungsjagd geht los. Nur wenn sich der Hund ruhig verhält, kann das Kennenlernen außerhalb des Käfigs fortgesetzt werden. Der Hund muß dabei an die Leine genommen und für sein Verhalten gelobt werden.

Stubenreinheit

Die Katzentoilette ✦ Eingewöhnung

Ein neues Kätzchen darf frühestens eine Woche nach den Impfungen ins Freie. Auch erwachsene Katzen, die in ein neues Zuhause kommen, müssen einige Wochen im Haus bleiben, bis sie sich an die neue Umgebung gewöhnt haben. In beiden Fällen, aber natürlich auch bei einer reinen Wohnungskatze, kommt man um die Anschaffung eines Katzenklos nicht herum. Es gibt ganz verschiedene Toiletten und Streuarten. Am Anfang empfiehlt es sich, genau das Material zu verwenden, an das die Katze zuvor gewöhnt war. Später kann man die Streu nach eigener Wahl ersetzen.

Katzentoilette und Streu

Katzentoiletten gibt es in unterschiedlichen Ausführungen, von der einfachen offenen Kunststoffschale bis hin zu Modellen mit geruchsabsorbierendem Kohlefilter im Deckel. Katzen scharren am liebsten in mindestens 2,5 cm tiefer Streu. Die Schale muß also tief genug sein, damit nichts herausfallen kann. Für welche Toilette man sich entscheidet, hängt auch davon ab, wie lange die Katze sie benutzen soll. Für den Übergang genügt die einfachste und billigste Ausführung. Generell sollte man jedoch eine robustere, abgedeckte Ausführung in Betracht ziehen, die der Katze eine gewisse Privatsphäre verschafft. Darüber hinaus halten Katzentoiletten, die man abdecken kann, auch Gerüche zurück.

Katzenstreu gibt es meist auf Ton- oder auf Holzbasis. Manchmal werden Duftstoffe hinzugefügt, die den Geruch überdecken sollen. In der Regel riechen diese jedoch selbst sehr aufdringlich, sie können sogar dazu führen, daß die Katze die Streu ablehnt. Besser ist es, die Katzentoilette etwas

Oben: Eine geschlossene Toilette gibt der Hauskatze ein Gefühl von Privatsphäre, außerdem kann die Streu nicht so leicht auf den Boden gelangen. Der Kohlefilter im Deckel absorbiert unangenehme Gerüche.

Rechts: Eine einfache Plastikschale genügt den meisten Katzen.

Links: Der Harn sickert in die untere Schale, während die obere Streu trocken bleibt und wiederverwendet werden kann. Feste Ausscheidungen werden von der Oberfläche entfernt.

öfter zu reinigen. Manche Katzenhalter legen die Toilette mit Zeitungspapier aus. Davon ist allerdings abzuraten. Die Druckerschwärze löst sich vom Papier und wird dann mit den Pfoten im ganzen Haus verteilt, oder aber das Tier leckt sie ab, was gesundheitsgefährdend ist. Darüber hinaus könnte sich die Katze daran gewöhnen, auch herumliegende Tageszeitungen als Toilette zu benutzen.

Der richtige Standort

Bleibt die leidige „Standortfrage": Die Katzentoilette sollte an einem ruhigen Ort aufgestellt werden, an dem die Katze ungestört ihr Geschäft erledigen kann, auf keinen Fall jedoch in der Nähe ihres Schlaf- oder Futterplatzes. Außerdem ist dafür Sorge zu tragen, daß Hunde und Kleinkinder fernbleiben. Wenn mehrere Katzen unter einem Dach zusammenleben, sollten sich maximal zwei Tiere eine Toilette teilen. Anfänglich sollte man die Toilette nur alle zwei bis drei Tage reinigen, indem man die feste Hinterlassenschaft mit einem Streulöffel entfernt. Dadurch entwickelt sich eine Geruchsmarkierung, die die Katze wieder anlockt. Hat man mehrere Katzen, muß das Katzenklo natürlich häufiger gereinigt werden.

Für eine gründliche Reinigung der Toilette benötigt man heißes Wasser und ein Desinfektionsmittel. Auf bestimmte Chemikalien können Katzen allerdings empfindlich reagieren, insbesondere auf Phenole. Alle Mittel, die im Wasser trüb werden, sollte man vermeiden. Den Dosierungshinweisen des Herstellers ist unbedingt Folge zu leisten, da eine höhere Konzentration der Katze schaden könnte.

Streu auf Holzbasis

Streu auf Tonbasis

Feinkörnige Streu

Rechts: Katzenstreu absorbiert Feuchtigkeit und unangenehme Gerüche. Feste Ausscheidungen und feuchte Streuklumpen können mit Hilfe einer Plastikschaufel entfernt werden, so daß die Toilette nicht jeden Tag neu aufgefüllt werden muß.

Erziehung zur Sauberkeit

Katzenbesitzer sind oft stolz darauf, wie gut sie ihr Tier zur Sauberkeit erzogen haben. In Wirklichkeit wurde diese Arbeit zum größten Teil bereits von der Katzenmutter erledigt. Durch Nachahmung und dank ihres natürlichen Instinktes, ihr Geschäft zu verscharren, lernen Kätzchen recht bald, die Katzentoilette zu benutzen. Setzt man das neue Kätzchen auf die Toilette und zieht man seine Pfote durch die Streu, begreift es schnell, was man von ihm will. Diese Prozedur sollte öfter wiederholt werden, insbesondere nachdem die Katze gefressen oder geschlafen hat. Sollte dennoch ein „Unglück" geschehen, nimmt man es einfach mit einem Tuch auf und legt es als Geruchserinnerung in das Klo. So kann die Katze die gewünschte Assoziation herstellen. Auf keinen Fall sollte man die Katze für ihr Verhalten bestrafen – einfach wieder von vorn beginnen und die Katze loben, wenn sie es verstanden hat.

Soll die Katze ihr Geschäft künftig draußen verrichten, mischt man nach und nach immer mehr Erde unter die Streu und stellt die Toilette näher an die Haustür. Sobald das Kätzchen hinaus darf, gräbt man ein wenig Erde um, so daß sie weich und locker und für die Katze gut zu benutzen ist. Darüber gibt man etwas Streu, damit die Katze die richtige Verbindung herstellt.

Rechts: Katzen sind von Natur aus reinlich und gewöhnen sich sehr schnell an ihre Toilette. Diese muß so groß sein, daß die Katze bequem darin sitzen kann. Wird das Klo nicht regelmäßig gesäubert, wird die Katze es ablehnen. Kätzchen lernen das Benutzen der Katzentoilette durch die Beobachtung ihrer Mutter.

Die Ernährung

Futter ✦ Ernährung von Kätzchen ✦ Milch

Oben: Katzen wollen beim Fresser ungestört sein. Wählen Sie deshalb einen ruhigen und etwas abgelegenen Ort für die Futterschale Ihres Tieres aus.

Katzen brauchen Fleisch, denn wichtige Nährstoffe wie Vitamin A, Niacin und Taurin sind nur in tierischem Gewebe enthalten. Von vegetarischer Kost können sie also nicht leben. Katzen benötigen Nahrung, die viel Eiweiß und Aminosäuren enthält. Für die Katze hat Eiweiß eine ähnliche Bedeutung wie Kohlehydrate für den Menschen, das heißt sie deckt damit einen Großteil ihres täglichen Kalorienbedarfs. Darüber hinaus muß die Katze über die Nahrung auch tierische Fette aufnehmen, wie sie in Milch, Fleisch und Fisch enthalten sind.

Katzen bevorzugen zehn bis zwanzig kleine Mahlzeiten am Tag. Wenn Sie Ihrer Katze Trockenfutter geben, wird sie ihren Futterplatz mehrmals täglich aufsuchen, anstatt eine große Portion auf einmal zu verspeisen. Katzen, die Dosenfutter bekommen, tendieren dazu, größere Mengen auf einmal zu essen, denn bei einer frisch geöffneten Dose sind Aroma und Geschmack am intensivsten. Abgesehen davon verdirbt Dosenfutter schnell, wenn es liegenbleibt.

Ernährung von Kätzchen

Kätzchen essen relativ wenig, aber häufig. Nur so erhalten sie genügend Nährstoffe für ein schnelles und gesundes Wachstum. Bis zum Alter von sechs Monaten nehmen Kätzchen täglich ungefähr zehn Gramm zu. Die Ernährung muß in dieser Zeit sehr ausgewogen sein, denn während der Eingewöhnung in ein neues Heim braucht das Tier genügend Energiereserven, um mit den Belastungen des Umzugs fertig zu werden und gleichzeitig Infektionen abwehren zu können. Natürlich muß das Futter auch alle notwendigen Vitamine und Mineralstoffe enthalten.

Ein ausgewogenes Futter selbst herzustellen ist äußerst schwierig, insofern sollte man lieber auf Fertigfutter zurückgreifen. Manche Hersteller bieten spezielles Futter für Kätzchen an. Dabei sollte man sich für eine Marke entscheiden, die von dem Tier bereits

Oben: Trockenfutter ist gut für die Zähne und bietet der Katze eine vollwertige Ernährung. Stellen Sie jedoch immer ein Schälchen mit Wasser bereit.

Links: Ein automatischer Futterspender kann nützlich sein, wenn man tagsüber arbeiten muß. Der Deckel öffnet sich nur zu einer im voraus eingestellten Zeit.

Rechts: Die meisten Katzen werden mit handelsüblichem Dosen- oder Trockenfutter gefüttert. Dieses enthält alle erforderlichen Nährstoffe. Frisches Futter wie Huhn oder Fisch bildet eine willkommene Abwechslung. Spezielle Katzenbiskuits sollten als Extras gereicht werden.

Dosenfutter

angenommen und gut vertragen wurde. Eine Ernährungsumstellung, gepaart mit dem Streß der Eingewöhnung in das neue Heim, kann zu Verdauungsproblemen führen. In dieser Situation ist es das beste, der Katze zumindest während der ersten Woche das gleiche Futter zu geben, das sie auch in ihrer alten Umgebung bekommen hat.

Kätzchen müssen häufiger essen als erwachsene Katzen. Im Alter zwischen acht und zwölf Wochen brauchen sie etwa fünf Mahlzeiten täglich. Wenn man nicht den ganzen Tag zu Hause sein kann, sollte man sich mit Trockenfutter behelfen, da dieses nicht so schnell verdirbt wie Dosenfutter und sich das Kätzchen jederzeit selbst bedienen kann. Die Alternative ist ein Futterspender mit einem elektronischen Timer, der in regelmäßigen Abständen bestimmte Futterrationen abgibt. Füttern sollte man das Kätzchen immer an einem ruhigen Ort, an dem es nicht befürchten muß, daß ihm das Futter von anderen Katzen oder Hunden weggenommen wird, oder das Tier von Kindern gestört werden kann.

Im Alter von sechs Monaten hat die Katze etwa drei Viertel ihres endgültigen Gewichts erreicht. Jetzt sollte die Anzahl der täglichen Mahlzeiten auf zwei reduziert werden. Stellt man ständig Trockenfutter bereit, kann man es der Katze selbst überlassen, wie oft sie sich bedient. Ist die Katze ausgewachsen, sollte man ihr Gewicht überwachen. Die meisten jungen Katzen sind sehr aktiv, deshalb ist Übergewicht für sie noch kein Problem. Fängt die Katze jedoch an zuzunehmen, sollte man die Kalorienzufuhr reduzieren.

1

2

3

Oben und links: Futterschälchen für Katzen gibt es in allen Variationen. Diese beiden Kunststoffschälchen (1 und 2) haben einen rutschfesten Boden. Edelstahlschälchen (3) sind besonders robust und hygienisch.

Rechts: Katzen trinken oft nur sehr wenig von dem Wasser, das man ihnen hinstellt. Wie ihre Wüstenvorfahren sind sie in der Lage, den größten Teil ihres Flüssigkeitsbedarfs über das Futter zu decken. Trotzdem sollte immer ein Schälchen mit frischem Wasser bereitstehen.

Milch

Katzen und Kätzchen sind nicht auf Kuhmilch angewiesen. Keinesfalls sollte diese als Ersatz für frisches Wasser dienen, das stets verfügbar sein muß. Sind die kleinen Kätzchen entwöhnt, verlieren sie die Fähigkeit, die in der Milch enthaltene Laktose zu verdauen. Deshalb vertragen viele Katzen keine Kuhmilch und bekommen davon Durchfall. Wer dennoch auf Milch nicht verzichten will, sollte sich für bestimmte Präparate entscheiden, die mittlerweile speziell für Katzen hergestellt werden.

Trockenfutter

Frisch gekochtes Huhn

Katzenbiskuits

Gefahren

Gefahren inner- und außerhalb des Hauses ✦ Giftige Pflanzen

Vorbeugen ist besser als Heilen – mit ein wenig Sorgfalt lassen sich potentielle Gefahrenquellen für Katzen in Heim und Garten leicht vermeiden. Kleine Kätzchen sind besonders gefährdet. Unerfahren, wie sie sind, geraten sie leicht in Schwierigkeiten: Sie quetschen sich in enge Spalten, schlüpfen in herumliegende Taschen und Schachteln oder klettern auf hohe Möbel. Wie Kinder schätzen sie noch viele Situationen falsch ein und lassen sich allein von ihrer Neugier leiten.

Maiglöckchen

Christstern

GIFTIGE ZIMMERPFLANZEN

Katzen knabbern gerne an Gras und Zimmerpflanzen. Darunter gibt es auch giftige wie Aaronstab, Alpenveilchen, Azalee, Chrysantheme, Croton, Dieffenbachie, Drachenwurz, Efeu, Kirschlorbeer, Philodendron und Rizinus. Auch Schnittblumen wie Maiglöckchen und Narzissen sind giftig.

Links: Wer in einem hochgelegenen Stockwerk wohnt, sollte daran denken, daß auch Katzen nicht unverwundbar sind. Vorsicht also bei offenen Fenstern! Es empfiehlt sich, Balkone mit Maschendraht zu sichern.

Unten: Bei der Jagd auf eine Fliege oder beim Spielen können Katzen unabsichtlich kostbare Ziergegenstände zerbrechen.

✦ Keine elektrischen Kabel herumliegen lassen, an denen Katzen gerne knabbern
✦ Offenes Feuer abdecken
✦ Nadeln, Nähgarn und andere kleine Gegenstände, die verschluckt werden können, wegräumen
✦ Empfindliche Ziergegenstände in Schränken wegschließen
✦ Den Toilettendeckel schließen, damit die Kätzchen nicht hineinfallen
✦ Arzneimittel und Chemikalien unter Verschluß halten
✦ Die Türen von Mikrowelle, Waschmaschine, Wäschetrockner und Backofen schließen – vor Gebrauch immer einen Blick hineinwerfen
✦ Töpfe mit Wasser auf heiße Herdplatten stellen, bis diese abgekühlt sind
✦ Den Mülleimer geschlossen halten
✦ Nur Desinfektionsmittel verwenden, die für Katzen unschädlich sind. Katzen nehmen Chemikalien durch die Sohlenballen auf oder lecken diese gar ab. Desinfektionsmittel nach Vorschrift verdünnen und die behandelte Fläche trocknen lassen.
✦ Die Küche gut durchlüften, wenn mit Öl gebacken wird. Der Rauch von überhitztem Öl ist für Katzen giftig.

Gefahrenquellen im Freien

Oft werden Katzen versehentlich in Schuppen oder Garagen eingeschlossen, in die sie einfach nur ihre neugierige Nase stecken wollten. Gefährlich sind auch Gartenchemikalien und Lacke. Wenn sich Katzen putzen, gelangt alles, was an ihrem Fell haftet, in den Magen – verschüttete Flüssigkeiten deshalb sorgfältig aufwischen und alle Behälter immer gut verschließen. Kreosot zum Beispiel ist eine äußerst giftige Substanz. Solange man damit Zäune streicht oder das Mittel noch nicht getrocknet ist, sollten Katzen im Haus eingesperrt werden. Ähnliche Vorsichtsmaßnahmen sollte man bei Schmieröl, Diesel, Benzin und Frostschutzmitteln ergreifen.

Beim Kauf von Unkrautvernichtungsmitteln und anderen Gartenchemikalien ist auf deren Umweltverträglichkeit zu achten. Außerdem sollte man die Warnhinweise für Haustiere beachten: Rattengift immer an einem sicheren Ort aufbewahren oder ganz darauf verzichten. Katzen fressen das Gift zwar nicht selbst, können sich aber durch ein Beutetier vergiften.

Vorsicht Giftpflanzen!

Katzen, die sich auch im Freien aufhalten, fressen normalerweise keine giftigen Pflanzen. Wohnungskatzen können jedoch aus Langeweile daran knabbern. Gefährliche Gartenpflanzen sind vor allem Buchsbaum, Clematis, Efeu, Eibisch, Pfaffenhütchen, Geißblatt und Stechginster. Informationen über giftige Pflanzen erhalten Sie auch im Gartencenter.

Oben: Katzen erforschen mit Begeisterung ihre Umgebung. Ihre sprichwörtliche Neugier bringt sie dabei immer wieder in Gefahr.

Offene Fenster

Wenn sich die Wohnung in einem hochgelegenen Stockwerk befindet, sollten die Fenster immer geschlossen bleiben oder durch ein Gitter gesichert sein. Zwar können sich Katzen bei einem Sturz meist blitzschnell so in der Luft drehen, daß sie mit den Füßen aufkommen, doch wenn sie aus großer Höhe fallen, sind schwere Verletzungen wie zum Beispiel Knochenbrüche nicht auszuschließen.

Lebensweise

Risiken vermeiden ✦ Katzenklappen ✦ Wohnungskatzen

Oben und links: Hält sich die Katze im Freien auf, hat der Besitzer kaum Einfluß auf ihren Bewegungsradius. Es empfiehlt sich, der Katze ein Halsband mit Namen und Adresse des Besitzers umzulegen, damit man benachrichtigt werden kann, falls ihr etwas zustößt.

Es ist noch gar nicht lange her, da verbrachten alle Katzen einen Teil des Tages im Freien – um zu jagen, durch ihr Revier zu patrouillieren und ihr Geschäft zu verrichten. Seit die Katzenstreu erfunden wurde, können Besitzer ihre Katzen auch ausschließlich in der Wohnung halten. Für die meisten ist es aber immer noch selbstverständlich, daß sie die Katze ins Freie lassen, um ihr ein aktives und abwechslungsreiches Leben zu ermöglichen.

Die Katzenklappe

Sobald ein Kätzchen oder eine Katze die Wohnung verlassen darf, installieren viele Besitzer eine Katzenklappe – für Mensch und Tier eine sehr praktische Lösung. Wenn man in einer Gegend mit einer hohen Katzendichte wohnt und sicherstellen will, daß nur die eigene Katze die Klappe benutzt, empfiehlt sich die Anschaffung einer Klappe mit einem magnetischen oder elektronischen Schlüssel. Dieser wird am Halsband befestigt und öffnet die Klappe, sobald sich ihr die Katze nähert.

Allerdings muß die Katze erst an die Benutzung der Klappe gewöhnt werden. Wenn bereits andere Katzen im Haus sind, ahmt das Kätzchen das Verhalten der anderen einfach nach und lernt schnell, die Klappe zu benutzen. Ansonsten sollte man die Klappe erst mit einem Stift oder mit Klebeband in geöffneter Stellung fixieren, so daß die Katze problemlos hindurchspazieren kann. Anschließend lockt man die Katze von der anderen Seite mit Spielzeug, Futter und Lob so lange an, bis sie sich durch die Öffnung wagt. Als nächstes sollte man die Klappe halb geöffnet lassen, so daß sich das Kätzchen ein wenig hindurchzwängen muß und sich daran gewöhnt, daß die Klappe beim Durchqueren seinen Rücken streift. Sobald das Kätzchen begriffen hat, wie das System funktioniert, kann man die Klappe ganz schließen, so daß das Tier sie selbst aufdrücken muß. Während des Lernens sollte man dafür sorgen, daß die Katze

Gefahren im Freien

- ✦ Straßenverkehr
- ✦ Verletzungen durch Hunde, Menschen oder andere Katzen
- ✦ Erhöhte Ansteckungsgefahr
- ✦ Erkrankungen durch infizierte Beutetiere
- ✦ Das Risiko, versehentlich irgendwo unbemerkt eingesperrt zu werden
- ✦ Das Risiko, daß sich die Katze ein neues Heim sucht
- ✦ Vergiftungen

nicht erschrickt – ansonsten könnte es sein, daß sie die Klappe ihr Leben lang nicht mehr benutzen wird.

Manche Besitzer lassen ihre Katze nachts oder auch tagsüber während des Stoßverkehrs nicht aus dem Haus. Hält sich die Katze auch in der Dunkelheit im Freien auf, sollte sie, um besser erkannt zu werden, ein reflektierendes Halsband tragen.

Die Katze muß unbedingt gegen alle ansteckenden Krankheiten geimpft werden. Wurmkuren und Behandlungen gegen Flöhe sind regelmäßig durchzuführen. Viele Besitzer lassen ihre Katze kastrieren: Kater werden dadurch häuslicher und raufen weniger, bei Katzen vermeidet man dadurch die Risiken von Schwangerschaft und Geburt. Eine frühzeitige Durchführung des Eingriffs reduziert zudem die Wahrscheinlichkeit, daß das Tier später an Krebs erkrankt.

Wohnungskatzen

Immer mehr Menschen entscheiden sich dafür, ihre Katze ausschließlich in der Wohnung zu halten. Manche Katzen kommen damit gut zurecht, andere weniger. Auf jeden Fall sollte man die Vor- und Nachteile gründlich gegeneinander abwägen.

Katzen, die ausschließlich im Haus gehalten werden, leben in der Regel länger und gesünder als solche, die auch nach draußen gehen – allerdings muß man in diesem Fall selbst für Bewegung und Abwechslung sorgen (siehe Seite 96–97). Dürfen Katzen ins Freie, sind sie dort vielen Gefahren ausgesetzt, doch auch die Haltung in der Wohnung birgt ihre Nachteile:

✦ Verhaltensprobleme: Die Katze ist von Natur aus ein Jäger. Hält sie sich nur im Haus auf, stellen sich irgendwann Frustration und Langeweile ein. Verhaltensprobleme wie Spritzen und Kratzen sind die Folge.
✦ Übergewicht aufgrund von Bewegungsmangel inklusive aller damit verbundenen medizinischen Probleme
✦ Überempfindlichkeit gegenüber Veränderungen innerhalb ihres winzigen Territoriums (dem Haus) und die Unfähigkeit, fremde Menschen oder Gegenstände zu akzeptieren

Unten: Die meisten Katzen gewöhnen sich schnell an die Katzenklappe, die ihnen jederzeit Einlaß gewährt. Viele Katzenklappen können während der Nacht geschlossen werden.

Oben: Im Freien kann die Katze ihren angeborenen Instinkten am besten nachgehen. Dazu gehören auch das Beschleichen von Beute und das Markieren des Reviers.

✦ Die erheblich größere Abhängigkeit vom Besitzer birgt die Gefahr einer übermäßigen emotionalen Bindung.
✦ Schwierigkeiten, eine neue Katze in das kleinräumige Territorium zu integrieren
✦ Das Problem, alle Türen und Fenster geschlossen zu halten. Zeitaufwand und Kosten im Zusammenhang mit Sicherheitsvorkehrungen
✦ Das Risiko, daß die Katze aus Langeweile etwas im Haus anstellt, sowie die üblichen Gefahrenquellen im Haus (siehe Seite 93)

Der goldene Mittelweg

Wer einen Garten besitzt und seiner Katze genügend Bewegungsspielraum in einer sicheren Umgebung ermöglichen möchte, ohne sie auf die Wohnung zu beschränken, sollte die Errichtung eines Katzengeheges in Erwägung ziehen. Um den Garten oder einen Teil davon „ausbruchsicher“ zu machen, muß ein 1,80 Meter hoher Holz- oder Drahtzaun aufgestellt werden, der an seinem oberen Ende mindestens 50 cm weit horizontal nach innen gebogen ist, damit die Katze nicht hinausklettern kann.

Überhängende Sträucher müssen zurückgeschnitten, große Bäume können mit einem sogenannten Katzengürtel gesichert werden. Um Unannehmlichkeiten zu vermeiden, sollte man sich vor dem Bau mit den Nachbarn absprechen und sich bei der zuständigen Behörde erkundigen.

Manche Besitzer bringen ihren Katzen bei, an der Leine zu gehen, und führen sie spazieren. Ob dies gelingt, hängt jedoch vom Temperament der Katze ab, ebenso davon, wieviel Zeit der Besitzer zu investieren bereit ist.

Rechts: Die meisten Katzen fühlen sich wohl, auch wenn sie nur in der Wohnung gehalten werden. Allerdings sollten sie bereits von klein auf daran gewöhnt werden.

Glückliche Wohnungskatzen

Das Leben in der Wohnung ✦ Genügend Abwechslung ✦ Bewegung

Katzen sind aktive Jäger, die ein Revier beanspruchen: Nur so konnten ihre Vorfahren überleben. Bis heute ist ihr Verhaltensrepertoire durch die Jagd geprägt. Wildlebende Katzen nehmen täglich etwa zehn Mahlzeiten von der Größe einer Maus zu sich. Dafür können bis zu dreißig Jagdausflüge notwendig sein. Doch auch die kastrierte Hauskatze geht auf die Jagd, obwohl sie regelmäßig gefüttert wird. Jedes Tier verteidigt sein eigenes Jagdrevier – und sei es auch noch so klein. Auch reine Wohnungskatzen sind voller Energie und Tatendrang und selbst die genügsamsten, die einen Großteil des Tages verschlafen, müssen ihrem natürlichen Bewegungsdrang nachgeben können. Wie wohl sich eine reine Wohnungskatze fühlt, hängt auch von deren Persönlichkeit ab. Manche Katzen sind im Haus ganz glücklich, während andere sich niemals daran gewöhnen können und Verhaltensstörungen zeigen.

Links: Hauskatzen brauchen Grünes zum Knabbern. Daher sollten Sie regelmäßig Katzengras, Katzenminze, Thymian oder Petersilie aussäen.

Artgerechte Haltung

Jeder sollte sich mit den natürlichen Bedürfnissen einer Katze vertraut machen (siehe Seite 38–53). Nur dann ist gewährleistet, daß das Tier artgerecht behandelt wird. Doch wenn der Mensch ihr genügend Bewegung und Abwechslung verschafft, wird sich eine Katze auch innerhalb der eigenen vier Wände wohl fühlen.

Aktivitäten im Haus

Hauskatzen brauchen Abwechslung. Meist richten sie ihren Lebensrhythmus nach dem ihres Besitzers aus: Sie schlafen, wenn dieser nicht da ist, und werden bei seiner Rückkehr wieder aktiv. Es ist äußerst wichtig, daß das Tier genügend Anregungen bekommt. Ein neues Spielzeug, das die Katze zu physischer und psychischer Aktivität ermuntert, kann einen entscheidenden Teil dazu beitragen. Manchen Katzen, insbesondere Siamesen und Burmesen, kann man unter Umständen sogar beibringen, Gegenstände zu apportieren – oder sollte man besser sagen, die Tiere lehren ihre Besitzer, etwas zu werfen? Auf diese Weise kann man sich stundenlang mit ihnen beschäftigen.

Jeder sollte sich bewußt machen, welch einschneidende Veränderung die Abwesenheit des Besitzers im Leben einer Katze bedeutet. Hängt sie sehr an ihm, wird sie sich einsam fühlen, sobald sich die Haustür hinter ihrem Besitzer geschlossen hat. In diesem Fall hilft es, wenn man die Übergänge zwischen An- und Abwesenheit weniger abrupt gestaltet. Man kann die Katze bewußt auch einmal eine Zeitlang ignorieren, wenn man zu Hause ist.

Oben: Am besten verschafft man seiner Wohnungskatze etwas Bewegung, indem man ihr beibringt, an der Leine zu gehen. Der erste Ausflug sollte an einem möglichst ruhigen Ort stattfinden, damit sich beide Seiten an die neue Situation gewöhnen können.

Leidet ein Tier unter der Situation, reagiert es sich auf seine Weise ab: Ständiges Spritzen, Kratzen oder auch zwanghaftes Putzen (siehe Seite 115) sind Verhaltensstörungen, denen man nachgehen sollte. Manche Tiere reagieren auch sehr empfindlich auf neue Besucher, Hunde oder auf neue Möbel. Am wenigsten Probleme gibt es, wenn das Tier schon als kleines Kätzchen viel Kontakt zu Menschen hat und immer wieder mit neuen Situationen konfrontiert wird.

Jede Wohnungskatze braucht ein Objekt, an dem sie ihre Krallen wetzen kann – dazu eignet sich auch ein Ast oder ein Stück Rinde. Ansonsten sollte man auf einen der handelsüblichen Kratzbäume zurückgreifen.

Katzen sind zwar Fleischfresser, dennoch knabbern sie gern an Gräsern und Kräutern. Dies hilft ihnen, die Haarballen auszuwürgen, die sie bei der Fellpflege mit der Zunge aufgenommen haben. Möglicherweise versorgen sie sich dadurch auch mit bestimmten Nährstoffen. Man sollte also dafür sorgen, daß auch Wohnungskatzen Gras zum Knabbern haben. Das Katzengras ist im Handel erhältlich, man kann es allerdings auch leicht selbst säen.

Normalerweise haben Wohnungskatzen einen geringeren Energiebedarf als Tiere, die ins Freie dürfen. Auf keinen Fall sollte man seine Katze überfüttern, sonst wird sie zu dick. Katzen, die jagen müssen, um sich zu ernähren, schlafen zwischendurch auch, um ihre Energiespeicher wieder aufzuladen. Doch Katzen, die regelmäßig gefüttert werden, neigen dazu, noch mehr zu schlafen, und sind dann nicht aktiv genug.

Oben: Leere Kartons und Papiertüten sind ein herrliches Spielzeug und halten die Katze auf Trab. Dennoch sollten nicht alle Spielsachen gleichzeitig zur Verfügung stehen, sonst verliert das Tier schnell das Interesse an ihnen. Richtig spannend wird es natürlich erst dann, wenn man selbst mitspielt!

KATZENHALTUNG IN DER WOHNUNG

✦ Nehmen Sie lieber zwei Kätzchen als ein einzelnes. Zu zweit bewegen sich die Tiere mehr. Auf diese Weise braucht man auch keine Schuldgefühle zu haben, wenn man einmal nicht da ist.

✦ Die Wohnung sollte katzensicher sein. Eine Katze, die zu wenig Abwechslung hat, zwängt sich selbst durch die engsten Ritzen, um ins Freie zu kommen.

✦ Eine gute Investition ist eine Krallenzange. Mit zu langen Krallen bleibt die Katze leicht an Polstermöbeln und Teppichen hängen. Die richtige Handhabung der Krallenzange sollte man sich vom Tierarzt vorher unbedingt zeigen lassen.

Die Pflege

Hilfsmittel ✦ Tägliche Pflege ✦ Zahnhygiene

Oben: Die meisten Katzen lassen sich gerne am Rücken kämmen, reagieren bei Berührung empfindlicherer Bereiche aber abwehrend. Es hilft, sich langsam vorzutasten und der Katze dabei beruhigend zuzureden.

Die Fellpflege gehört zum natürlichen Verhaltensrepertoire der Katze. Die meisten Kurzhaarkatzen sorgen selbst für einen tadellosen Zustand ihres Haarkleides. Da die meisten Katzen aufgrund unserer zentralbeheizten Wohnungen das ganze Jahr über Haare verlieren, ist es dennoch sinnvoll, den Tieren bei der Pflege zu helfen. Auf diese Weise bilden sich im Magen der Katze auch nicht so viele Haarballen, die sie sonst mühsam auswürgen müßte. Außerdem genießen es die meisten Katzen sehr, gebürstet zu werden. Auf diese Weise kann man die Bindung zwischen Katze und Mensch verstärken.

Langhaarrassen wie Perser sind immer auf die Hilfe des Menschen angewiesen. Ansonsten würde das lange, dichte Fell schnell verfilzen. Allerdings gibt es auch Katzen, die sich gegen diese Behandlung sträuben. Dann kann es für Katze und Besitzer sehr unangenehm werden. Aus diesem Grund sollte man die Katze bereits von klein auf an die Pflege durch den Menschen gewöhnen.

Wenn man erst einmal gezwungen ist, eine erwachsene Katze mit Gewalt festzuhalten, um mit einer Bürste durch ihr völlig verfilztes Fell zu gehen, oder mit einer Schere zahlreiche unentwirrbare Knoten aus ihrem Fell schneiden muß, ist das Verhältnis zwischen Mensch und Tier empfindlich gestört. Für die Katze wird die Pflege zur Tortur, gegen die sie sich entschieden wehren wird. Am besten beginnt man in einem solchen Fall mit kurzen, vorsichtigen Versuchen, bis sich die Katze daran gewöhnt hat. Anschließend sollte sie jedesmal ausgiebig gelobt und mit ihrer Lieblingsleckerei verwöhnt werden.

Zur Pflegegrundausstattung gehören ein weiter und ein enger Kamm sowie eine Bürste. Im Lauf der Zeit wird man herausfinden, welche Art der Pflege und welcher Kamm oder

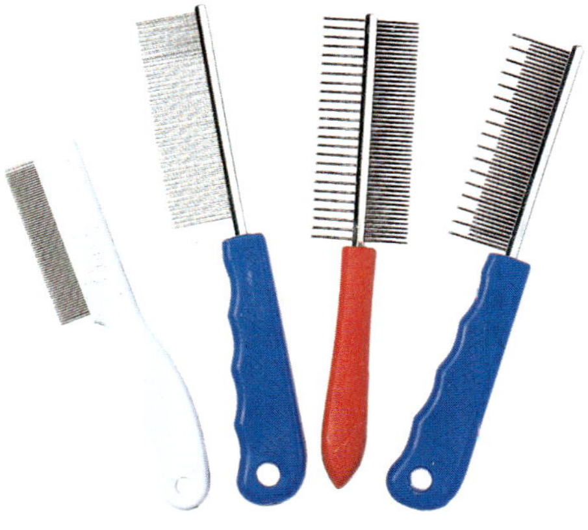

Kämme mit engen und weiten Zähnen

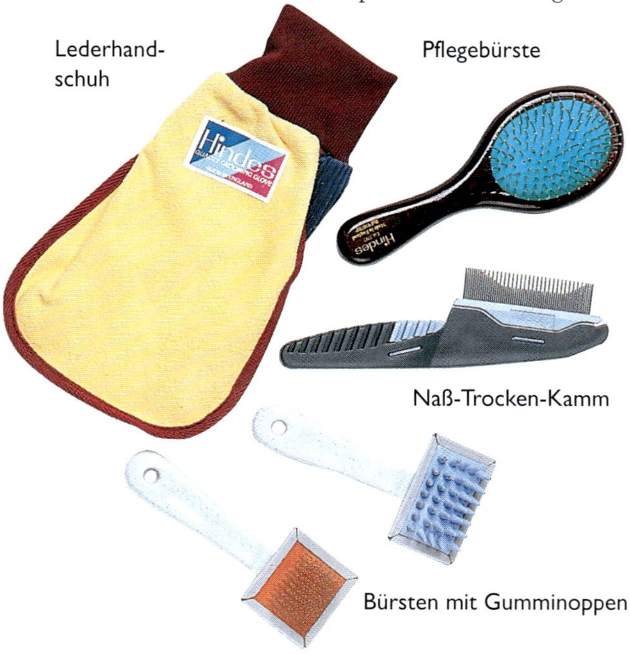

Links: Bürsten und Kämme gibt es in den verschiedensten Ausführungen. Für Langhaarkatzen empfehlen sich grobe Bürsten bei verfilzten Stellen sowie ein feingezähnter Kamm für lose Haare. Ein spezieller Naß-Trocken-Kamm ist nach dem Baden ideal. Für Kurzhaarkatzen genügt ein feiner Kamm oder eine kräftige Bürste. Ein Pflegehandschuh macht das Fell glänzend.

welche Bürste für das Tier am angenehmsten ist.

Für Kurzhaarrassen und normale Hauskatzen reicht eine weiche Bürste oder ein Handschuh, mit dem man die abgestorbenen Haare aus dem Fell streift, vollkommen aus. Manche Rassen wie zum Beispiel Cornish oder Devon Rex haben keine Deckhaare, sondern nur die weiche, teils lockige Unterwolle. Auch diese Tiere braucht man nur mit einer weichen Bürste zu pflegen; oft genügt sogar ein weiches Fensterleder oder ein Tuch aus Samt. Den Bereich um die Augen und das Gesicht der Katze kann man mit einer Zahnbürste pflegen.

KRALLEN SCHNEIDEN

Wenn die Katze Freilauf hat, wetzt sie ihre Krallen regelmäßig selbst, so daß man diese kaum zu schneiden braucht. Wohnungs- oder ältere Katzen dagegen brauchen zusätzliche Pflege, denn werden die Krallen zu lang, kann das Tier damit irgendwo hängenbleiben.

Am besten läßt man sich vom Tierarzt zeigen, wie weit man die Krallen zurückschneiden darf. Dabei dürfen auf keinen Fall Blutgefäße verletzt werden, die fast bis in die Krallenspitze reichen. Eine spezielle Krallenzange erleichtert die Krallenpflege.

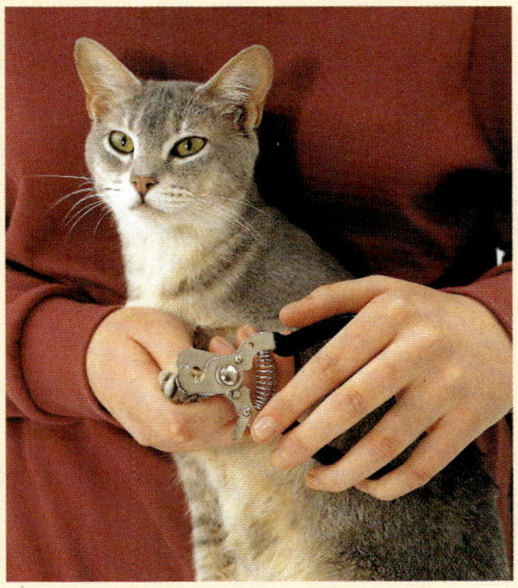

HAARFILZ

Bei einem verfilzten Fell braucht man vor allem Geduld. Wenn man das Problem nicht selbst lösen kann, bleibt nur noch der Gang zum Tierarzt, der das Fell unter Narkose abschert. Diese radikale Lösung sollte allerdings nur im äußersten Notfall angewendet werden. Ansonsten arbeitet man sich bei der Fellpflege langsam nach und nach bis zur Haut vor.

Verwendung eines milden, parfümfreien Pflegeshampoos erleichtert später das Kämmen, und lästige Knoten lassen sich besser entfernen. Danach spült man gründlich mit klarem Wasser nach. Unter dem Fön bürstet man anschließend das Fell trocken. Wer seine Katze baden will, braucht mehr als nur ein Paar Hände ...

fältig zu pflegen wie die eigenen. Am besten beginnt man schon beim jungen Kätzchen mit der Mundhygiene. Zunächst streicht man sanft seitlich am Maul der Katze entlang, damit sich das Tier an die Berührung von Zähnen und Zahnfleisch gewöhnt. Wenn dies gelungen ist, kann man die Zähne mit einer Vorwärts-rückwärts-

Oben: Bei der Pflege kann man auch erkennen, ob das Tier Knoten und Schwellungen, Flöhe, Zecken oder Läuse aufweist.

Oben: Kätzchen gewöhnen sich leicht an die Zahnpflege. Es gibt spezielle Bürsten sowie Zahnpasta für Haustiere.

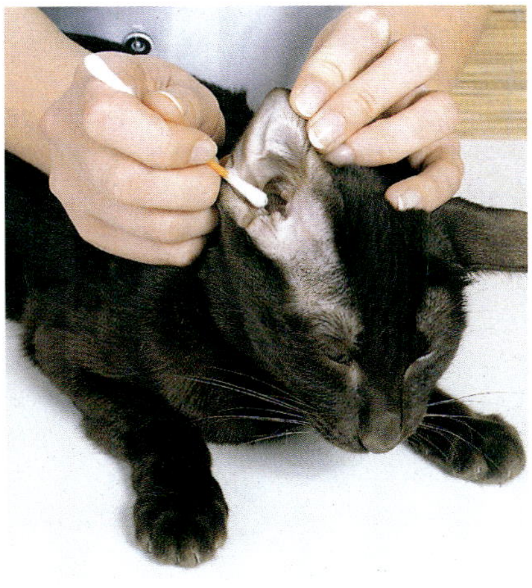

Oben: Schmutz im äußeren Ohr entfernt man mit Watte. Niemals etwas in das Innenohr stecken!

Viele Besitzer von Rassekatzen, die ihr Tier ausstellen, baden es regelmäßig. Normalerweise ist dies nicht nötig. Wer darauf besteht, sollte die Katze schon von klein auf daran gewöhnen und ein spezielles Katzenshampoo verwenden. Die Augen müssen unbedingt ausgespart werden! Die

AUGEN UND ZÄHNE

Wegen ihrer besonderen Kopfform leiden Perserkatzen oft unter tränenden Augen. Die verklebte Augenpartie sollte regelmäßig mit feuchter Watte gereinigt werden.

Tierzahnärzte empfehlen heute, die Zähne von Haustieren ebenso sorg-

und schließlich mit einer kreisförmigen Bewegung reinigen. Eine ältere Katze gewöhnt man nur noch schwer an das Zähneputzen. Man sollte dabei sehr vorsichtig vorgehen und sich jeden Zahn einzeln vornehmen. Die richtige Technik läßt man sich am besten vom Tierarzt zeigen.

Die Kastration

Der richtige Zeitpunkt ✦ Die Operation

Wer keine Katzenzucht beginnen will, sollte das Tier im Alter von einem halben Jahr kastrieren lassen. Wer sich für einen Wurf entscheidet, sollte sich die Sache gut überlegen, schließlich ist man dann für die Gesundheit der Katze und mehrerer Katzenkinder verantwortlich. Diese brauchen nicht nur Pflege – auch die Suche nach einem neuen Zuhause kann sich als äußerst schwierig erweisen. Schließlich sollen die Kleinen nicht das Schicksal unzähliger Katzen teilen, die in Tierheime kommen oder getötet werden müssen, weil man keinen Platz für sie findet.

Unten: Dieser Kater ist von den vielen Schlachten um Revier und Partnerinnen gezeichnet. Durch Bisse werden Krankheiten übertragen, und Abszesse können entstehen.

Bei Rassekatzen kommt hinzu, daß man der Natur nicht einfach freien Lauf lassen kann. Man muß Nachforschungen über den Stammbaum anstellen, einen geeigneten Deckkater auswählen und zuvor alle notwendigen Untersuchungen vom Tierarzt durchführen lassen. Es ist unerläßlich, sich vorher ein fundiertes Wissen über Trächtigkeit und Geburt der Katze anzueignen. Außerdem muß man sich um Registrierung, Impfung und Verkauf der Kätzchen kümmern. Man sollte einem Züchterverband beitreten und sich ein Buch über Katzenzucht anschaffen.

Man hört immer wieder, daß eine Katze erst einmal Junge haben sollte, bevor man sie kastriert. Vom medizi-

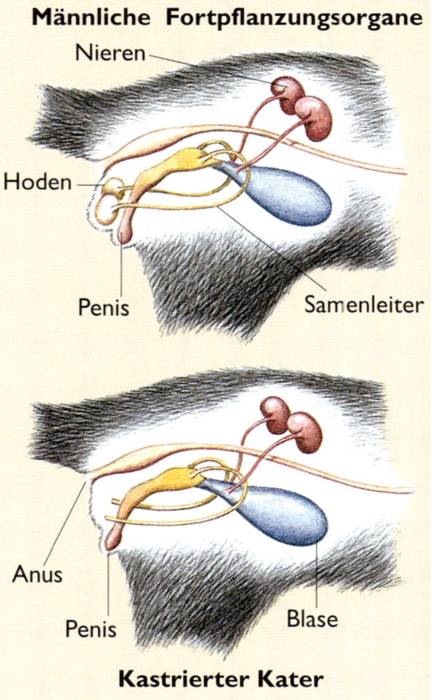

DIE KASTRATION

Bei der Kastration eines Katers werden dem Tier unter Vollnarkose die Hoden samt einem Stück des Samenleiters entfernt. Danach muß meist nicht einmal genäht werden.
Bei weiblichen Tieren werden ebenfalls unter Vollnarkose Eierstöcke, Eileiter und Gebärmutter entfernt. Anschließend wird die Wunde vernäht, und das Kätzchen darf noch am selben Tag wieder mit zurück nach Hause.
Eine Woche später zieht der Tierarzt die Fäden; dieser Vorgang kann entfallen, wenn die Fäden aus einem organischen Material sind, das sich mit der Zeit von selbst auflöst.

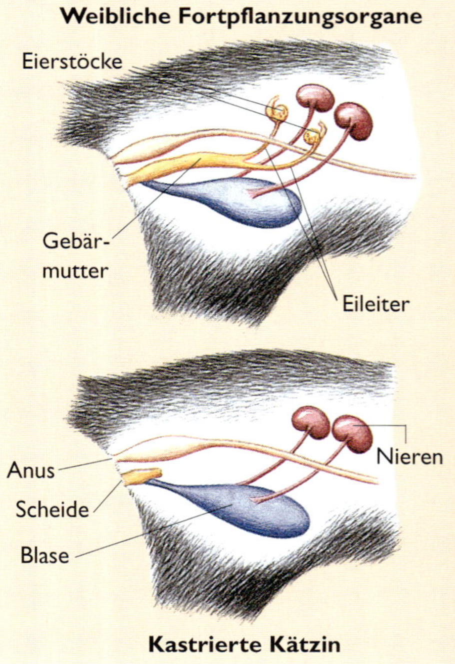

Oben: Vor der Kastration rasiert der Tierarzt die Stelle, an der später der Eingriff erfolgt. Dort wächst das Fell rasch wieder nach.

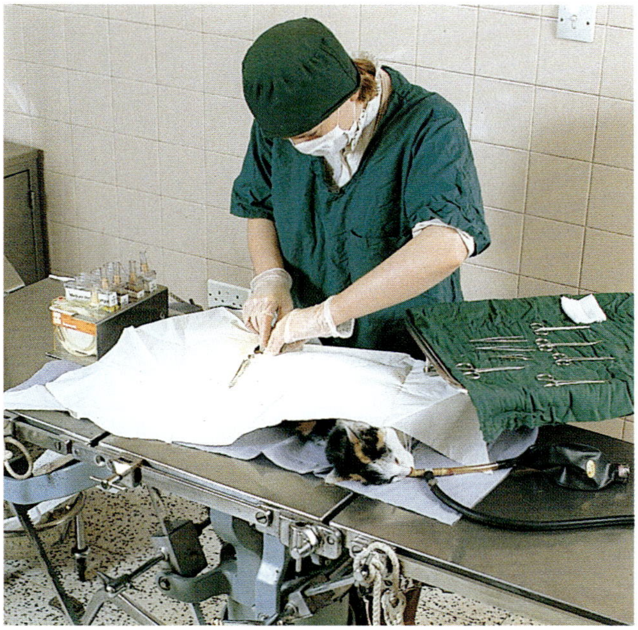

Oben: Die Kastration von Katern ist nur ein kleiner Eingriff, der die Tiere kaum belastet.

nischen Standpunkt aus ist dies völlig unbegründet und entspricht weder den Bedürfnissen der Katze noch denen des Katzenhalters. Wer sich also nicht bewußt für einen Wurf entscheidet, sollte seine Katze unbedingt rechtzeitig kastrieren lassen. Nicht kastrierte weibliche Katzen „rufen" vom Frühjahr bis zum Herbst nach einem Kater. Wenn man sie hinausläßt, wird es nicht lange dauern, bis sie trächtig werden.

Kater wandeln auf Freiersfüßen, sobald sie geschlechtsreif sind. Um ihr Revier abzustecken und nach einem Weibchen Ausschau zu halten, legen sie weite Strecken zurück. Dabei kann es durchaus zu heftigen Auseinandersetzungen mit Rivalen kommen. Nicht kastrierte Kater markieren außerdem ihr Revier, das heißt, sie „spritzen" sowohl drinnen als auch draußen und hinterlassen dabei eine für menschliche Nasen äußerst unangenehme Duftmarke. Deshalb sollte man einen Kater kastrieren, wenn man ihn als Haustier halten will.

Geschlechtsreife

Manche Rassen wie zum Beispiel Siamesen und Burmesen werden besonders früh geschlechtsreif, das heißt schon mit etwa fünf Monaten, während es bei anderen wie etwa Persern überdurchschnittlich lange dauert. Wann die Tiere die Geschlechtsreife erlangen, hängt nicht zuletzt auch davon ab, wann sie geboren wurden. Frühjahrskätzchen können noch im Herbst desselben Jahres geschlechtsreif werden; bei später Geborenen kann dies bis zum nächsten Frühjahr dauern. In der Regel läßt man weibliche Katzen im Alter von sechs Monaten kastrieren. Spätestens wenn das Kätzchen rollig wird (siehe Seite 59) und Kater in Scharen um das Haus streichen, sollte man das Tier nicht mehr hinaus- und so schnell wie möglich kastrieren lassen.

Kater werden mit etwa sieben Monaten geschlechtsreif und daher meist ebenfalls im Alter von einem halben Jahr kastriert.

Achtung, Übergewicht!

Kastrierte Tiere verbrauchen weniger Energie als nichtkastrierte. Sie brauchen kein Revier zu sichern, nicht nach einem Partner Ausschau zu halten und sind auch nicht den Belastungen von Trächtigkeit und Stillzeit ausgesetzt. Manchmal verbringen sie den Tag nur mit Fressen und Schlafen, weshalb man beim Füttern in der Tat etwas zurückhaltender sein sollte.

Links: An solch einem Wurf kann man viel Freude haben, trotzdem sollte man sich die Sache gut überlegen: Für jedes Tier muß später ein liebevolles Heim gefunden werden.

Schwangere und Katzen

Katzen und Schwangerschaft ✦ Das Baby kommt heim

Wird eine Frau schwanger, kann sie sich meist vor gutgemeinten Ratschlägen kaum retten. Jeder ist mit Tips zur Hand, wie sie sich vorbereiten soll, welche Windeln die besten sind ... und was sie mit ihren Haustieren zu tun hat. Oft wird ihr empfohlen, sich von ihrer Katze zu trennen. Diese Art Ratschläge beruhen vielfach auf schlichter Unkenntnis.

SCHWANGERSCHAFT

Die Sorge um die Gesundheit des ungeborenen Kindes beschäftigt jede werdende Mutter, und es scheinen in der Tat überall Gefahren zu lauern. Vor allem vor Toxoplasmose wird gewarnt, die von Katzen übertragen werden kann. Dennoch besteht kein Grund zur Panik. Hier die Fakten:

Toxoplasmose wird durch den Erreger *Toxoplasma gondii* hervorgerufen. Wenn sich eine Frau während der Schwangerschaft damit infiziert, vor allem während des ersten Drittels, kann das dem sich entwickelnden Fetus schaden. Katzen können Träger dieses Erregers sein, wenn sie ein davon befallenes Tier gefressen haben.

Oben: Sobald das Baby sitzt und läuft, stellt es eine größere Gefahr für die Katze dar als umgekehrt.

Rechts: Die Katze sollte alle Kindersachen beschnuppern dürfen, bevor der Nachwuchs da ist. Doch wenn das Baby dann nach Hause kommt, ist das Kinderzimmer für sie zunächst noch tabu.

Anstecken kann man sich nur über die Exkremente der Katze. Eine einfache Vorsichtsmaßnahme besteht darin, die Katzentoilette während der Schwangerschaft nicht selbst zu reinigen oder dabei stets Gummihandschuhe zu tragen. Ansonsten reichen die üblichen Hygieneregeln vollkommen aus, d. h. man läßt die Katze nicht auf den Tisch springen und wäscht sich nach dem Umgang mit dem Tier gründlich die Hände. Auch bei der Gartenarbeit sollte man Handschuhe tragen, die Erde könnte von Katzenkot stammende Toxoplasmoseerreger enthalten.

In den Fällen, in denen sich Menschen mit Toxoplasmose infiziert haben, wurde die Krankheit meist gar nicht von Katzen übertragen. Das Risiko, sich durch den Genuß von rohem Fleisch oder von ungewaschenem Gemüse anzustecken, ist z. B. viel größer. Man sollte daher nur gut durchgegartes Fleisch essen und alles Gemüse vor der Zubereitung gründlich waschen. Führt man bei der Katze Impfungen und Wurmkuren regelmäßig durch, stellt sie für das Kind und für die Schwangere kein erhöhtes Risiko dar.

Baby und Katze

Auch hier muß man sich keine unnötigen Sorgen machen. Die Katze kann das Baby ruhig beschnuppern, um es kennenzulernen.

Nur sehr sensible Katzen zeigen Streßsymptome und beginnen im Haus zu urinieren. Man sollte der Katze verstärkt das Gefühl der Sicherheit geben (siehe Seite 112–113) und auf Sauberkeit im Haus achten.

Die meisten Mütter haben Angst davor, daß sich die Katze auf das Baby legt und dieses erstickt. Natürlich lieben alle Katzen einen warmen, gemütlichen Platz, aber in aller Regel springen sie erst dann ins Kinderbettchen, wenn man das Baby herausgenommen hat. Gefährdet sind höchstens sehr kleine Kinder, die sich noch nicht bewegen können. Ein paar wenige Vorsichtsmaßnahmen genügen: Man sollte einfach darauf achten, daß die Katze mit dem Baby nicht allein im Zimmer ist, wenn es schläft.

Oben: Genauso wie kleine Kinder auch, brauchen Kätzchen sehr viel Schlaf. Schlafmangel macht sie ängstlich und nervös.

Unten: Babys und Katzen können sich großartig miteinander verstehen, aber man sollte beide anfangs nicht unbeaufsichtigt lassen.

Vorsichts-Massnahmen

Während der Schwangerschaft:
- ✦ Bei der Gartenarbeit und beim Reinigen des Katzenklos Handschuhe tragen
- ✦ Katzen nicht auf den Tisch springen lassen
- ✦ Nach dem Umgang mit der Katze die Hände waschen
- ✦ Termine für Wurmkuren und Impfungen beachten (siehe Seite 122–127)
- ✦ Gelassen bleiben

Katze und Baby:
- ✦ Die Katze am Baby und an dessen Sachen schnuppern lassen
- ✦ Die Katze anfänglich nicht ins Kinderzimmer lassen
- ✦ Die Katze von Kinderbett und Kinderwagen fernhalten

Katze und Kleinkinder:
- ✦ Die Katze vor dem Kind schützen

Mit der Katze unterwegs

Auf Reisen ✦ Umzug ✦ Katzenpensionen

Katzen sind nicht sonderlich reiselustig. In ihrem eigenen Revier fühlen sie sich am wohlsten, und wenn sie auf Reisen gehen müssen, beruhigt sie auch die Gegenwart ihres Besitzers nicht. Hinzu kommt, daß die meisten Katzen nur dann in eine Box gesteckt werden, wenn sie zum Tierarzt oder in ein Tierheim müssen. Wer regelmäßig mit seiner Katze unterwegs sein will, sollte sie frühzeitig an die Box gewöhnen und dafür sorgen, daß diese von der Katze akzeptiert wird.

Die Katze sollte aus dem Transportbox hinausschauen können. Reiseboxen aus Pappe sind ungeeignet – dem ungebändigten Freiheitsdrang einer eingesperrten Katze halten sie nicht stand, und genauso wie Körbe aus Weidengeflecht kann man sie nicht gut reinigen und desinfizieren.

Für unterwegs legt man die Box mit Zeitungspapier und einer weichen Decke aus, deren Geruch dem Tier vertraut ist. Manche Katzen fühlen sich sicherer, wenn der Transportbehälter teilweise mit einer Decke abgedeckt ist.

Niemals dürfen Katzen frei im Auto herumlaufen! Sie könnten in Panik geraten und den Fahrer behindern, was zu schweren Unfällen führen kann. Das Tier könnte durch geöffnete Fenster oder Türen entwischen oder bei Bremsmanövern durch das ganze Auto geschleudert werden. Eine Transportbox ist Pflicht, den man entweder hinter den Vordersitz stellt oder mit dem Gurt sichert.

Unten: Eine stabile Transportbox (links) ist für eine Autofahrt unerläßlich. Die Box muß sicher im Auto befestigt werden. Entweder stellt man sie hinter den Vordersitz oder sichert sie ordnungsgemäß mit dem Gurt (rechts).

Wer einen Kombi besitzt, kann für längere Reisen auch einen Aufzuchtkäfig mitnehmen, in dem die Katze nicht nur ein Bettchen, sondern auch eine Toilette hat. Man sollte nicht versäumen, sich und der Katze ab und zu eine Rast zu gönnen und auch das Tier mit Wasser und Futter zu versorgen. Selbstverständlich darf die Katze nicht in der prallen Sonne allein im Auto bleiben: Die Wageninnentemperatur kann schnell so stark steigen, daß das Tier einen Hitzschlag erleiden und sterben kann.

Ein neues Zuhause

Katzen haben eine sehr starke Bindung an ihr eigenes Revier. Manchmal fühlen sie sich ihrem Zuhause sogar noch stärker verbunden als ihrem Besitzer. Ein Umzug ist für die Tiere immer eine Belastung. Daher sollte man der Katze schon beim Packen beruhigend zureden und sich auch während des Umzugs und danach

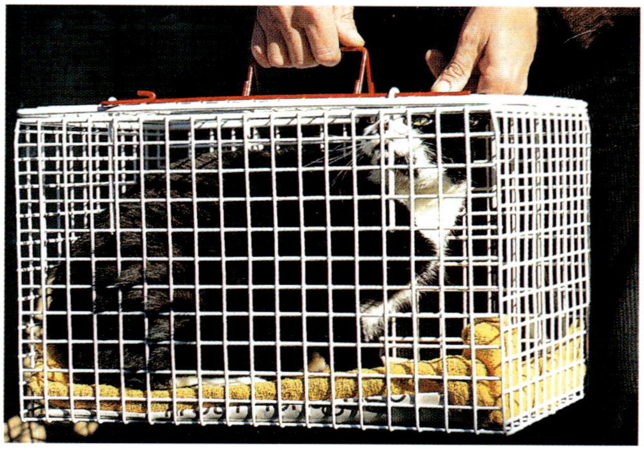

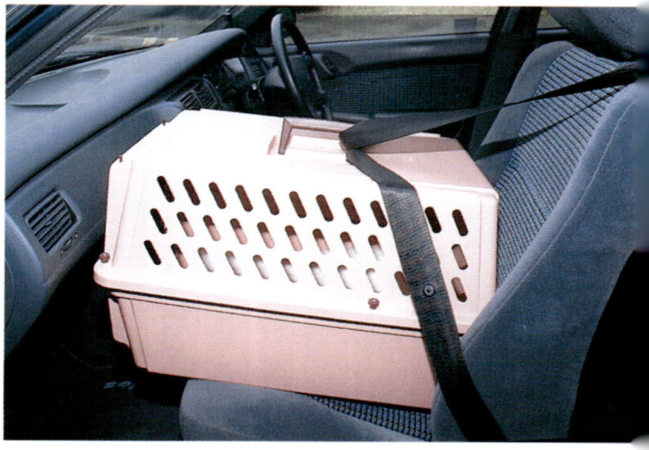

CHECKLISTE FÜR TIERHEIME

✦ Das Heim muß einen sauberen und gepflegten Eindruck machen.
✦ Die Katze sollte einen eigenen Käfig mit Heizung, Toilette und Schlafplatz haben.
✦ Die Käfige sollten doppelt gesichert sein, damit die Katze beim Füttern durch den Tierpfleger nicht entwischen kann.
✦ Damit die Katzen einander nicht anstecken können, sollten die Käfige mindestens durch einen 65 cm breiten Gang oder durch eine feste Wand voneinander getrennt sein.
✦ Sehen die Katzen zufrieden aus? Die Katzenklos müssen regelmäßig gereinigt werden und dürfen nicht zu stark verschmutzt sein.
✦ Dort, wo die Tiere untergebracht sind, darf kein unangenehmer Geruch herrschen.

Oben: In einem gutgeführten Tierheim herrscht zwischen den Einzelkäfigen genügend Abstand, und die Käfige sind sauber.

Rechts: Die Katze darf erst dann aus dem Korb, wenn sie im abgeschlossenen Käfig ist.

besonders liebevoll um sie kümmern. Wer möchte, kann die Katze aber auch einige Tage in ein Tierheim geben, und sie erst in das neue Zuhause bringen, wenn alles eingerichtet ist.

Die Katze spürt, daß etwas Außergewöhnliches passiert, und verkriecht sich. Oft sind Katzen so verstört, daß sie sich weit vom Haus entfernen und auch dann nicht zurückkommen, wenn man sie ruft. Am besten, man bringt die Katze in einem ruhigen Zimmer unter, bevor der eigentliche Umzug beginnt, und läßt sie dort, bis man endgültig ins Auto steigt.

Transportiert werden Katze und Box natürlich im eigenen Auto und nicht mit dem Umzugswagen! Nach der Ankunft stellt man das Tier in einen ruhigen Raum, versorgt es mit Futter und Wasser und läßt es dort, solange noch Möbel gebracht werden. Über einen gelegentlichen Besuch freut sich die Katze, dennoch sollte man sie erst herauslassen, wenn einigermaßen Ordnung herrscht. Bei geschlossenen Türen und Fenstern kann die Katze das Haus nun Zimmer für Zimmer erkunden. Sie sollte mindestens zwei Wochen im Haus bleiben, damit sie es als ihr neues Revier betrachtet und auch wieder dorthin zurückkehrt.

Wenn die Katze ein Halsband trägt, sollte man nicht vergessen, die Adresse zu ändern. Ist dann der Zeitpunkt für den ersten Ausflug gekommen, geht man mit der Katze in den Garten, läßt sie die neue Umgebung ein wenig erkunden und lockt sie anschließend mit einer Mahlzeit wieder ins Haus. Dies gelingt am besten, wenn die Katze hungrig ist. Diesen Vorgang wiederholt man einige Male. Die Katze darf jedesmal ein wenig länger im Freien bleiben, bis sie schließlich von selbst wieder nach Hause zurückkehrt. Erst dann darf sie völlig auf eigene Faust hinaus, um die Umgebung zu erkunden.

DIE RICHTIGE KATZENPENSION

Wer die Dienste einer Katzenpension in Anspruch nehmen muß, sollte sich die Einrichtung vorher genau ansehen. Die Katze muß einen aktuellen Impfschutz gegen Katzenschnupfen und Katzenseuche haben.

Man sollte das Tierheim über die Vorlieben und Abneigungen seiner Katze sowie über eventuelle Gesundheitsprobleme informieren. Gute Tierheime sind meist lange im voraus ausgebucht, so daß man sich rechtzeitig vor Urlaubsantritt um die Unterbringung des Tieres kümmern sollte. Manche Besitzer buchen ihren Urlaub nicht, bevor sie einen geeigneten Platz für ihre Katze gefunden haben!

Verhaltensstörungen

Aggressivität ✦ Spritzen im Haus ✦ Die nervöse Katze

Oben: Sind Mensch und Katze gut aufeinander eingestellt, können sie das Schmusestündchen so richtig genießen.

Links: Katzen zeigen sich ihrem Besitzer gegenüber selten aggressiv, und wenn, dann nur unter ganz besonderen Umständen.

Die meisten Katzen leben glücklich mit ihren Besitzern zusammen, ohne daß sie irgendwelche Verhaltensstörungen an den Tag legen. Dennoch kommt es hin und wieder vor, daß eine Katze sich problematisch benimmt.

Wann ein solches Verhalten jedoch wirklich als störend empfunden wird, hängt auch von der Toleranz des Katzenbesitzers ab. Manche Katzenhalter haben beispielsweise überhaupt nichts dagegen, wenn ihr Tier ein altes Sofa oder die Tapete in der Zimmerecke als Kratzbaum benutzt. Doch wenn die Katze im Haus Urin oder Kot absetzt, spritzt oder aggressiv ist, wird das wohl kaum jemand akzeptieren. Verhaltensstörungen sind oft nichts anderes als „natürliches Verhalten am falschen Ort". Spritzen und Kratzen sind an und für sich normal; dennoch möchte man die Katze dazu erziehen, wenigstens im Haus darauf zu verzichten (siehe hierzu Seite 38–53). Falls Probleme auftreten, sollte man versuchen, die Ursache dafür herauszufinden. Um das Verhalten zu ändern, sind oft viel Geduld und detektivisches Gespür notwendig.

Man sollte nie vergessen, welche Bedeutung das Revier für eine Katze hat. Wenn sie sich im Haus sicher fühlt, braucht sie ihr Territorium nicht mit Kot oder Urin zu markieren, sie wird dann auch nicht übermäßig kratzen. Tut sie dies dennoch, fühlt sich die Katze bedroht, sei es dadurch, daß andere Katzen ins Haus eingedrungen sind oder sie sich mit anderen Tieren im Haushalt nicht verträgt. Vor allem Tiere, deren Selbstbewußtsein weniger stark ausgeprägt ist, lassen sich bereits durch kleinere Störungen verunsichern und brauchen viel Einfühlungsvermögen. Oft sind es nicht einmal fremde Katzen, die derartige Verhaltensstörungen auslösen können. Manchmal haben die Katzen im selben Haushalt nur eine Art Waffenstillstand miteinander geschlossen, leiden aber furchtbar unter dieser Situation. Erfahrungsgemäß treten dann Probleme auf, wenn eine neue Katze aufgenommen wird.

Streicheln und Kratzen

Das Verhältnis zwischen Katze und Mensch wird oft als eine Art Mutter-Kind-Beziehung bezeichnet, da sich die Katze beim Menschen so geborgen fühlt, daß sie sich ihm gegenüber wie ein kleines Kätzchen benimmt. Trotzdem kann es vorkommen, daß die Katze auf Streicheln mit Beißen, Pfotenschlagen oder Kratzen reagiert.

Fühlt sich die Katze bei ihrem Besitzer wirklich ganz geborgen, vertraut sie ihm und liefert sich ihm schutzlos aus. Sie legt dann keinerlei Kampf- oder Fluchtbereitschaft an den Tag. Dieses Verhalten kann jedoch schnell umschlagen, nämlich dann, wenn man etwa versucht, die Katze am Bauch zu berühren. Dieser Bereich ist sehr empfindlich und bei Kämpfen besonders gefährdet. Nähert man sich dieser Körperregion, kann sich die Katze bedroht fühlen und wird normalerweise maßvoll reagieren: Die Katze springt vom Schoß, entfernt sich und leckt sich, wie um sich zu vergewissern, daß keine wirkliche Gefahr besteht. Bei manchen Katzen dagegen wird man durch ein sehr heftiges Abwehrverhalten überrascht.

Eine Charakterfrage

Daß Katzen so unterschiedlich reagieren, kann sowohl an ihrem Charakter, als auch an ihrer Erziehung liegen. Es gibt Katzen, die von Natur aus spontan sind, anderen dagegen fehlte vielleicht während der entscheidenden Sozialisierungsphase die menschliche Zuwendung. Sich-streicheln-lassen ist nämlich ein erworbenes und kein natürliches Verhalten. Jüngere Katzen benehmen sich häufig wie kleine Kinder und sind leichter erregbar. Zum Glück gibt es einige Tricks, um Katzen an menschliche Hände zu gewöhnen.

Oben: Kinder und junge Tiere gewöhnen sich schnell aneinander und lernen, miteinander umzugehen. Eine Freundschaft entsteht, die jahrelang anhält.

✦ Beobachten Sie die Katze, und achten Sie auf Stimmungsänderungen. Streicheln Sie die Katze nicht, wenn sie mit den Ohren zuckt, sich ihre Pupillen weiten oder sie sich plötzlich anspannt.

✦ Streicheln Sie die Katze in einer ruhigen Atmosphäre. Die Katze kann sich dann am besten entspannen, wenn keine anderen Katzen, Menschen oder Hunde in der Nähe sind.

✦ Untereinander suchen Katzen nur kurz Sozialkontakt. Auch Sie sollten sich nicht zu lange mit dem Tier beschäftigen, dafür aber öfter. Finden Sie heraus, wie lange sich Ihre Katze streicheln läßt, ohne eine Abwehrhaltung einzunehmen, und hören Sie rechtzeitig damit auf. So kann sich die Katze entspannen.

✦ Belohnen Sie die Katze für zutrauliches Verhalten mit Futter. Bestrafen Sie Ihre Katze niemals – dies kann die Beziehung zerstören.

Flaschenkätzchen

Man hört oft, daß mit der Flasche aufgezogene Katzen stark auf den Menschen fixiert und daher ganz besonders gute Haustiere seien. Dies ist im Prinzip richtig, und dennoch verhalten sich manchmal gerade solche Tiere ihren Besitzern gegenüber aggressiv. Wahrscheinlich liegt das daran, daß der Mensch das Kätzchen zwar entwöhnt, aber nicht so energisch erzogen hat wie die Katzenmutter.

Überall auf der Welt lernen Kinder, ihren Eltern zu gehorchen. Sie müssen die Erfahrung machen, daß sie ihren Willen nicht immer und überall durchsetzen können, und lernen, sich an bestimmte gesellschaftliche Spielregeln zu halten. Ganz ähnliche Dinge bringen auch Katzenmütter ihren Jungen bei. Die Katzenkinder müssen lernen, mit Frustrationen umzugehen. Wenn der Milchfluß der Katze versiegt und die Kätzchen darauf mit Unzufriedenheit reagieren, leitet die Mutter alle negativen Energien um: Sie lenkt die Aufmerksamkeit des Kätzchens fortan auf die Beute. Mit der Flasche aufgezogene Kätzchen haben diese wichtige Lektion nicht gelernt und reagieren daher häufig aggressiv, wenn ihnen irgend etwas verweigert wird oder sie etwas nicht bekommen.

Unten: Manche Katzen beißen ihre Besitzer nur dann, wenn sie am Bauch gekitzelt werden; andere reagieren schon auf normales Streicheln aggressiv. Dies kann die Beziehung erheblich beeinträchtigen.

Markieren im Haus

Bei manchen Wohnungen merkt man sofort, daß dort eine Katze gehalten wird. Neben so offensichtlichen Hinweisen wie Katzentoilette und Futterschälchen stechen zahlreiche andere „Belege“ wie aufgeschlitzte Polsterbezüge, abgewetzte Treppenläufer und zerrissene Tapeten ins Auge. Natürlich sind längst nicht alle Katzen so destruktiv – aber warum verhalten sich manche Katzen so?

Das Kratzen

Das Kratzen dient verschiedenen Zwecken, in erster Linie natürlich dem Wetzen der Krallen. So hält die

Oben: An einem Kratzbaum kann sich das Tier so richtig austoben.

Links: Kratzt eine Katze im Haus, sollte man sie am besten ignorieren, ansonsten ermuntert man sie nur.

Katze gewissermaßen ihre Jagdwaffen in Ordnung. Darüber hinaus markiert jede Katze durch Kratzen auch ihr eigenes Revier: Zwischen den Sohlenballen sondert die Katze einen feinen Schweißfilm ab, der beim Kratzen eine zusätzliche Duftmarke setzt. Normalerweise kratzen Katzen im Freien an Bäumen und Pfählen, denn das Holz hat genau die richtige Konsistenz zum Schärfen der Krallen: Beim Kratzen werden die abgestorbenen Hornschichten entfernt und neue, spitze und scharfe Krallen kommen zum Vorschein. Wer sich die Kratzstelle näher ansieht, wird dort auch die charakteristischen Hornschilfer finden. Warum aber kratzen Katzen nicht nur im Freien, sondern auch im Haus? Dafür gibt es verschiedene Erklärungen:

✦ Kratzen gehört zum natürlichen Verhaltensrepertoire. Deshalb brauchen Wohnungskatzen einen eigenen Kratzbaum.

✦ Langeweile oder Neugierde. Die Begeisterung, Tapeten zu malträtieren, kann ganz zufällig entstanden sein. Erst spielte das Tier mit einem

Oben: Normalerweise bevorzugen Katzen einen Ast oder einen Stamm zum Kratzen.

Links: Manche Katzen kratzen bevorzugt am teuren Mobiliar – sehr zum Leidwesen ihrer Besitzer.

lose abstehenden Tapetenende und erlag dann der Faszination des Papierabreißens und der damit verbundenen „Schnitzeljagd". Doch vielleicht will die Katze einfach nur Aufmerksamkeit erregen.

✦ Alle Bedeutungen des Kratzens sind noch nicht geklärt. Die Tatsache, daß manche Katzen auch in Gegenwart ihrer Artgenossen kratzen, läßt vermuten, daß dies eine Drohgebärde ist.

✦ Wenn sich Katzen unsicher fühlen, markieren sie den Raum mit ihrem eigenen Duft, um sich zu beruhigen. Manche Katzen scheinen das Kratzen mehr zu genießen als andere, sie entspannen sich dabei.

Das Kratzen unterbinden

Zunächst einmal sollte man sich klarmachen, daß die Katze Polster nicht aus Boshaftigkeit aufschlitzt. Um her-

auszufinden, warum sich das Tier so verhält, muß man es gründlich beobachten. Vielleicht möchte die Katze ihrem Besitzer einfach nur zu verstehen geben, daß sie einen Kratzbaum braucht.

Den sollte man unbedingt dort aufstellen, wo das Tier mit dem Kratzen begonnen hat.

Ist Neugier oder Freude an Papierschnipseln der Grund für das Verhalten der Katze, muß man ihr eine andere Möglichkeit zum Abbau ihrer überschüssigen Energien geben. Hat diese Strategie keinen Erfolg, muß man gegebenenfalls andere Tapeten anbringen – Katzen kratzen besonders gern an Tapeten, die eine Struktur aufweisen. Im Extremfall ist man gezwungen, im entsprechenden Bereich ganz auf Tapeten zu verzichten.

Möglicherweise will die Katze auf diese Art einfach nur ihr Revier markieren. In diesem Fall bedeutet das, daß sich das Tier im Haus unsicher fühlt. Was könnte der Grund dafür sein? Vielleicht dringen unbemerkt andere Katzen ins Haus ein. Oder die im Haus zusammenlebenden Katzen kommen nicht gut miteinander aus? Man sollte die Beziehungen seiner Katzen untereinander immer sehr genau beobachten. Hat es in letzter Zeit irgendwelche Veränderungen im Haushalt gegeben? Vielleicht will die Katze auch nicht nach draußen, weil

Oben: Auch Wohnungskatzen brauchen Abwechslung und Bewegung. Am besten, man bezieht sie einfach in die eigenen Aktivitäten mit ein.

Unten: Katzenklappen sind äußerst praktisch. Man sollte jedoch darauf achten, daß keine fremden Katzen in das Haus eindringen. Dadurch kann das eigene Tier verunsichert werden und Verhaltensstörungen entwickeln.

sie sich dort bedroht fühlt oder von Natur aus sehr ängstlich ist. Treten Probleme auf, sollte man die Bewegungsfreiheit der Katze vorübergehend auf nur einen bis zwei Räume beschränken, in die man eine Katzentoilette mit Abdeckung stellt (siehe Seite 88–89). Auf keinen Fall darf man die Katze bestrafen. Dies würde ihre Unsicherheit nur verstärken. Der Besitzer soll seiner Katze schließlich Zuflucht bieten und keine Bedrohung darstellen.

Spritzen im Haus

Katzen kommunizieren über Duftmarkierungen miteinander. Da Düfte verfliegen, müssen die Markierungen immer wieder erneuert werden. Das Tier folgt dabei eigenen Regeln, die der Mensch aber nicht immer durchschaut. Um das Spritzen im Haus zu unterbinden, sollte man dem Tier die Motivation nehmen, diesen Bereich erneut zu markieren.

Um die Duftmarke gründlich zu entfernen, wäscht man die bespritzte Stelle mit einem biologisch unbedenklichen Mittel und reibt sie anschließend mit reinem Alkohol ein. Bis sich der Geruch restlos verflüchtigt hat, sollte man die Katze eine Zeitlang von dieser fernhalten.

Duftmarkierungen

Wer die Wohnung renoviert oder sich neue Möbel anschafft, nimmt der Katze auch die von ihr gesetzten Duftmarken, die ihr bisher ein Gefühl der Sicherheit gegeben haben. Statt dessen ist das Tier nun von neuen, strengriechenden Teppichen und Wandfarben umgeben. Es empfiehlt sich, die Katze so lange nicht in ein renoviertes Zimmer zu lassen, bis dieses den vertrauten Gruppengeruch angenommen hat.

Zerkratzte Möbel sind schon unerfreulich genug, doch die Unart, im Haus zu spritzen, kann die Geduld des Besitzers auf eine harte Probe stellen. Ganz gleich, ob Kater oder Katze, ob kastriert oder nicht – jede Katze spritzt im Freien. Wenn sie dies jedoch im Haus tut, muß man der Ursache nachgehen. Spritzen dient der Markierung des eigenen Reviers und ist eng mit dem Sicherheitsbedürfnis der Katze verbunden. Die Katze setzt dabei rückwärts eine kleine Menge Urin auf vertikale Flächen ab (siehe Seite 48). Das Spritzen ist nicht mit mangelnder Stubenreinheit zu verwechseln, denn dann setzt die Katze in einer meist kauernden Haltung eine größere Menge Urin auf den Boden oder auf einen Stuhl ab.

Wenn die Katze im Haus spritzt, bedeutet das, daß sie sich aus irgendeinem Grund unter Druck gesetzt fühlt. Sie steht unter Streß und versucht, sich auf diese Weise zu behaupten. Die Ursachen sind im großen und ganzen dieselben wie beim Kratzen, nämlich:

- Eine neue Katze ist im Haus.
- Eine fremde Katze markiert ebenfalls im Haus.
- Aggressive Katzen befinden sich außerhalb des Hauses.
- Umbau oder Renovierung
- Geburt eines Babys

Katzen markieren vor allem dann, wenn sie mit einer Veränderung nicht zurechtkommen. Besonders nervöse Wohnungskatzen reagieren manchmal sogar auf Gerüche, die mit den Schuhen hereingetragen werden.

Wie beim Kratzen kann man dieses Problem nur lösen, wenn man nach den Ursachen forscht. Sorgen Sie dafür, daß sich die Katze wieder sicher fühlt. Bei Bedarf kann der Tierarzt ein Mittel verschreiben, das von Katzen selbst erzeugte Pheromone enthält; sie wirken beruhigend. Ein Gespräch mit dem Tierarzt hilft meist weiter.

Oben: Wenn ein frecher Eindringling ins Haus kommt und spritzt, kann dies die eigene Katze verstören.

Links: Nichtkastrierte Katzen neigen eher dazu zu spritzen. Bei derartigen Problemen sollte man das Tier kastrieren lassen.

Stubenreinheit

Normalerweise sind Katzen als Hausgenossen äußerst angenehm, da sie so reinlich sind. Sollte sich das plötzlich ändern, löst das beim Besitzer meist große Aufregung aus.

Als erstes sollte man den Gesundheitszustand der Katze überprüfen. Leidet sie eventuell an einer Magenverstimmung und hat es daher einfach nicht mehr nach draußen oder auf die Toilette geschafft? Hat sie eine Infektion der Harnwege, beispielsweise eine Blasenentzündung, so daß sie häufiger urinieren muß? Bei Blut im Urin oder bei Durchfall sollte man immer zum Tierarzt gehen. Ist die Katze dagegen gesund und verrichtet ihr Geschäft normalerweise draußen, dann muß es einen anderen Grund dafür geben, daß sie ihr Verhalten plötzlich geändert hat. Mögliche Ursachen können sein:

✦ Schlechtes Wetter. Ältere Katzen wollen dann häufig nicht nach draußen.

✦ Die Katzenklappe wird abgelehnt.

✦ Eine aggressive Katze aus der Nachbarschaft macht dem Tier angst.

✦ Gewohnheit: Ging es der Katze einmal nicht gut, und ein „Unglück" ist geschehen, benutzt sie die Stelle wegen des Geruchs oft wieder als Toilette. Ging das Tier jedoch bislang problemlos auf das Katzenklo und sucht sich erst jetzt einen versteckten Platz unter Sofa oder Tisch, muß ein konkreter Grund vorliegen.

✦ Eine neue Toilette, eine andere Streu oder der Standort der Toilette sagen der Katze nicht zu.

✦ Die Toilette wird nicht oft genug gereinigt. Katzen mögen keine verschmutzte Streu.

✦ Die Katze hat eine schlechte Erfahrung gemacht, die sie mit der Toilette in Zusammenhang bringt. Vielleicht hat sie ihr Besitzer auf ihrem Klo „geschnappt", um ihr eine bittere Medizin zu verabreichen.

✦ Ein neuer Hausgenosse hat die Katze so verunsichert, so daß sie ihre Toilette nicht mehr zu benutzen wagt.

Abhilfe schaffen

✦ Die Katze auf keinen Fall bestrafen, sie würde dadurch nur noch mehr verunsichert und sich in Zukunft ein noch besseres Versteck für ihr Geschäft aussuchen.

✦ Hat man den Verdacht, daß sich die Katze vor anderen Artgenossen fürchtet, die ihr draußen auflauern oder ins Haus eindringen, muß man ihr mehr Sicherheit geben, indem man die Katzenklappe schließt und sein Tier selbst hinein- und hinausläßt.

✦ Nimmt die Katze die Toilette wegen einer neuen Streu nicht mehr an, sollte man wieder zur alten Marke zurückkehren oder andere Produkte ausprobieren. Katzen bevorzugen feinkörnige Streu.

✦ Katzen fühlen sich in geschlossenen Toiletten sicherer. Als Abdeckung genügt oft schon ein umgedrehter Karton, in den man eine Öffnung geschnitten hat.

✦ Das Katzenklo muß regelmäßig gesäubert werden. Wer mehrere Katzen hat, sollte darauf achten, daß sich nie mehr als zwei Katzen eine Toilette teilen müssen.

Unten: Normalerweise sind Katzen äußerst reinliche Tiere. Sollte sich dies plötzlich ändern, und kein gesundheitliches Problem ist dafür verantwortlich, liegt eine Verhaltensstörung vor.

Links: Die meisten Katzen schätzen es gar nicht, wenn sie auf der Katzentoilette gestört werden. Besonders nervöse Tiere weigern sich auch, die Katzentoilette mit einem Artgenossen zu teilen.

Unten links: Manchmal fehlt einfach nur eine Abdeckung – die Katze fühlt sich dann sicherer, und das Tier ist wieder stubenrein.

Unten: Ist die Katze trotz aller Bemühungen nicht stubenrein, sollte man sie mit Schlafplatz und Toilette in einen Aufzuchtkäfig geben. Beschränkt auf diesen Raum, wird sie ihn nicht freiwillig beschmutzen.

✦ Manchmal hilft es auch, das Futter genau dorthinzustellen, wo die Katze die Wohnung verschmutzt hatte. Katzen lieben es nicht, wenn Futterplatz und Toilette zu nahe beieinanderliegen. Deshalb darf man die Katze auch nicht in der Nähe ihrer Toilette füttern.

✦ Versuchen Sie zu verhindern, daß die Katze wieder an ihren „Tatort" zurückkehrt.

Wenn überhaupt nichts hilft, sollte man das Tier zusammen mit seinem Bettchen und der Katzentoilette vorübergehend in einen Aufzuchtkäfig geben. Katzen beschmutzen ihr Lager normalerweise nicht, so daß ihnen nichts anderes übrigbleibt, als die Toilette zu benutzen. Nach einiger Zeit läßt man sie wieder heraus und behält sie dabei gut im Auge: Hat man den Eindruck, daß sich die Katze wieder auf die Suche nach einer geeigneten Stelle für ihr Geschäft macht, gibt man sie wieder zurück in den Käfig. Ist das Mißgeschick bereits geschehen, reinigt man die Stelle und gibt das Papier anschließend in die Katzentoilette. Auf diese Weise stößt man die Katze gewissermaßen mit der Nase darauf, daß sie sich falsch verhalten hat, und macht ihr eindeutig klar, was man von ihr erwartet. Normalerweise hat das Tier diese Lektion innerhalb weniger Tage verstanden.

Sobald man das Gefühl hat, daß die Katze (wieder) stubenrein ist, läßt man sie nach und nach in die übrigen Räume, behält sie jedoch im Auge.

Die nervöse Katze

An nervösen oder ängstlichen Katzen hat man oft wenig Freude, insbesondere dann, wenn es im Haus eher lebhaft zugeht. Sobald es einmal lauter wird oder Besucher kommen, schießt das Tier aus dem Zimmer, verschwindet schnell unter Bett oder Schrank und kommt erst dann wieder hervor, wenn Ruhe eingekehrt ist. Die Katze ist eine Einzelgängerin und daher auf sich selbst angewiesen. Sie kann sich nicht auf die Hilfe eines Rudels verlassen. Wenn sich die Katze bedroht fühlt, bleibt ihr nur die Möglichkeit, zu flüchten und sich so lange zu verstecken, bis die Gefahr vorüber ist. Eine nervöse Katze lebt daher in ständiger Anspannung – es ist äußerst schwierig, diesen Zustand zu ändern.

Ob es gelingen kann, der Katze mehr Selbstvertrauen einzuflößen, hängt von verschiedenen Faktoren ab – in hohem Maße auch davon, wie die Katze aufgewachsen ist. Wenn sie bis zur achten Lebenswoche keinen Kontakt mit Menschen hatte, muß man sie praktisch als Wildkatze betrachten. In diesem Fall ist es ziemlich aussichtslos, sie an den Menschen gewöhnen zu wollen. Wurde das nervöse Verhalten dagegen erst später – etwa durch eine traumatische Erfahrung – ausgelöst, kann es mit Geduld und gutem Zureden doch noch gelingen, die Reaktionen des Tiers auf Lärm und Menschen zu normalisieren.

Es ist wichtig, die Katze davon zu überzeugen, daß es ihr mehr Vorteile bringt bei ihrem Besitzer zu bleiben als wegzulaufen. Man darf nie vergessen, daß die Katze bei ihrer Flucht unter das Sofa glaubt, gerade noch einmal mit dem Leben davongekommen zu sein.

Das schreckhafte Verhalten läßt sich nur dann beseitigen, wenn die Katze die Erfahrung machen kann, daß die von ihr anfänglich wahrgenommene Bedrohung in Wirklichkeit gar nicht existiert.

Wie geht man vor?

Bloß nichts überstürzen! Wer nicht genügend Zeit und Geduld aufbringt und die Katze zu etwas zwingen will, kann großen Schaden anrichten.

Am besten, man setzt das Tier in einen Aufzuchtkäfig, den man in eine Zimmerecke stellt und an den Seiten so abdeckt, daß die Katze nur noch nach vorn herausschauen kann. In dieser „Höhle" fühlt sie sich sicher. Man stellt eine Katzentoilette hinein und gibt dem Tier sein Lieblingsfutter. Darüber hinaus sollte man für genügend Ruhe sorgen, damit sich die Katze eingewöhnen und entspannen kann. Nachdem sie einige Zeit lang das Geschehen um sich herum beobachten konnte, konfrontiert man sie mit stets neuen Situationen.

Links: Das Verhalten einer hypernervösen Katze zu ändern ist sehr schwierig, wenn nicht sogar unmöglich. Damit das Problem gar nicht erst auftritt, sollten die Tiere bereits von klein auf an den Umgang mit Menschen und an die typische Betriebsamkeit eines normalen Haushalts gewöhnt werden.

Hat das Tier an Selbstvertrauen gewonnen, bittet man einen Freund zu Besuch. Normalerweise würde die Katze schon davonlaufen, wenn sie nur die Klingel hört. Durch den Käfig ist sie jedoch zum Bleiben gezwungen und kann alles von einem sicheren Ort aus beobachten. Sie lernt, daß das, was sie als Bedrohung empfindet, in Wirklichkeit gar keine ist. Reagiert die Katze positiv auf diese Situation, bittet man den Freund, die Katze durch das Gitter mit einer besonderen Leckerei zu füttern. Dabei sollte man sie ausgiebig loben und ihr beruhigend zureden.

Als nächstes kann man die Katze ohne den Käfig mit Besuchern zusammenbringen. Diese sollten sich zunächst noch so ruhig wie möglich verhalten. So lernt die Katze, daß sie von niemandem bedroht wird, und kann ihre natürliche Scheu überwinden.

„Tobstunde"

Manchmal bekommen Katzen einen „Rappel". Eine halbe Stunde lang toben sie wie verrückt durchs Haus und legen sich dann friedlich schlafen. Woher kommt dieser plötzliche Aktivitätsschub? Da dieses Verhalten vor allem bei Wohnungskatzen auftritt, ist anzunehmen, daß die Tiere auf diese Weise ihre überschüssigen Kräfte abbauen.

Oft findet die Turnstunde in der Morgen- oder der Abenddämmerung statt, also genau zu der Zeit, zu der die Wildkatze auf die Jagd gehen würde. Ihre innere Uhr veranlaßt auch die Wohnungskatze, Jagd auf ein „Frühstück" oder auf eine Abendmahlzeit zu machen. Wahrscheinlich reicht eine kleine Bewegung oder ein hochfrequentes Geräusch völlig aus, um diese „Raserei" auszulösen. Die Katze scheint ihre „verrückte halbe Stunde" sehr zu genießen.

Zwanghafte Körperpflege

Es kann vorkommen, daß Katzen anfangen, sich so zwanghaft zu lekken, daß kahle Stellen entstehen, ja daß die Haut sogar wund wird. Haarausfall im allgemeinen kann verschiedene Ursachen haben, meist ist eine allergische Reaktion auf Flöhe dafür verantwortlich. Hat der Tierarzt jedoch alle anderen Krankheiten ausgeschlossen, muß man von einer Verhaltensstörung ausgehen. Die Fellpflege scheint Katzen zu beruhigen – möglicherweise werden dabei im Gehirn entsprechende Chemikalien ausgeschüttet. Dies könnte auch erklären, warum Katzen so gerne gestreichelt werden wollen. Befindet sich die Katze in einer unangenehmen Situation, reagiert sie darauf häufig mit Fellpflege. Mit dieser Übersprungshandlung lenkt sie sich von dem eigentlichen Problem ab und verschafft sich Erleichterung.

Bei Siamesen und Burmesen, die eine besonders starke Bindung mit ihrem Besitzer eingehen, kann die zwanghafte Fellpflege auch auf einer Art Trennungsangst beruhen. Manchmal hilft es dann, sich ein zweites Tier anzuschaffen, das dem ersten Gesellschaft leistet.

Unten: Jede Katze bringt einen Großteil des Tages mit der Fellpflege zu. Nimmt dieses Verhalten jedoch zwanghafte Züge an, bedeutet das, daß die Katze verunsichert ist und Hilfe braucht.

Ein guter Start

Die Ernährung der Katzenmutter ✦ Die Pflege des Wurfs

Mit der Entscheidung, eine Katze Junge haben zu lassen, übernimmt man viel Verantwortung. Der Besitzer einer gewöhnlichen Hauskatze muß Katzenmutter und Kätzchen versorgen, die Kleinen impfen lassen und einen guten Platz für diese finden. Besitzer von Zuchtkatzen müssen darüber hinaus noch einen guten Deckkater auswählen, sich vergewissern, daß dieser gesund ist, und sich mit den Vorschriften des Züchterverbands vertraut machen.

Ein Erfahrungsaustausch mit anderen Katzenliebhabern ist da sehr zu empfehlen. Über einen Katzenclub bekommt man alle nötigen Informationen zur Aufzucht von Rassekatzen.

GESUNDHEIT

Ob und wie gut ein Kätzchen überleben kann, entscheidet sich nicht erst bei seiner Geburt. Die gesundheitliche Verfassung der Katzenmutter während der Trächtigkeit spielt bereits eine entscheidende Rolle.

Katzen sollten nur gedeckt werden, wenn sie ganz gesund sind. Alle erforderlichen Impfungen müssen erfolgt sein, und es muß sichergestellt werden, daß die Tiere frei von Parasiten sind. Die Katze sollte mindestens zehn bis zwölf Monate alt und weder über- noch untergewichtig sein. Hochwertiges Futter ist unerläßlich.

In den letzten Trächtigkeitswochen braucht die Katze etwa 70 Prozent mehr Futter als normalerweise. Wird sie nicht ausreichend mit Nahrung versorgt, baut sie zugunsten der Unge-

Oben: Sobald die Mutter die Kleinen zu entwöhnen beginnt, kann man ihnen Kätzchenfutter aus der Dose anbieten. Man verdünnt dieses mit etwas Wasser und gibt es in flache Schüsselchen.

Unten: Eine gesunde Mutter gewährleistet den besten Start ins Leben. Die Katze sollte vor der Trächtigkeit geimpft werden und besonders hochwertiges Futter bekommen.

borenen eigene Energiereserven ab. Will man dem Tier in dieser Zeit etwas besonders Gutes tun, gibt man ihm das sehr nährstoffreiche Futter für Jungtiere. In den letzten drei bis vier Trächtigkeitswochen sowie während der Stillzeit ist das sehr zu empfehlen. Trächtige Katzen nehmen kontinuierlich zu. Fettdepots, die sie zu Beginn der Trächtigkeit anlegen, stellen sicher, daß auch für einen großen Wurf genügend Milch da ist.

Da die Kätzchen mit der Zeit immer mehr Platz im Körper der Mutter beanspruchen, kann diese bald keine großen Mahlzeiten mehr zu sich nehmen. Man muß dafür sorgen, daß ihr Futter leicht verdaulich ist und stets genügend davon bereitsteht. Dann kann das Tier so viele kleine Mahlzeiten einnehmen, wie es möchte.

Das Wurflager

Nähert sich das Ende der neunwöchigen Tragzeit, sollte man der Katze ein Wurflager herrichten. Nicht immer wird es von ihr angenommen, so daß man sich auch dafür entscheiden kann, das Lager im Aufzuchtkäfig vorzubereiten. Dafür nimmt man einen Karton, in den man eine Öffnung schneidet, so daß die Katze hineinklettern kann. Dieser wird mit Zeitungspapier und Baumwolltüchern ausgelegt, die man leicht auswechseln kann. Die meisten Katzen bringen ihre Jungen problemlos auf die Welt. Am besten läßt man das Tier während der Geburt ungestört, bleibt aber in seiner Nähe. Zum Tierarzt muß man nur in folgenden Fällen:

- Der Katze scheint es nicht gut zu gehen; sie hat mehr als einen Tag lang nichts gefressen.
- Man bemerkt einen dunklen oder übelriechenden Scheidenausfluß.
- Das Tier liegt länger als eine Stunde in den Preßwehen, ohne daß ein Kätzchen geboren wird.

Die Neugeborenen

Man sollte darauf achten, daß alle Kätzchen genügend von der sogenannten Vormilch (*Kolostrum*) bekommen, die direkt nach der Geburt fließt und besonders viele Abwehrstoffe enthält. Neugeborene Kätzchen haben sehr wenig Unterhautfett. Werden sie nicht angemessen ernährt, zeigen sie schnell Mangelerscheinungen wie Austrocknung und können sterben. Während der ersten drei Wochen ist die Katzenmutter allein für die Ernährung der Kleinen zuständig. Geht es ihr gut, sind auch ihre Jungen gesund. Nur wenn man Auffälligkeiten feststellt, sollte man einen Tierarzt konsultieren.

Je älter die Kätzchen werden, desto aktiver sind sie. Weil man sie in diesem Alter nur sehr schwer unter Kontrolle behalten kann, sind sie in einem Aufzuchtkäfig am besten aufgehoben. Im Alter von vier bis fünf Wochen beginnt die Mutter, die Kleinen zu entwöhnen, säugt sie also immer weniger und lenkt deren Aufmerksamkeit auf feste Nahrung. Im Alter von sechs bis acht Wochen haben die Kätzchen ihre Ernährung normalerweise umgestellt.

Oben: Kätzchen können bereits im Alter von sieben oder acht Wochen in ein neues Zuhause umziehen. Züchter geben ihre Tiere meist erst nach den Impfungen ab, wenn sie zwölf Wochen alt sind.

Oben: Ältere Katzen machen es sich gerne auf dem Schoß ihrer Besitzer bequem und passen daher besser zu älteren Menschen als die lebhafteren jüngeren Tiere.

Die Pflege einer älteren Katze

Hilfestellungen ✦ Verhaltensänderungen

Dank besserer Ernährung, umfassender tierärztlicher Betreuung und Schutzimpfungen werden Katzen heute im Durchschnitt vierzehn Jahre alt, manchmal auch wesentlich älter. Eine zehnjährige Katze ist etwa so alt wie ein 56jähriger Mensch; mit 16 ist sie mit einem 80jährigen vergleichbar und mit 22 mit einem 100jährigen.

Es gibt Menschen, die bereits mit sechzig alt und verbraucht aussehen, während andere noch mit achtzig fit und aktiv sind. Dasselbe gilt auch für Katzen. Dennoch kann man sagen, daß diese wesentlich weniger unter Altersbeschwerden leiden als der Mensch. Graues Haar oder eine eingeschränkte Bewegungsfreiheit treten bei Katzen erst sehr spät auf. Ab dem vierzehnten Lebensjahr beginnen sie, etwas träger zu werden, und die Reflexe werden langsamer. Die Augen werden schlechter, das Tier hört nicht mehr so gut, und der Geschmackssinn stumpft ab.

Der alten Katze helfen

Wenn die Katze älter wird, sollte man ihr Umfeld möglichst sorgenfrei und behaglich gestalten. Wer feststellt, daß die Katze plötzlich Mühe hat, auf ihren Lieblingsplatz am Fenster zu springen, könnte einen Stuhl darunter stellen, so daß das Tier keine so großen Sprünge mehr machen muß. Man sollte auch darauf achten. ob die Katze Schwierigkeiten mit der Katzenklappe oder mit Stufen hat.

Unter Umständen ist die Katze jetzt kälteempfindlicher – ihr Fell ist spröder geworden, da das Tier nicht mehr so aktiv ist und sich nicht so intensiv pflegt wie früher. Damit die Katze nicht frieren muß, sollte man sie bei schlechtem Wetter ins Haus lassen und ihr einen Schlafplatz an der Hei-

Links: Ältere Katzen sollten mindestens einmal jährlich vom Tierarzt untersucht werden. Wenn Krankheitsanzeichen frühzeitig erkannt werden, sind die Heilungschancen besser.

Oben: Das Nonplusultra an Luxus: Eine Lammfell-Hängematte schenkt der Katze wohlige Wärme und Behaglichkeit.

zung, eine kleine Heizdecke oder eine in ein kleines Handtuch eingeschlagene Wärmflasche gönnen.

So manche ältere Katze genießt es auch, wenn man ihre Augen mit einem weichen, in warmes Wasser getränkten Tuch reinigt. Bei langhaarigen Katzen muß man besonders darauf achten, daß das Fell nicht verfilzt, insbesondere unter dem Schwanz, wo es zu Juckreiz kommen kann. Denn ist das Fell einmal so richtig verfilzt, muß es vom Tierarzt unter Vollnarkose kurzgeschoren werden – eine schreckliche Tortur, die man der Katze möglichst ersparen sollte.

Auch die Krallen der Katze brauchen jetzt besonders viel Aufmerksamkeit. Sie werden nicht nur schneller brüchig, sondern wachsen auch verstärkt nach. Manchmal kann sie das Tier dann nicht mehr so gut einziehen wie früher, da die Elastizität der dafür zuständigen Muskeln und Sehnen nachläßt. Stehen die Krallen ein wenig vor, verhaken sie sich schnell in Polstermöbeln oder Teppichen, was für Katze und Mensch gleichermaßen unangenehm ist. In diesem Fall kann es notwendig sein, die Krallen etwas zu kürzen.

Mehr Aufmerksamkeit

Auch der Charakter der Katze kann sich mit zunehmendem Alter ändern. Während die meisten Katzen einfach häufiger schlafen und ansonsten wenig Probleme machen, reagieren andere empfindlicher und verlangen mehr Aufmerksamkeit. Einige Rassen wie Siamesen oder Burmesen werden dann noch gesprächiger und verlangen nachdrücklich nach Futter oder zärtlichen Schmusestunden. Dieses gesteigerte Sicherheitsbedürfnis kann sich manchmal bis zum nächtlichen Rufen steigern: Die Katze wartet, bis im Haus alles still ist, und fängt dann herzzerreißend an zu klagen. Sobald der besorgte Besitzer herbeieilt und ihr gut zuredet, gähnt die Katze herzhaft und schläft wieder ein, weil sie jetzt weiß, daß sie nicht im Stich gelassen wurde. In diesem Fall sollte man Verständnis für die Katze haben und ihr Bettchen näher am Schlafzimmer plazieren oder sie mit einem angeschaltenen Radio zu beruhigen versuchen. Der jahrelange Freund und Hausgenosse hat es verdient.

Oben: Katzen lieben Wärme. Vor allem ältere Katzen haben es an kalten Wintertagen gern behaglich.

Unten: Auch ältere Katzen freuen sich über eine schöne Aussicht. Doch das Hinaufklettern macht ihnen jetzt häufig Mühe.

TEIL 3

GESUNDE KATZEN

Wenn es um die Gesundheit der Katze geht, ist der Tierarzt immer der richtige Ansprechpartner. Am besten läßt man sich von anderen Katzenbesitzern eine gute Praxis empfehlen. Dabei sollte man auf folgende Punkte achten: Informieren Sie sich vorab, ob der Arzt auch über genügend Erfahrung mit Katzen verfügt. Es gibt Praxen, die sich ausschließlich auf Katzen spezialisiert haben.

Ist das Personal freundlich und verständnisvoll und geht geduldig auf die Fragen des Katzenhalters ein? Selbstverständlich sollte die Praxis einen sauberen, gepflegten Eindruck machen.

Ein Besuch beim Tierarzt kann sehr teuer werden. Am besten, man erkundigt sich schon vor der Behandlung über alle anfallenden Kosten.

Hat die Praxis einen Notdienst eingerichtet? In Notfällen sollte der Tierarzt auch außerhalb der Sprechstunden erreichbar sein.

Allgemeine Pflege

Krankheitssymptome ✦ Die gesunde Katze ✦ Wichtige Impfungen

Als Katzenbesitzer kennt man sein Tier genau und weiß, wie es sich normalerweise verhält. Deshalb merkt man sehr schnell, wenn etwas nicht in Ordnung ist. Im Zweifelsfall sollte man lieber einmal zu oft zum Tierarzt gehen, als das Risiko in Kauf nehmen, daß eine relativ harmlose Erkrankung unbehandelt bleibt und es zu Komplikationen kommt.

MANGELNDER APPETIT

Manche Katzen sind äußerst heikel mit dem Fressen, andere dagegen haben einen überaus gesunden Appetit. Lassen sie auch nur eine einzige Mahlzeit aus, weiß der Besitzer sofort, daß etwas im Anzug ist. In aller Regel kann man ruhig einige Tage abwarten, wenn die Katze nicht frißt – immer vorausgesetzt, sie macht ansonsten keinen kranken Eindruck.

FIEBER

Hat das Tier dagegen Fieber und wirkt apathisch, sollte man es zunächst einmal selbst gründlich untersuchen. Vielleicht entdeckt man dabei Kampfverletzungen oder einen Abszeß. Bei Katzen, die ins Freie dürfen, kommt das häufig vor.

BEDENKLICHE SYMPTOME

Häufiges Erbrechen, blutende Wunden, Krämpfe, starker Durchfall, große Schwäche oder Atemnot weisen immer auf eine schwerere Erkrankung hin, Verstopfung ist dagegen kein schwerwiegendes Problem; diese kann man mit Abführmitteln selbst behandeln. Wenn man jedoch bemerkt, daß ein Kater preßt, um seinen Harn abzusetzen, ist sofortige tierärztliche Hilfe notwendig. Es könnte eine Harnstauung vorliegen,

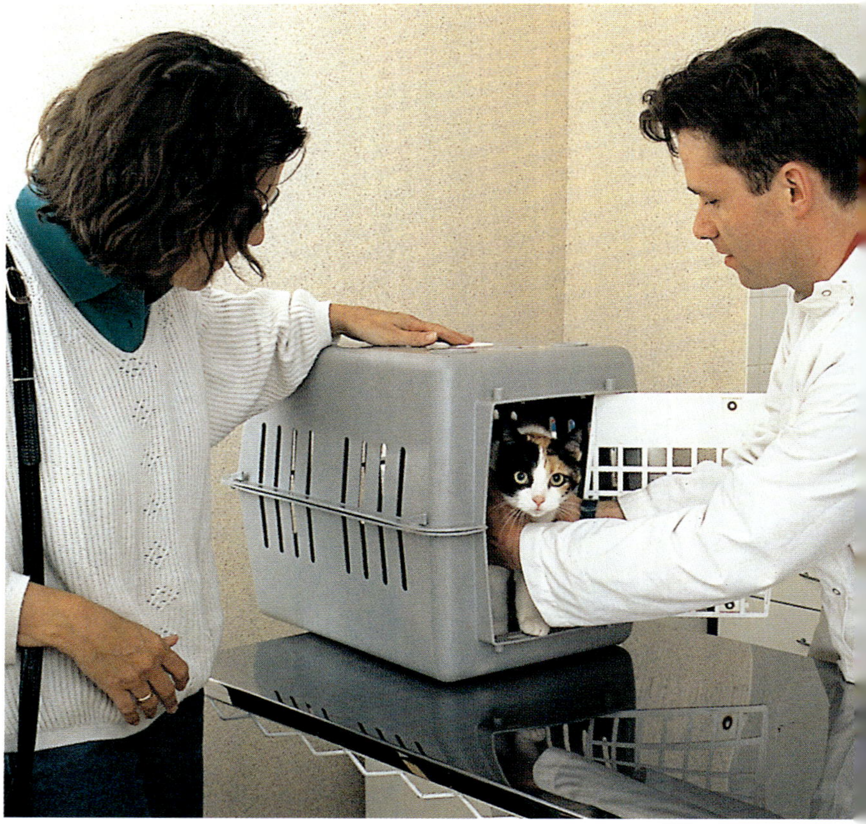

Oben: Für den Transport der Katze sind Boxen aus Kunststoff ideal. Sie sind sicher und darüber hinaus leicht zu reinigen.

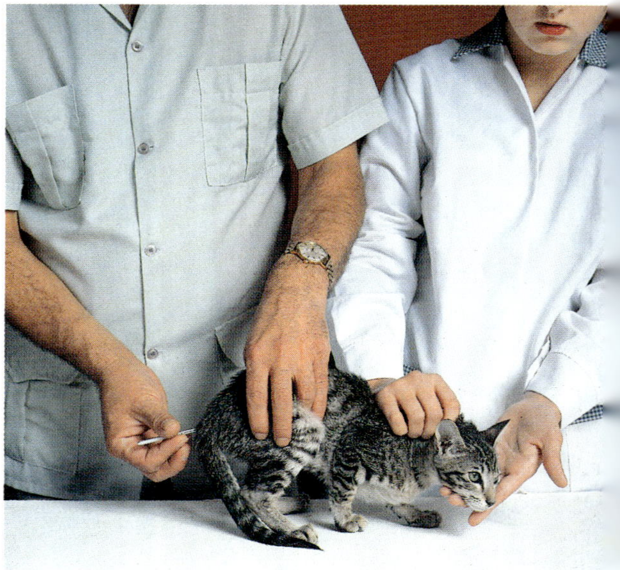

Rechts: Bei Krankheitsanzeichen prüft der Tierarzt die Körpertemperatur im Rektum der Katze – eine Aufgabe für den Fachmann! Die normale Temperatur von Katzen liegt bei 38,6 °C-39,0 °C

Checkliste für Krankheitssymptome

Augen – Halbgeschlossene, gerötete oder gar mit Sekret verklebte Augen müssen vom Tierarzt behandelt werden.

Ohren – Rötung, Reizung, unangenehmer Geruch oder Ohrenschmalz weisen auf eine Ohrenerkrankung hin.

Maul – Gerötetes Zahnfleisch, Geschwüre im Rachen oder auf der Zunge, unangenehmer Geruch oder Schmerzen beim Fressen sind eindeutige Krankheitsanzeichen.

Nase – Ausfluß aus der Nase ist entweder auf eine Entzündung der oberen Atemwege zurückzuführen oder kann auf eine Erkrankung der Nasennebenhöhlen hinweisen.

Fell – Ein stumpfes oder struppiges Fell kann auf eine schwere Erkrankung hinweisen. Man sollte immer auf Parasiten und deren dunkle Kotbällchen achten.

Anus – Ein verschmutzter Analbereich weist auf Durchfall hin. Man sollte das Tier auf kleine weiße Bandwurmglieder hin untersuchen, die sich dort im Fell verfangen können.

die unverzüglich behandelt werden muß, um bleibenden Schäden an Niere oder Blase vorzubeugen.

Kastration

Hauskatzen müssen kastriert werden, da sie sich sonst sehr schnell vermehren würden. Bei Katern beugt man zugleich Verhaltensstörungen wie Streunen, Raufen und Spritzen vor. Weibliche Katzen läßt man bereits im Alter von fünf Monaten kastrieren, männliche Tiere etwas später.

Bei Katern kann man den Eingriff jederzeit vornehmen lassen, Katzen dagegen dürfen zum Zeitpunkt der Operation nicht rollig sein und keine Jungen säugen.

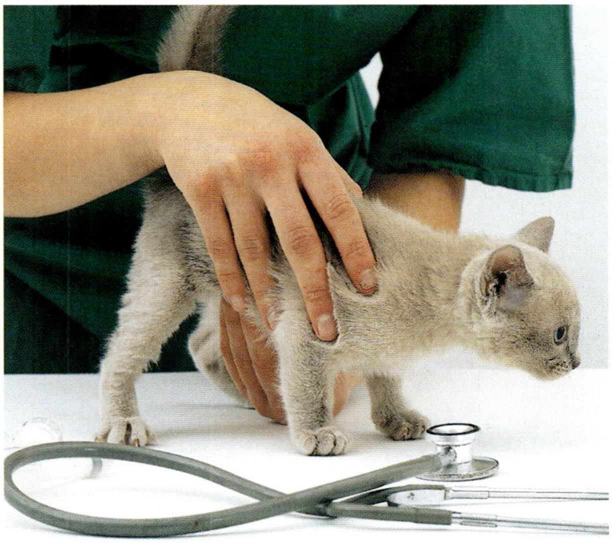

Links: Mit geübtem Griff verschafft sich der Tierarzt schnell einen Überblick über den Gesundheitszustand einer Katze. Manchmal sind weitere Untersuchungen nötig, bei denen ein Stethoskop, aber auch Ultraschall oder Röntgenstrahlen zum Einsatz kommen können.

Allgemeine Pflege

Wichtige Impfungen

Nicht versäumen sollte man die üblichen vier Impfungen. Im Alter von acht Wochen bekommen die Tiere eine Zweifachimpfung gegen Katzenseuche und Katzenschnupfen, etwa vier Wochen später folgt eine Auffrischimpfung. Ab der zwölften Woche wird gegen Tollwut geimpft. Ab der 16. Woche wird gegen Feline Infektiöse Peritonitis (FIP) geimpft, häufig in Verbindung mit einer Leukoseimpfung. Drei Wochen später erfolgt dann noch eine Auffrischimpfung. Ein vollständiger Schutz tritt jedoch erst zwei Wochen nach der Impfung ein, weshalb man das Kätzchen vorher nicht aus dem Haus lassen sollte.

Die meisten Tierärzte empfehlen eine jährliche Auffrischimpfung. Davor wird jedesmal eine Gesundheitskontrolle durchgeführt, um sicherzustellen, daß die Katze geimpft werden kann. Bei einer älteren Katze ist ein solcher regelmäßiger „Check-up" besonders wichtig: Je früher man eine Erkrankung feststellt, desto besser sind die Heilungschancen.

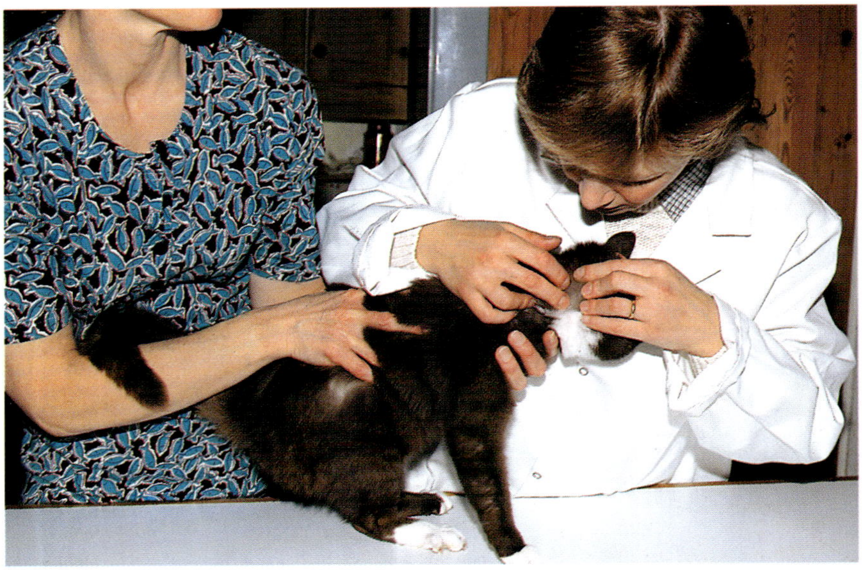

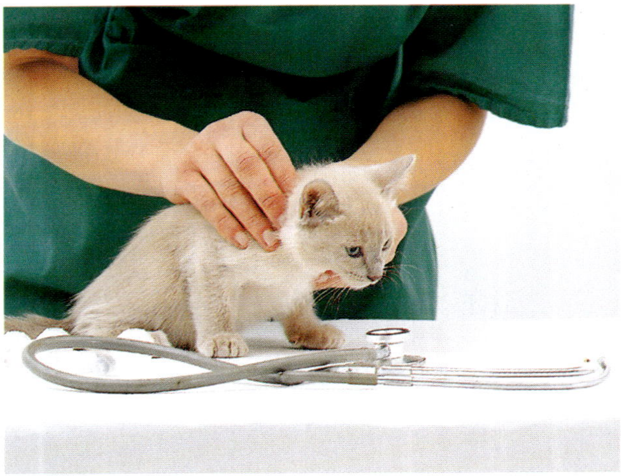

Oben und links: Nur gesunde Tiere dürfen geimpft werden. Bevor der Tierarzt die Impfung durchführt, muß er die Katze sorgfältig untersuchen.

Vorbeugende Massnahmen

Normalerweise braucht man nicht zu befürchten, sich durch sein Tier anzustecken. Dennoch gibt es Krankheiten, die auch auf den Menschen übertragbar sind:

Gefürchtet ist in diesem Zusammenhang besonders die Toxoplasmose. Während der Erreger bei der Katze nur selten zu Krankheitserscheinungen führt, kann er Schwangeren und Personen mit geschwächter Immunabwehr gefährlich werden. Da er über den Kot der Katze auf den Menschen übertragen wird, sollte man als Betroffener die Reinigung des Katzenklos anderen überlassen.

Die Katzenkratzkrankheit ist ebenfalls eine Erkrankung, die bei der Katze selbst keine Symptome hervorruft, aber von dieser durch Kratzer und Bisse auf den Menschen übertragen werden kann, vor allem auf Kinder. Als Erreger vermutet man seit einiger Zeit das Bakterium *Bartonella henselae*. Fieber und geschwollene Drüsen sind die Folge. In seltenen Fällen kann auch das Nervensystem angegriffen werden. Katzenbisse und -kratzer müssen deshalb sorgfältig desinfiziert werden. Ärztliche Hilfe ist jedoch nur notwendig, wenn Krankheitsanzeichen vorliegen.

Eine große Gefährdung stellt dagegen die Tollwut für den Menschen

Rechts: Meist wird ein Kombinationsimpfstoff gegen alle wichtigen Krankheiten eingesetzt. Dabei erhalten die Kätzchen im Abstand von drei Wochen zwei Injektionen. Danach wird alljährlich eine Auffrischimpfung durchgeführt.

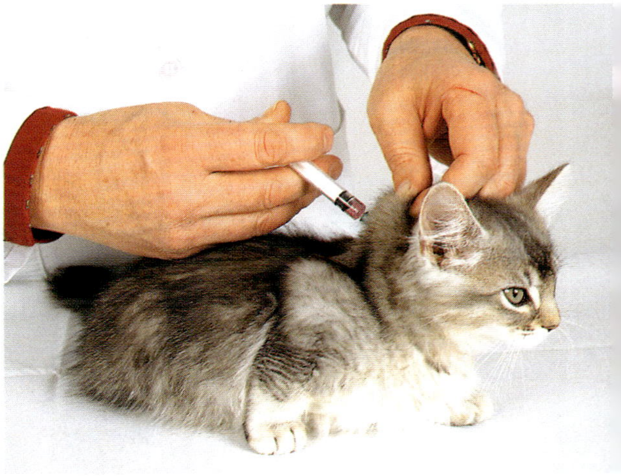

Krankheiten, die durch eine Impfung verhindert werden können

Katzenseuche
(Feline Panleukopenie)
Diese Krankheit ist durch die Impfmaßnahmen äußerst selten geworden. Sie kann bei kleinen Kätzchen schweres Erbrechen und Durchfall auslösen und rasch zum Tod führen.

Katzenschnupfen
Diese Erkrankung der oberen Atemwege kann durch ganz unterschiedliche Erreger verursacht werden. Der Impfstoff wirkt nur gegen die beiden Haupterreger – gegen das feline Rhinotracheitisvirus und gegen das feline Calicivirus. Falls sich geimpfte Katzen trotzdem anstecken, nimmt die Erkrankung in der Regel einen leichten Verlauf.

Chlamydien
Weitere Erreger, die ebenfalls Katzenschnupfen auslösen können. Meist führen sie jedoch nur zu einer chronischen Bindehautentzündung. Geimpft wird nur in Tierheimen, wo diese Krankheit zu einem Problem werden kann.

Tollwut (siehe auch Seite 125)
Diese Viruskrankheit tritt in einigen Teilen Europas regelmäßig auf. Sie wird hauptsächlich durch Bisse von Füchsen oder Hunden übertragen und ist für Mensch wie Tier gleichermaßen gefährlich. Ist das Virus in das Zentralnervensystem eingedrungen, führt die Krankheit unausweichlich zum Tod. Eine Impfpflicht gegen Tollwut besteht nur für Hunde, dennoch ist es sinnvoll, in Endemiegebieten auch seine Katze impfen zu lassen. Personen, die aufgrund ihres Berufs einem erhöhten Risiko ausgesetzt sind, gebissen zu werden, sollten sich zur Sicherheit ebenfalls impfen lassen.

Katzenleukose (siehe auch Seite 128)
Die Katzenleukose ist eine äußerst gefährliche Viruserkrankung (eine Art Blutkrebs) und weltweit verbreitet. Am besten läßt man seine Katze frühzeitig dagegen impfen. Vor der Impfung muß das Tier jedoch gründlich untersucht werden – bereits infizierte Tiere dürfen nicht mehr geimpft werden.

Feline Infektiöse Peritonitis (FIP)
(siehe Seite 129)
FIP ist unheilbar und führt immer zum Tod des infizierten Tiers. Inzwischen gibt es jedoch einen Impfstoff. Auch wenn die Schutzwirkung noch nicht hundertprozentig ist, sollte man freilaufende Katzen unbedingt impfen lassen. Man hofft, daß bald ein besserer Impfstoff gefunden wird, der die Katzen zuverlässig vor FIP schützt.

Rechts: Füchse sind die Hauptüberträger des Tollwutvirus.

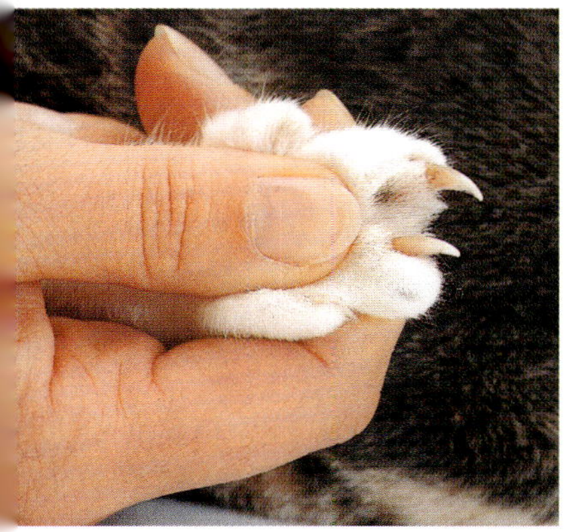

Oben: Der Tierarzt untersucht auch die Krallen der Katze. Katzen, die Freilauf oder einen Kratzbaum in der Wohnung haben, müssen die Krallen in der Regel nicht geschnitten bekommen. Beim Kratzen wetzen die Tiere die abgestorbenen Hornschichten selbst ab.

dar. Wer in einem Tollwutgebiet von einer Katze gebissen wird, muß sofort einen Arzt aufsuchen.

Zu schweren Vergiftungen können Salmonellen führen, die sowohl Mensch als auch Tier befallen. Der Erreger wird durch den Verzehr verdorbener Nahrung übertragen, häufig durch rohes oder halbgares Fleisch. Man kann sich auch über die Ausscheidungen anderer infizierter Menschen oder Tiere anstecken. Bei Katzen lösen Salmonellen akuten Durchfall aus, der teilweise mit Erbrechen einhergeht. Die Katze fühlt sich unwohl und hat Fieber. Besteht der Verdacht, daß die Katze eine Lebensmittelvergiftung hat, sind strengste Hygienemaßnahmen zu ergreifen. Das Katzenklo muß mit einem Desinfektionsmittel gereinigt werden. Danach sorgfältig die Hände waschen! Die Katze darf keinesfalls Zugang zu den Räumen haben, in denen Essen zubereitet wird. Noch lange nach der Ansteckung ist das Tier Träger des Erregers.

Auch Hauterkrankungen können von der Katze auf den Menschen übertragen werden. Die meisten sind jedoch harmlos. Das häufigste Problem sind Flöhe. Katzenflöhe können beim Menschen zwar nicht überleben, aber einen stark juckenden Ausschlag hervorrufen. Dasselbe gilt für Ohrmilben.

Parasiten

Flöhe ✦ Zecken und Milben ✦ Innenparasiten

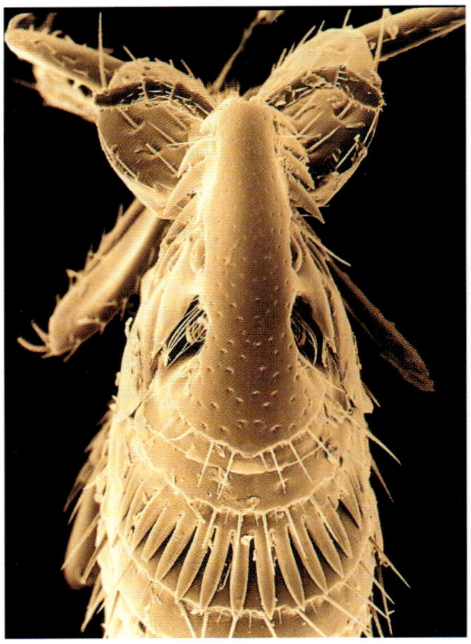

Flöhe sind bei Katzen die häufigsten Hautparasiten. Dabei handelt es sich um flügellose, meist braune Insekten mit einem flachen Körper. Mit ihren kräftigen Hinterbeinen können sie leicht von einem Wirt zum anderen gelangen. Vor allem Teppichböden ziehen Flöhe magisch an – heute lebt ein ganzer Industriezweig von der Herstellung von Insektiziden.

Um Flöhe wirksam bekämpfen zu können, muß man ihren Lebenszyklus kennen. Flöhe leben sowohl auf Katzen als auch auf Hunden. Während ihres etwa zweiwöchigen Lebens legen die Weibchen bis zu 400 Eier in der Umgebung ihres Wirts ab. Dort reifen die Eier, aus denen schließlich etwa 5 mm große Larven schlüpfen. Diese ernähren sich von abgestorbenen Hautzellen des Wirts und dem Kot ausgewachsener Flöhe, der hauptsächlich aus eingetrocknetem, unverdautem Blut besteht. Nach etwa zwei Wochen spinnt sich jede Larve in einen schützenden Kokon ein, in dem sie unter Umständen Monate oder sogar Jahre inaktiv bleiben kann. Durch Erschütterungen und Kohlendioxid wird der Floh dann aus seinem Kokon gelockt – ein potentielles Opfer ist in der Nähe. Gelingt es dem Floh nicht sofort, auf einen Wirt zu springen, kommt er auch bis zu acht Wochen ohne „Mahlzeit" aus.

Im Fachhandel gibt es viele umweltverträgliche Mittel, mit denen man die Flöhe in der Umgebung der Katze bekämpfen kann. Die Insektizide wirken nicht gegen die Puppen, aber gegen die ausschlüpfenden Tiere. Außerdem hemmen sie die Entwicklung der Floheier.

Mittel, mit denen man die Katze direkt behandelt, wirken ebenfalls gegen diese Plage, da sie in den abgestorbenen Hautzellen der Katze vorkommen, von denen sich die Larven ernähren. Diese Mittel können der Katze einmal pro Monat oral oder einmal im halben Jahr durch eine Impfung verabreicht werden. Über das Blut werden die Wirkstoffe auch von den

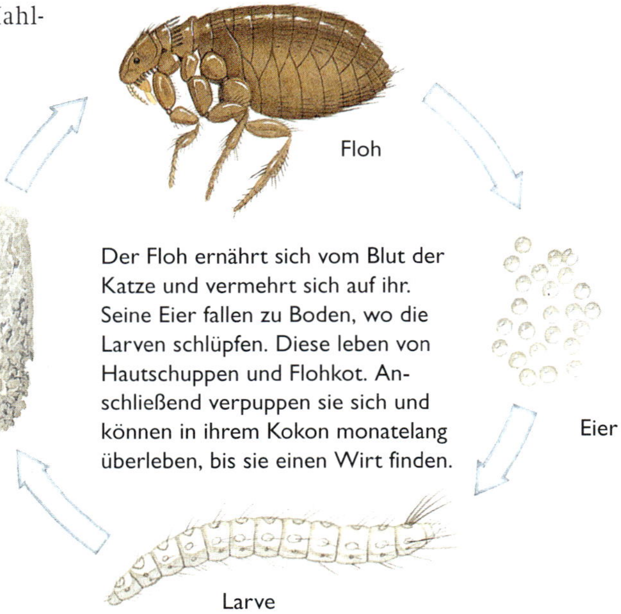

Links: Eine von Flöhen befallene Katze kratzt sich häufig. Infolgedessen kann sich ihre Haut entzünden.

Rechts: Flöhe sind sehr flink und im Fell nicht leicht aufzuspüren. Sieht man jedoch genauer hin, erkennt man ihre Ausscheidungen, die hauptsächlich aus unverdautem, getrocknetem Blut bestehen.

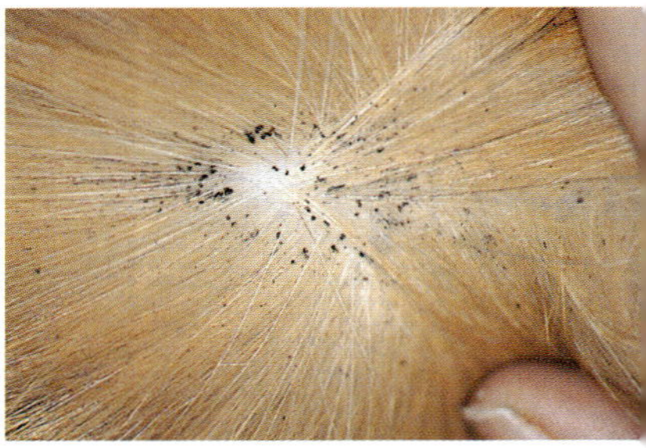

erwachsenen Flöhen aufgenommen und gleichzeitig an deren Brut weitergegeben: Die Nachkommen können daraufhin kein Chitin mehr bilden und somit auch keinen Eizahn entwickeln, den sie brauchen, um aus ihrem Kokon zu schlüpfen.

Darüber hinaus gibt es Tropfen, Puder oder Shampoos, mit denen die Flöhe, die die Katze bereits befallen haben, direkt bekämpft werden können. Am besten, man läßt sich von seinem Tierarzt beraten. Bei Katzenbesitzern besonders beliebt sind Tropfen, die man einmal im Monat auf das Nackenfell der Katze gibt.

Weiteres Ungeziefer

Die meisten Katzenhalter haben schon einmal eine Zecke an ihrem Tier entdeckt. Wie Flöhe sind auch diese flügellose Blutsauger. Doch Zekken kommen mit einer „Mahlzeit“ im Jahr aus, bei der sie sich ganz mit Blut vollsaugen. Danach lassen sie sich auf den Boden fallen, wo sie sich dann vermehren. Katzen werden meist dann von Zecken befallen, wenn sie durch hohes Gras streifen: Die unreifen Zecken klettern an den Grashalmen nach oben, von wo aus sie sich dann auf ihr potentielles Opfer fallen lassen. Daher findet man dieses Ungeziefer meist an Kopf und Ohren der Katze. Auf keinen Fall darf man die Zecken einfach aus der Haut reißen. Der mit einem Widerhaken versehene Zeckenkopf bleibt sonst stecken und kann eine eitrige Entzündung hervorrufen. Am besten ist die Verwendung einer Zeckenzange, mit der sich das Insekt aus der Haut drehen läßt.

Milben rufen bei Katzen selten Beschwerden hervor, allerdings findet man gelegentlich *Cheyletiella yasguri*, die zu einer chronischen Hautreizung führen kann – insbesondere am Rükken. Diese Milben treten vor allem bei Langhaar-Rassekatzen auf und können auch beim Menschen einen Ausschlag verursachen.

Sehr häufig sind dagegen Ohrmilben, die oft schon von der Mutter auf die Kätzchen übertragen werden. Sie leben im äußeren Gehörgang und lösen dort eine chronische Reizung aus: Schwarzes Ohrenschmalz wird

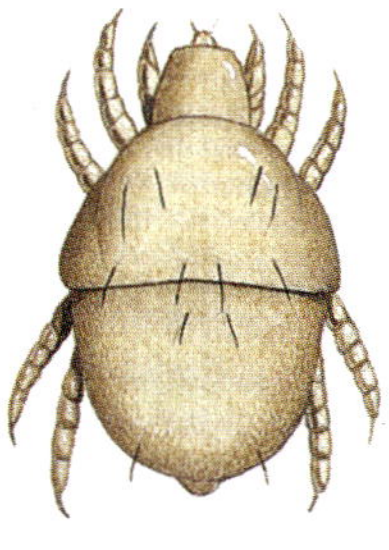
Milbe

Zecke

Lungenwurm

Spulwurm

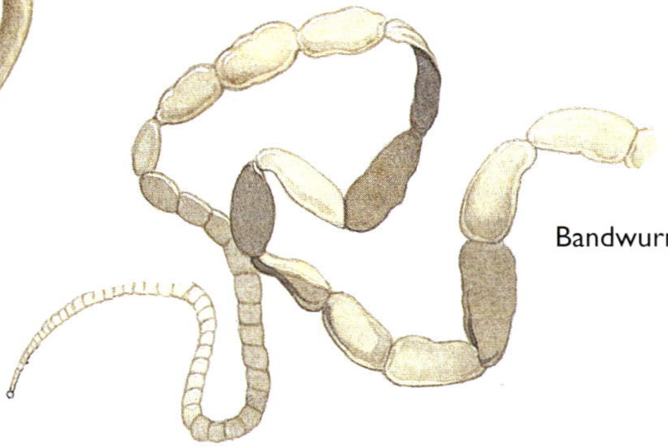
Bandwurm

Oben: Beim Tierarzt sollte man sich über die Auswahl von geeigneten Mitteln gegen Würmer und Zecken beraten lassen. Damit wird die Katze ihre Parasiten schnell los.

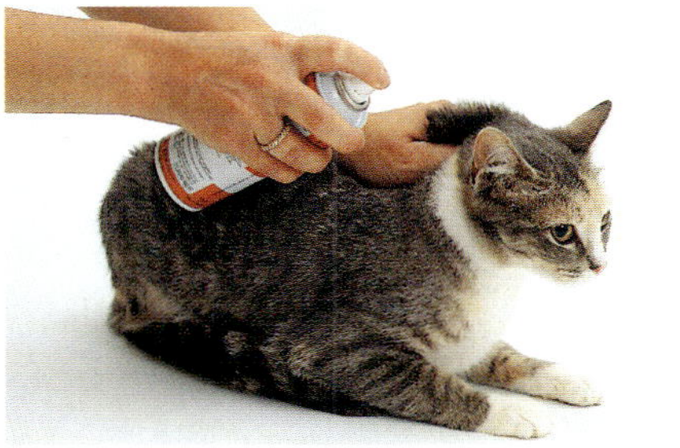
Oben: Es ist nicht ganz leicht, die Katze mit Insektiziden einzusprühen. Besser sind hochwirksame Produkte, die man nur auf das Nackenfell der Katze zu träufeln braucht.

abgesondert, von dem sich die Milben wiederum ernähren.

Die ausgewachsenen Parasiten lassen sich mit Hilfe von Ohrentropfen relativ leicht abtöten; ihre Eier dagegen sind äußerst widerstandsfähig, weshalb die Behandlung mindestens drei Wochen lang fortgesetzt werden muß. Nur dann ist sichergestellt, daß auch die jungen Milben sofort beim Ausschlüpfen getötet werden.

Würmer

Mit Spulwürmern infizieren sich Katzen meist dann, wenn sie Vögel oder Nagetiere fressen. Doch oft werden die Parasiten direkt von der Mutter auf die Kätzchen übertragen. Junge Tiere können durch Würmer gefährlich geschwächt werden. Im Extremfall gelingt es den Parasiten sogar, die Eingeweide der Kätzchen zu zerstören. Ausgewachsene Katzen dagegen haben selten Beschwerden: Sie scheiden die Eier oder Würmer aus oder erbrechen sie. Doch Vorsicht: Diese Parasiten sind auch auf den Menschen übertragbar!

Bandwürmer brauchen einen Zwischenwirt wie einen Floh, bevor sie sich an der Eingeweidewand eines Endwirts anheften können. Sie stoßen reiskornähnliche Bandwurmglieder ab, die zahlreiche Eier enthalten. Diese Glieder bleiben dann oft in Afternähe im Fell der Katze kleben. Bandwürmer führen zu einer generellen Schwächung des Wirts sowie zu Verdauungsbeschwerden.

Lungenwürmer sind bei Katzen relativ häufig, lösen jedoch nur selten Krankheitssymptome wie Husten aus. Die Larven der Lungenwürmer werden ausgehustet und mit dem Stuhl ausgeschieden. So werden sie auf andere Katzen übertragen. Tiere, die sich häufig im Freien aufhalten, sollten sicherheitshalber alle drei Monate entwurmt werden.

Katzenviren

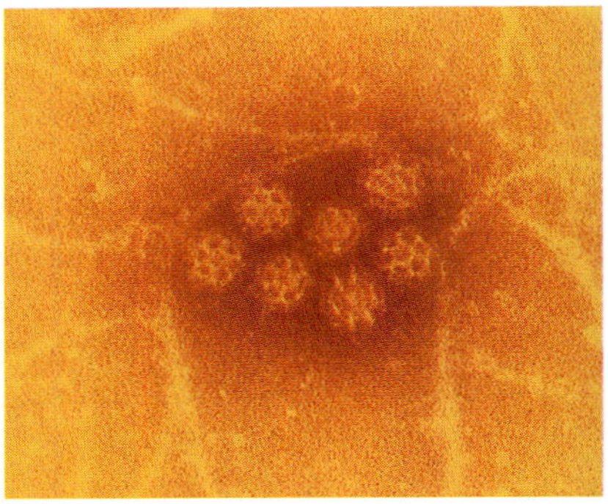

Katzenleukose ✦ Felines Immundefizienzvirus ✦ Felines Coronavirus

Viele ansteckende Katzenkrankheiten werden durch Viren hervorgerufen, die meist über Kot und Speichel übertragen werden.

Leukose

Das Katzenleukosevirus (FeLV) greift das Immunsystem der Katze an und schwächt dadurch deren Abwehrkräfte. In seiner Wirkung ähnelt es dem menschlichen Aidsvirus. Das Leukosevirus befällt Blutzellen und löst dort eine schwere Anämie („Blutarmut") oder Blutkrebs aus. Bei letzterem unterscheidet man zwischen Leukämie, einer Krebserkrankung der im Blutstrom befindlichen weißen Blutzellen, und dem Lymphsarkom, einer Krebserkrankung der weißen Blutzellen im Lymphgewebe des Körpers.

Je nachdem, wo im Körper des Tieres diese Zellentartungen stattfinden, zeigen sich bei FeLV unterschiedliche klinische Symptome. Bei jungen Katzen sind häufig die Lymphknoten im Brustraum betroffen, bei älteren Katzen dagegen eher die Eingeweide. Das Virus wird durch Speichel und Kot übertragen und ist vor allem bei jungen Katzen eine häufige Todesursache.

Die Erkrankung ist mittels eines Bluttests leicht nachweisbar. Ist bei einer Katze der erste Befund positiv, sollte man nach sechs Wochen trotzdem eine zweite Untersuchung durchführen lassen. So kann festgestellt werden, ob es dem Immunsystem des Tiers eventuell gelungen ist, das Virus selbst abzuwehren. Wenn nicht, besteht keine Aussicht auf Heilung, da es gegen diese Viruserkrankung kein Medikament gibt. Allerdings kann man der Leukose durch Impfung vorbeugen (siehe auch Seite 125).

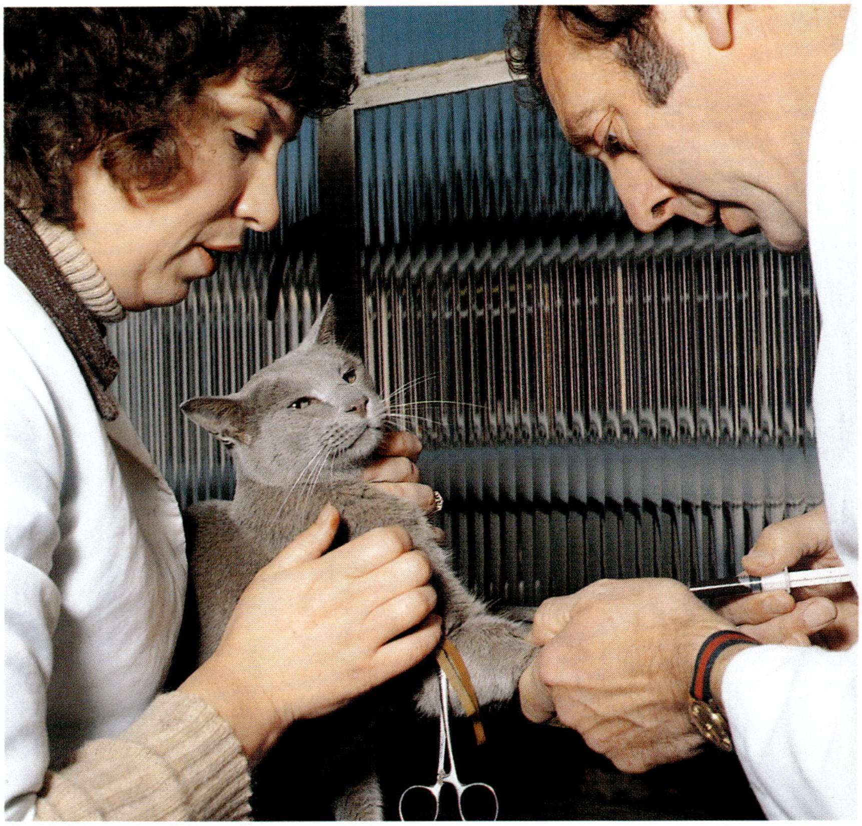

Ganz oben: Viren können Katzen große Probleme bereiten. Da auch Antibiotika nichts gegen diese Kleinstlebewesen ausrichten können, ist eine Impfung um so wichtiger.

Oben: Die Krankheitssymptome bei einer Virusinfektion sind oft unspezifisch – eine eindeutige Diagnose ist oft erst nach einer Blutuntersuchung möglich.

Immundefizienzvirus (FIV)

Das Feline Immundefizienzvirus (FIV) ähnelt dem menschlichen Aidsvirus und greift ebenfalls das Immunsystem an. Ein breites Spektrum von Krankheitssymptomen ist die Folge, weil die Katze anfällig für Erreger wird, denen gegenüber sie normalerweise nicht empfindlich ist. Zu diesen Symptomen zählen schlecht heilende Wunden, Zahnfleischentzündungen, chronische Erkrankungen der Atemwege, Durchfall, allgemeine Schwäche, Fieber und Appetitmangel. Das Virus wird hauptsächlich über Speichel und Blut übertragen, weshalb es vor allem bei jungen Katern auftritt, die häufig kämpfen. Leider gibt es bis heute weder einen Impfstoff noch ein Medikament dagegen. Andererseits verläuft diese Krankheit bei Katzen nicht unbedingt tödlich.

Felines Coronavirus

Das Feline Coronavirus wird über Speichel und Kot übertragen und tritt

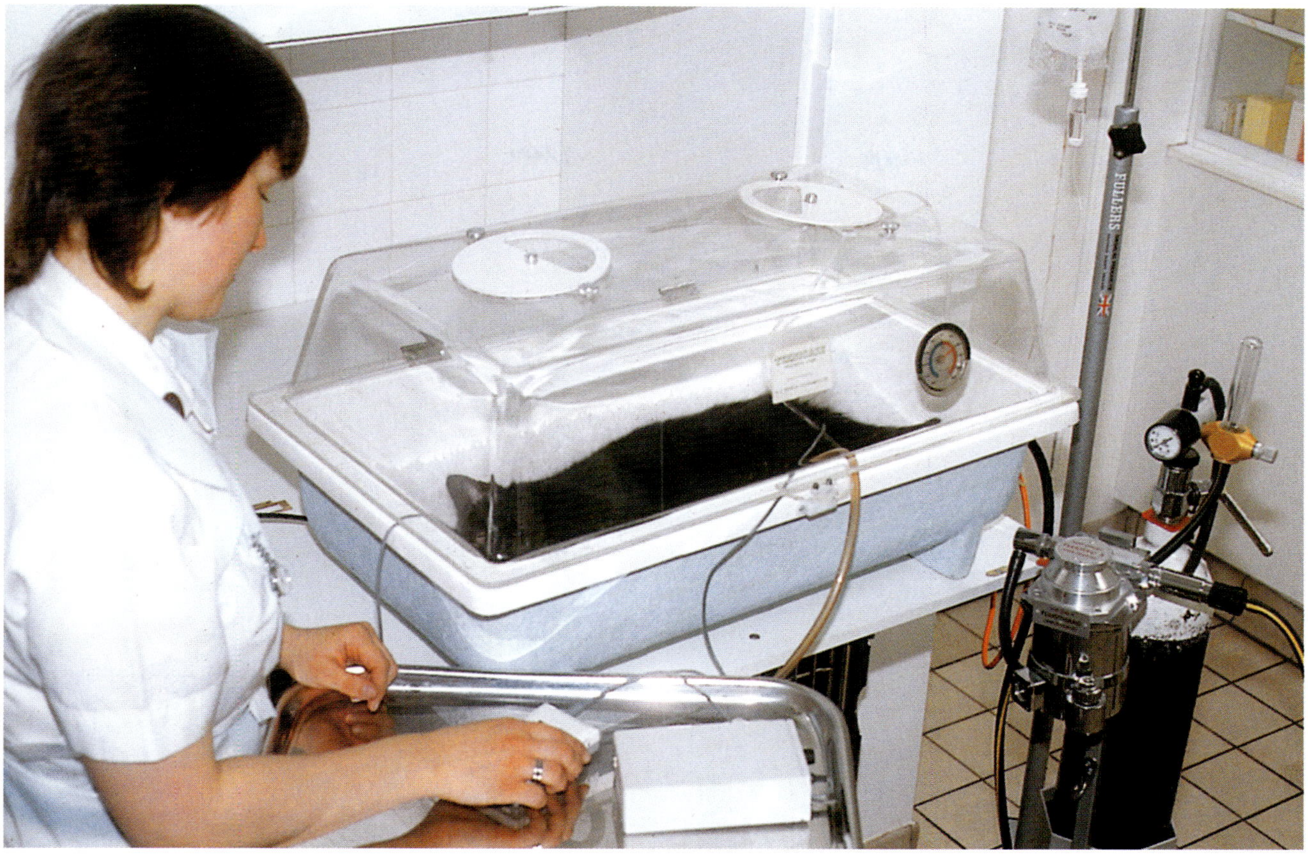

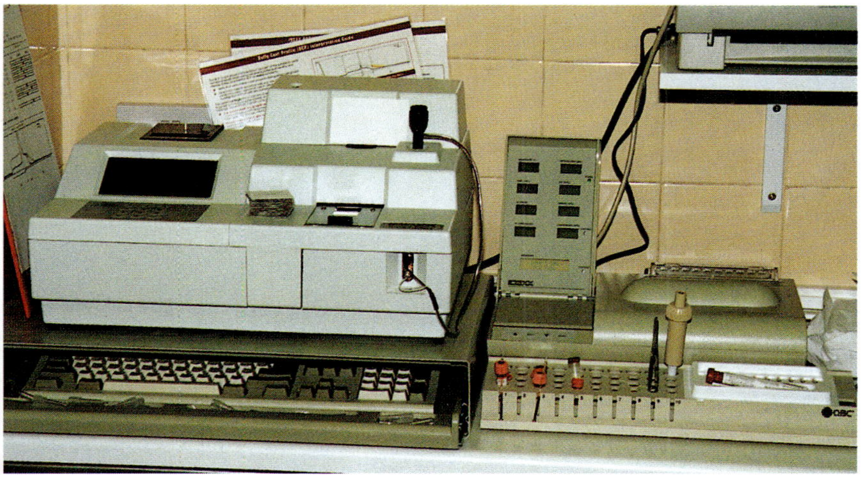

Oben: Schwerkranke Katzen werden auf einer Intensivstation betreut, wo alle lebenswichtigen Körperfunktionen genau überwacht werden können.

Links: Einfache Virentests können direkt in der Tierarztpraxis gemacht werden, andernfalls muß der Arzt die Blutproben zur Auswertung erst an ein Fachlabor schicken. Größere tierärztliche Praxen verfügen heutzutage über Analysegeräte, mit denen die wichtigsten Untersuchungen selbst durchgeführt werden können.

häufig in Haushalten auf, in denen mehrere Katzen leben. Das Virus ist zwar hochansteckend, doch die dadurch hervorgerufene Krankheit bricht nur bei einem kleinen Teil der infizierten Katzen wirklich aus.

Infektiöse Peritonitis (FIP)

Feline Infektiöse Peritonitis kann in einer „nassen" und einer „trockenen" Form auftreten. Erstere kommt häufiger vor. Infolge einer Entzündung von Brust oder Bauchhöhle kommt es dort zur Ansammlung einer klaren gelblich-bersteinfarbenen Flüssigkeit. Bei der „trockenen" Form der Erkrankung entwickeln sich an den Innenwänden der Körperhöhlungen weiche Gewebsschwellungen. Diese können auch im Gehirnbereich auftreten, wodurch sowohl neurologische Symptome als auch abnormales Verhalten, Erblindung oder auch Krämpfe ausgelöst werden.

Es ist sehr schwierig, FIP bei der lebenden Katze zu diagnostizieren. Fühlt sich das Tier ohne erkennbaren Grund chronisch unwohl, ist die Feline Infektiöse Peritonitis häufig die Ursache.

Weitere Viren

Weitere Virenerkrankungen sind Katzenseuche (siehe Seite 125), Katzenschnupfen (siehe Seite 136) und Kuhpocken, die bei der Katze zu Hautschäden führen können. In seltenen Fällen kann das Kuhpockenvirus auch auf den Menschen übertragen werden.

Harnwegs- & Verdauungsprobleme

Nierenerkrankungen ✦ Übermäßiger Durst ✦ Magen-Darm-Beschwerden

Nierenerkrankungen treten besonders häufig bei älteren Katzen auf. Die Ursachen hierfür können sein:

- ✦ Altersbedingter Verschleiß
- ✦ Infektionen
- ✦ Nierensteine
- ✦ Tumoren
- ✦ physische Verletzungen
- ✦ Vergiftungen (z. B. mit Chemikalien wie Frostschutzmitteln)
- ✦ Autoimmunkrankheiten

Das häufigste Nierenleiden ist die chronische interstitielle Nephritis, eine verschleißbedingte Nierenentzündung. Das erste Anzeichen für ein Nierenleiden ist ungewöhnlicher Durst, gefolgt von Appetitmangel, Gewichtsverlust und schlechtem Atem. Dann kommt es zu Erbrechen, Austrocknung und Tod.

Mit Hilfe von Blut- und Harnuntersuchungen können Nierenprobleme bereits in einem frühen Stadium erkannt werden. In diesem Fall bestehen gute Heilungschancen. Arbeiten die Nieren nicht richtig, kommt es zu einer zunehmenden Konzentration von Phosphor und Harnstoff im Körper, der nicht mehr richtig abgebaut werden kann. Mit phosphorarmer und eiweißhaltiger Ernährung kann man das Fortschreiten der Krankheit unter Umständen erheblich verlangsamen.

Harnwegserkrankungen

An Erkrankungen der unteren Harnwege leiden Katzen häufig. Bei einer Blasenentzündung zeigen die Tiere dieselben Symptome wie der Mensch.

Oben: Der Tierarzt tastet den Bauch der Katze sorgfältig ab. Auf diese Weise kann er unter anderem feststellen, ob ein Harnröhrenverschluß vorliegt.

Oft hat sich in den unteren Harnwegen auch Harngrieß angesammelt, der das Absetzen des Harns erschwert. Kater sind häufiger betroffen, da deren Harnröhre enger ist als die des Weibchens. Eine Harnstauung kann zu einer unwiderruflichen Schädigung von Blase und Nieren führen und muß sofort behandelt werden. Preßt ein Kater beim Harnabsetzen, darf man das nicht mit einer harmlosen Verstopfung verwechseln – das Tier muß sofort zum Arzt.

Die Ursachen von Harnwegserkrankungen sind vielfältig, allerdings erkranken übergewichtige, inaktive Wohnungskatzen besonders häufig. Manchmal liegt auch eine Entzündung vor, im Gegensatz zur Erkrankung beim Menschen ist das jedoch meist nicht die Hauptursache. Der Säuregrad des Harns spielt in diesem Zusammenhang eine wichtige Rolle: Ist der Harn der Katze zu alkalisch – ein häufiger Zustand – bildet sich das Kristall Struvit. Ist der Harn zu sauer, können Oxalatsteine entstehen. Da Magnesium ein wesentlicher Bestandteil von Struvitsteinen ist, kann es helfen, Katzen, die zu dieser Erkrankung neigen, magnesiumarm zu ernähren.

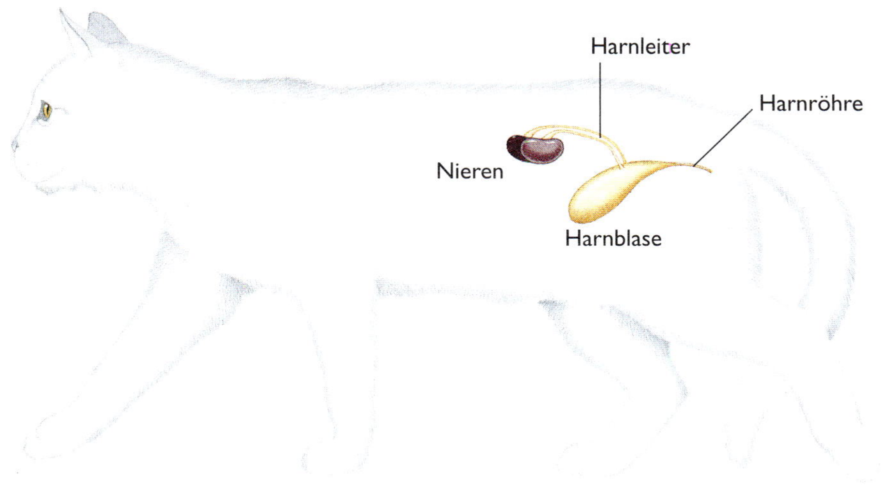

Oben: Die Katze hat zwei Nieren, die über die Harnleiter mit der Blase verbunden sind. Über die Harnröhre wird der Harn ausgeschieden. Diese ist beim Kater enger als bei der Katze, weshalb es bei Katern öfter zu einem Harnröhrenverschluß kommt.

Im Fachhandel gibt es ein spezielles Futter, das der Bildung von Struvitsteinen entgegenwirkt und hilft, die Kristalle aufzulösen.

Übermässiger Durst

Krankhaft gesteigerter Durst (Polydipsie) ist bei Katzen ein ernsthaftes Krankheitsanzeichen und darf nicht ignoriert werden. Oft ist es nicht ganz einfach festzustellen, ob die Katze übermäßig trinkt, da sie dies meist im Freien tut. Zu den häufigsten Ursachen für übermäßigen Durst bei Katzen zählen:

✦ Nierenerkrankungen (siehe oben)

✦ Überfunktion der Schilddrüse aufgrund einer Geschwulst. Dies führt zu übersteigertem Appetit, Durst, Gewichtsverlust und schließlich zu Herzversagen und Tod. Eine Geschwulst an der Schilddrüse ist in der Regel nicht bösartig und kann chirurgisch entfernt werden, worauf die Symptome verschwinden.

✦ Zuckerkrankheit (*Diabetes mellitus*). Diese wird durch Insulinmangel bzw. durch verminderte Insulinwirkung verursacht. Das wiederum führt zu einem Anstieg des Blutzuckerspiegels und zu einer erhöhten Zuckerkonzentration im Urin. Daher läßt sich die Erkrankung leicht durch einen Harntest feststellen. Im fortgeschrittenen Krankheitsstadium sammeln sich giftige Ketone im Körper an, die schließlich zu Koma und Tod führen. Diabetes tritt vor allem bei übergewichtigen Katzen auf. Manchmal genügt eine entsprechende Diät, doch meist ist es nötig, Insulin zu spritzen.

✦ Auch aufgrund einer Durchfallerkrankung und dem damit verbundenen Flüssigkeitsverlust kann die Katze einen übermäßigen Durst entwickeln. Wenn die Katze häufig im Freien ist, fällt es ihren Besitzern oft gar nicht auf, daß sie an Durchfall leidet.

✦ Hyperadrenalismus (Cushing-Syndrom). Darunter versteht man eine hormonelle Störung, die zu einer Überproduktion von Cortison in den Nebennieren führt. Eine Behandlung mit Corticosteroiden wie zum Beispiel Prednisolon kann ähnliche Symptome auslösen.

Unten: Manche Katzen scheinen nie zu trinken. Wenn man sie plötzlich immer wieder an einem Gartenteich oder an einem tropfenden Wasserhahn trinken sieht, könnte dies auf eine ernsthafte Erkrankung hinweisen.

Magen-Darm-Erkrankungen

Auch wenn Katzen sehr wählerisch mit dem Essen sind und viel seltener zu Verdauungsstörungen neigen als Hunde, kann es zu Erbrechen kommen. Häufig ist dafür die Aufnahme ungeeigneter Nahrung verantwortlich. In diesem Fall ist das eigentlich ein natürlicher Vorgang, durch den sich der Körper von Unverdaulichem wie Fell oder Federn befreit.

Häufig kommt es bei Katzen jedoch auch zu einer Schleimhautentzündung von Magen und Dünndarm (Gastroenteritis), die vermutlich auf eine allergische Reaktion auf einen bestimmten Stoff im Futter zurückzuführen ist.

In aller Regel lassen sich Verdauungsbeschwerden bei der Katze ganz konventionell behandeln: Nach dem Erbrechen sollte man seinem Tier 24 Stunden lang nichts zu fressen geben und es danach vorsichtig mit kleinen Mengen fettarmer Schonkost wie zum Beispiel mit Fleisch und Reis füttern. Nur bei starkem und häufigem Erbrechen, bei blutigem Durchfall oder wenn sich die Katze auch nach 24 Stunden nicht erholt hat, muß man unbedingt einen Tierarzt aufsuchen.

Kreislauf- und Atemwegsbeschwerden

Herz- und Kreislauferkrankungen ✦ Husten und Erkältungen

Links: Kätzchen sollten auf angeborene Herzerkrankungen hin untersucht werden.

Normalerweise treten Herzerkrankungen erst bei älteren Katzen auf – meist infolge einer anderen Krankheit wie etwa einer Schilddrüsenüberfunktion oder eines Mangels an der Aminosäure Taurin, woduch der Herzmuskel geschwächt wird. Durch Flüssigkeitsansammlungen in der Lunge führen Herzerkrankungen oft zu Atemnot.

Aortenthrombose

Herzattacken aufgrund einer Verstopfung der Herzkranzgefäße durch fettige Ablagerungen gibt es bei Katzen nicht, dafür jedoch eine sogenannte Aortenthrombose. Dabei bildet sich in der Hauptschlagader, die die Hinterbeine versorgt, ein Blutpfropf, worauf es zu Lähmungserscheinungen kommen kann. Der Aortenthrombose liegt meist eine Herzerkrankung zugrunde, weshalb die Heilungsaussichten nicht sehr gut sind.

Anämie

Anämie tritt infolge von Blutverlust, einer Virusinfektion oder einer Knochenmarkserkrankung auf, die jeweils zu einer Verminderung der Zahl der roten Blutkörperchen geführt haben. Auch falsche Ernährung oder der Erreger *Haemobartonelle felis* kann eine Anämie hervorrufen, da er die roten Blutkörperchen angreift. Eine Anämie schwächt den Körper, unbehandelt führt sie zum Tod.

Rechts: Eine Katze mit Herzbeschwerden kann unter Umständen einen krankhaft vergrößerten Herzmuskel haben, der durch Röntgen diagnostiziert werden kann. Links ist ein normaler, rechts ein vergrößerter Herzmuskel zu sehen.

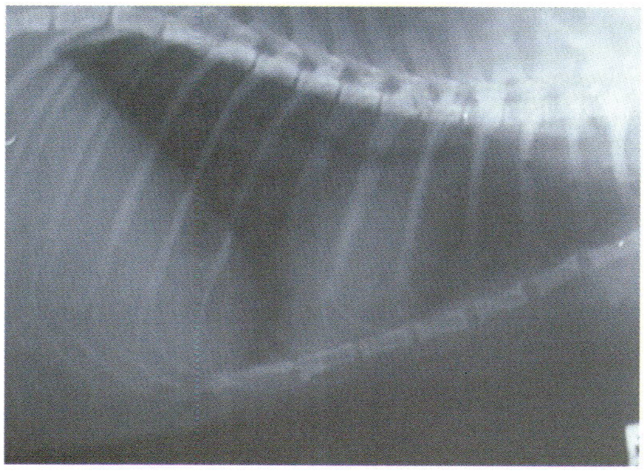

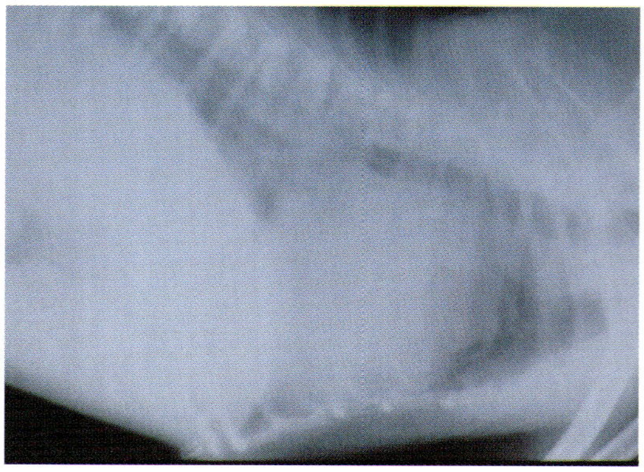

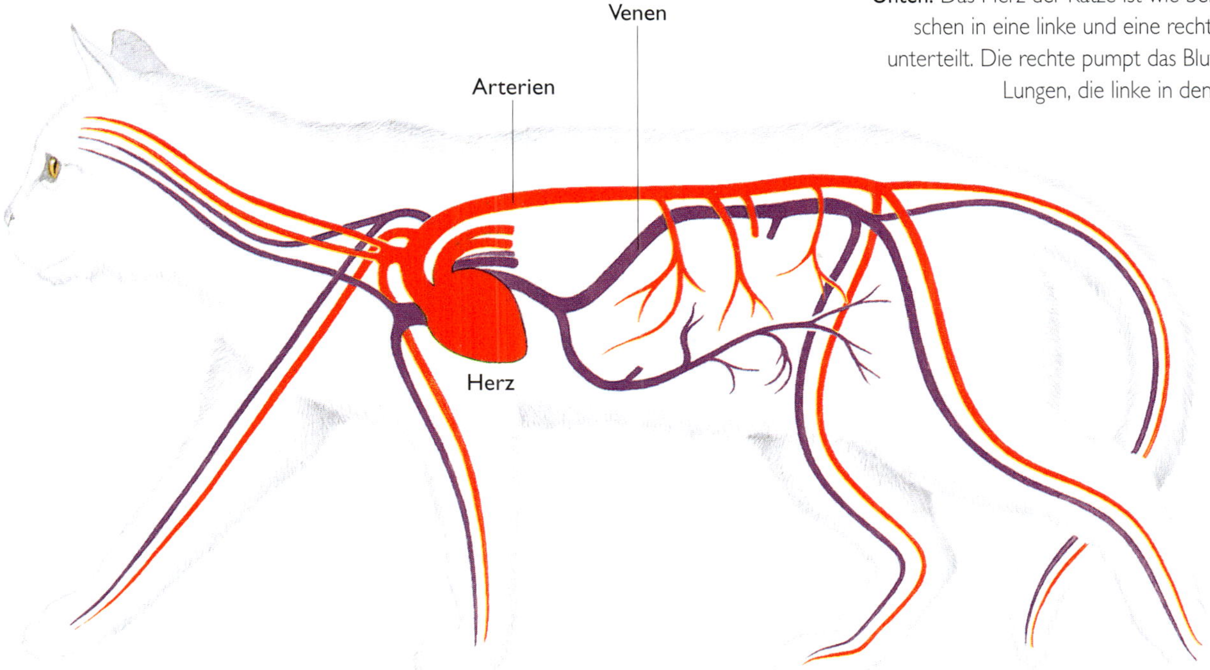

Unten: Das Herz der Katze ist wie beim Menschen in eine linke und eine rechte Hälfte unterteilt. Die rechte pumpt das Blut zu den Lungen, die linke in den Körper.

Die Atemwege

Katzenschnupfen, eine häufige Atemwegserkrankung der Katze, kann durch verschiedene Erreger ausgelöst werden. Die am weitesten verbreiteten und zugleich gefährlichsten Viren sind das feline Herpesvirus und das feline Calicivirus. Gegen beide schützt die Standardimpfung. Symptome für eine Infektion sind eine laufende Nase, Niesen, Bindehautentzündung, Sabbern, allgemeines Unwohlsein und Appetitmangel. Die Ansteckung erfolgt über Tröpfchen.

Ein sekundärer bakterieller Infekt läßt sich mit Antibiotika bekämpfen – ein Mittel gegen das Schnupfenvirus selbst gibt es jedoch nicht. Die erkrankte Katze braucht besondere Pflege (siehe Seite 144).

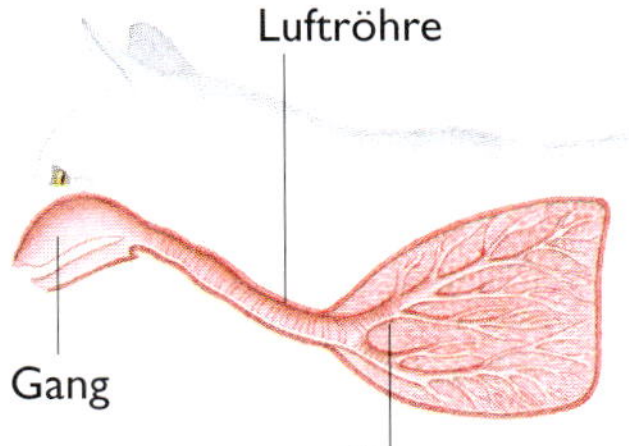

Oben: Das Atmungssystem der Katze funktioniert wie das aller Säugetiere: Die Luft gelangt über die Luftröhre und die zwei Hauptäste der Bronchien in die beiden Lungenflügel. Dort geht der Sauerstoff ins Blut und wird als Kohlendioxid wieder abgegeben.

Rechts: Röntgenaufnahmen helfen, Atemwegserkrankungen der Katze zu diagnostizieren. Auf dieser Aufnahme ist eine Flüssigkeitsansammlung in der Lunge zu erkennen. Mögliche Ursachen sind Verletzungen, Infektionen oder Herzerkrankungen.

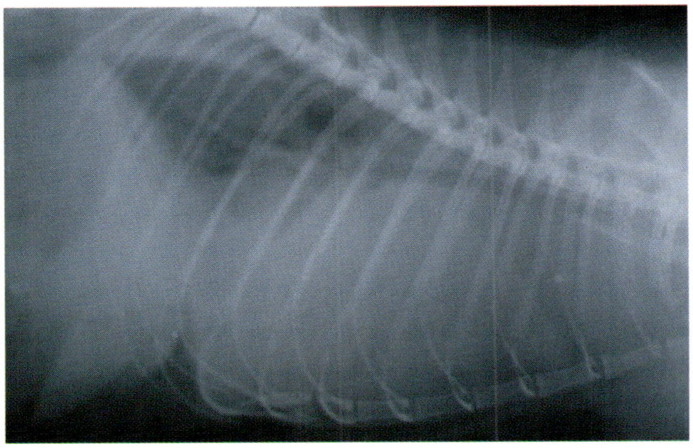

Brust

Husten wird bei Katzen meist durch eine chronische Bronchitis oder durch Asthma verursacht. Auch Lungenwürmer können vorübergehend Husten auslösen. Bei Katzen eher selten sind Lungenentzündungen, allerdings neigen sie zu Pleuraergüssen. Darunter versteht man Flüssigkeitsansammlungen in dem die Lungen umgebenden Pleuraraum. Verantwortlich hierfür können Verletzungen, Tumoren, das feline Coronavirus (siehe Seite 128-9), Herzerkrankungen oder auf eine bakterielle Infektion zurückzuführende Eiteransammlungen sein. Die Ursache von Brustraumerkrankungen kann meist nur mittels Blutuntersuchungen und Röntgenaufnahmen geklärt werden.

Häufige Hautprobleme

Dermatitis ✦ Ursachen von Hauterkrankungen

Links: Tinea ist eine Pilzinfektion, die bei kleinen Kätzchen relativ häufig ist.

Die feline allergische Dermatitis ist das bei weitem häufigste Hautproblem bei Katzen. Die Hautreizung entsteht durch eine allergische Reaktion, die meist von Flohbissen herrührt. Wer je von seiner Katze geleckt wurde, weiß, wie rauh deren Zunge ist. Deshalb kann sich die Katze die Haut damit sehr schnell wund lecken. Vor allem am Bauch entstehen dann kahle Stellen. Darüber hinaus kann es am ganzen Rücken zu einer Miliardermatitis, einer knötchenförmigen Entzündung, kommen.

FLOHBISSE

Bei Katzen mit Hautreizungen ist als erstes eine Flohbehandlung durchzuführen (siehe Seite 128). Schon gelegentliche Flohbisse können zu einer Erkrankung führen. Auch wenn man die Flöhe selbst schlecht sehen kann, entdeckt man schnell deren dunkle Kotbällchen. Um diese von Sandkörnchen unterscheiden zu können, sollte man sie auf feuchte Watte legen: Flohkot besteht hauptsächlich aus getrocknetem Blut und löst sich daher als roter Fleck auf. Dermatitis kann auch von Futterallergien oder von Atopie, einer Überempfindlichkeit gegenüber Substanzen in der Atemluft, ausgelöst werden – diese Formen sind jedoch viel seltener.

Möglicherweise muß die Erkrankung mit entzündungshemmenden Mitteln und Antibiotika behandelt werden. Nachtkerzenöl enthält sehr viel Gammalinolensäure, die den Juckreiz bei vielen Katzen lindert. Das Öl kann auch über einen längeren Zeitraum hin angewendet werden. Die Wirkung hält dann allerdings nur so lange an, wie die Behandlung fortgesetzt wird.

Um Hauterkrankungen dauerhaft zu beseitigen, muß der Ursache dafür gewissenhaft nachgegangen werden.

HÄUFIGE URSACHEN

✦ Parasiten (siehe Seite 126-7). Läuse und Flöhe können sich im Fell des Wirts festsetzen und Blut saugen. Die Eier haften fest an den Haaren (Nissen). Kleine Milben (*Cheyletiella*) können sich ebenfalls auf der Hautober-

Unten und rechts: Tinea kann von der Katze auf den Menschen übertragen werden. Bei Katzen äußert sich die Krankheit in Form schuppiger, kahler Stellen (rechts), beim Menschen als ringförmiges Ekzem (unten).

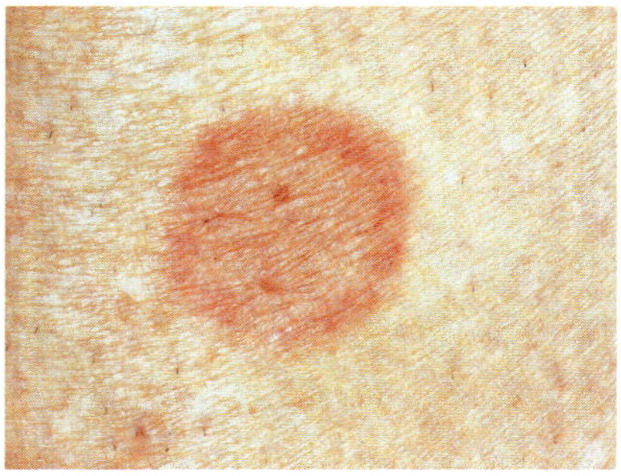

Links: Durch Bisse verursachte Abszesse sind bei Katzen nicht selten. Es kommt zu einer Infektion, auf die der Körper mit der Bildung eines Abszesses reagiert. Regelmäßige Bäder in einer Salzwasserlösung (1 TL Salz auf ein Schälchen Wasser) können helfen, oft muß man jedoch auf Antibiotika zurückgreifen.

Unten: Geschwüre auf den Lippen rühren oft daher, daß sich die Katze infolge einer Hauterkrankung häufig dort leckt.

fläche niederlassen und zu Schuppenbildung und Juckreiz führen. Sichere und wirksame Mittel zur Bekämpfung von Hautparasiten kennt der Tierarzt.

✦ Das eosinophile Granulom zeigt sich in Form von geröteten und verdickten Hautstellen. Man nimmt heute an, daß es sich um eine Variante der felinen allergischen Dermatitis handelt, die durch häufiges Lecken des betreffenden Hautbereichs entsteht. Meist kann diese Erkrankung nur mit Corticosteroiden bekämpft werden.

✦ Hautinfektionen treten oft infolge einer allergischen Dermatitis auf. Doch bevor die Hautinfektionen nicht zurückgehen, kann auch die Grunderkrankung nicht behandelt werden.

✦ Abszesse entstehen durch Verletzungen, die sich die Tiere bei Kämpfen zugezogen haben, und zählen zu den häufigsten Hauterkrankungen.

✦ *Tinea* ist eine Pilzinfektion, die – insbesondere im Bereich des Kopfs und der vorderen Gliedmaßen – zu Schuppenbildung und Haarausfall führt. Einige Langhaarkatzen können Träger dieses Pilzes sein, ohne daß man irgendwelche Auffälligkeiten feststellen kann. Der Pilz tritt vor allem bei

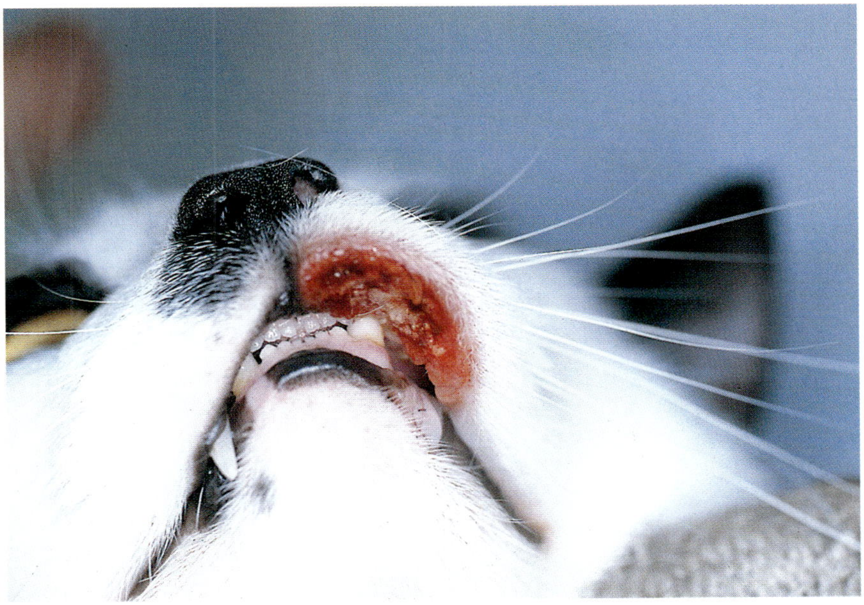

kleinen Kätzchen auf und wird leicht auf andere Tiere, aber auch auf den Menschen übertragen. Ggen den Pilz gibt es ein sehr wirksames Mittel, das jedoch mehrere Wochen lang angewendet werden muß.

✦ Sonnendermatitis ist eine Entzündung ungeschützter Extremitäten, insbesondere der Ohrenspitzen und der Nase. Sie betrifft meist nur weiße Katzen, die empfindlich auf die Ultraviolettstrahlung der Sonne reagieren. Gelegentlich kommt es zu einer krebsartigen Wucherung, die sofort operativ beseitigt werden muß. Bei starker Sonneneinstrahlung sollten weiße Katzen im Haus bleiben.

✦ Hauttumoren sind relativ häufig und meist gutartig. Auf jeden Fall muß man das Tier gründlich untersuchen! Im Zweifelsfall entnimmt der Tierarzt eine Gewebeprobe.

Gutes Spezial-futter

Diät ✦ Übergewicht und Gewichtsreduktion ✦ Leberleiden

Links: Ebenso wie beim Menschen stellt Übergewicht auch bei Katzen ein Gesundheitsrisiko dar. Katzen wissen normalerweise selbst recht gut, wieviel sie fressen müssen. Sind sie jedoch inaktiv, oder erhalten sie stark kalorienhaltiges Futter – zum Beispiel Trockenfutter –, können sie Übergewicht bekommen.

Eine richtige Ernährung, die genau auf die Bedürfnisse der Katze abgestimmt ist, trägt wesentlich zu deren Gesundheit bei. Es gibt heute eine große Auswahl an hochwertiger Katzennahrung – am besten läßt man sich vom Tierarzt beraten. Heranwachsende Kätzchen haben einen anderen Ernährungsbedarf als eine kastrierte erwachsene Katze, und diese braucht wiederum anderes Futter als ein älteres Tier.

Unten: Durch kalorienarme Ernährung nimmt die Katze am leichtesten ab. Eine Diät sollte nur unter Aufsicht des Tierarztes durchgeführt werden.

Um Krankheiten richtig behandeln zu können, ist manchmal eine spezielle Diät notwendig. Diese sollte nur unter Aufsicht eines Tierarztes durchgeführt werden! Auch hier werden im Fachhandel geeignete Produkte angeboten. Krankheiten, die eine solche Diät erfordern, sind unter anderem:

✦ Nierenleiden (siehe Seite 130). In diesem Fall kommt eine phosphorarme Diät, die hochwertige Proteine enthält, zur Anwendung.
✦ Harnwegserkrankungen (siehe Seite 130). In diesem Fall richtet sich die Art der Diät nach den vorhandenen Harnkristallen; meist sind jedoch eine Senkung des Magnesiumanteils und eine Ansäuerung des Harns erwünscht.
✦ Hauterkrankungen, die auf einer Futterallergie beruhen, können ebenfalls mit einer Diät behandelt werden.
✦ Verdauungsstörungen erfordern leichtverdauliches Futter, das den Darm nicht reizt.

ÜBERGEWICHT

Auch wenn Katzen in der Regel weniger gierig fressen als Hunde, leiden sie häufig an Übergewicht. Das kann zu Beschwerden wie Diabetes, zu Erkrankungen der Atemwege und der Gelenke führen. Kastrierte Katzen sind gefährdeter als unkastrierte. Außerdem bekommen viele Katzen heutzutage Trockenfutter, das zwar gut für ihre Zähne, aber oft zu kalorienreich ist.

Am besten ist es natürlich, Übergewicht bei der Katze erst gar nicht entstehen zu lassen. Zu dicke Tiere werden träge und verbrauchen zudem weniger Kalorien als ein schlankes Tier. Es empfiehlt sich, die Katze regelmäßig zu wiegen und zu leichterer Kost überzugehen, sobald sie zunimmt. Kalorienarmes Futter gibt es sowohl in trockener Form als auch aus der Dose.

Bei stark übergewichtigen Katzen sollte die Diät von einem Tierarzt überwacht werden. Wird die Ernährung umgestellt, gelingt es meist, das Gewicht der Katze deutlich zu reduzieren. Doch Vorsicht: Katzen können sehr eigensinnig sein. Von einer radikalen Hungerkur ist abzuraten – am besten stellt man das Tier schrittweise auf andere Nahrung um.

Unten: Das Verdauungssystem der Katze ist auf Fleischkonsum hin ausgelegt. Fleisch wird leichter verdaut als pflanzliches Material, deshalb ist der Verdauungstrakt relativ kurz.

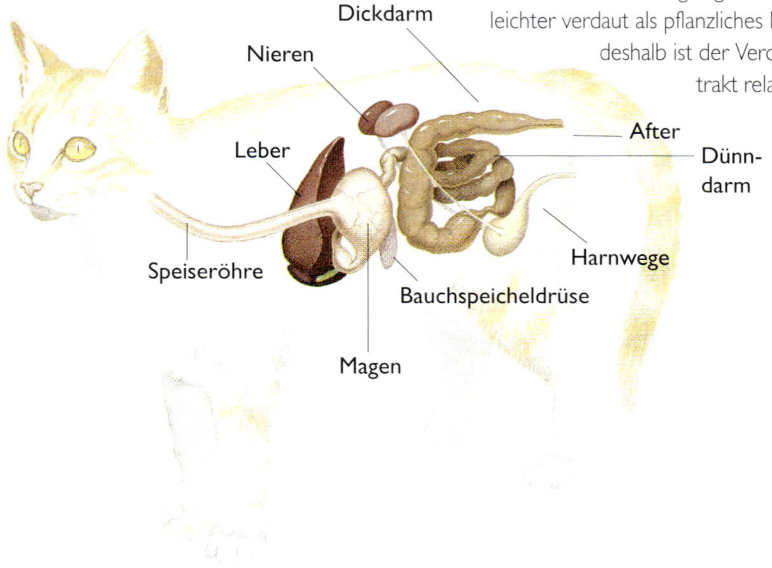

Lebererkrankungen

Die Leber spielt die entscheidende Rolle für den Stoffwechsel der Katze. Leberleiden äußern sich oft unspezifisch in Form von Lethargie, Erbrechen, Appetitmangel, Durchfall und Abmagerung. Deutlichere Symptome sind eine Vergrößerung der Leber und Gelbsucht. Letztere zeigt sich in Form einer gelblichen Verfärbung des Körpergewebes, die durch die Ansammlung von Gallepigmenten verursacht wird. Zu den Hauptursachen zählen:

✦ Hepatose: Die Leber der Katze kann durch viele Giftstoffe geschädigt werden, u. a. durch Pflanzen, Haushalts- und Gartenchemikalien sowie durch Arzneimittel wie Paracetamol. Auf keinen Fall darf man dem Tier Medikamente verabreichen, die nicht für Katzen bestimmt sind.

✦ Cholangiohepatitis: Das ist eine weitere Form von Leberentzündung, die meist durch eine bakterielle Infektion der Gallengänge hervorgerufen wird.

✦ Lymphozytäre Cholangitis: eine Entzündung der Gallenwege, die wahrscheinlich auf eine Störung des Immunsystems zurückzuführen ist.

✦ Fettleber: Sie ist die Folge einer Hungerperiode oder einer Stoffwechselerkrankung wie *Diabetes mellitus* (siehe Seite 131). Dadurch kommt es in der Leber zu Fettablagerungen, die deren Funktion beeinträchtigen.

✦ Lebertumoren: In der Leber bilden sich sowohl Primärtumoren als auch Metastasen von Tumoren aus anderen Körperregionen.

Die Diagnose

Mit Hilfe von Bluttests und anderen Untersuchungsverfahren wie Röntgen, Ultraschall oder auch einer Biopsie kann der Tierarzt einwandfrei feststellen, ob bei der Katze eine Lebererkrankung vorliegt. Sobald die Krankheitsursache geklärt ist, kann eine entsprechende Therapie eingeleitet werden.

Normalerweise kann sich die Leber sehr gut regenerieren. Bei chronischen Leberleiden wird das normale Lebergewebe jedoch zunehmend durch krankes Gewebe ersetzt; diesen Vorgang bezeichnet man auch als Leberzirrhose.

Katzen, die an einer Lebererkrankung leiden, brauchen fettarmes, leichtverdauliches Futter wie Reis und weißes Fleisch. Das sollte ihnen mehrmals am Tag in kleinen Portionen verabreicht werden. In besonders schweren Fällen müssen die Katzen in einer Tierklinik behandelt werden. Dort stehen sie den ganzen Tag unter ärztlicher Aufsicht.

Rechts: Es ist oft nicht einfach, die Katze beim Wiegen zum Stillhalten zu bewegen. Am besten wiegt man sie zusammen mit der Transportbox und zieht dann das Leergewicht der Box vom Gesamtgewicht ab. Regelmäßiges Wiegen hilft, etwaige Probleme frühzeitig zu erkennen.

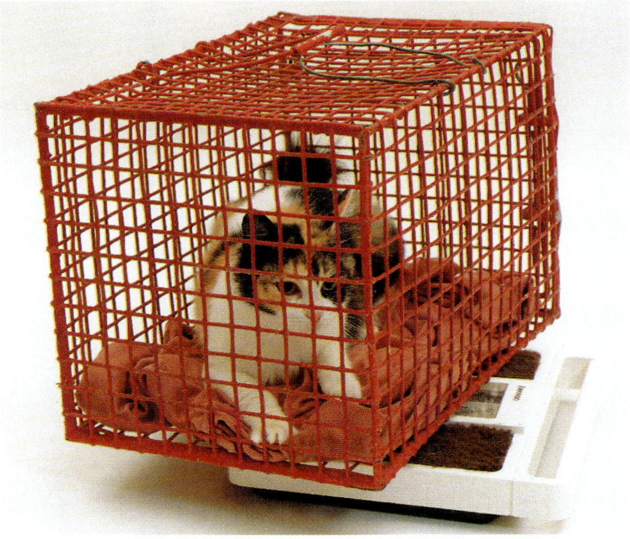

Augen, Ohren, Maul & Zähne

Ohren-, Augen- und Zahnerkrankungen

Oben: Ohrmilben sind die häufigste Ursache für Ohrenentzündungen. Bei der Behandlung müssen nicht nur die ausgewachsenen Milben, sondern auch deren Eier abgetötet werden.

Oben: Bei der gesunden Katze muß die Hornhaut klar sein, die Iris von einer kräftigen und gleichmäßigen Farbe und die Bindehaut hellrosa.

Unten: Wunde Stellen an Zunge oder Maul können viele Ursachen haben. Darüber hinaus sind sie für die betroffene Katze meist äußerst unangenehm.

Ohrenentzündungen sind bei Katzen relativ häufig. Sie können zur Entwicklung entzündlicher Polypen führen, die in den Gehörgang hineinwachsen, manchmal sogar in die Ohrtrompete und bis in den Rachen. Treten die Probleme im Außenohr auf, sind dafür meist Milben verantwortlich (siehe Seite 127). Diese Parasiten werden oft schon von der Mutter auf die Kätzchen übertragen und führen zur Bildung großer Mengen von dunklem Ohrenschmalz.

Wenn die Infektion bis hinter das Trommelfell fortschreitet, kann sie sich in den tieferen Strukturen des Ohrs festsetzen und zu Taubheit und einer Schädigung des Gleichgewichtsorgans führen. Die Folge sind Bewegungsstörungen, die Katze neigt dann den Kopf auf die betroffene Seite. Manchmal hat eine Behandlung mit Ohrentropfen bei einer gleichzeitigen oralen Verabreichung von Antibiotika Erfolg, oft ist jedoch ein chirurgischer Eingriff notwendig.

Unten: Bekommt die Katze zuviel weiche Nahrung, bildet sich Zahnstein. Trockenfutter wirkt dem entgegen, besser ist jedoch regelmäßiges Zähneputzen.

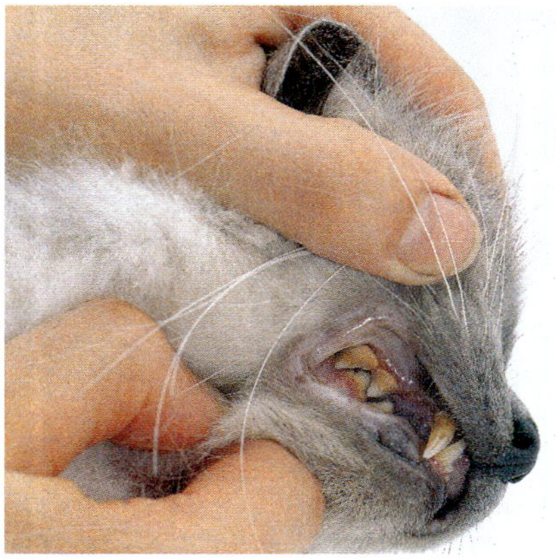

Bei manchen Katzenrassen tritt eine angeborene Taubheit auf – das ist insbesondere bei blauäugigen weißen Katzen der Fall. Davon betroffene Tiere kommen im Haus sehr gut zurecht, zur Weiterzucht sollte man sie jedoch nicht einsetzen.

Augenerkrankungen

Das häufigste Augenleiden bei Katzen ist die Bindehautentzündung, die mit anderen Erkrankungen wie dem Katzenschnupfen einhergehen, aber auch auf einer direkten Infektion, einer Reizung oder einer Verletzung beruhen kann. Bindehautentzündungen werden mit Augentropfen behandelt.

Hornhautgeschwüre können die Folge einer schweren Augenverletzung sein und schlimmstenfalls zur Erblindung führen. Ihrerseits können sie wiederum eine Uveitis verursachen, eine Entzündung der tieferen Augenstrukturen, die jedoch auch eine Begleiterscheinung der Felinen Infektiösen Peritonitis (siehe Seite 125) sein oder von einer Toxoplasmose (siehe Seite 124) herrühren kann.

Grauer Star ist eine Trübung der Linse. Er kann als Alterserscheinung oder infolge von Verletzungen oder von Diabetes auftreten.

Eine Erkrankung, die nicht den Augapfel selbst betrifft, ist das Hervortreten der Nickhaut, so daß diese ständig oder vorübergehend im Augenwinkel erscheint. Die Ursache ist eine Lähmung des Nervs, der den entsprechenden Muskel steuert. Diese Läh-

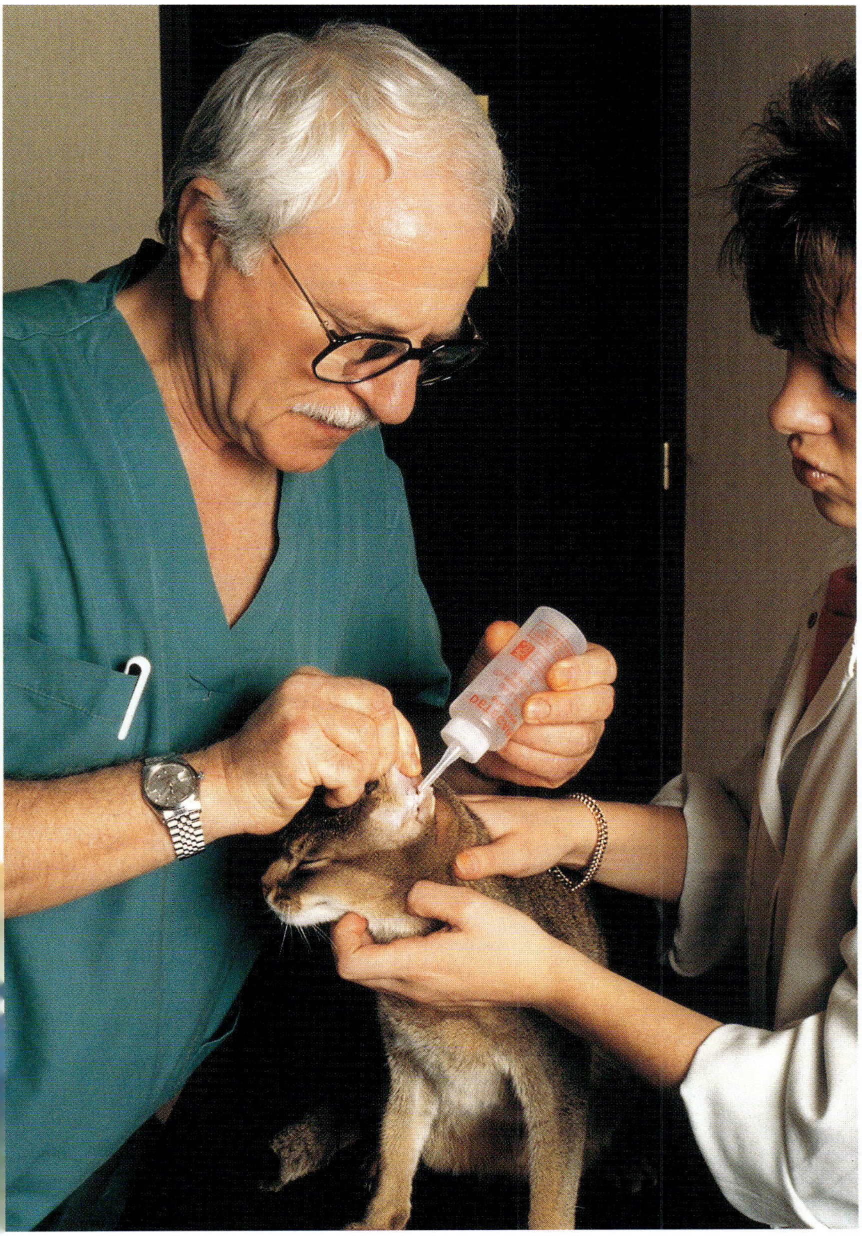

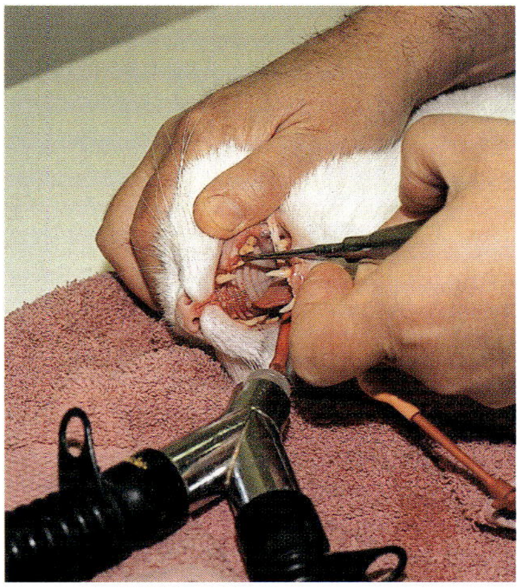

Oben: Wenn das Zahnfleisch der Katze entzündet ist, müssen die Zähne unter Narkose gereinigt werden.

Links: Ohrenentzündungen werden zunächst mit Tropfen behandelt.

Unten: Augenerkrankungen müssen umgehend vom Tierarzt behandelt werden.

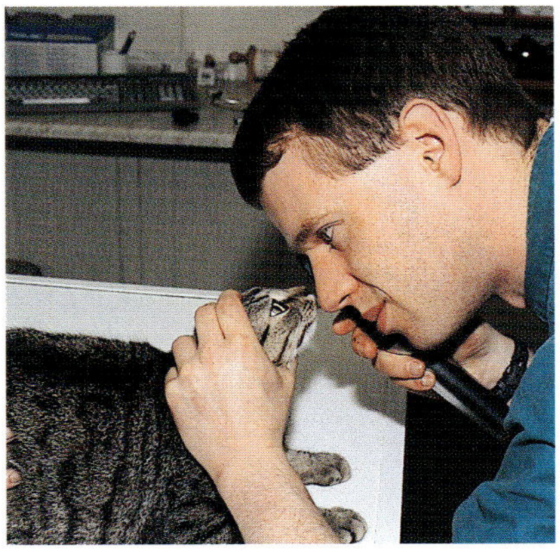

mung ist in aller Regel durch eine Virusinfektion bedingt. Dieser Zustand kann einige Wochen lang anhalten, doch fast immer tritt eine vollständige Heilung ein.

Bei Augenerkrankungen sollte man nicht zögern, einen Tierarzt aufzusuchen. Das Auge ist sehr empfindlich. Erfolgt keine Behandlung, besteht die Gefahr einer dauerhaften Beeinträchtigung des Sehvermögens.

MAULERKRANKUNGEN

Eine Erkrankung des Mauls führt sehr schnell dazu, daß die Katze sich nicht mehr pflegt und nicht mehr frißt, wodurch sich ihr Zustand rasch verschlechtert. Anzeichen hierfür sind Sabbern, Pfotenschlagen nach dem Maul und übelriechender Atem. Geschwüre im Maul bilden sich bei verschiedenen Allgemeinerkrankungen wie bei Nierenversagen und bei bestimmten Virusinfektionen. Chronische Stomatitis (Entzündung der Mundschleimhaut) kann verschiedene Ursachen haben, unter anderem eine Infektion mit dem Felinen Immundefizienzvirus (siehe Seite 128). Sie kann aber auch auf eine allgemein schlechte Maulhygiene zurückzuführen sein. Oft läßt sich die Ursache allerdings nicht klären, und die Erkrankung muß mit Antibiotika und entzündungshemmenden Mitteln unter Kontrolle gehalten werden.

Bei älteren Katzen sind Zahnerkrankungen sehr häufig, meist ausgelöst durch Zahnbelag und Zahnstein, wodurch zunächst eine Zahnfleischentzündung und dann eine Parodontose entsteht. Im Extremfall können dem Tier Zähne ausfallen.

Das beste Mittel gegen Zahnerkrankungen ist vorbeugende Pflege. Dosenfutter trainiert die Zähne nicht, weshalb Trockenfutter entwickelt wurde, das die Zähne beim Kauen reinigt. Manche Besitzer reinigen die Zähne ihrer Katze regelmäßig mit einer speziellen Katzenzahnpasta.

Kranke Katzen pflegen

Nach Operationen ✦ Fütterung ✦ Arzneimittel verabreichen

Manchmal bleibt der Katze trotz aller Vorsichtsmaßnahmen eine Operation nicht erspart. Wenn man sein Tier dann wieder mit nach Hause nimmt, ist es wichtig, alle Anweisungen des Arztes genau zu befolgen. Auf keinen Fall sollte man zögern, nochmals anzurufen und nachzufragen, wenn man etwas nicht genau verstanden hat. Nachfolgend einige allgemeine Hinweise für den Krankheitsfall:

✦ Verordnete Mittel sind strikt nach Anweisung des Arztes zu geben. Nimmt die Katze das Mittel nicht an, oder treten Nebenwirkungen auf, muß man den Tierarzt davon verständigen. Die Katze darf erst gefüttert werden, wenn sie wieder ganz wach ist. Dann gibt man ihr eine kleine, leichtverdauliche Mahlzeit wie zum Beispiel weißes Fleisch oder Fisch mit Reis zu fressen.

✦ Ein Verband ist regelmäßig daraufhin zu überprüfen, ob er nicht zu eng sitzt oder der Katze unnötige Beschwerden verursacht. Meist kann er nach wenigen Tagen entfernt werden, ansonsten muß er regelmäßig ausgewechselt werden. Dabei sollte man auf auffällige Gerüche oder Absonderungen achten.

✦ Falls die Wunde sich rötet oder anschwillt, muß man sofort den Tierarzt informieren. Dasselbe gilt, wenn man Blutungen oder auffällige Absonderungen feststellt. Die Katze wird immer versuchen, an der Wunde zu lecken. Dies kann jedoch zu einer Entzündung führen. Notfalls muß die Katze eine Halskrause tragen. Die Fäden werden normalerweise sieben bis zehn Tage nach der Operation entfernt, manchmal auch später. Wenn möglich, verwendet der Tierarzt beim Nähen spezielle Fäden, die sich mit der Zeit von selbst auflösen.

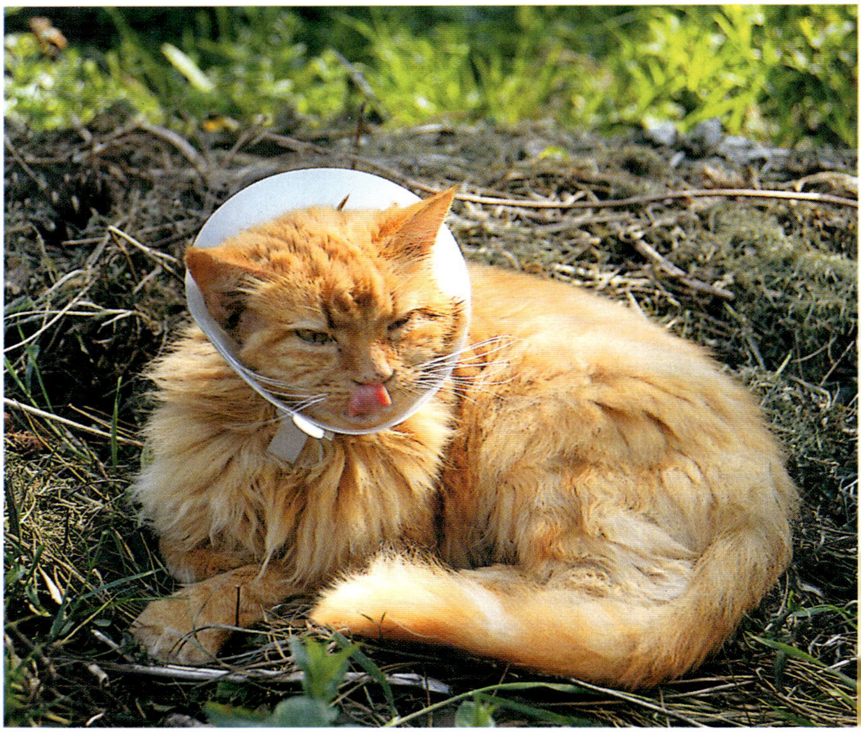

Oben: Manchmal muß die Katze eine Halskrause tragen, damit sie nicht an einer Wunde kratzt. Meist dauert es einige Zeit, bis sich das Tier an diesen Kragen gewöhnt hat.

Unten: Katzen mögen Verbände nicht sehr, deshalb müssen diese sehr fest angelegt werden. Bandagierte Katzen sollten im Haus bleiben, damit der Verband nicht naß wird.

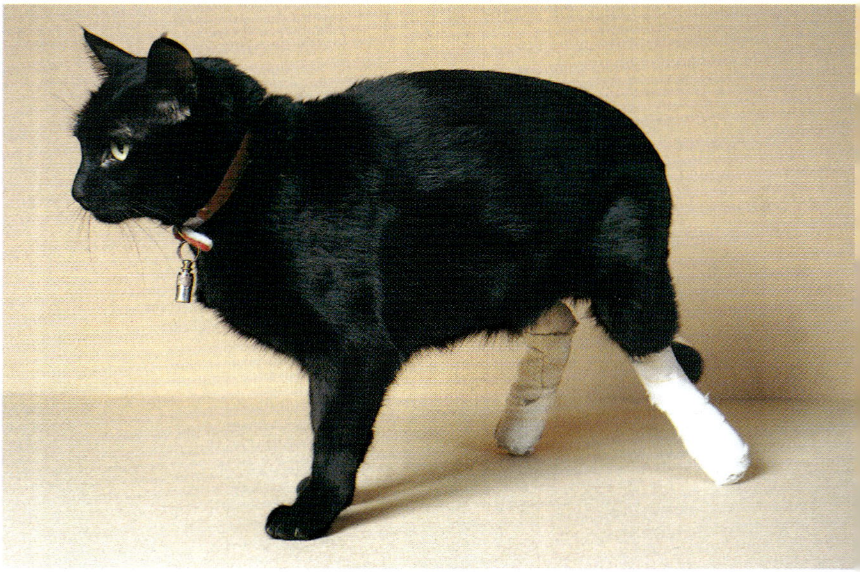

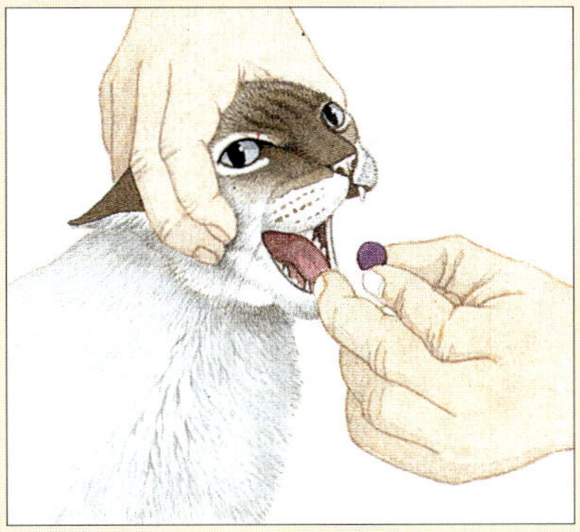

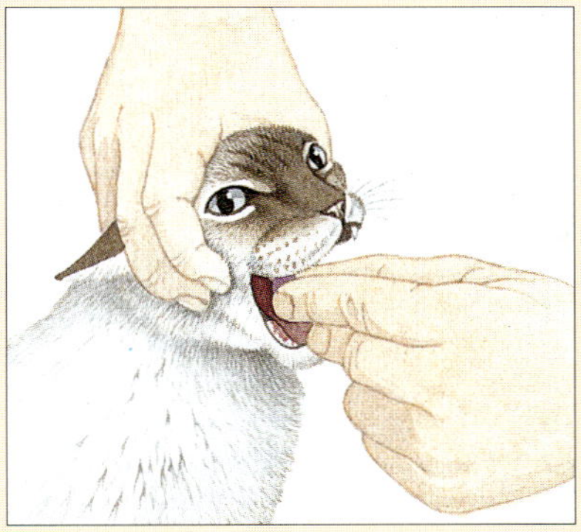

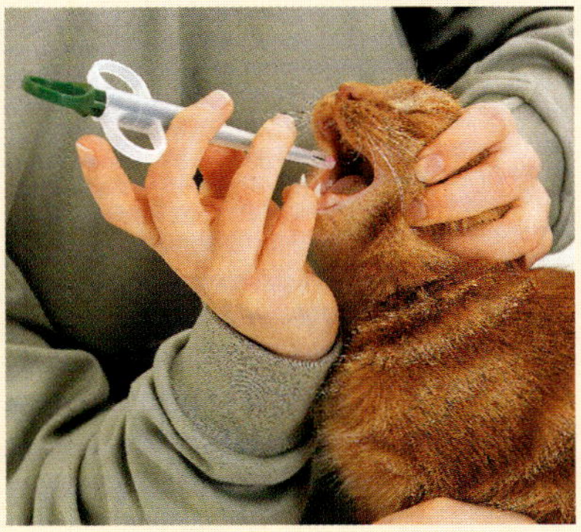

Tabletten
Wenn die Tabletten zusammen mit dem Futter gegeben werden können, zerbröckelt man diese und mischt sie unter ein wenig intensiv riechendes Futter, das man der Katze gibt, wenn sie hungrig ist. Muß die Tablette im Ganzen gegeben werden, reibt man sie mit etwas Butter ein – dann rutscht sie besser. Anschließend faßt man den Kopf der Katze mit einer Hand und zieht ihn soweit wie möglich nach hinten. Dadurch öffnet sich das Maul ein wenig. Mit dem Finger der anderen Hand drückt man nun den Unterkiefer nach unten und schiebt die Tablette rasch in den Rachen der Katze. Wer befürchtet, dabei gebissen zu werden, kann einen speziellen Tablettenhalter verwenden. Gut ist es, wenn dabei eine zweite Person die Katze beruhigt.

Flüssigkeiten
Den Kopf wie oben beschrieben nach hinten ziehen; dann einige Tropfen in das Maul träufeln. Der Katze Zeit zum Schlucken lassen, damit sie nicht alles wieder aushustet.

Augensalbe
Das untere Lid mit dem Finger nach unten ziehen und die Flüssigkeit bzw. die Salbe auf den unteren Augenrand auftragen. Dabei sollte man das Auge mit der Spitze des Tropffläschchens nicht berühren. Augenmedikamente nach Anbruch der Packung höchstens sechs Wochen lang aufbewahren.

Ohrentropfen
Die Katze von einer zweiten Person an den Schultern festhalten lassen. Falls erforderlich, die Beine des Tieres in ein Handtuch einwickeln, damit die Katze nicht kratzen kann. Das Ohr mit Daumen und Zeigefinger der einen Hand festhalten und mit der anderen Hand das Medikament in das Ohr träufeln. Seitlich den Gehörgang massieren, damit das Medikament gut in das Ohr eindringt und sich die Absonderungen im Ohr lösen können. Das Ohr schließlich loslassen. Überschüssige Medizin, die auf das Fell der Katze getropft ist, sorgfältig abwischen.

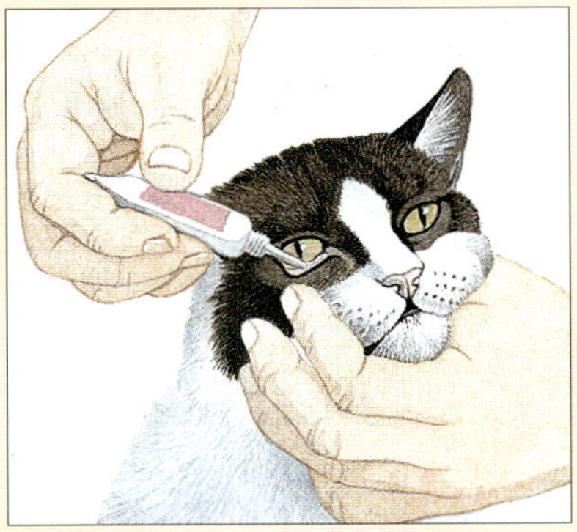

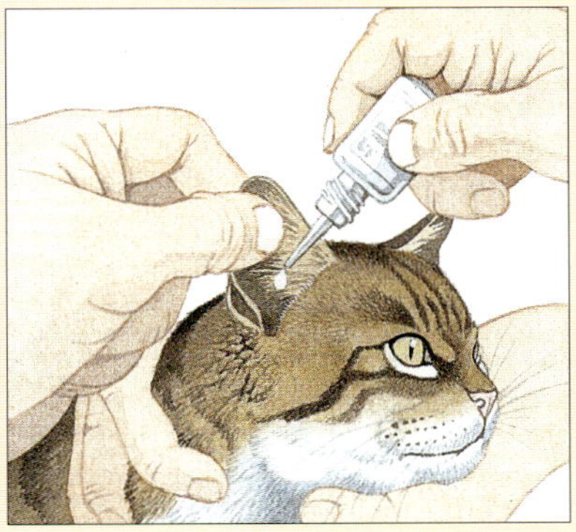

Ernährung

Im Fachhandel gibt es eine große Auswahl an Spezialfutter für kranke Katzen, unter anderem auch eine energiereiche Flüssignahrung, mit der man Katzen, die nicht fressen wollen, zur Nahrungsaufnahme bewegen kann. Letzteres wird zu einem großen Problem, wenn das Maul der Katze entzündet ist. Leidet das Tier an Katzenschnupfen, riecht und schmeckt es das Futter nicht richtig. Dann kann man folgendes versuchen:

✦ Die meisten Katzen bevorzugen körperwarmes Futter, weil es intensiver riecht. Wenn man eine neue Dose öffnet, ist dies für viele Katzen appetitanregender als eine angebrochene Dose aus dem Kühlschrank.

✦ Frißt die Katze ein bestimmtes Futter nicht, kann man es mit einer anderen Marke versuchen.

✦ Die Umstellung auf ein neues Futter sollte allmählich erfolgen.
Am besten mischt man nach und nach immer mehr neues Futters unter.

✦ Oft hilft es auch, die Katze mit der Hand zu füttern. Flüssige Nahrung kann mit einer Spritze verabreicht werden.

✦ Ausfluß an Augen und Nase der Katze entfernt man mit feuchter Watte, damit die Katze wieder besser riechen kann.

✦ An Katzenschnupfen erkrankte Tiere bringt man am besten in eine feuchtwarme Umgebung wie zum Beispiel ins Badezimmer, damit sie besser Luft bekommen.

Erste Hilfe

Sofortmaßnahmen ✦ Notfälle

Hat die Katze einen Unfall, gilt es, folgende Maßnahmen zu ergreifen: Als erstes muß die Katze aus dem Gefahrenbereich gebracht werden, ohne daß man sich dabei selbst gefährdet. Dann sind die notwendigen lebenserhaltenden Maßnahmen durchzuführen. Anschließend muß der Tierarzt benachrichtigt werden. Der Katze nichts durch das Maul eingeben, für den Fall, daß eine Operation notwendig werden sollte! Im Falle eines Unfalls sollte man immer eine stabile Transportbox im Haus haben, doch im Notfall genügt auch eine stabile Pappschachtel. Wenn sich die Katze dagegen wehrt, aufgehoben zu werden, wirft man ein Handtuch über sie, packt sie wie ein Bündel und legt sie in den Transportbehälter. Zur Not kann man die Katze auch in einem großen Handtuch oder in einer Decke transportieren.

Bei folgenden Notfällen ist sofortige tierärztliche Hilfe erforderlich:

Unten: Nach einer schweren Verletzung wird der Schock zur größten Gefahr. Ist die Blutung versorgt, die Katze warm einpacken.

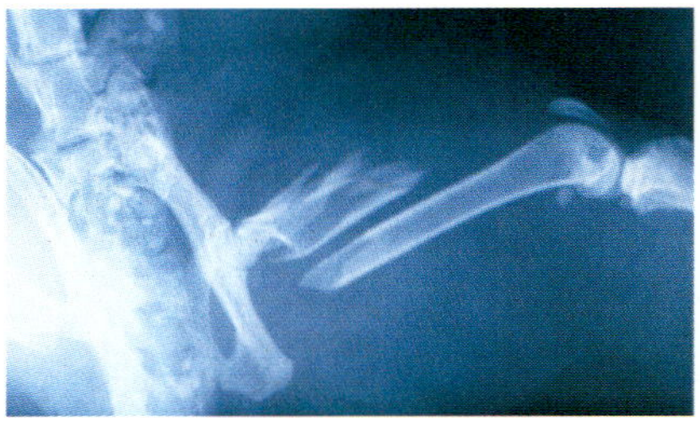

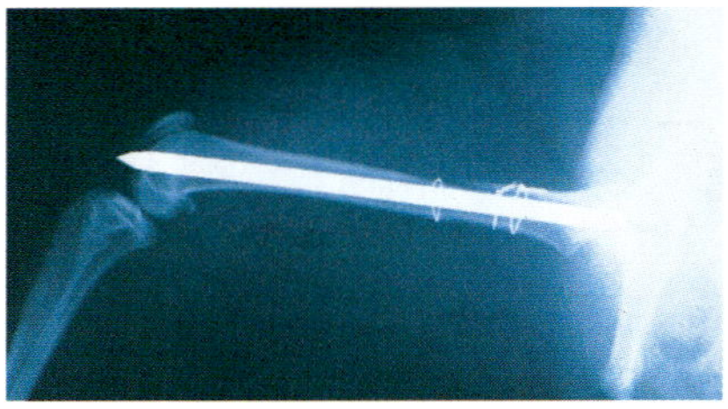

Oben: Knochenbrüche sind meist die Folge eines Sturzes oder rühren daher, daß die Katze von einem Auto angefahren wurde. Besteht Verdacht auf einen Knochenbruch, muß man die Katze so schnell wie möglich zum Tierarzt zum Röntgen bringen. Das obere Bild zeigt einen gebrochenen Oberschenkelknochen, das untere den genagelten Knochen.

Blutende Wunden

Man kann versuchen, die Blutung mit einem Druckverband zu stillen. Am besten verwendet man hierfür eine sterile Kompresse oder ein ähnliches Material, das man mit einem Verband fixiert. Man braucht sich keine Gedanken zu machen, wenn der Verband zu stramm sitzt – er wird beim Tierarzt ohnehin wieder entfernt.

Brüche und Zerrungen

Auf keinen Fall darf man versuchen, eine Schiene oder einen Verband anzulegen: Die Katze wird sich mit Sicherheit dagegen sträuben und dadurch alles nur noch schlimmer machen. Dennoch sollte man die Bewegungsfreiheit der Katze einzuschränken versuchen. Bei Zerrungen empfiehlt es sich, eine kalte Kompresse anzulegen.

Ersticken

Wenn die Katze bewußtlos ist, sollte man die Zunge aus dem Maul herausziehen und einen möglicherweise sichtbaren Fremdkörper entfernen – eventuell mit einer Pinzette. Ist die Katze bei Bewußtsein, kann man versuchen, ihre Brust mit beiden Händen

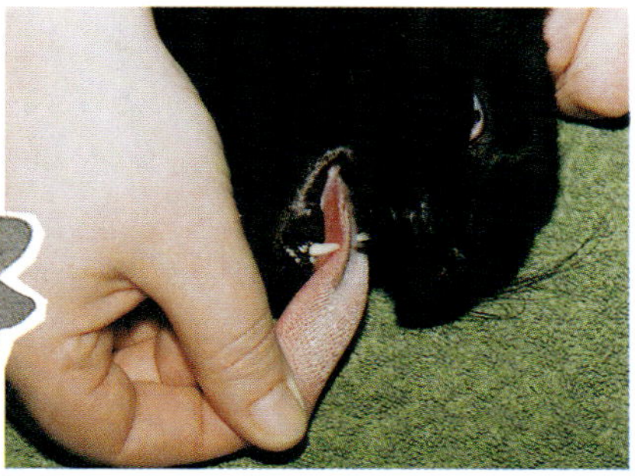

Oben: Eine bewußtlose Katze muß so gelagert werden, daß ihr Körper etwas höher liegt als der Kopf, damit Flüssigkeit aus dem Maul herauslaufen kann. Die Zunge sollte nach vorn gezogen werden, um die Atmung zu erleichtern.

Oben: Die Katze ganz vorsichtig aufheben und sie dabei von unten stützen.

schnell zusammenzudrücken, damit der Fremdkörper auf diese Weise „ausgeatmet“ wird.

Ertrinken

Wenn die Katze bewußtlos ist, faßt man sie an den Hinterbeinen und schwenkt sie vorsichtig hin und her. So gelingt es möglicherweise, das in die Lungen eingedrungene Wasser zu entfernen. Falls die Katze den Unfall überlebt, sollte man die Gefahr einer Lungenentzündung auf keinen Fall unterschätzen.

Krämpfe

Solange der Krampf anhält, sollte man die Katze in Ruhe lassen. Man sollte darauf achten, daß sich das Tier nicht verletzen kann. Wenn der Krampf länger als fünf Minuten andauert, oder wenn man rasch aufeinanderfolgende Krämpfe beobachten kann, ist sofortige tierärztliche Hilfe notwendig. Andernfalls läßt man die Katze nach dem Krampf gründlich vom Tierarzt untersuchen.

Verbrennungen

Zu Verbrennungen kann es durch Hitze, Stromschläge oder Kontakt mit ätzenden Substanzen kommen. Hat die Katze einen Stromschlag erhalten, muß man unbedingt zuerst den Strom abschalten, bevor man sich dem Tier nähert. Über Brandwunden läßt man reichlich kaltes Wasser laufen, um das beschädigte Gewebe abzukühlen. Chemische Substanzen spült man ebenfalls gut aus. Bei Verätzungen muß sichergestellt werden, daß sich die Katze unter keinen Umständen an der betroffenen Stelle lekken kann, während sie zum Tierarzt gebracht wird.

Wichtige Erste-Hilfe-Massnahmen

✦ A Man muß sicherstellen, daß die Atemwege frei sind, vor allem bei einer bewußtlosen Katze. Wenn möglich, sollte man Fremdkörper aus dem Maul entfernen und die Zunge nach vorn ziehen, ohne sich beißen zu lassen.

✦ B Wenn die Katze nicht atmet, kann man es mit künstlicher Beatmung versuchen, indem man die Lungenflügel im Abstand von einigen Sekunden vorsichtig zusammendrückt.

✦ C Starke Blutungen müssen umgehend mit einer Kompresse gestillt werden.

Vergiftungen

Vorausgesetzt, die verschluckte Substanz ist nicht ätzend, kann man versuchen, die Katze zum Erbrechen zu bringen. Um das zu erreichen flößt man der Katze eine konzentrierte Salzlösung ein. Anschließend muß man sich sofort mit dem Tierarzt in Verbindung setzen. Man sollte in jedem Fall die für diesen wichtigen Informationen (Art und Menge des Gifts) bereithalten. Ist das Fell der Katze betroffen, muß man sie daran hindern, sich zu putzen. Kam es dagegen zu einer Verätzung, bleibt nur der sofortige Gang zum Tierarzt.

Verletzungen

Kleinere Verletzungen kann man mit einer Lösung (1 TL Salz auf einen halben Liter warmes Wasser) auswaschen. Wunden entzünden sich leicht – besonders Bisse. Tierärztliche Hilfe ist notwendig, wenn

✦ die Wunde genäht werden muß
✦ die Wunde in einem kritischen Bereich wie Brust oder Bauch liegt.
✦ die Wunde sich entzündet, zu riechen oder zu eitern beginnt.
✦ die Katze länger nicht fressen will.

Naturheilkunde

Kräuterheilkunde ✦ Homöopathie ✦ Bach-Blüten

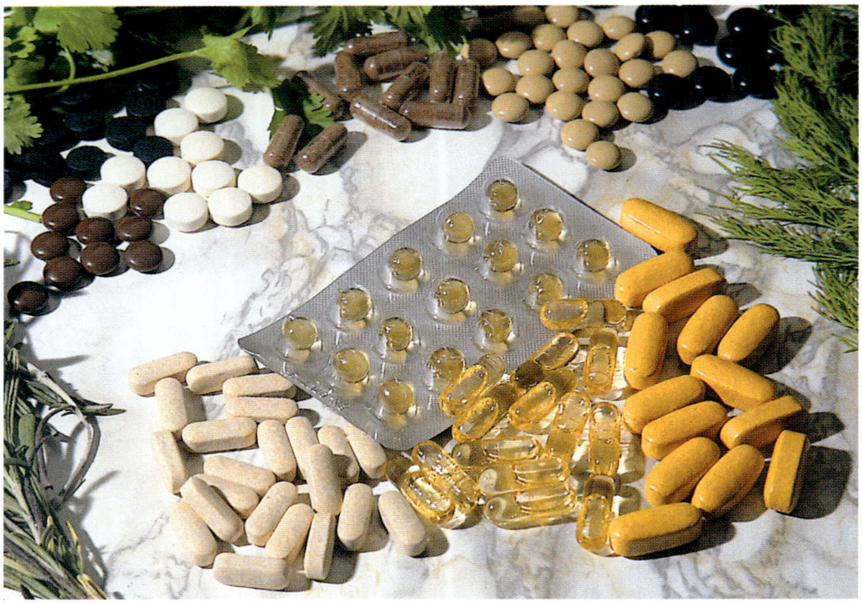

Links: Pflanzliche Mittel können bei der Behandlung von Katzen durchaus sinnvoll sein, dennoch sollte man sich von einem speziell ausgebildeten Tierarzt beraten lassen.

Mit schulmedizinischen Behandlungsmethoden wird nicht immer die bestmögliche Heilung erzielt, deshalb greift man auch bei Tieren auf alternative Heilverfahren zurück.

Naturheilverfahren, so heißt es, seien relativ frei von Nebenwirkungen und hätten das Gesamtbefinden des Patienten im Auge, anstatt sich nur auf die Symptome zu konzentrieren.

Einige Methoden der Naturheilkunde haben sich als äußerst wirksam erwiesen. Viele Tierhalter bevorzugen alternative Mittel nicht zuletzt deshalb, weil sie leicht selbst beschafft werden können und nicht vom Tierarzt verschrieben werden müssen. Bei leichteren Beschwerden ist dagegen nichts einzuwenden. Dennoch sollte man im Zweifelsfall immer zum Tierarzt gehen, der die Katze fachkundig untersuchen und ernste Erkrankungen frühzeitig feststellen kann. Auf diese Weise kann man seinem Tier nicht nur viel unnötiges Leid ersparen, sondern langfristig auch die Behandlungskosten niedrig halten.

Wer Naturheilkundeverfahren bevorzugt, sollte sich besser an einen Tierarzt mit entsprechender Zusatzausbildung wenden, anstatt selbst an dem Tier herumzupfuschen.

Pflanzliche Mittel

Viele dieser Mittel sind seit Jahrtausenden im Einsatz, aber auch zahlreiche moderne Arzneien werden unter anderem aus Pflanzenextrakten hergestellt. Während die Schulmedizin der Ansicht ist, daß man diese Wirkstoffe in reiner Form verabreichen müsse, verweisen Pflanzenheilkundler darauf, daß die Wirkstoffe, werden sie in natürlicher Form aufgenommen, eine verträglichere Zusammensetzung aufweisen und daher weniger Nebenwirkungen verursachen.

Physiotherapie

Beim Menschen haben Physiotherapie und ähnliche Therapieformen wie Chiropraktik bei der Behandlung von Rückenschmerzen ihren festen Platz. Auch wenn es eher schwierig ist, diese Methoden bei Tieren anzuwenden, können sie manchmal hilfreich sein.

Akupunktur

Bei diesem Verfahren werden bestimmte Punkte der Körperoberfläche stimuliert, meist mit Nadeln. Deren Wirkung ist unbestritten, da so bereits Operationen ohne Narkose und nur unter

Rechts: Physiotherapie kann bei einer Katze gute Wirkungen zeigen.

Einsatz von Akupunkturnadeln erfolgreich durchgeführt wurden. Man nimmt an, daß durch die Nadelstimulation sogenannte Endorphine ausgeschüttet werden, körpereigene schmerzstillende Substanzen. Besonders bei chronischen Schmerzen wie Arthritis, hat sich die Akupunktur bewährt.

Homöopathie

Der Laie verwechselt homöopathische gern mit pflanzlichen Mitteln – beide verlangen jedoch einen ganz anderen Behandlungsansatz.

Der Grundsatz der Homöopathie lautet: Ähnliches werde durch Ähnliches geheilt. Die Homöopathie wählt also Substanzen aus, die genau die Krankheitssymptome auslösen würden, die man bekämpfen will. Dieses Mittel wird dann in vielen Schritten so verdünnt („potenziert"), bis der Ausgangsstoff chemisch nicht mehr nachweisbar, nach homöopathischer Auffassung als Energieform aber noch vorhanden und heilwirksam ist. Naturwissenschaftlich betrachtet enthalten homöopathische Mittel keine meßbaren Mengen eines Wirkstoffs mehr. Auch wenn die Heilwirkung bisher nicht zweifelsfrei bewiesen werden konnte, können homöopathische Mittel zumindest nicht schaden.

Bach-Blüten

Diese Mittel werden gemäß den Lehren von Dr. Edward Bach hergestellt. Bei dieser Methode werden die Blütenblätter bestimmter Pflanzen „energetisiert", indem sie zuerst in Wasser gelegt und dann dem Sonnenlicht ausgesetzt werden. Anschließend wird das Wasser mit Alkohol konserviert und in Tropfenform verabreicht.

Bach-Blüten

Bach-Blüten helfen vor allem bei psychischen Beschwerden:

Rescue Remedy ist eine Mischung aus fünf Essenzen und wird insbesondere bei Notfällen gegen Schock, Kreislaufzusammenbruch und Trauma eingesetzt.

Mimulus wirkt Ängsten entgegen, zum Beispiel der Lärmangst oder der Angst vor dem Alleinsein.

Impatiens wird bei stark reizbaren, ungeduldigen Patienten eingesetzt.

Unten: Aus der Tollkirsche wird das homöopathische Mittel Belladonna hergestellt. Der Wirkstoff ist Atropin.

Homöopathische Mittel

Das vielleicht bekannteste homöopathische Mittel ist *Arnica*, das aus der gleichnamigen Gebirgspflanze hergestellt wird. Es wird bei Prellungen und Schwellungen sowie zur Beschleunigung der Heilung eingesetzt.

Sulfur (sublimierter Schwefel) kommt bei chronischen Hauterkrankungen zur Anwendung, vor allem bei geröteter und entzündeter Haut. Sulfur-Patienten sind häufig Tiere mit Übergewicht, mit einem störrischen Temperament und mit trockenem, übelriechendem Fell.

Ein weiteres homöopathisches Mittel ist *Rhus toxicodendron*. Das typische Anwendungsgebiet sind Muskelverletzungen. *Rhus toxicodendron* wirkt vor allem bei Tieren, bei denen nach Ruhephasen Steifigkeit auftritt.

Pflanzliche Mittel

Calendula (Ringelblume) hat eine sehr gute antiseptische Wirkung und kann äußerlich zur Wundheilung und bei bestimmten Hauterkrankungen eingesetzt werden.

Pfefferminze, als Aufguß, hilft den Verdauungstrakt zu beruhigen.

Löwenzahn wirkt aufgrund des in den Blättern enthaltenen Kaliums harntreibend. Umgekehrt kann man die Pflanze auch einsetzen, um durch Kaliumverlust bedingte Nebenwirkungen abzumildern, die von synthetischen harntreibenden Mitteln herrühren.

Knoblauch ist ein vielseitiges Heilmittel. Im Darm wirkt er antiseptisch; er beugt Atherosklerose vor und vertreibt Parasiten wie Würmer und Flöhe. Anstelle von Knoblauchpräparaten kann man auch frischgepreßten Knoblauch verwenden.

Nachtkerzenöl wird seit vielen Jahren in der Medizin verwendet. Heute ist es wissenschaftlich erwiesen, daß das Öl bei allergischen Hauterkrankungen hilft, vorausgesetzt, es wird dem erkrankten Tier oral und in hohen Dosen verabreicht. Der in Nachtkerzenöl enthaltene Wirkstoff ist Gammalinolensäure.

Brennesselblätter sind reich an Eisen und Mineralstoffen und daher ein gutes Tonikum für Tiere, die an Blutarmut leiden. Darüber hinaus wirken sie gegen Arthritis, da sie die Ausscheidung von Harnsäure anregen. Die das Brennen auslösende Flüssigkeit in den Brennesselhaaren enthält Histamin.

Interessanterweise wächst in der Nähe von Brennesseln immer auch Gundermann – eine Pflanze, deren Blätter wundheilende Substanzen enthalten.

Abschied nehmen

Lebensqualität ✦ Sterbehilfe ✦ Trauer ✦ Krebsbehandlung

Wenn die Katze an einer unheilbaren Krankheit leidet, steht man früher oder später vor der schweren Entscheidung, ob man das Tier einschläfern lassen soll oder nicht. Sicherlich zieht man dabei auch Dinge wie hohe Behandlungskosten und großen Pflegeaufwand etwa bei Harninkontinenz in Betracht, dennoch ist für die meisten Besitzer die Frage entscheidend, wie sehr die Katze leiden muß.

LEBENSFREUDE

Wenn die Katze gut frißt, positiv auf ihren Besitzer reagiert, noch einigermaßen aktiv ist und nicht allzusehr unter den Nebenwirkungen ihrer Krankheit leidet – sich also nicht häufig erbrechen muß –, kann man annehmen, daß sie ihr Leben noch genießt. Anders ist die Situation, wenn das Tier kaum noch frißt, vollkommen apathisch daliegt und an seiner Umgebung überhaupt nicht mehr interessiert ist. In diesem Fall ist eine Einschläferung möglicherweise das beste, das man für sein Tier tun kann.

DIE ERLÖSENDE SPRITZE

Die Einschläferung erfolgt meist durch die intravenöse Verabreichung einer konzentrierten Barbituratlösung. Die Katze schläft dabei innerhalb von Sekunden buchstäblich ein; dann hören Pulsschlag und Atmung auf. Viele Tierärzte haben nichts dagegen, wenn der Besitzer beim Einschläfern dabei ist und sich so davon überzeugen kann, wie friedlich der Tod kommt. Das Tier leidet dabei in keiner Weise.

Oben rechts: Man trägt immer schwer am Verlust eines Tiers, für das man jahrelang gesorgt hat. Wer mehrere Haustiere hat, den trifft es nicht ganz so hart.

BESTATTUNG

Der Tierarzt sorgt dann meist dafür, daß der Tierkörper verbrannt wird. Wer möchte, kann das Tier jedoch auch bei sich zu Hause im Garten begraben oder auf einem Tierfriedhof beerdigen lassen.

Manche Besitzer versuchen sich zu trösten, indem sie sich sofort wieder eine neue Katze anschaffen; andere warten damit lieber noch einige Zeit lang. Sie wollen noch etwas um ihr Haustier trauern. Dieses Verhalten ist ganz normal – schließlich hat man so manches Jahr mit seinem Tier verbracht.

KREBS

Wird bei der Katze ein bösartiger Tumor diagnostiziert, muß das noch nicht gleichbedeutend mit einem Todesurteil sein. Krebs kann heute durchaus behandelt werden – zumindest kann man der Katze noch einige schöne Lebensmonate schenken.

Mit einem chirurgischen Eingriff kann ein Tumor entfernt und die Behandlung anschließend mit anderen Mitteln fortgesetzt werden. Konnte das gesamte befallene Gewebe entfernt werden, kann das Tier unter Umständen vollkommen geheilt sein.

Um zu verhindern, daß sich der Krebs weiter ausbreitet, kann auch eine Chemotherapie durchgeführt werden. Diese Behandlungsform wird besonders bei Lymphsarkomen, die meist durch das Katzenleukosevirus verursacht werden, angewendet. Eine Kombination von mehreren Präparaten erhöht die Wirksamkeit und reduziert die Nebenwirkungen.

Links: Bei richtiger Ernährung, regelmäßigen Impfungen und guter tierärztlicher Versorgung kann eine Hauskatze achtzehn Jahre und älter werden.

„Eine lahme Katze
ist mehr wert
als ein schnelles Pferd,
wenn der Palast voller Mäuse ist."

CHINESISCHES SPRICHWORT

Unten: Wenn die Katze so schwer erkrankt, daß ihr das Leben zur Qual wird, ist eine Einschläferung die beste Lösung.

Ein Katzenleben

Kätzchen werden blind geboren. In den ersten Tagen sind sie noch völlig hilflos und ganz von ihrer Mutter abhängig. Doch bereits innerhalb weniger Wochen können sie laufen, springen, feste Nahrung zu sich nehmen und sich selbst pflegen. In munteren Balgereien trainieren die Kleinen für die Jagd und lernen so,

ihre Bewegungen zu koordinieren. Erwachsene Katzen dagegen verschlafen einen großen Teil des Tages. In freier Wildbahn ist das eine überlebensnotwendige Strategie, um Kräfte zu schonen. Doch auch die zahmste Hauskatze wird ihrem Instinkt gehorchen und auf die Jagd gehen, sobald sie ins Freie darf.

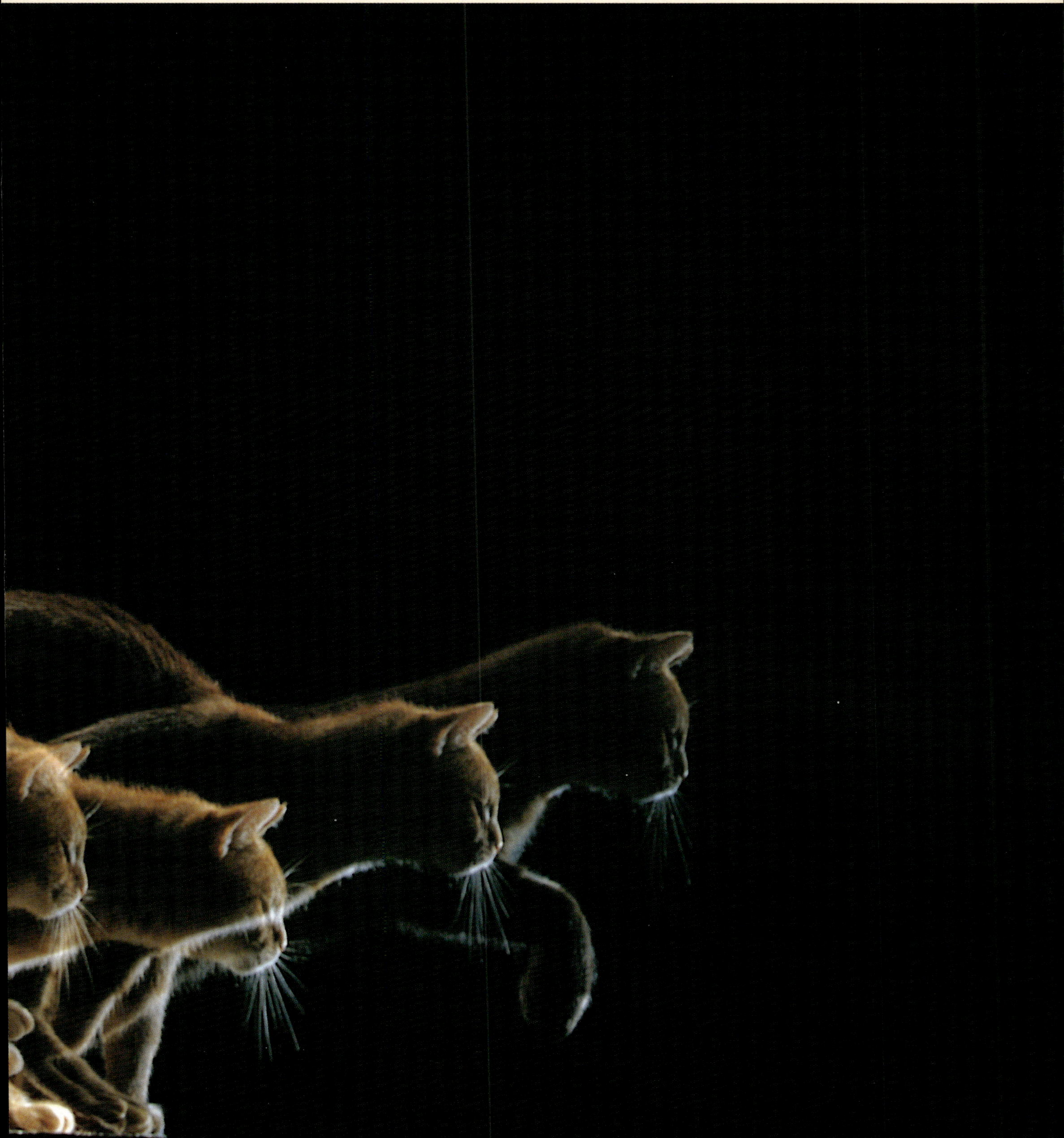

„Komm, schöne Katze, auf mein liebend' Herze,
und halte noch zurück der Pfote Krallen;
laß tauchend mich in deine Augen fallen,
worin sich mischen der Achat und Erze."

CHARLES BAUDELAIRE

Weißes Händchen und weißes Tätzchen,
nd keines von beiden die Krallen zeigt –
reizendes Weib und reizendes Kätzchen
necken sich, wenn der Tag sich neigt."

PAUL VERLAINE

„Von allen schönen Anblicken der Natur,
deren es gewiß nicht wenige gibt,
ist zweifellos derjenige einer Katze,
die mit ihren Kätzchen spielt oder sie erzieht, der hübscheste."

EDITH CARRINGTON

„ ...wenigstens im Winter,
verhält er philosophisch sich und still,
indem er leise schnurrt ...
ich komme nicht dahinter
wann er gestreichelt, wann ganz
ungestört sein will.“

Fridolin Tschudi

„Man nennt mich grausam. Aber weiß ich etwas davon, ob Mäuse oder Singvögel etwas fühlen? Ich weiß nur, daß sie eine leichte und gesunde Mahlzeit sind.“

C. S. Calverly

„Die Blicke der Katze sind
ferner und fremder; ihre Augen
sind gelb wie der Bernstein,
blau wie der Saphir,
grün wie der Türkis.
Mandas Augen sind von einem
Blau, wie es sonst in der Natur
kaum vorkommt ...“

ERNST JÜNGER

Teil 4

Rasse-katzen

Viele unserer Katzen sind ganz einfache Feld-, Wald- und Wiesenkatzen. Darüber hinaus gibt es jedoch eine große Anzahl von Rasse- oder Edelkatzen. Sie alle unterscheiden sich durch ihren Körperbau, ihre Augen und durch ihr Fell, das von ganz unterschiedlicher Länge, Farbe und Zeichnung sein kann. Wer sich für eine Rassekatze entscheidet, sollte sich bei der Auswahl jedoch nicht nur von deren Aussehen leiten lassen. Unter dem seidigen Haarkleid verbergen sich je nach Rasse auch ganz unterschiedliche Persönlichkeiten. Darüber hinaus stellen Edelkatzen ganz besondere Anforderungen an ihren Besitzer und an den Haushalt, in dem sie leben. Auf den folgenden Seiten werden die einzelnen Rassen und ihre individuellen Merkmale vorgestellt. Neuere Zuchtformen findet man auf jeder Katzenausstellung.

Katzenausstellungen

Sich auf die Ausstellung vorbereiten ✦ Die Beurteilung von Edelkatzen

Es gab zwar schon immer Katzen von unterschiedlichem Aussehen und unterschiedlicher Färbung, doch kam die Idee, Katzen auf Ausstellungen zu zeigen, erst gegen Ende des 19. Jahrhunderts auf. Um diese Zeit wurde auch der erste offizielle Katzenclub gegründet.

Die weltweit erste Katzenausstellung fand 1871 im Kristallpalast in London statt und lockte 160 Besucher an. Bei diesem Anlaß wurde man sich auch der Notwendigkeit offizieller Zuchtrichtlinien bewußt. Daraufhin wurde ein System zur Erfassung der Abstammung von Rassekatzen entwickelt. Außerdem legte man für jede Rasse einen Punktestandard fest, eine Richtlinie, anhand derer die Richter die Merkmale einer bestimmten Rasse bewerten konnten.

Heute gibt es auf der ganzen Welt Katzenclubs, selbst in Rußland und im Fernen Osten. Katzen werden von Züchtern international im- und exportiert, so daß durch neue Kreuzungen immer wieder andere Rassen und Fellfarben entstehen.

Oben: In England warten die zu pämierenden Tiere in ihren Käfigen auf den Besuch der Richter.

KATZENAUSSTELLUNGEN

Der Besuch einer Ausstellung kann für Nichteingeweihte ein recht verwirrendes Erlebnis sein. Die meisten Menschen wissen, was eine Perser- und was eine Siamkatze ist. Darüber hinaus gibt es aber noch viele andere Rassen, Farben und Zeichnungen. Wer also ernsthaft an die Anschaffung eines Rassekätzchens denkt, sollte sich zuerst einmal auf einer Katzenausstellung umsehen.

Wenn man sich dagegen mit der eigenen Katze um eine Auszeichnung bewirbt, muß man sie von einem Richter begutachten lassen. Hier gibt es inzwischen zwei verschiedene Methoden. In Deutschland und in vielen anderen europäischen Ländern sowie in Nordamerika sitzt der Richter an einem Tisch; Stewards bringen die Katzen einzeln zu ihm. Der Richter gibt dann zunächst eine mündliche Beurteilung ab, danach wird die schriftliche Bewertung am Käfig der Katze angebracht. Sowohl der Aussteller als auch das Publikum dürfen dabeisein.

In anderen Ländern wie in Großbritannien werden die Katzen nach Zucht, Farbe und Geschlecht in Käfigen gruppiert. Dort nimmt sie der Richter im Beisein eines Stewards nach und nach „unter die Lupe“. Die jeweiligen Besitzer und das Publikum sind dabei nicht zugelassen.

In beiden Fällen werden die Katzen nach strengen Punktestandards bewertet. Die Richter ermitteln das beste unkastrierte männliche und weibliche Tier jeder Varietät und verleihen ihm ein Zertifikat. Durch drei Zertifikate von drei verschiedenen Richtern erhält die Katze den Titel eines „Champion“.

Ähnliche Titel werden auch für kastrierte Tiere vergeben. Alle bereits

Links: Hier sitzt eine schöne weiße Perserkatze, die bereits eine Menge Auszeichnungen auf sich vereinen konnte, in ihrem Ausstellungskäfig.

prämierten Katzen können sich dann auf anderen Ausstellungen um den Titel „Grand Champion" bewerben. Bereits im Alter von drei Monaten können die kleinen Kätzchen prämiert werden.

Am Ende des Tages werden die ausgezeichneten Katzen und Kätzchen einer jeden Rasse noch einmal geprüft. Denn jetzt ermittelt ein Richterkollegium unter den Gewinnern das beste Tier. Dieses erhält dann den Titel „Bester der Ausstellung" („Best in Show"). Bei den meisten Ausstellungen werden auch ganz gewöhnliche Hauskatzen bewertet, so daß auch sie in den Genuß einer Prämierung kommen können.

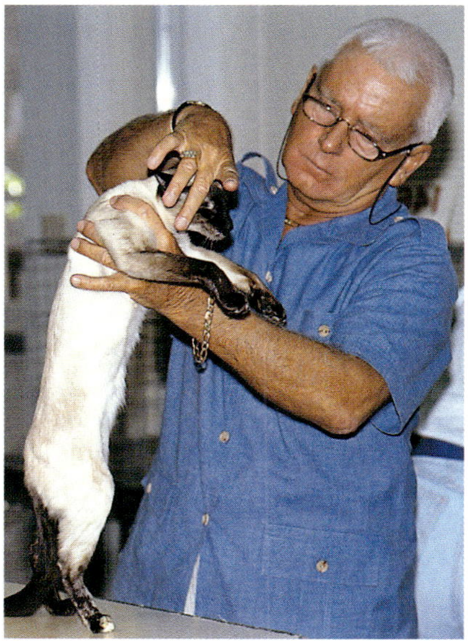

Oben: Auf europäischen Ausstellungen wird jede Katze vom Steward zum Richter gebracht und einzeln beurteilt.

Links: Ein Richter bei der Arbeit. Hier prüft er gerade, ob der Kopf der Katze auch der geforderten Form entspricht.

Worauf die Richter achten

Die Grundlage für die Bewertung durch die Richter sind natürlich die Zuchtstandards, aber auch der Gesundheitszustand, die Fellpflege und das Temperament des Tiers spielen bei der Bewertung eine erhebliche Rolle. Verhält sich ein Tier aggressiv, oder beißt es den Richter, kann es disqualifiziert werden.

Vor der Ausstellung

Die Katze vorbereiten

Abhängig von der Rasse, der Farbe und der Länge ihres Fells, muß jede Katze anders auf die Ausstellung vorbereitet werden.

Bei den Kurzhaar mit glattem Fell wie der Burma, der Siamkatze oder der Orientalisch Kurzhaar ist die Vorbereitung nicht sehr aufwendig. Tiere mit dunkleren Fellfarben badet man am Abend zuvor in Kleie. Danach reibt man sie vorsichtig mit braunem Rum ein, um dem Fell einen besonders schönen Glanz zu verleihen. Am Tag der Ausstellung reibt man das Fell noch einmal mit einem Seidenschal oder mit einem weichen Ledertuch

Oben: Ein Kleiebad hilft Fett und Schuppen auf dem Fell von Kurzhaarkatzen zu entfernen. Dazu die Kleie leicht anwärmen und entgegen der Wuchsrichtung in das Fell einmassieren. Danach gründlich ausbürsten.

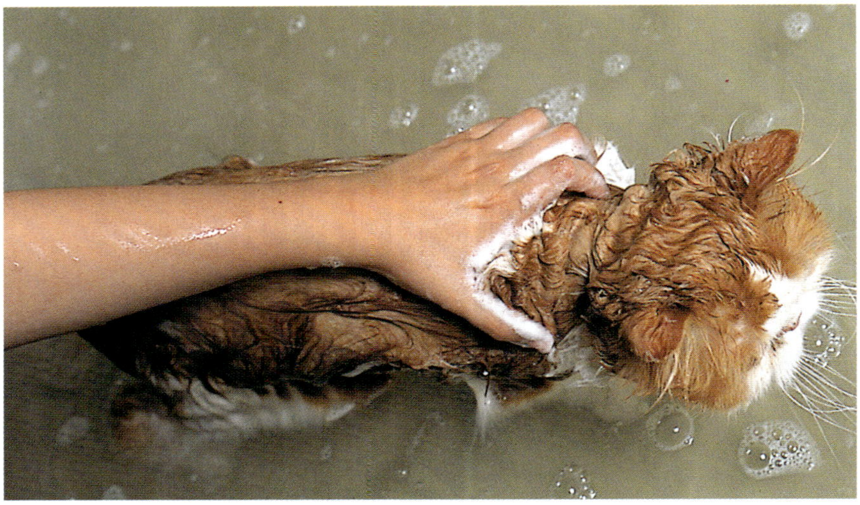

Links: Langhaar- und helle Kurzhaarkatzen sollten vor der Ausstellung gebadet werden.

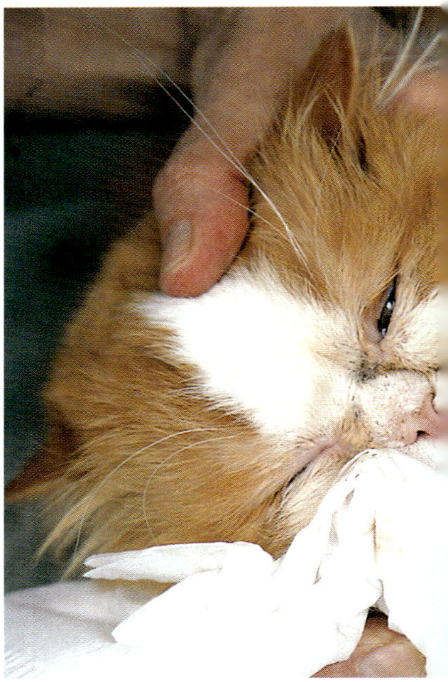

Links: Nach dem Shampoonieren gut nachspülen und eine Pflegespülung auftragen. So läßt sich das Fell anschließend besser kämmen. Alles gut ausspülen und die Katze vorsichtig mit einem Handtuch trockenfrottieren. Die Katze vor Kälte und Zugluft schützen.

ab, damit es schön schimmert. Bei weißen oder hellen Varietäten kann ein Bad nicht schaden.

Langhaarkatzen werden bereits einige Tage vor der Ausstellung gebadet. Perser stäubt man oft noch mit etwas Talkumpuder ein, um ihr Fell noch voluminöser erscheinen zu lassen. Der Puder muß allerdings vor der Bewertung sorgfältig ausgebürstet werden.

Außerdem empfiehlt es sich, die Krallen der Katze zu schneiden, um den Richter nicht zu gefährden.

Rechts: Vorausgesetzt, die Katze fürchtet sich nicht vor dem Lärm, kann man ihr Fell trockenfönen. Dabei darf der Fön nie zu heiß werden und muß immer mit ausreichend Abstand zur Katze gehalten werden.

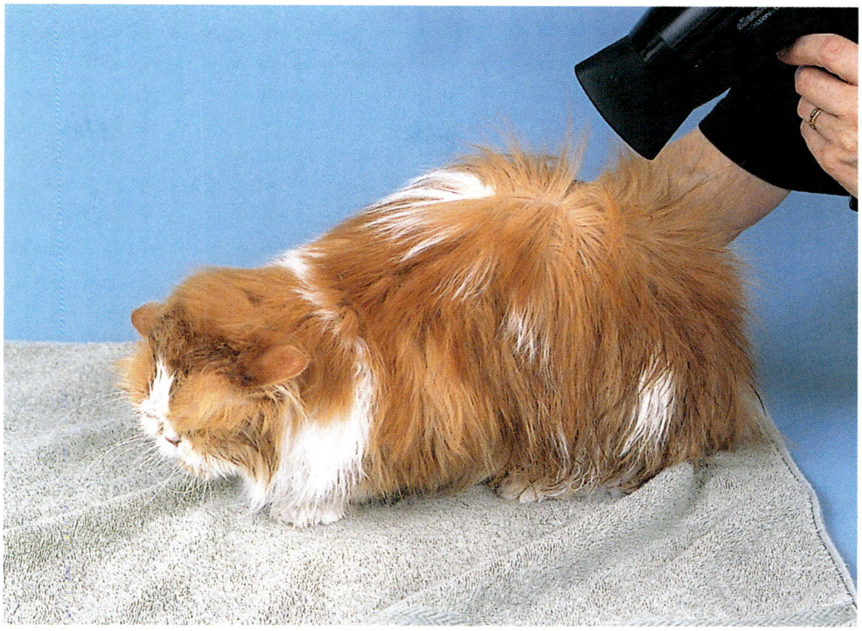

Rechts: Sobald das Fell trocken ist, sollte es sorgfältig ausgekämmt werden.

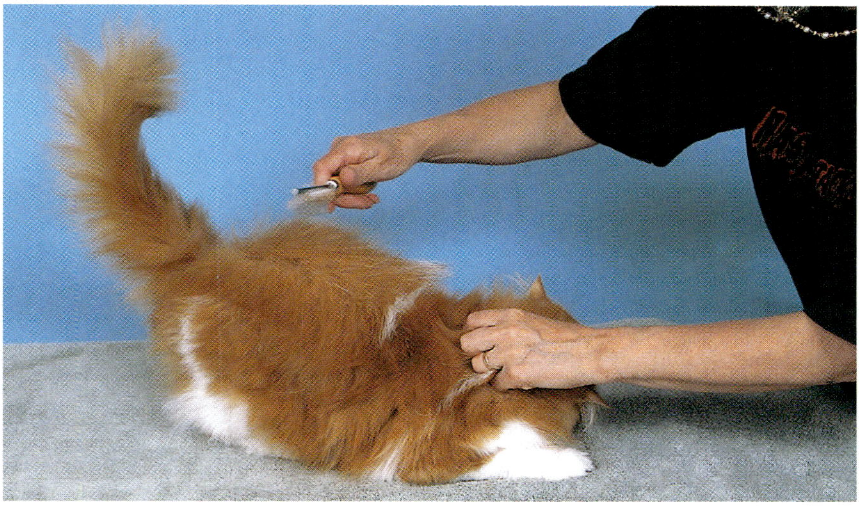

Unten: Bei der Fellpflege sollte man auch die Augen überprüfen. Perser leiden häufig unter tränenden Augen, die dann das Fell verkleben. Die getrocknete Tränenflüssigkeit wird vorsichtig mit einem Wattebausch entfernt.

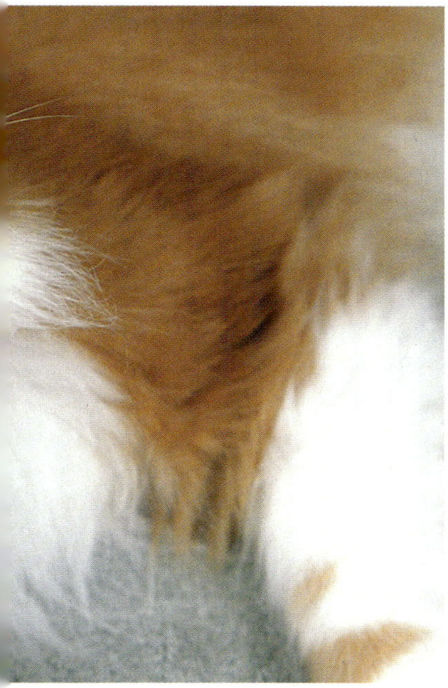

Rechts: Kurzhaarkatzen brauchen nicht soviel Fellpflege. Ein einmaliges Bürsten reicht aus, um lose Haare zu entfernen. Danach sollte man das Tier mit einem Seidenschal oder einem weichen Ledertuch abreiben, um das Fell zum Glänzen zu bringen.

Felltypen

Länge und Farbe ✦ Auswahl einer Rasse

Oben: Langhaar- oder Perserkatzen haben ein langes, üppiges Fell, das täglich gepflegt werden muß. Bei diesen Katzen gibt es viele Farbschattierungen.

Man kann Zuchtkatzen grob in sieben Gruppen einteilen: Langhaarkatzen (Perser), Halblanghaarkatzen, Britisch Kurzhaar, Exotic Kurzhaar, Orientalen, Burma und Siamkatzen. Der Einfachheit halber wurden die Rassen in diesem Buch nach ihrem äußeren Erscheinungsbild und nicht nach ihrer genetischen Zugehörigkeit gegliedert, wie das auf Katzenausstellungen der Fall ist. Dort wird der Balinese bei den Siamesen registriert, obwohl er vom Aussehen her eher einer Halblanghaarkatze gleicht.

Ein- und Verschiedenfarbige

Bei Persern, Kurzhaar und Orientalen unterscheidet man zwischen Einfarbigen und Verschiedenfarbigen. Die Einfarbigen sind schwarz, weiß, blau, rot, creme, chocolate oder lilac. Die Farbe muß gleichmäßig bis zur Haarwurzel reichen und frei von allen Zeichnungen und Schattierungen sein. Bei den verschiedenfarbigen Katzen können die einzelnen Haare gebändert oder geringelt sein („Ticking") oder eine Spitzenfärbung haben („Tipping" oder „Shading"). Ein Fall für sich sind die Burmakatzen. Sie sind nur auf den ersten Blick einfarbig: Burma-Kätzchen werden mit einem sehr hellen Fell geboren, das später nachdunkelt, lediglich der Körper bleibt heller.

Bestimmte Fellfarben werden als „verdünnt" bezeichnet. Sie entstehen durch ein rezessives Verdünnungsgen, wobei aus Rot Creme und aus Chocolate Lilac wird.

Manche Rassen wie die Burmilla (siehe Seite 200) entstanden durch eine Zufallspaarung, andere, wie die Colourpoint (siehe Seite 172), dagegen waren das Ergebnis von Zuchtprogrammen.

Oben: Die Abessinier gehört zu den Kurzhaarrassen. Das Fell ist kurz, eng anliegend und sehr fein. Bei Kurzhaarkatzen ist kaum Fellpflege nötig, außer vielleicht während des Haarwechsels.

Links: Die Maine Coon ist eine Halblanghaarkatze. Wie bei anderen Katzen dieses Typs ist das Fell von mittlerer Länge. Trotzdem ist der Pflegeaufwand nicht sehr groß. Wenn man das Tier alle paar Wochen sorgfältig kämmt und bürstet, reicht das vollkommen aus.

Auswahl einer Zuchtkatze

Bei der Auswahl einer Zuchtkatze ist besonders darauf zu achten, daß das Tier auch charakterlich zu seinem künftigen Besitzer paßt. Am besten geht man auf eine Katzenausstellung und sieht sich dort nach einem Tier um, daß einem gefällt. Dort kann man sich dann direkt mit dem Züchter unterhalten.

Grundsätzlich kann man sagen, daß Perser und Europäisch Kurzhaar ruhige, gutmütige und anspruchslose, ja geradezu träge Tiere sind. Wer eine aktivere Katze bevorzugt, sollte eine andere Wahl treffen. Andererseits nehmen es einem diese Rassen auch nicht übel, wenn man sie einmal längere Zeit allein läßt.

Die anderen Extreme sind Burma, Siamkatzen sowie Orientalen. Diese Rassen verlangen besonders viel Aufmerksamkeit. Sie sind intelligent, aufgeweckt und aktiv, und sie mögen es gar nicht, lange allein gelassen zu werden. Einen Mittelweg stellen die Halblanghaar und die Exotic Kurzhaar dar. Sie sind aktiv und lebhaft, aber nicht in dem Ausmaß wie Siamkatzen, Burma und Orientalen.

Auf den folgenden Seiten wird ein detaillierter Überblick über die verschiedenen Rassekatzen gegeben. Die Fellpflegehinweise verstehen sich wie folgt:

Täglich: In diesem Fall muß man mindestens zehn Minuten täglich damit zubringen, die Katze zu bürsten und zu kämmen, da ihr Fell sonst verfilzt.

Häufig: Einmal wöchentlich sollte man sich die Fellpflege vornehmen, beim Haarwechsel öfter.

Regelmäßig: Alle paar Wochen, beim Haarwechsel öfter.

Kaum nötig: Schon beim normalen Streicheln werden die meisten losen Haare entfernt.

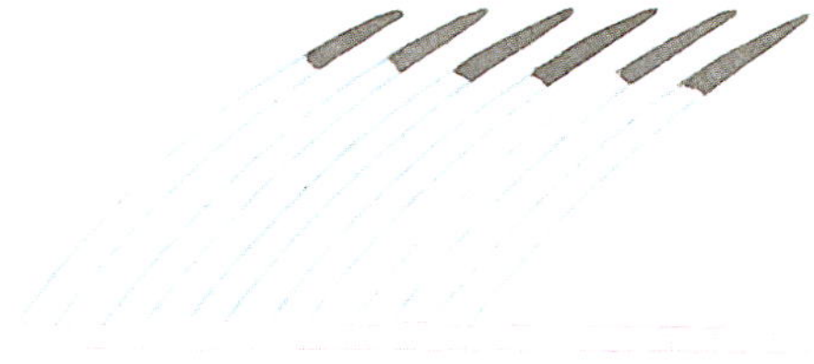

Oben: „Tipped" ist ein Fell, wenn die Spitzen der weißen oder hellen Haare eine dunkle Färbung aufweisen.

Oben: „Shaded" ist ein Fell, wenn zwei Drittel jedes Haares von der Spitze an dunkel gefärbt sind.

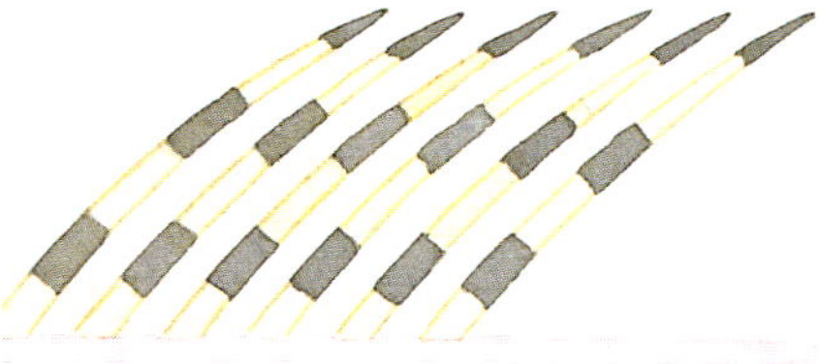

Oben: Von „Ticking" spricht man, wenn jedes einzelne Haar gebändert oder geringelt ist.

Ganz links: Die Russisch Blau ist ein gutes Beispiel für eine einfarbige Katze: Jedes Haar ist von der Spitze bis zur Wurzel einheitlich gefärbt.

Links: Die Maine Coon dagegen hat ein verschiedenfarbiges Fell. Die Haare sind teils einfarbig, teils getickt.

Schwarz

Ursprung
Obwohl Schwarze Langhaarkatzen seit dem 16. Jahrhundert bekannt sind, wurden die ersten erst gegen Ende des 19. Jahrhunderts von Persien nach Europa gebracht. Diese unterschieden sich deutlich von den heutigen – ihr Gesicht und ihr Körper waren länger und ihre Ohren größer. Durch gezielte Zucht erhielten sie allmählich den uns vertrauten, untersetzten Körperbau und ihr offenes Gesicht.

Charakter
Sanft und liebevoll. Die Katze paßt sich den Gegebenheiten gut an. Man kann sie tagsüber auch allein lassen.

Körperbau
Mittelgroßer, kräftig bemuskelter Körper, weit voneinander angesetzte Ohren und ein breites Gesicht. Kurzer, buschiger Schwanz sowie kurze, kräftige Beine mit runden Pfoten und Haarbüscheln zwischen den Zehen.

Fell
Lang und üppig mit weicherer Unterwolle. Der Schwanz ist kurz, buschig und fedrig. Die Beine sind kurz und kräftig, mit runden Pfoten und kleinen Haarbüscheln an den Zehen. Bei erwachsenen Katzen ist das Fell durchgehend schwarz, bei Kätzchen bis zu sechs Monaten darf es eine blasse Tabby-Geisterzeichnung aufweisen.

Augen
Groß und rund; dunkelorange oder kupferfarben.

Merkmale
Fellpflege: täglich
Stimme: still
Temperament: ruhig
Ursprungsland: Persien (Iran)
Rasse: weltweit anerkannt

Blau

Ursprung
Genetisch ist Blau eine Abschwächung von Schwarz (siehe Seite 160) und bei Persern eine seit langem anerkannte Farbe. Die blaue Perser soll die Lieblingsvarietät von Königin Viktoria gewesen sein. Sie ist bis heute sehr beliebt.

Charakter
Die blaue Perser ist sanft, zutraulich, ruhig und liebevoll. Sie liebt Gesellschaft, man kann sie aber auch einmal ein paar Stunden allein lassen.

Körperbau
Die mittelgroße Rasse ist kräftig, wirkt aber elegant. Der Kopf ist rund, das Gesicht mit den behaarten, weit auseinander stehenden Ohren breit. Die Katze hat einen kurzen, buschigen Schwanz und kurze, kräftige Beine mit runden Pfoten und Haarbüscheln an den Zehen.

Fell
Das lange Fell ist üppig mit weicher Unterwolle, variiert von Blaß- bis Mittelblau und ist bis zur Haarwurzel durchgefärbt; es gibt keine Schattierung oder Zeichnung.

Augen
Groß und rund; dunkelorange oder kupferfarben.

Merkmale
Fellpflege: täglich
Stimme: still
Temperament: ruhig
Ursprungsland: Persien (Iran)
Rasse: weltweit anerkannt

Creme

Ursprung
Als gegen Ende des 19. Jahrhunderts die ersten cremefarbenen Perser auftauchten, waren die Viktorianer nicht sehr beeindruckt; diese blassen Katzen galten als zu schwach gefärbte rote Perser. Nur den amerikanischen Züchtern gefielen die Tiere, und sie etablierten sie als Zuchtkatze. 1920 wurde die Creme dann nach Europa zurückgebracht und soll nun ein möglichst helles, pastellfarbenes Creme aufweisen. Die Creme gehört heute zu den beliebtesten Perserkatzen.

Charakter
Die Creme ist sanftmütig, ruhig, liebevoll und zärtlich und damit eine ideale Gefährtin.

Körperbau
Mittelgroß und gedrungen, aber elegant. Die Katze hat ein vollwangiges Gesicht mit kleinen Ohren. Der Schwanz ist kurz und am Ende buschig. Kurze, kräftige Beine mit runden Pfoten und Haarbüscheln an den Zehen.

Fell
Das lange, üppige Fell ist weich und hat eine noch weichere Unterwolle. Die Farbe reicht von blaß- bis mittelcreme und ist frei von Schattierungen oder Zeichnungen.

Augen
Groß und rund; dunkelorange oder kupferfarben.

Merkmale
FELLPFLEGE: täglich
STIMME: still
TEMPERAMENT: ruhig
URSPRUNGSLAND: Persien (Iran)
RASSE: weltweit anerkannt

Rot

Ursprung
Obwohl Rot eine der älteren Perserfarben ist, sind schöne Tiere dieser Farbe äußerst selten. Es ist schwierig, sie ganz einfarbig – ohne Tabby-Markierung – zu züchten. Normalerweise hat jeder Wurf ein deutlich gezeichnetes Kätzchen. Bevor man verbindliche Standards aufgestellt hat, war eine Tabby-Geisterzeichnung kein Makel.

Charakter
Rote Perser sind sanft, gutmütig, liebevoll und zärtlich.

Körperbau
Die mittelgroße Katze ist kräftig bemuskelt und hat ein rundes Gesicht mit weit auseinander stehenden Ohren. Die Beine sind kurz und kräftig mit runden Pfoten und Haarbüscheln an den Zehen.

Fell
Ideal ist ein tiefes, leuchtendes Rot ohne weiße Haare. Die Farbe muß bis zu den Haarwurzeln reichen und frei von jeder Tabbyzeichnung sein. Leichte Schatten auf Stirn und Beinen sind jedoch erlaubt.

Augen
Groß und rund; dunkelorange oder kupferfarben.

Merkmale
FELLPFLEGE: täglich
STIMME: still
TEMPERAMENT: ruhig
URSPRUNGSLAND: Persien (Iran)
RASSE: weltweit anerkannt

Chocolate

Ursprung
Die Chocolate, noch fast ein Neuling in der Persergruppe, ist ein Nebenprodukt der Colourpoint-Zucht (siehe Seite 172). Die ersten Tiere dieser Farbe hatten ziemlich lange Körper und nicht das voluminöse Fell typischer Perser. Durch gezielte Zucht erreichte man, daß die heutigen Ausstellungskatzen dem Perser-Standard entsprechen.

Charakter
Chocolates sind sanftmütig, zärtlich und oft extrovertierter als Blaue oder Schwarze Perser.

Körperbau
Mittelgroß, kräftig bemuskelt. Rundes Gesicht mit weit auseinander stehenden, kleinen Ohren. Kurze, kräftige Beine, runde Pfoten und Haarbüschel an den Zehen.

Fell
Lang, dick und üppig mit voller Unterwolle. Die erwachsene Katze soll eine warme, mittel- bis tiefbraune Schokoladenfarbe ohne Zeichnungen und Schattierungen haben, das Kätzchen darf einen grauen Schimmer aufweisen.

Augen
Groß und rund; dunkelorange oder kupferfarben.

Merkmale
FELLPFLEGE: täglich
STIMME: still
TEMPERAMENT: ruhig
URSPRUNGSLAND: Großbritannien
RASSE: weltweit anerkannt

Lilac

Merkmale
FELLPFLEGE: täglich
STIMME: still
TEMPERAMENT: ruhig
URSPRUNGSLAND: Großbritannien
RASSE: weltweit anerkannt

Ursprung
Auch die Lilac ist ein Nebenprodukt der Colourpoint-Zucht (siehe Seite 172): Die ersten Lilac besaßen noch nicht die typische Körperform der Perserkatzen; die heutigen jedoch entsprechen diesem Standard. Mit ihrem zarten Lilaschimmer hat sich die ungewöhnliche Katze zu einer der beliebtesten Farben entwickelt.

Charakter
Die Lilac ist sanft, zärtlich und liebevoll und oft extrovertierter als andere einfarbige Perser.

Körperbau
Mittelgroß, kräftige Muskeln, weit auseinander stehende Ohren und ein rundes, offenes Gesicht. Sie hat einen kurzen, buschigen Schwanz sowie kräftige Beine mit runden Pfoten und Haarbüscheln an den Zehen.

Fell
Langes, üppiges Fell mit weicher Unterwolle. Es sollte einen warmen, gleichmäßigen Lilaton besitzen und weder Schattierung noch Zeichnung aufweisen.

Augen
Groß und rund; dunkelorange oder kupferfarben.

Weiß

Weiß mit orangen Augen

Ursprung

Die ersten weißen Langhaarkatzen in Europa kam aus der Gegend um Ankara in der Türkei und sinc heute unter dem Namen Türkisch Angora bekannt (siehe Seite 176). Ihr Körper war länger und ihr Fell kürzer als das der heutigen Weißen Perser. Sie waren vor allem in Viktorianischer Zeit beliebt, als man Katzen mit dichterem, üppigerem Fell bevorzugte; allerdings waren die ersten Tiere nicht weiß. Es wird vermutet, daß die heutigen Weißen Perser das Ergebnis einer Kreuzung von aus der Türkei importierten Originalen und den aus Persien eingeführten Tieren sind. Bei dieser Farbe sind drei Augenfarben anerkannt: Blau, Orange oder ein blaues und ein oranges Auge.

Charakter

Die Weiße Perserkatze ist sanft, ruhig und zärtlicl stellt keine großen Ansprüche.

Körperbau

Die mittelgroße, kräftige Katze hat kleine Ohren und einen buschigen Schwanz. Die kurzen Beine sind stämmig mit runden Pfoten und Haarbüscheln an den Zehen.

Fell

Das lange, üppige Fell mit dichter, weicher Unterwolle sollte ohne Schattierung oder Zeichnung rein weiß sein.

Augen

Die großen runden Augen können einen klaren Blau- oder einen dunklen Orangeton aufweisen; es darf auch eines blau und eines orange sein.

Merkmale

Fellpflege: täglich; regelmäßige Bäder
Stimme: still
Temperament: ruhig
Ursprungsland: Persien (Iran)
Rasse: weltweit anerkannt

Weiß mit blauen Augen

Weiße Perser mit orangefarbenen Augen

Weiße Perser mit verschiedenfarbigen Augen

Bi-Colour

Bi-Colour

Ursprung
Um zweifarbige Rassen zu züchten, kreuzt man gescheckte mit andersfarbigen Katzen. Diese Variante gibt es schon seit Jahrhunderten, allerdings waren einfarbige fast immer beliebter. Im 20. Jahrhundert zeigten Züchter verstärktes Interesse an zweifarbigen Persern. Dieser Typus entstand bei der Kreuzung von gescheckten mit einfarbigen Persern automatisch. Zweifarbige Katzen sind heute in den USA und in Europa beliebt.

Charakter
Die Zweifarbigen sind ruhig, sanftmütig und zärtlich und generell anspruchslos.

Körperbau
Kräftig, mittelgroß mit breitem Brustkorb und kurzen, stämmigen Beinen. Breiter, runder Kopf mit offenem Gesicht und kleinen, weit auseinander stehenden Ohren.

Fell
Langes, seidiges und üppiges Fell. Wichtig ist die Zeichnung des Gesichts, das sowohl Weiß als auch die zweite Farbe zeigen soll. Dabei ist ein umgekehrtes V besonders beliebt. Der Rassestandard erlaubt Weiß an allen Körperteilen sowie bei Pfoten, Brust, Bauch und auch weiße Varianten mit farbigen Tupfen auf Kopf und Schwanz.

Augen
Groß und rund; dunkler Kupfer- oder Orangeton.

Merkmale
Fellpflege: täglich
Stimme: still
Temperament: ruhig
Ursprungsland: Großbritannien
Varianten: in allen für Einfarbige zugelassenen Tönen
Rasse: weltweit anerkannt

Bi-Colour

Schildpatt und Weiß (Calico)

Ursprung
Wie die zweifarbige Perserkatze ist dieser mehrfarbige Typus eine Mischung aus einer gescheckten und einer zugelassenen Schildpatt-Farbe. In England ursprünglich Chintz genannt, ist diese Perservariante in den USA als Calico bekannt. Die bezaubernde Farbe ist als Ausstellungskatze und als Haustier sehr beliebt.

Charakter
Sie ist freundlich, gutmütig und anspruchslos.

Körperbau
Die mittelgroße Katze hat einen kräftigen Körper mit einem breiten Brustkorb und kurze, stämmige Beine. Ihr runder Kopf weist eine kurze Nase und kleine, weit auseinander stehende Ohren auf.

Fell
Die Varietät hat ein langes, feines Fell, gleichzeitig aber dicke Haare. Wie bei der zweifarbigen Perserkatze ist Weiß an beliebigen Stellen erlaubt, wie zum Beispiel an den Füßen, am Bauch und an der Brust. Ebenfalls anerkannt ist ein nahezu weißes Fell mit farbigen Flecken auf dem Kopf und auf dem andersfarbigen Schwanz. Alle drei Farben sollten deutlich erkennbar sein.

Merkmale
Fellpflege: täglich
Stimme: still
Temperament: ruhig
Ursprungsland: Großbritannien
Varianten: in allen anerkannten Farben für Einfarbige und deren Schildpatt-Versionen. Silber ist in England nicht zugelassen.
Rasse: weltweit anerkannt

Tabby und Weiß

Ursprung
Dies ist eine weitere Variante der Bi-Colour, die eine Tabby-Musterung in den farbigen Abzeichen aufweist.

Charakter
Die Rasse ist gutmütig, liebevoll und sanft.

Körperbau
Kräftig, muskulös mit kurzen, stämmigen Beinen; breiter, runder Kopf. Kleine, weit auseinander stehende Ohren.

Fell
Das lange Fell dieser Katze ist dicht und üppig. Körper und Gesicht sollten eine farbige Mischung von Weiß und Tabby zeigen wie bei der Schildpatt und der Weiß-Variante.

Blaue Tabby mit Weiß

Augen
Die großen runden Augen können Schattierungen von Orange bis Kupfer aufweisen.

Tabby mit Weiß

Merkmale
Fellpflege: täglich
Stimme: still
Temperament: ruhig
Ursprungsland: Großbritannien
Varianten: Schwarz, Blau, Chocolate, Lilac, Rot und Creme
Rasse: weltweit anerkannt

Chinchilla

Ursprung
Die Chinchilla ist vermutlich die beliebteste Perserkatze. Attribute wie das reinweiße Fell, das zart mit Schwarz getippt ist und dadurch fast silbern zu glitzern scheint, sowie die typischen smaragdgrünen Augen lassen diese Farbe einzigartig erscheinen. Die Chinchilla wurde erstmals 1894 im Kristallpalast in London vorgestellt; sie trug eine der ersten durch Züchtung erzeugten Farben.

Charakter
Chinchillas sind gutmütig, liebevoll und zärtlich. Normalerweise sind sie extrovertierter als andere Perser.

Körperbau
Diese Varietät hat einen mittelgroßen Körper und einen runden, breiten Kopf. Die kleinen, weit auseinander stehenden Ohren sollten dicht mit Haarbüscheln besetzt sein. Die kurze, ziegelrote Nase ist schwarz umrandet. Die Chinchilla hat meist einen leichteren Körperbau und wirkt dadurch eleganter als andere Perser.

Fell
Sie hat langes, seidiges und dichtes Fell. Ihre Deckhaare sollten auf reinweißer Unterwolle gleichmäßig, aber dezent mit Schwarz getippt sein, damit das Fell glitzert.

Augen
Die Katze hat große runde Augen in einem dunklen Smaragdgrün mit schwarzer Umrandung.

Merkmale
FELLPFLEGE: täglich, regelmäßige Bäder
STIMME: still
TEMPERAMENT: ruhig bis mäßig lebhaft
URSPRUNGSLÄNDER: Großbritannien und USA
RASSE: weltweit anerkannt

Chinchilla-Mutter mit Kätzchen

Goldene Perser

Ursprung
Diese Farbe entstand in den USA aus bestimmten Chinchilla-Linien mit einem Nichtsilbergen. Sie wurde in Europa erstmals in den siebziger Jahren vorgeführt. Ursprünglich Golden Chinchilla genannt, kennt man sie heute als Golden Perser. Die beliebte Perser-Variante ist in allen Ländern als eigenständige Farbe anerkannt.

Charakter
Liebevoll, gutmütig, intelligent und freundlich.

Körperbau
Mittelgroß und kräftig mit stämmigen Beinen. Breiter, runder Kopf mit kleinen, behaarten Ohren und einer Stupsnase.

Fell
Dicht, lang und seidig. Wie bei der Chinchilla ist das Haar getippt. Die Unterwolle ist zart aprikosenfarben.

Augen
Groß und rund; grün oder blaugrün.

Merkmale
FELLPFLEGE: täglich
STIMME: still
TEMPERAMENT: mäßig lebhaft
URSPRUNGSLAND: USA
RASSE: weltweit anerkannt

Goldenes Perserkätzchen

Goldene Perser

Shaded Silver

Ursprung
Die Shaded Silver ist mit der Chinchilla (siehe Seite 168) verwandt, hat aber ein stärker getipptes Fell als diese. Zwar ist sie nicht so begehrt wie die glitzernde Chinchilla, aber trotzdem eine wunderschöne Varietät.

Charakter
Zärtlich, freundlich und gutmütig. Wie die Chinchilla ist auch sie extrovertierter und abenteuerlustiger als die meisten Perser.

Körperbau
Die Katze hat einen kräftigen, mittelgroßen Körper mit kurzen, stämmigen Beinen. Ihr Kopf sollte rund und breit sein und kleine, weit auseinander stehende, gutbehaarte Ohren aufweisen.

Fell
Seidig, lang und dick. Die Unterwolle ist weiß, aber die schwarzen Haarspitzen sind länger als die der Chinchilla, so daß die Katze insgesamt dunkler wirkt.

Augen
Die Katze hat große runde Augen von smaragdgrüner oder blaugrüner Farbe, die schwarz umrandet sind.

Merkmale
FELLPFLEGE: täglich
STIMME: still
TEMPERAMENT: ruhig bis mäßig lebhaft
URSPRUNGSLAND: Großbritannien
RASSE: weltweit anerkannt

Pewter

Ursprung
Die Pewter stellt ebenfalls eine schattierte Variante der Perser dar. Sie gleicht der Cameo, ist aber nicht so stark getippt wie die Smoke. Ursprünglich entstammt sie einer Kreuzung zwischen der Chinchilla und einer einfarbigen Perser. Ihre Beliebtheit nimmt zu.

Charakter
Gutmütig, zärtlich, im allgemeinen anspruchslos.

Körperbau
Kräftiger Körper; kurze Beine. Runder, breiter Kopf mit Stupsnase und kleinen, weit auseinander stehenden Ohren.

Fell
Seidig, lang, dicht. Das Fell sollte einen gleichmäßigen schwarzen Ton über der weißen Unterwolle haben, der an die Farbe von Zinn erinnert.

Augen
Groß und rund; orange oder gelblich.

Merkmale
FELLPFLEGE: täglich
STIMME: still
TEMPERAMENT: ruhig
URSPRUNGSLAND: Großbritannien

Cameo

Ursprung
Eine der beliebtesten getippten Varianten (siehe Seite 160). Diese schöne Katze hat ein weniger stark getipptes Fell als die Smoke und ist manchmal so hell wie die Chinchilla. Ihre Unterwolle sollte möglichst rein weiß sein und mit den gefärbten Spitzen des Deckhaars kontrastieren. Die Rasse wurde erst in den fünfziger Jahren gezielt gezüchtet, als die Farbe in den USA beliebt wurde.

Charakter
Zärtlich und gutmütig. Die Rasse ist im allgemeinen anspruchslos.

Körperbau
Gut bemuskelt und mittelgroß mit breitem Brustkorb und kurzen, stämmigen Beinen. Der Kopf ist rund und breit, das Gesicht ist offen. Die kleinen Ohren sind behaart und weit auseinander stehend.

Fell
Üppig, lang, dicht und seidig. Dabei sind zwei Grade von Tipping erlaubt – Voraussetzung ist eine möglichst weiße Unterwolle: Das Deckhaar kann zur Spitze hin leicht getippt sein oder, wie bei der Shaded, auch dunkler erscheinen.

Augen
Groß und rund; sie können entweder kupfer- oder orangefarben sein.

Merkmale
FELLPFLEGE: täglich
STIMME: still
TEMPERAMENT: ruhig
URSPRUNGSLAND: USA
VARIANTEN: Rot, Creme, Blau-Creme und Schildpatt
RASSE: weltweit anerkannt

Smoke

Ursprung
Diese Katze mag zwar aussehen wie eine einfarbige Perser, ist tatsächlich aber die von allen am intensivsten gefärbte. Die weiße Unterwolle unter der dunklen Farbe wird nur dann sichtbar, wenn sich das Tier bewegt. Die Farbe wurde erstmals 1860 erwähnt, geriet dann aber in Vergessenheit und starb aus, bevor sie in den sechziger Jahren wiederentdeckt wurde. Sie ist heute sehr beliebt.

Charakter
Anspruchslos, gutmütig und zärtlich.

Körperbau
Kräftig und mittelgroß mit kurzen, stämmigen Beinen. Kopf breit und rund mit Stupsnase und kleinen, weit auseinander stehenden, behaarten Ohren.

Fell
Seidig, lang und dick, gleichmäßige Farbe ohne Tabbyzeichnung. Die Unterwolle sollte so weiß wie möglich sein, um mit der Hauptfarbe gut zu kontrastieren.

Augen
Groß und rund; sie können dunkelorange oder kupferfarben sein.

Merkmale
FELLPFLEGE: täglich
STIMME: still
TEMPERAMENT: ruhig
URSPRUNGSLAND: Großbritannien
VARIANTEN: Schwarz, Blau, Chocolate, Lilac, Rot, Creme und die vier Schildpatt-Farben
RASSE: weltweit anerkannt

Colourpoint (Himalayan)

Ursprung
1924 gab es einen ersten Kreuzungsversuch in Schweden, 1930 gelang eine ähnliche Verpaarung in den USA. Dort wurde 1935 dann auch die erste Colourpoint geboren. Seit Ende der vierziger Jahre begann man in Großbritannien mit der zielgerichteten Zucht. Das auffallendste Merkmal an dieser Rasse ist das „Himalayan" genannte Fellmuster, das man normalerweise bei Siamesen findet. Die Bezeichnung „Himalayan" wird für jedes Tier gebraucht, dessen Körperfell blaß ist, aber an Ohren, Schnauze, Pfoten und Schwanz eine dunkle Färbung aufweist. Die Colourpoint Perser ist äußerst beliebt; es gibt sie in vielen Farben und Mustern, von denen in den USA nicht alle anerkannt sind.

Blue Colourpoint

Cream Colourpoint

Charakter
Liebevoll und gutmütig. Mit ihrem siamesischen Hintergrund ist die Colourpoint oft extrovertierter als einfarbige Perser. Ihre Liebhaber sind der Ansicht, sie vereine die Vorteile der Perser mit denen der Siamkatzen, da sie die Neugier der letzteren sowie den sanften Charakter der Perser besitze.

Körperbau
Stämmig und mittelgroß mit kurzen, kräftigen Beinen. Kopf breit und rund mit kurzem Gesicht und kleinen, weit auseinander stehenden, behaarten Ohren.

Fell
Seidig, lang und dick. Die Farbe des Rumpfes sollte so hell wie möglich sein.

Augen
Groß, rund und voll; strahlend blau.

Merkmale
Fellpflege: täglich, gelegentlich auch Bäder
Stimme: still
Temperament: ruhig bis mäßig lebhaft
Ursprungsländer: USA und Schweden
Varianten: Seal, Blau, Chocolate, Lilac, Rot, Creme und sowohl Tortie- als auch Tabbyvarianten
Rasse: weltweit anerkannt

Tabby Colourpoint

Schildpatt

Ursprung
Die für sich allein schon entzückende Farbe wird in Zuchtprogrammen eingesetzt, um ein einfarbiges Rot und Creme zu erzielen. Die Schildpatt gibt es allerdings normalerweise nur als Weibchen.

Charakter
Liebevoll und gutmütig. Diese Varietät ist jedoch – wie alle Schildpattkatzen – sehr eigenwillig.

Körperbau
Das Tier ist mittelgroß und kräftig und besitzt einen breiten Brustkorb. Die Katze hat kurze, stämmige Beine und einen breiten, runden Kopf mit kurzer Nase sowie kleinen, weit auseinander stehenden Ohren.

Fell
Dichtes, langes und feines Haar. Die Farben sollten möglichst gleichmäßig über den Körper verteilt sein.

Augen
Groß und rund; dunkelorange oder kupferfarben.

Merkmale
FELLPFLEGE: täglich
STIMME: still
TEMPERAMENT: ruhig
URSPRUNGSLAND: Großbritannien
VARIANTEN: Schwarz, Blau, Chocolate und Lilac
RASSE: weltweit anerkannt

Blau-Creme

Ursprung
Gewöhnlich gibt es von dieser Farbe nur weibliche Katzen. Die Blau-Creme entstammt einer Kreuzung von Blauen und Creme-Persern. Die Standards schreiben etwas verschiedene Farbverteilungen vor. In Europa bevorzugt man eine sanfte, dichte Mischung der Farben, die gleichmäßig über den ganzen Körper verteilt sein müssen.

Charakter
Gutmütig, sanft und anhänglich, in der Haltung meist anspruchslos.

Körperbau
Breiter Brustkorb, kräftige Muskeln. Mittelgroß, kurze, stämmige Beine. Der Kopf ist breit und rund mit einem offenen Gesicht und kleinen, behaarten, tiefangesetzten Ohren.

Fell
Das Fell ist üppig, lang und seidig. Das Fell der Mischung von Creme und Pastellblau sollte einen sanften Farbverlauf zeigen.

Augen
Rund, voll und groß; dunkelorange oder kupferfarben.

Merkmale
FELLPFLEGE: täglich
STIMME: still
TEMPERAMENT: ruhig
URSPRUNGSLAND: Großbritannien
RASSE: weltweit anerkannt

Tabby

Ursprung
Das Tabbyfell, dessen Muster dem der wilden Vorfahren heutiger Hauskatzen immer noch stark ähnelt, ist seit Jahrhunderten bekannt. Schwarze Tabby-Perser waren die ersten Langhaarvarianten, die in Europa auftauchten. Sie wurden im Viktorianischen Zeitalter nach England gebracht und bei der ersten offiziellen Katzenschau 1871 gezeigt. Neben Schwarz gibt es diesen Typ heute auch in vielen anderen Farben, zum Beispiel als Tortie-Tabby. Am beliebtesten von allen Varianten ist die Silbertabby.

Charakter
Im allgemeinen anspruchslos, gutmütig und anhänglich.

Körperbau
Muskulös und kräftig mit kurzen, stämmigen Beinen, gut behaarten und tiefangesetzten Ohren.

Fell
Dicht, lang und seidig mit deutlichen dunklen Tabby-Merkmalen: Auf jeder Seite des Körpers befindet sich ein „Austern"-Muster, auf jeder Schulter ein „Schmetterling". Hinzu kommt ein M auf der Stirn.

Augen
Sie sollten groß und rund sein. Bei allen Varianten mit Ausnahme der Silbertabbys sind sie orange- oder auch kupferfarben. Die Silbertabby muß grüne beziehungsweise haselnußbraune Augen haben.

Tabby

Merkmale
FELLPFLEGE: täglich
STIMME: still
TEMPERAMENT: ruhig
URSPRUNGSLAND: Persien (Iran)
VARIANTEN: Schwarz, Blau, Chocolate, Lilac, Rot, Creme, die Tortie-Tabby-Farben und alle Varianten mit Silber
RASSE: weltweit anerkannt

Silbertabby

American Curl

Ursprung
Die American Curl gibt es in Europa erst seit kurzer Zeit. Ihr Ursprung liegt in Kalifornien, wo 1981 eine verwilderte Hauskatze mit merkwürdig zurückgerollten Ohren auftauchte. Aus ihrem ersten Wurf erbten zwei Kätzchen die eigenwillige Ohrenform der Mutter. Erst erstellte man ein Zuchtprogramm, dann wurde die Rasse von verschiedenen Katzengesellschaften in Amerika anerkannt. In den USA ist sie inzwischen recht beliebt. Der Halblanghaar-Typ kommt häufiger vor als die Kurzhaar-Variante.

Charakter
Freundlich, intelligent und spielfreudig. Das Tier stellt keine übertriebenen Ansprüche und paßt sich allen häuslichen Gegebenheiten an.

Körperbau
Mittelgroß und elegant mit einem wohlproportionierten Körper. Auffälligstes Kennzeichen sind die rückwärts gerollten Ohren, die einen glatten Bogen bilden.

Fell
Schwanz und Ohren weisen eine üppige Behaarung auf; der Rumpf sollte ein seidiges, halblanges Fell aufweisen, das eng am Körper anliegt. Bei diesem Typ sind alle Farben und Muster anerkannt.

Augen
Die Farbe ist variabel, sollte die Fellfarbe aber ergänzen.

Weiße American Curl

Merkmale
FELLPFLEGE: Halblanghaar-Katzen benötigen eine häufige und intensive Pflege ihres Fells. Doch auch bei Varianten mit kurzem Haar empfiehlt es sich, daß der Besitzer das Fell seines Tiers regelmäßig pflegt – und zwar ganz besonders in der Zeit des Haarwechsels.
STIMME: still
TEMPERAMENT: mäßig bis sehr lebhaft
URSPRUNGSLAND: USA
VARIANTEN: Halblanghaar und Kurzhaar
RASSE: in den USA und einigen europäischen Clubs anerkannt

American Curl, Red Tabby mit Weiß

Angora

Ursprung

Die Angora waren die ersten langhaarigen Katzen, die im 19. Jahrhundert nach Westeuropa eingeführt wurden; ursprünglich stammen sie aus dem türkischen Ankara. Allerdings verloren sie wieder an Beliebtheit, als die Perser mit ihrem üppigeren Fell auftauchten. Zu Anfang des 20. Jahrhunderts verschwanden die Angora fast vollständig von der Bildfläche. Heute werden die halblanghaarigen orientalischen Katzen von britischen Züchtern neu aufgebaut. Die ursprünglichen Angorakatzen wurden 1962 im Zoo von Ankara wiederentdeckt; dort entwickelten Fachleute ein Zuchtprogramm. Einige dieser Katzen wurden in die USA gebracht, wo man sie als Türkisch Angora klassifizierte, um ihre reinrassige Abstammung von britischen Neuzüchtungen zu unterscheiden.

Angora

Charakter

Lebhaft, intelligent und freundlich. Diese Rasse paßt in fast jede Familie.

Körperbau

Lang, geschmeidig, elegant – also wohlproportioniert. Für die Rasse gilt der Standard der langhaarigen Orientalen. Die Beine sind schlank mit kleinen, gerundeten Pfoten.

Fell

Lang, seidig und auffallend glänzend. Der Schwanz ist lang, läuft spitz zu und hat eine Haarquaste.

Augen

Mandelförmig und grün. Bei weißen Tieren ist auch Blau oder odd-eyed möglich.

Merkmale

FELLPFLEGE: regelmäßig
STIMME: kräftig, gern benutzt
TEMPERAMENT: sehr aktiv
URSPRUNGSLAND: Großbritannien
VARIANTEN: viele verschiedene Farben einschließlich Schwarz, Blau, Rot, Creme, Shaded, Smoke, Tortie, Tabby, Silbertabby mit Weiß, in Großbritannien auch Chocolate, Lilac, Cinnamon, Caramel, Fawn
RASSE: weltweit anerkannt

Chocolate und fawn Angora

Balinese

Ursprung
Die Balinesen entstammen einer natürlichen Mutation, die gelegentlich in Würfen von Siamkatzen halblanghaarige Kätzchen auftauchen ließ. Gegen Ende der vierziger Jahre züchtete ein Katzenbesitzer in Kalifornien diese Rasse. Zwei Katzen aus dem ursprünglichen Wurf wurden gepaart. Deren Junge sahen alle gleich aus, sie hatten langes, seidiges Fell mit den für Siamkatzen typischen Himalayan-Abzeichen – das sind die dunkleren Stellen an Gesicht, Ohren, Pfoten und Schwanz. Bis 1963 war diese Rasse so beliebt geworden, daß die Balinese in Amerika die Champion-Klasse erreichte. In Europa erhielt sie diese offizielle Anerkennung in den achtziger Jahren. Die Rasse wurde Balinese genannt, nachdem Züchter von Siamkatzen den ursprünglich gewählten Namen „Halblanghaar-Siamese“ wegen Verwechslungsmöglichkeiten mit Siamesen beanstandeten.

Blue Point Balinese

Charakter
Lebhaft, freundlich, extrovertiert. Sie kann eine ruhigere Stimme haben und weniger anspruchsvoll sein als ihre kurzhaarige Verwandte, die Siamkatze.

Körperbau
Graziös und geschmeidig, mit der Eleganz der Siamkatze. Langer, gerader Kopf; Ohren groß, weit angesetzt und manchmal mit Haarbüscheln besetzt. Beine lang und schlank.

Fell
Mittellanges Fell, eng am Körper anliegend. Der Schwanz sollte in einer Quaste enden.

Chocolate Point Balinese

Seal Point Balinese

Augen
Weit auseinander liegend, orientalisch mandelförmig und von tiefblauer Farbe.

Merkmale
FELLPFLEGE: regelmäßig
STIMME: laut, wird häufig gebraucht
TEMPERAMENT: sehr aktiv
URSPRUNGSLAND: USA
VARIANTEN: Seal Point, Blue Point, Chocolate Point, Lilac Point, Red Point, Cream Point, Tabby Point (erlaubt in allen genannten Farbvarianten), Tortie Point (erlaubt in allen genannten Varianten) und Tortie-Tabby Point. In den USA nennt man die Roten, die Cremefarbenen, die Tabby und die Tortiefarbenen „Javanese“ und die Tortie-Tabbyfarbenen „Torbie-Javanese“.
RASSE: weltweit anerkannt

Birma

Seal-Tortie Point

Ursprung

Die Birma hat eine einzigartige Geschichte. In Birma wird das Tier als heilige Tempelkatze verehrt – obwohl das auch für die Burma gilt. Birma haben reinweiße Pfoten, die durch eine wunderschöne Legende erklärt werden: Vor vielen Jahren griffen Banditen den Khmer-Tempel von Burma an, in dem sich ein goldenes Bild der Göttin Tsun-Kyan Kse befand. Einer der Priester wurde verletzt und lag im Sterben, worauf seine treue Katze kam und ihre Pfoten sanft auf seine Brust setzte, damit er in seinen letzten Stunden nicht allein war. Als der Priester starb, wurde die Katze verwandelt: Ihr Fell nahm eine goldene Farbe wie die der Göttin an, die Gliedmaßen und der Schwanz wurden dunkel. Die schneeweißen Pfoten – bis heute das berühmteste Merkmal dieser Rasse – gelten als Symbol der Treue zum sterbenden Meister. Eine weitere Legende besagt, daß jedesmal, wenn eine Birma sterbe, sie einen Priester in den Himmel begleite. Die Birma wurde über Frankreich nach Europa gebracht und ist heute in der ganzen Welt beliebt. Es gibt sie in einer Vielzahl von Farben und Zeichnungen.

Birma Seal Point

Charakter

Intelligent, anhänglich und gutmütig. Ein wunderbares Heimtier, das die Gesellschaft von Menschen und Tieren liebt. Ist das Tier tagsüber allein, sollte man der Birma eine andere Katze beigesellen.

Körperbau

Lang und elegant, aber kräftig gebaut. Die Birma hat ein breites, rundes Gesicht, eine relativ lange, sich nach vorn verengende Nase und weit auseinander stehende, mittelgroße Ohren. Ihre Beine sind stämmig und von mittlerer Länge, der Schwanz sollte buschig sein und im Vergleich zum Körper eine wohlproportionierte Länge aufweisen.

Fell

Mittellang und seidig. Die dunklen Stellen beschränken sich auf Gesicht, Ohren, Schwanz und Beine. Alle Pfoten sind weiß.

Augen

Eher rund; so tiefblau wie möglich.

Merkmale

FELLPFLEGE: häufig
STIMME: gesprächig
TEMPERAMENT: mäßig bis hochaktiv
URSPRUNGSLAND: Burma
VARIANTEN: Seal, Blue, Lilac, Chocolate, Rot, Creme, Tortie (in allen Farben), Tabby (in allen Farben) und Tortie-Tabby
RASSE: weltweit anerkannt

Tabby Point Birma

Cymric

Ursprung
Trotz ihres Namens, der von Cymru, der keltischen Bezeichnung für Wales, herrührt, stammt die Cymric nicht aus Wales, sondern von der Isle of Man. Es handelt sich dabei um die halblanghaarige Variante der Manx-Katze (siehe Seite 196). Wegen ihres prächtigen Fells ist die Cymric zu einer in den USA äußerst beliebten Rasse geworden. In England ist sie allerdings nicht anerkannt, dafür aber in einigen anderen europäischen Ländern. Ein detailliertes Zuchtprogramm wurde bis jetzt nicht angewendet.

Charakter
Freundlich, intelligent und ruhig. Die Katze eignet sich gut für Familien.

Körperbau
Kräftig gebaut, stämmig. Der Typ ähnelt dem einer veränderten Britisch/Amerikanisch Kurzhaar; der Hauptunterschied – neben dem Fehlen des Schwanzes – besteht darin, daß die Hinterbeine länger sind als die Vorderbeine, so daß die Katze fast wie ein Kaninchen hoppelt. Die Standards der „Cat Fanciers' Association" in Amerika verlangen eine vollkommen schwanzlose Katze (Rumpy), aber wie bei der Manx gibt es in jedem Wurf auch Stumpies und Tiere mit Schwanz. Diese sind zu Ausstellungen nicht zugelassen.

Fell
Lang und dick. Nicht so lang und seidig wie die meisten Halblanghaar-Katzen, aber viel dicker und länger als das der Manx. In allen Farben und Zeichnungen zugelassen.

Augen
Groß und rund. Die Farbe der Augen sollte die des Fells ergänzen.

Tabby-Red-Cymric

Creme Cymric

Merkmale
FELLPFLEGE: täglich
STIMME: still
TEMPERAMENT: mäßig bis hochaktiv
URSPRUNGSLÄNDER: Isle of Man, Großbritannien und USA
VARIANTEN: Alle Farben und Zeichnungen bis auf die der Siamkatzen und der Himalayans erlaubt
RASSE: in Europa und in den USA anerkannt

Rote Cymric

RASSEKATZEN
Halblanghaar

Maine Coon

Ursprung
Wahrscheinlich eine der größten bekannten Katzen. Sie wird oft als die ursprüngliche amerikanische Rasse bezeichnet, aber die Legende besagt etwas anderes. Man glaubt, daß diese Rasse von Marie Antoinette aus Frankreich nach Amerika geschickt wurde, als diese vor der Französischen Revolution über den Atlantik zu fliehen hoffte. Der erste Teil des Namens ist vom amerikanischen Staat Maine abgeleitet, wo die Katze zum erstenmal entdeckt wurde; der zweite Teil erinnert an die üppigen Schwänze, die denen von Waschbären (raccoons) ähneln.

Red Tabby mit Weiß Maine Coon

Charakter
Gutmütig, freundlich, intelligent und spielfreudig. Eine ideale Familienkatze.

Black Tabby
Maine Coon

Körperbau
Kräftig, muskulös, mittelgroß bis groß. Der Kopf ist mittellang mit einer quadratisch wirkenden Schnauze; die großen, aufrechten Ohren stehen weit auseinander. Die Katze besitzt einen langen, spitz zulaufenden Schwanz, stämmige Beine und runde Pfoten.

Fell
Lang, schwer und seidig. Das besondere, wasserabweisende Deckhaar sollte glänzen. Auf dem Kopf ist das Fell kurz, und wird zu den Hinterbeinen und zum Schwanz hin allmählich länger. Die Maine Coon braucht nicht soviel Fellpflege wie andere Halblanghaar.

Augen
Groß und rund, weit auseinander liegend. Sie können grün, golden oder kupferfarben sein; weiße Tiere dürfen auch blaue oder ungleiche Augen haben.

Merkmale
FELLPFLEGE: häufig
STIMME: zirpend, gesprächig
TEMPERAMENT: mäßig bis hochaktiv. Die Katze ist gern im Freien und auf der Jagd.
URSPRUNGSLAND: USA
VARIANTEN: Alle Farben und Zeichnungen außer Chocolate, Lilac und Siamkatzen-/Himalayan-Mustern erlaubt
RASSE: weltweit anerkannt

Silbertabby mit Weiß
Maine Coon

Norwegische Waldkatze

Norwegische Waldkatze, Blautabby und Weiß

Ursprung
Diese beliebte Rasse wurde erstmals in den siebziger Jahren aus Norwegen exportiert, ist also noch ein Neuling bei Katzenausstellungen. Norwegische Legenden erwähnen die Skogatt, eine feengleiche Katze, die senkrechte Felswände erklimmen könne. Es ist richtig, daß die Norwegische Waldkatze äußerst geschickt klettert und etwas ätherisch aussieht; das erklärt vielleicht die Legende. Sagen berichten auch von riesigen Katzen, die Freya, der norwegischen Göttin der Liebe und der Schönheit, gehörten.

Charakter
Extrovertiert, freundlich, liebt aber auch die Unabhängigkeit. Eine wunderbare Familienkatze.

Körperbau
Kräftig gebaut, aber elegant aussehend. Wie die Maine Coon ist die Norwegische Waldkatze größer als die meisten Katzen. Langer Körper, lange Beine und buschiger Schwanz. Langer, dreieckiger Kopf mit geradem Profil. Die Ohren sind hoch mit kleinen Haarbüscheln an der Spitze.

Fell
Lang und glänzend. Das dicke, wasserabweisende Deckhaar liegt auf weicher Unterwolle. Am längsten ist das Fell an den Hinterbeinen, an der Brust und am Hals, und dort auch entsprechend buschig.

Augen
Groß und rund; alle Farben sind erlaubt.

Merkmale
FELLPFLEGE: häufig
STIMME: still
TEMPERAMENT: mäßig bis hochaktiv. Liebt das Freie und die Jagd.
URSPRUNGSLAND: Norwegen
VARIANTEN: Alle Farben und Zeichnungen erlaubt außer Chocolate, Lilac und Siamkatzen-/Himalayan-Mustern
RASSE: weltweit anerkannt

Blacktabby Norwegische Waldkatze mit Jungem

Norwegisches Waldkätzchen

Ragdoll

Ursprung
Die oft erzählte Geschichte über die Entstehung dieser amerikanischen Rasse muß ins Reich der Legenden verwiesen werden. Heißt es doch, eine weiße, perserähnliche, trächtige Katze sei angefahren worden, wobei sie sich ihr Becken gebrochen habe. Deshalb seien die Körper ihrer Jungen schlaff und schmerzunempfindlich geworden. Daß man sie umherwerfen könne wie eine Stoffpuppe, ist also falsch. Gleichwohl verdankt die Rasse diesem Gerücht ihren Namen. Der genaue Ursprung der Ragdoll ist unbekannt. Sie scheint in den sechziger Jahren in Kalifornien aufgetaucht zu sein und ist wahrscheinlich mit der Birma verwandt. Bis die Rasse vom Katzenhalterverein anerkannt wurde, dauerte es einige Jahre.

Charakter
Gutmütig, ruhig, liebevoll und sehr entspannt. Ein ausgezeichnetes Haustier.

Bi-Colour Ragdoll

Seal-Colourpoint Ragdoll

Körperbau
Breitbrüstig, lang, muskulös. Die Rasse hat kräftige, kurze Beine, runde, mit Haarbüscheln versehene Pfoten und einen langen, spitz zulaufenden Schwanz. Der Kopf ist breit und rundwangig. Die Ohren sind mittelgroß und stehen auf dem flachen Schädel weit auseinander.

Fell
Seidig, aber dicht. Das Fell ist mittellang und eng anliegend. Nur die Haare um die Beine und am Schwanz sollten buschig sein. Der Hals sollte eine kleine, aber deutliche Krause aufweisen.

Augen
Mittelgroß und weit auseinander liegend. Farblich möglichst in einem intensiven Blau.

Merkmale
FELLPFLEGE: häufig
STIMME: still
TEMPERAMENT: mäßig aktiv
URSPRUNGSLAND: USA
VARIANTEN: Es gibt die Ragdoll in drei verschiedenen Fellmustern: Colourpoint, mit weißen Handschuhen versehen und Bi-Colour; Farben: Seal, Blau, Chocolate und Lilac sind für alle drei Muster erlaubt.
RASSE: weltweit anerkannt

Seal Ragdoll mit weißen Handschuhen

RASSEKATZEN
Halblanghaar

Somali

Ursprung

Die Somali ist im wesentlichen die halblanghaarige Version der Abessinier (siehe Seite 199) und wurde jahrelang als „Nebenprodukt“ dieser Rasse betrachtet. Züchter, die in einem Abessinier-Wurf ein flaumiges Kätzchen entdeckten, gaben es als Haustier ab. Erst in den sechziger Jahren widmete sich ein Amerikaner der Zucht dieser Rasse. Sie fand in den USA treue Freunde und nahm ab 1978 an Meisterschaften teil. Um 1970 gelangte die Somali auf den europäischen Kontinent. 1980 wurde ein Paar nach England eingeführt, wo die Rasse recht beliebt ist.

Charakter

Intelligent, freundlich und extrovertiert. Aber wie die Abessinier kommt sie mit Katzen anderer Rassen nicht immer gut aus.

Körperbau

Fest und muskulös. Das Tier ist eine mittelgroße, fremdländisch anmutende Katze mit langen Beinen und einem spitz zulaufenden Schwanz. Sein sanft gerundeter Kopf bildet einen nicht sehr ausgeprägten Keil. Die großen Ohren stehen weit auseinander und tragen Haarbüschel.

Fell

Dicht, weich und fein. Die Somali gehört zu den Katzen mit geticktem Fell (siehe Seite 160) – es ist dreimal gebändert und mittellang. Um den Hals sollte es eine Krause aufweisen. Der Schwanz muß voll und so buschig sein, daß er an einen Fuchs erinnert.

Augen

Von der Form her groß und mandelförmig; dabei entweder bernsteinfarben oder gelb.

Wildfarbene Somali mit Kätzchen

Merkmale

Fellpflege: regelmäßig
Stimme: still
Temperament: aktiv
Ursprungsland: USA
Varianten: Wildfarben, Sorrel, Blau, Fawn, diese Farben auch mit Silber. In Großbritannien auch noch Chocolate, Lilac, Rot, Creme, Tortie und Silber (mit allen Farben).
Rasse: weltweit anerkannt

Somali, Fawn-Silber

Wildfarbene Somali

Tiffanie (Großbritannien)

Chocolate Smoke Tiffanie

Ursprung
Die Tiffanie ist eine Katze des Burma-Typs, jedoch mit halblangem Fell. Sie ist ein jüngeres Nebenprodukt des Burmilla-Asian-Zuchtprogramms (siehe Seite 200) und darf alle Farben dieser Gruppe haben. Bei der Paarung von Burmilla mit Burmilla hat sich schließlich das Langhaargen durchgesetzt. Die auf diese Weise entstandene Züchtung heißt in Großbritannien Tiffanie und darf auf keinen Fall mit der US-amerikanischen Tiffany, einer völlig anderen Rasse, verwechselt werden.

Charakter
Freundlich, extrovertiert und intelligent. Die Tiffanie bildet einen Kompromiß zwischen der zurückhaltenden Langhaar und der lebhaften Burma. Wie bei der Burmilla legte man bei der Züchtung nicht allein auf ihr Aussehen, sondern auch auf ihr Wesen großen Wert, was in ihrem Punktestandard festgehalten ist (siehe Seite 156).

Chocolate Silver Tiffanie

Körperbau
Elegant, fest und muskulös. Die Tiffanie besitzt die ausgewogenen Proportionen der Burma.

Fell
Lang, fein und seidig – und zwar ganz besonders an der Halskrause. Der Schwanz sollte mittellang bis lang und dabei sehr buschig sein.

Augen
Weit auseinander liegend, voll und ausdrucksstark. Sie sollten leicht schräg stehen. Dabei sind sie weder mandelförmig noch wirklich rund. Farblich variieren die Augen je nach Fellton zwischen Grün, Gelb oder Chartreuse.

Merkmale
FELLPFLEGE: regelmäßig
STIMME: ziemlich still
TEMPERAMENT: sehr lebhaft
URSPRUNGSLAND: Großbritannien
VARIANTEN: die Tiffanie darf – uni oder schattiert – alle Farben und Muster der Burmilla-Asian-Gruppe tragen; Tabby-Farben wie Schwarz, Chocolate, Rot, Blau, Lilac, Creme, Caramel, Apricot, Schwarze Tortie, Blaue Tortie, Chocolate Tortie, Lilac Tortie und Caramel Tortie
RASSE: in Großbritannien anerkannt

Brown Smoke Tiffanie

Türkisch Van

Türkisch Van

Ursprung

Diese alte Rasse entstand, indem sich über viele Generationen hinweg heimische Tiere auf natürliche Weise paarten, und nicht etwa aufgrund eines lokalen Zuchtprogramms. Ihr Ursprung liegt im türkischen Hochland in der Gegend des Van-Sees. Man nennt sie auch Türkische Schwimmkatze, weil sie eine natürliche Vorliebe für Wasser hat und im Gegensatz zu den meisten ihrer Artgenossen gern schwimmt. Sie ist auf beiden Seiten des Atlantiks beliebt; in Westeuropa kennt man sie seit den fünfziger Jahren. Die rotbraun-weiße Variante ist vorherrschend, aber inzwischen sind ebenso andere Schattierungen – wenn auch nicht einstimmig – zugelassen. In der Türkei selbst bevorzugt man weiße Exemplare.

Charakter

Still, freundlich, gutmütig und intelligent.

Körperbau

Langer, stämmiger Körper mit kräftigen Beinen. Die behaarten Pfoten sind wohlgeformt, der Schwanz sollte proportional zur Körperlänge sein. Der Kopf ist keilförmig mit langer, gerader Nase. Hoch angesetzt und gut behaart sind die mittelgroßen Ohren.

Fell

Lang, weich und seidig. Das jeweils individuelle Muster sollte sich auf den Kopf beschränken, der typischerweise eine weiße Blesse besitzt. Der Rest des Körpers sollte kalkweiß sein, ohne Vergilbungen oder andere Schattierungen.

Augen

Groß und oval; bernsteinfarben (mittlerer bis heller Ton), außer in den Varianten mit ungleichen oder blauen Augen.

Merkmale

Fellpflege: häufig, im Sommer seltener

Stimme: still

Temperament: mäßig bis hochaktiv; diese Rasse liebt Schwimmen und Planschen

Ursprungsland: Türkei

Varianten: Rotbraun (Auburn), Creme; beide Fellfarben mit bernsteinfarbenen, blauen oder ungleichen Augen; in manchen Clubs auch schwarze und blaue Katzen, Schildpatt und Tabbys.

Rasse: weltweit anerkannt

Türkisch Van und Kätzchen

Britisch Schwarz

Ursprung
Die britische Kurzhaar soll in der Antike von römischen Soldaten eingeführt worden sein. Inzwischen wird die Katze als urbritisch empfunden. Innerhalb dieser Gruppe gibt es zahlreiche Farben und Zeichnungen, und die Britisch Schwarz mit ihrem dichten und glänzenden Fell ist eine der beliebtesten Varianten.

Charakter
Gutmütig, sanft und anspruchslos.

Körperbau
Breitbrüstig, kräftig und solide gebaut. Die Ohren sind klein und stehen weit auseinander.

Fell
Glänzend, kurz und dicht. Die Farbe sollte ohne rötliche Schattierung bis zu den Haarwurzeln reichen.

Augen
Groß, rund und weit auseinander liegend; dunkelorange oder auch kupferfarben.

Merkmale
FELLPFLEGE: regelmäßig
STIMME: still
TEMPERAMENT: mäßig aktiv
URSPRUNGSLAND: Großbritannien
RASSE: weltweit anerkannt

Britisch Creme

Ursprung
Das kürzere Sommerfell dieser Variante zeigt manchmal Spuren der Tabby-Zeichnung, die von den frühen Creme-Katzen stammen. Dieser Fehler wurde durch ein gezieltes Zuchtprogramm reduziert.

Charakter
Anhänglich, gutmütig und anspruchslos.

Körperbau
Solide, kräftig und breitbrüstig mit kurzen, stämmigen Beinen. Auf dem kurzen, runden Kopf sitzen kleine, weit auseinander stehende Ohren.

Britisch Creme

Britisch Creme

Fell
Plüschartig, kurz und dicht. Farblich ein gleichmäßiges, blasses Creme mit sowenig Zeichnung wie möglich.

Augen
Groß, rund und weit auseinander liegend; in dunklem Orange oder Kupfer.

Merkmale
FELLPFLEGE: regelmäßig
STIMME: still
TEMPERAMENT: mäßig aktiv
URSPRUNGSLAND: Großbritannien
RASSE: weltweit anerkannt

Britisch Blau

Britisch Blau

Ursprung
Wahrscheinlich die bekannteste und beliebteste Katze der gesamten Gruppe. Die Britisch Blau ist eine der frühesten einfarbigen Rassen. Sie wurde bereits im 19. Jahrhundert unter Verwendung blauer Mischlinge gezüchtet. Im Zweiten Weltkrieg allerdings bestand ein Mangel an erstklassigen Deckkatern. Aus diesem Grund mußten langhaarige blaue Kater herangezogen werden. Es bedurfte einer mehrjährigen Anstrengung der Züchter, bis die Rasse ihre frühere Pracht wieder erreichte. Eine ähnliche Rasse, sie trägt den Namen Kartäuser (siehe Seite 238), ist auf dem europäischen Kontinent und in Nordamerika bekannt.

Charakter
Gutmütig, liebevoll, sanft und anspruchslos. Diese Rasse neigt allerdings zu Trägheit, da sie gern reichlich frißt. Ihr Gewicht sollte gewissenhaft überwacht werden.

Körperbau
Eine solide, kräftige Rasse mit kurzen, stämmigen Beinen. Charakteristisch sind volle Wangen sowie kleine, unbehaarte und weit angesetzte Ohren.

Fell
Das Fell ist dicht, kurz und plüschig. Die Farbe sollte mittleres bis helles Blau sein, kein Silber enthalten und bis zu den Haarwurzeln reichen.

Britisch-Blau-Kätzchen

Augen
Groß, rund und weit auseinander liegend. Als Farben sind tiefes Orange oder Kupfer möglich.

Merkmale
Fellpflege: regelmäßig
Stimme: still
Temperament: mäßig aktiv
Ursprungsland: Großbritannien
Rasse: weltweit anerkannt

Britisch Blau

Britisch Chocolate

Ursprung
Sie wurde stets für Auskreuzungen im Colourpoint Zuchtprogramm eingesetzt (siehe Seite 191) und ist selbst ein Produkt dieses Programms. Die Chocolate besitzt oft das Gen des „Himalayan"-Fellmusters (siehe Seite 172) und ist deshalb sehr wichtig für die Zucht der verschiedenen Colourpoint-Farben.

Charakter
Anhänglich, gutmütig, anspruchslos. Diese Rasse frißt gern viel, so daß ihr Gewicht überwacht werden muß.

Körperbau
Solide und kräftig, breitbrüstig mit kurzen, stämmigen Beinen. Das Gesicht ist rund und vollwangig, die Ohren sind klein und weit angesetzt.

Fell
Dick, plüschähnlich und kurz. Die Farbe sollte ein tiefes und gleichmäßiges Chocolate sein, ohne Zeichnungen und Schattierungen. Sie sollte bis zu den Haarwurzeln reichen.

Britisch Chocolate

Augen
Groß, rund, weit auseinander liegend; tief orange- oder kupferfarben.

Merkmale
FELLPFLEGE: regelmäßig
STIMME: still
TEMPERAMENT: mäßig aktiv
URSPRUNGSLAND: Großbritannien
RASSE: weltweit anerkannt

Britisch-Chocolate-Kätzchen

Britisch Chocolate

Britisch Lilac

Britisch Lilac

Ursprung
Man sieht diese neuere Züchtung oft auf Katzenausstellungen. Wie die Chocolate ist auch sie ein Produkt der Colourpoint-Zucht (siehe Seite 191). Viele Züchter schätzen sie als Ergänzung zum Genpool der Colourpoint, doch sie selbst ist auch eine sehr anziehende Katze.

Charakter
Anhänglich, freundlich, sanft und anspruchslos. Wie die Chocolate kann auch die Lilac zuviel fressen; ihr Gewicht muß daher überwacht werden.

Körperbau
Solid, kräftig, breitbrüstig mit kurzen, stämmigen Beinen. Gesicht rund, vollwangig. Ohren tief angesetzt.

Fell
Dick, kurz, plüschartig. Rosaschimmerndes, kaltes Grau, das bis zur Haarwurzel durchgefärbt ist; es gibt keine Schattierungen oder Zeichnungen.

Augen
Groß und rund; tief orange oder kupferfarben

Merkmale
FELLPFLEGE: regelmäßig
STIMME: still
TEMPERAMENT: mäßig aktiv
URSPRUNGSLAND: Großbritannien
RASSE: weltweit anerkannt

Britisch Lilac

Britisch Weiß

Ursprung
Die Katzen scheinen zwar ein leuchtendweißes Fell zu haben, verraten ihre genetische Herkunft jedoch manchmal durch schwache Markierungen am Kopf. Ein weißes Kätzchen, das das blaue Gen in sich trägt, kann schwachblaue Markierungen am Kopf aufweisen. Wie die weiße Perser gibt es die Britisch Weiß in drei Varianten: blauäugig, orangeäugig, odd-eyed (verschiedenfarbige Augen). Wenn die Katze ins Freie darf, muß sie von Zeit zu Zeit gebadet werden, um reinweiß zu bleiben.

Charakter
Anhänglich, gutmütig, anspruchslos. Wie andere Britisch Kurzhaar frißt sie gern viel; ihr Gewicht muß daher überwacht werden.

Körperbau
Breitbrüstig, solide und untersetzt mit kurzen, kräftigen Beinen. Kopf schön gerundet und vollwangig, Ohren klein, unbehaart, weit angesetzt.

Fell
Plüschartig, dicht und kurz. Es sollte glänzend reinweiß sowie ohne Anflug von Gelb und ohne Markierung sein. Bei Kätzchen sind schwache Kopfmarkierungen erlaubt.

Augen
Groß und rund; sie sollten tief saphirblau oder tief orangefarben oder kupferfarben sein. Dabei können die Augen auch verschiedenfarbig sein.

Britisch Weiß mit verschiedenfarbigen Augen

Merkmale
FELLPFLEGE: regelmäßig
STIMME: still
TEMPERAMENT: ausgeglichen
URSPRUNGSLAND: Großbritannien
RASSE: weltweit anerkannt

Britisch Weiß mit orangefarbenen Augen

Britisch Bi-Colour

Ursprung
Die zweifarbige britische Kurzhaar tauchte erstmals im späten 19. Jahrhundert auf. Mit ihrem auffallenden Fell aus weißen und farbigen Flecken war die Britisch Bi-Colour stets beliebter als die zweifarbige Perser.

Charakter
Anspruchslos, liebevoll und gutmütig.

Körperbau
Kräftig und breitbrüstig mit kurzen, stämmigen Beinen. Der Kopf ist vollwangig und rund, die Ohren sind klein und weit voneinander angesetzt.

Fell
Plüschartig, kurz und dicht. Ein Drittel bis die Hälfte des Fells soll weiß sein. Symmetrie ist erwünscht, aber nicht Bedingung.

Augen
Groß, rund, leuchtend und weit auseinander liegend; in dunklem Gold oder kupferfarben.

Merkmale
FELLPFLEGE: regelmäßig
STIMME: still
TEMPERAMENT: eher ruhig
URSPRUNGSLAND: Großbritannien
VARIANTEN: Schwarz, Blau, Chocolate, Lilac, Rot, Creme und alle Tortie-Farben
RASSE: weltweit anerkannt

Britisch Colourpoint

Ursprung
Das „Himalayan"-Muster (siehe Seite 192) der Siamkatzen wurde erstmals in den siebziger Jahren, mit Colourpoint-Langhaarkatzen, in ein Britisches Kurzhaar-Zuchtprogramm eingeführt. Diese eigneten sich vom Typ her besser als die Siamesen. Die ersten Britisch Colourpoint hatten ziemlich flaumiges Fell, wurden aber weiter mit Britisch Kurzhaar gekreuzt. Die heutige Katze hat den echten britischen Typ und dazu das Colourpoint-Muster.

Charakter
Anspruchslos und entspannt, gutmütig, anhänglich und sanft. Die Colourpoint ist manchmal extrovertierter als andere britische Farbschläge.

Körperbau
Untersetzt und kräftig mit breiter Brust und kurzen, stämmigen Beinen. Der Kopf ist rund, breit und vollwangig, mit kleinen, weit angesetzten Ohren.

Fell
Kurz und dicht, plüschähnlich. Die Colourpoints, die nur auf Gesicht, Ohren, Beinen und Schwanz erscheinen dürfen, sollten deutlich mit der blassen Farbe des Rumpfs kontrastieren.

Augen
Groß, rund und leuchtend; blau.

Merkmale
FELLPFLEGE: regelmäßig
STIMME: still
TEMPERAMENT: mäßig aktiv
URSPRUNGSLAND: Großbritannien
VARIANTEN: Seal, Blau, Chocolate, Lilac, Rot, Creme, alle Farben von Tortie, Tabby und Tortie-Tabby, und in einigen Clubs auch die Silber-/Smoke-Version all dieser Farben
RASSE: weltweit anerkannt

Britisch Smoke

Ursprung
Die Britisch Smoke, höchstwahrscheinlich eine Kreuzung zwischen Silbertabbies und einfarbigen Britisch Kurzhaar, trat erstmals im späten 19. Jahrhundert auf. Auf den ersten Blick sieht die Katze einfarbig aus. Bewegt sie sich, blitzt jedoch die blaßsilberne Unterwolle hervor – dieser Kontrast macht die Rasse so beliebt.

Charakter
Gutmütig und liebevoll. Die Tiere sind anspruchslos – von ihrem gehörigen Appetit einmal abgesehen.

Körperbau
Breitbrüstig und kräftig mit kurzen, stämmigen Beinen. Der Kopf ist breit und vollwangig; auffällig die kleinen, weit auseinander stehenden Ohren.

Fell
Kurz, dicht und plüschartig. Die attraktive, blaßsilberne Unterwolle liegt eng an der Haut an.

Augen
Sie sind groß, rund und leuchtend; farblich sind Kupfer, Gold oder Orange möglich.

Merkmale
FELLPFLEGE: regelmäßig
STIMME: still
TEMPERAMENT: mäßig aktiv
URSPRUNGSLAND: Großbritannien
VARIANTEN: Schwarz, Blau, Chocolate, Lilac, Rot, Creme und die Tortie-Varianten der Einfarbigen
RASSE: in den meisten Ländern anerkannt

Britisch Tipped

Ursprung
Die Britisch Tipped, eine verhältnismäßig junge Züchtung, wurde erst 1978 anerkannt. Inzwischen erfreut sie sich wachsender Beliebtheit. Ihr auffallend getipptes Fell ist das Ergebnis einer langen und komplizierten Zucht: In deren Verlauf wurden Britisch Kurzhaar Blau (siehe Seite 187) und Smokes über mehrere Generationen mit Langhaar-Chinchillas (siehe Seite 168) gekreuzt.

Charakter
Anspruchslos, gutmütig und anhänglich. Die Katze frißt ausgesprochen gern und neigt daher zu Übergewicht.

Körperbau
Kräftig und breitbrüstig mit kurzen und stämmigen Beinen. Der Kopf des Tieres sollte breit und rund sein und kleine, behaarte sowie weit angesetzte Ohren aufweisen. Die Tipped hat einen feineren Knochenbau als andere Varianten der Britisch.

Fell
Kurz, dicht und plüschartig. Die blaßsilberne Unterwolle sollte leicht und gleichmäßig in einer der zugelassenen Farben getippt sein. Das Tipping schimmert, wenn sich die Katze bewegt.

Augen
Groß, rund; meist kupfer- oder orangefarben; Schwarz Getippte und Goldene sollten grüne Augen haben.

Merkmale
FELLPFLEGE: regelmäßig
STIMME: still
TEMPERAMENT: mäßig aktiv
URSPRUNGSLAND: Großbritannien
VARIANTEN: Schwarz, Blau, Chocolate, Lilac, Rot, Creme, Tortie und die nichtsilbernen Varianten, Golden
RASSE: weltweit anerkannt

Britisch Tabby

Ursprung
Die Tabby-Zeichnung erscheint schon in altägyptischen Katzendarstellungen. Kurzhaarige braune Tabbies gehören zu den ältesten bekannten Rassen. Man glaubt, daß die Katzen im 1. Jahrhundert mit römischen Legionen vom europäischen Kontinent nach Britannien kamen. Es gibt sie in vielen Farben, sowohl gestromt als auch getigert. Die beliebteste Variante ist wohl die Silber-Tabby.

Charakter
Gutmütig, anhänglich und sanft. Tabbies sind häufig extrovertierter als einfarbige Tiere.

Körperbau
Breitbrüstig, kräftig und muskulös mit kurzen, stämmigen Beinen. Silbervarianten sind oftmals leichter gebaut. Der Kopf ist vollwangig, rund und breit mit kleinen, behaarten, weit auseinander stehenden Ohren.

Fell
Dicht, kurz, plüschartig. Die Grundfarbe sollte blaß sein und die Hauptfarbe reflektieren. Bei den Silberkatzen wird als Grundfarbe deutliches Silber verlangt. Die gestromte Tabby trägt ein deutliches M auf der Stirn, „Austern"-Markierungen auf den Flanken sowie ein Schmetterlingsmuster über den Schultern; der Schwanz sollte beringt sein und die Zeichnung des Tigermusters aus einer Reihe vertikaler Streifen bestehen.

Britisch Kurzhaar Silber-Tabbies

Augen
Sie sind groß, rund und leuchtend; bei den meisten Varianten tieforange oder kupfern. Die Schwarz- bzw. Silber-Tabby sollte jedoch haselnußbraune oder grüne Augen haben.

Merkmale
FELLPFLEGE: regelmäßig
STIMME: still
TEMPERAMENT: mäßig aktiv
URSPRUNGSLAND: Großbritannien
VARIANTEN: Schwarz, Blau, Chocolate, Lilac, Rot, Creme, Tortie und Silbervariationen
RASSE: weltweit anerkannt

Britisch Kurzhaar Tortie-Tabby

Britisch Kurzhaar Red Tabby

Britisch Kurzhaar Silber-Tabby

Britisch Spotted

Ursprung
Mit ihrem Fell, das an das von Wildkatzen erinnert, gehört die Spotted eigentlich zu den Varianten der Britisch Tabby. Allerdings unterscheidet sie sich so deutlich von dieser, daß sie separat klassifiziert wurde. Die Spotted ist sehr beliebt – begehrt ist vor allem die prächtigste Variante mit Silber. Ihr schönes Fell und ihr freundliches Wesen machen sie zu einer der attraktivsten Britisch Kurzhaar.

Charakter
Im allgemeinen anspruchslos und anhänglich. Die Spotted ist meist extrovertierter als einfarbige Tiere.

Körperbau
Kräftig und muskulös; der Körper ruht auf kurzen und stämmigen Beinen. Der Kopf ist rund, breit und vollwangig mit kleinen, behaarten sowie weit auseinander stehenden Ohren. Die Silbertypen verfügen in der Regel über einen feineren Knochenbau als die anderen Varianten.

Fell
Dicht, kurz und plüschartig. Auf Körper und Kopf verteilt finden sich zahlreiche klar voneinander abgegrenzte Tupfen. Die Stirn sollte ein M auf blassem, bei Silberkatzen auf silbernem Untergrund zeigen.

Augen
Groß, rund und leuchtend; dunkelorange- oder kupferfarben bei nahezu allen Varianten. Nur bei den Silbervarianten kommen grüne oder haselnußbraune Augen vor.

Merkmale
FELLPFLEGE: regelmäßig
STIMME: still
TEMPERAMENT: mäßig aktiv
URSPRUNGSLAND: Großbritannien
VARIANTEN: Schwarz, Blau, Chocolate, Lilac, Rot, Creme, Tortie und die jeweiligen Silbervarianten
RASSE: weltweit anerkannt

Britisch Schildpatt (und Blau-Creme)

Ursprung
Die Farbverteilung im Fell, die sich von Katze zu Katze unterscheidet, macht die Schildpatt zu einer attraktiven Variante, die es in vielen verschiedenen Farben gibt. Wie bei allen Schildpatt (auch Torties genannt) sind die meisten der Tiere Weibchen. Hin und wieder werden Kater geboren, diese sind jedoch für gewöhnlich unfruchtbar.

Charakter
Liebevoll und gutmütig. Wie alle Torties etwas anspruchsvoller als andere Kurzhaar.

Körperbau
Breitbrüstig und kräftig mit kurzen, aber stämmigen Beinen. Der runde und zugleich breite Kopf weist recht kleine, behaarte Ohren auf.

Fell
Es ist dicht, kurz und plüschartig. Die jeweilige Grundfarbe sollte gleichmäßig mit Rot oder Creme vermengt sein. Größere Farbflecken sind unerwünscht, eine kleine Blesse auf der Nase ist allerdings erlaubt.

Augen
Groß, rund und leuchtend; tiefes Gold oder Kupfer.

Merkmale
FELLPFLEGE: regelmäßig
STIMME: still
TEMPERAMENT: mäßig aktiv
URSPRUNGSLAND: Großbritannien
VARIANTEN: Schwarz, Blau, Chocolate und Lilac; die Blaue wird Blau-Creme genannt
RASSE: weltweit anerkannt

Amerikanisch Kurzhaar

Ursprung

Diese Rasse, die eng mit der Britisch Kurzhaar verwandt ist, wurde wahrscheinlich 1602 von englischen Siedlern auf der Mayflower mit in die USA gebracht. Andere Katzenrassen wurden von französischen und holländischen Siedlern importiert. Sie paßten sich ihrer neuen Heimat schnell an und entwickelten sich anders als ihre europäischen Vorfahren. Die Hauskatzen im Norden Amerikas wurden größer und kräftiger. Aufgrund der kälteren Winter wuchs ihnen ein dickeres Fell. 1904 begannen die Amerikaner ein Zuchtprogramm auszuarbeiten, das die Vorzüge der lokalen Katzen hervorhob. Zunächst wurde noch jede Katze, die dem Standard entsprach, anerkannt, doch inzwischen ist dies nicht mehr der Fall. Die Rasse wurde bis 1965 Heimische Kurzhaar genannt; um sie von der Britisch Kurzhaar zu unterscheiden und sie von den anderen Hauskatzen abzugrenzen, erhielt sie später ihren heutigen Namen.

Charakter

Extrovertiert, intelligent, liebevoll und gutmütig. Diese Rasse jagt gern und mit Geschick.

Körperbau

Muskulös und schwer. Der Körper gleicht dem der Britisch Kurzhaar, ist aber langgestreckter und weist längere Beine, einen größeren Kopf und größere Ohren auf.

Fell

Kurz und dicht; dicker als dasjenige der Britisch Kurzhaar.

Augen

Groß und leuchtend; farblich zum Fell passend.

Gestromter Silber-Tabby – Amerikanisch Kurzhaar

Merkmale

FELLPFLEGE: regelmäßig
STIMME: still
TEMPERAMENT: mittel- bis hochaktiv
URSPRUNGSLAND: USA
VARIANTEN: in allen Farben und Mustern zugelassen
RASSE: in den USA anerkannt

Red Tabby – Amerikanisch Kurzhaar

Red Tabby – Amerikanisch Kurzhaar

Manx

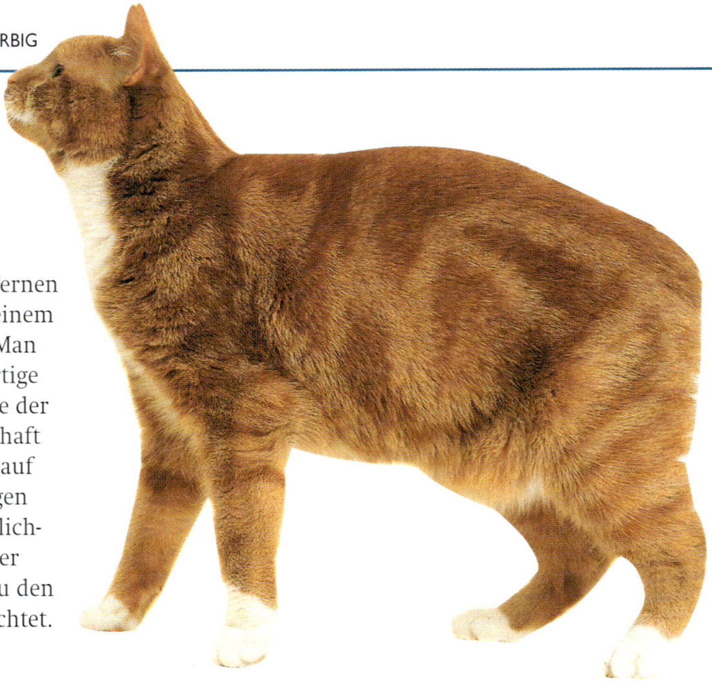
Manx Red Tabby mit Weiß

Ursprung

Um den Ursprung der schwanzlosen und stummelschwänzigen Katzenrassen ranken sich eine Menge Geschichten. Viele dieser Arten stammen aus dem Fernen Osten. Eine der Legenden besagt, daß die Tiere mit einem Schiff der Ostindischen Gesellschaft auf der Isle of Man angekommen seien. In einer anderen heißt es, derartige Katzen seien 1588 von einer schiffbrüchigen Galeone der spanischen Armada an Land geschwommen. Scherzhaft sagt man, die Manx sei erst im allerletzten Moment auf die Arche gegangen – Noah habe die Tür zugeschlagen und ihr den Schwanz abgeklemmt. Am wahrscheinlichsten ist, daß sie aus einer zufälligen Mutation auf der Isle of Man hervorgegangen ist. Die Manx gehörte zu den ersten anerkannten Rassen und wird weltweit gezüchtet.

Charakter

Liebevoll, gutmütig und intelligent.

Körperbau

Gut gerundet, häufig mit längeren Hinter- als Vorderbeinen, so daß die Tiere wie Kaninchen hoppeln. Sie verfügen über einen mittellangen und runden Kopf mit starken Wangen und einer geraden, breiten Nase. Das auffallendste Merkmal der Manx, auch Rumpy genannt, ist das Fehlen des Schwanzes. Aber nicht alle Manx sind gänzlich schwanzlos – die Stumpy hat einen kleinen Stummelschwanz. Zu Zuchtzwecken setzt man sogar Tiere mit Schwanz ein.

Fell

Kurz, sehr dick mit watteartiger Unterwolle. Alle Farben und Muster – außer der Colourpoint – sind zugelassen.

Augen

Groß und rund; die Farbe sollte zum Fell passen.

Merkmale

FELLPFLEGE: täglich
STIMME: still
TEMPERAMENT: mäßig bis hochaktiv
URSPRUNGSLAND: Großbritannien (Isle of Man)
VARIANTEN: alle Farben und Muster
RASSE: weltweit anerkannt

Weiße Manx mit Schwanz

Farbige Manx

Weiße Stumpy Manx

Exotic Kurzhaar

Ursprung

Die Exotic Kurzhaar wurde in den sechziger Jahren aus der Amerikanisch Kurzhaar und der Perserkatze entwickelt. Später wiederholte man dieses Zuchtprogramm in England mit der Britisch Kurzhaar. Das Auffällige an der Rasse ist, daß sie dem Perser-Standard entspricht, dabei aber kurzhaarig ist. Sie ist ideal für Menschen, die das kurze Gesicht und den kräftigen Typ der Perser lieben, aber nicht soviel Zeit für deren Fellpflege aufbringen können oder wollen.

Charakter

Gutmütig, freundlich, anhänglich und dabei anspruchslos.

Körperbau

Gut bemuskelt, kräftig und mittelgroß. Breitbrüstig mit dicken, kurzen Beinen. Der Kopf ist groß und rund mit kurzer Stupsnase und kleinen, weit auseinander stehenden Ohren.

Fell

Weich, dicht und plüschartig. Ein wenig länger als das Fell der Britisch Kurzhaar.

Augen

Groß, rund und weit auseinander liegend; die Farbe sollte zu der des Fells passen.

Merkmale

FELLPFLEGE: häufig
STIMME: still
TEMPERAMENT: ruhig bis mäßig aktiv
URSPRUNGSLAND: USA
VARIANTEN: alle Perserfarben und -muster sowie Spotted Tabbies
RASSE: weltweit anerkannt

Red Tabby Exotic Kurzhaar

Blaue Bi-Colour Exotic Kurzhaar

Blau-Creme Tabby Exotic Kurzhaar

Scottish Fold

Ursprung
Die nach vorn gefalteten Ohren dieser Rasse gehen auf eine Mutation zurück, die in den sechziger Jahren bei einer schottischen Bauernkatze entdeckt wurde. Als sie zwei Kätzchen mit ebenfalls gefalteten Ohren warf, nahm ein Schäfer eines zu sich und begann, eine neue Rasse zu züchten. 1971 wurden mehrere dieser Tiere in die USA geschickt, wo sie sich einer rasch wachsenden Beliebtheit erfreuten. Andernorts weigerte man sich hingegen, die Rasse anzuerkennen: Das Gen, das die Faltohren verursacht, kann nämlich auch zu Skelettdeformationen führen. Diese lassen sich allerdings vermeiden, wenn man auf Inzucht verzichtet und Scottish Folds nur mit Katzen kreuzt, die normale Ohren aufweisen.

Charakter
Gutmütigkeit und Sanftmut gehören zu ihren Vorzügen.

Körperbau
Gedrungen und breitbrüstig wie andere britische Katzen, aber mit einem etwas flacheren Schädel. Dieser verleiht dem Kopf des Tieres – zusammen mit den Faltohren – seine hübsche runde Gestalt. Die Katze hört offenbar trotz ihrer merkwürdigen Ohren ausgezeichnet.

Fell
Dicht, dick und elastisch. Das Fell gleicht in etwa dem der Manx. Es existieren auch Langhaarvarianten der Scottish Fold.

Augen
Ungewöhnlich groß und rund, fast eulenartig; die Farbe sollte zur Fellfarbe passen.

Merkmale
FELLPFLEGE: regelmäßig
STIMME: still
TEMPERAMENT: mäßig aktiv
URSPRUNGSLAND: Großbritannien
VARIANTEN: alle Farben und Muster sind zugelassen
RASSE: in den USA und in Europa anerkannt

Schwarze Bi-Colour Scottish Fold

Blau-Creme Scottish Fold

Blaue Bi-Colour Scottish Fold

Abessinier

Ursprung

Die Abessinier ist eine altbekannte Rasse, die über die Jahre hinweg nicht wesentlich verändert wurde – mit der Ausnahme, daß es sie jetzt in vielen Farben gibt. Man nimmt an, daß die Abessinier ursprünglich von Soldaten, die aus dem englisch-abessinischen Krieg zurückkehrten, von Afrika nach Europa gebracht worden sind. Das war 1868. Katzenmumien aus ägyptischen Gräbern sind ähnlich gebaut wie Abessinier, deren deutlich geticktes Fell dem afrikanischer Wildkatzen gleicht. Abessinier wurden gegen 1900 in Europa als Rasse anerkannt, 1907 schickte man ein paar Tiere nach Nordamerika.

Charakter

Intelligent, freundlich, extrovertiert. Diese Katzen brauchen Menschen und Artgenossen als Gesellschaft, verstehen sich aber nicht immer mit Tieren anderer Rassen.

Körperbau

Elegant und graziös mit langen, schlanken Beinen und einem spitz zulaufenden Schwanz. Der Kopf ist keilförmig und weist hinter den Augen häufig eine dunkle Linie auf. Die großen, konkaven Ohren werden an der Spitze von einem Haarbüschel gekrönt.

Fell

Kurz und eng anliegend. Es fühlt sich zwar fein, aber nicht weich an. Die Haare sollten mindestens vierfach gebändert sein. Zusätzlich zur üblichen Wildfarbe sind inzwischen auch andere Töne zugelassen.

Sorrel-Abessinier

Augen

Groß, mandelförmig und weit auseinander liegend; die Farbe kann Bernstein, Haselnuß oder auch Grün sein.

Merkmale

Fellpflege: selten nötig, außer bei Fellwechsel
Stimme: still
Temperament: aktiv
Ursprungsland: Abessinien (Äthiopien)
Varianten: Wildfarben, Sorrel, Blau, Fawn, diese Farben auch mit Silber. In Großbritannien auch noch Chocolate, Lilac, Rot, Creme, Tortie und Silber (mit allen Farben).

Blaue Abessinier

Wildfarben

Burmilla

Ursprung

Die Entstehungsgeschichte dieser jungen und bezaubernden Rasse klingt wie ein modernes Märchen: Die Baronesse Miranda von Kircherg besaß einen Chinchilla-Kater und ein Burma-Weibchen. Dieses war rollig und deshalb im Studierzimmer eingeschlossen worden. Als die Haushälterin hörte, wie der Chinchilla nach seiner geliebten Burma-Katze schrie und an der Tür des Studierzimmers kratzte, ließ sie ihn hinein. Das Ergebnis dieser Zufallskreuzung machte Geschichte: 1981 wurde ein entzückender Wurf Kätzchen geboren. Sie waren derartig schön, daß die Baronesse beschloß, ein Zuchtprogramm zu erstellen. Aus diesem ging schließlich eine ganze Gruppe hervor, die jetzt die Asian (siehe Seite 201–202), die Bombay (siehe Seite 203) und die Tiffanie (siehe Seite 184) einschließt.

Braun Shaded Burmilla

Charakter

Gutmütig und intelligent. Diese Rasse liebt die menschliche Gesellschaft und ist weit weniger anspruchsvoll als die Burma, allerdings extrovertierter als die Chinchilla.

Körperbau

Gut bemuskelt, kräftig mit dem eleganten Aussehen des Burma-Typs. Die Hinterbeine sind länger als die Vorderbeine. Der Schwanz verläuft zu einer gerundeten Schwanzspitze und sollte im Vergleich zum Körper eine wohlproportionierte Länge aufweisen. Charakteristisch sind der sanft gerundete Schädel und die keilförmige Schnauze. Die Ohren sind mittellang und stehen weit auseinander.

Fell

Kurz, fein und eng anliegend. Die Unterwolle sollte möglichst blaß sein und ein gleichmäßiges Tipping sowie ein deutliches M auf der Stirn aufweisen.

Augen

Mäßig orientalische Form, weder mandelförmig noch rund; sie können jede Farbe zwischen Gelb und Grün haben, jeweils abhängig von der Fellfarbe.

Merkmale

FELLPFLEGE: kaum nötig
STIMME: gesprächig
TEMPERAMENT: aktiv
URSPRUNGSLAND: Großbritannien
VARIANTEN: Schwarz, Blau, Chocolate, Lilac, Caramel, Rot, Creme, Apricot und die entsprechenden Torties; sie werden in Silber und den Standardversionen zugelassen
RASSE: in Europa einschließlich Großbritannien anerkannt

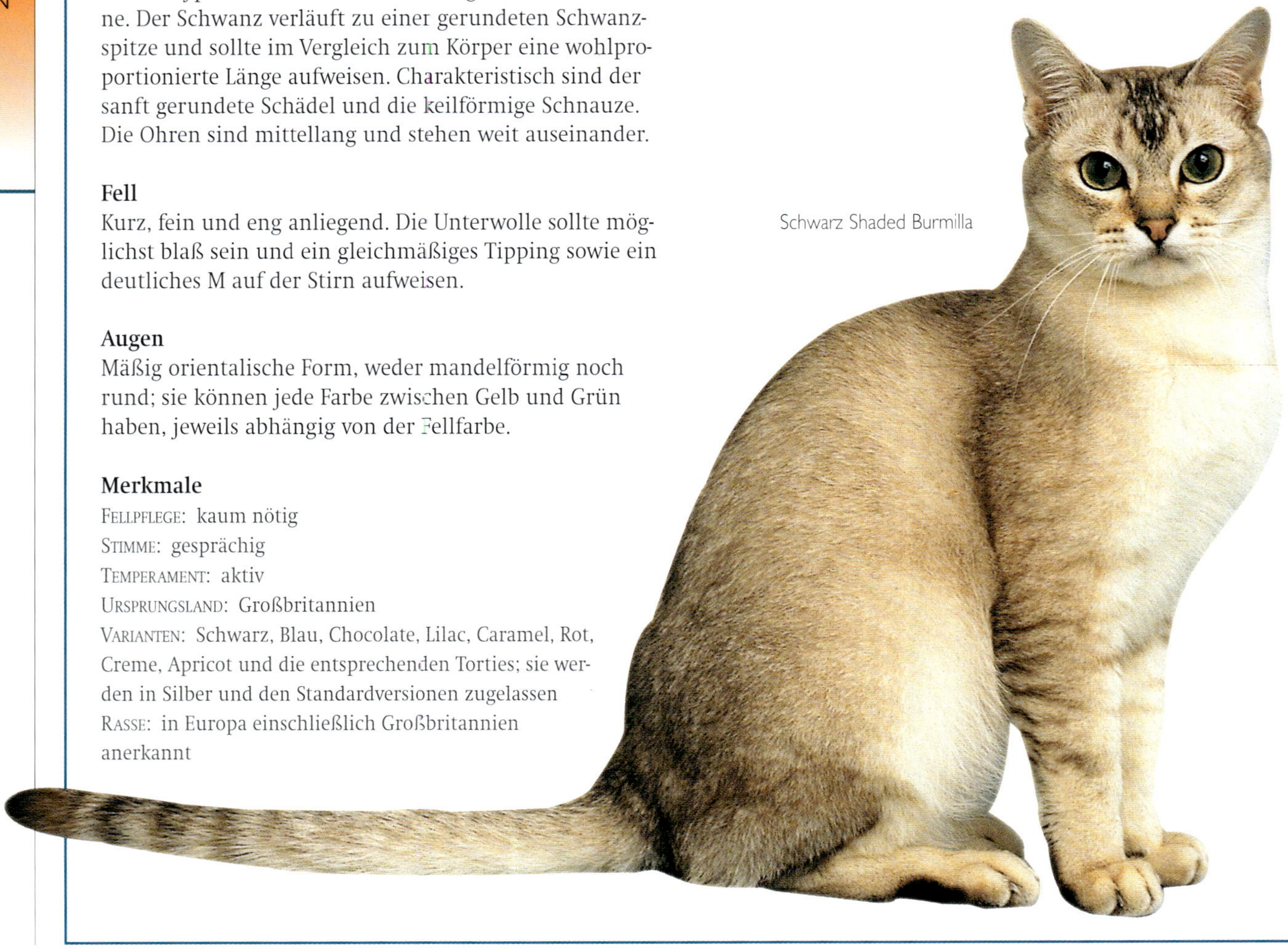

Schwarz Shaded Burmilla

Asian Smoke

Chocolate Asian Smoke

Ursprung

Diese Rasse ist ähnlichen Ursprungs wie die Burmilla: Frühe Generationen wurden mit der Burma (siehe Seite 226) sowie mit der Chinchilla gekreuzt (siehe Seite 168). Mit anderen Arten dieser Herkunft wird sie meist in der Gruppe der Asian zusammengefaßt. Die Baronesse von Kirchberg nannte diese Katzen ursprünglich Burmoiré, und zwar wegen ihrer blaßsilbernen Unterwolle unter dem dunklen Deckhaar und der sehr schwachen Tabby-Zeichnung, die an gewässerte Seide, Moiré, erinnert. Als die Beliebtheit der Asian-Gruppe zunahm, bevorzugte man einen informativeren Namen. Genetisch gesehen eine silberne, Non-Agouti-Variante der Asian, wird sie jetzt Asian Smoke genannt.

Charakter

Gutmütig, intelligent, verspielt, athletisch.

Körperbau

Es handelt sich um eine kurzhaarige Katze des Burma-Typs, deren Körper von mittlerer Länge und gut bemuskelt ist. Ihre Hinterbeine sind länger als ihre Vorderbeine. Eine runde Spitze bildet den Abschluß des Schwanzes. Der Kopf ist keilförmig und sollte einen sanft gerundeten Schädel mit mittelgroßen, weit angesetzten Ohren aufweisen.

Fell

Kurz, glatt und eng anliegend. Die silberne Unterwolle sollte mindestens ein Drittel, aber nicht mehr als die Hälfte jeden Haarschafts ausmachen; der Rest sollte die dunklere Grundfarbe aufweisen.

Augen

Leicht orientalisch geschnitten, voll und ausdrucksstark. Die Augen liegen weit auseinander und werden in vielen Farben anerkannt. Von Gelb über Chartreuse bis hin zu Grün sind alle Varianten zugelassen.

Chocolate Asian Smoke

Merkmale

FELLPFLEGE: kaum nötig
STIMME: gesprächig
TEMPERAMENT: aktiv
URSPRUNGSLAND: Großbritannien
VARIANTEN: Schwarz, Blau, Chocolate, Lilac, Caramel, Rot, Creme, Apricot und die entsprechenden Torties
RASSE: in Großbritannien anerkannt

Asian Tabby

Brauner Asian Ticked Tabby

Ursprung
Wieder ein Mitglied der Asian-Gruppe, die entstand, als 1981 eine Chinchilla mit einer Burma gekreuzt wurde (siehe Seite 200). Man war sich von Anfang an darüber im klaren, daß diese Kreuzung bei zukünftigen Generationen für eine Vielzahl von Fellängen, Farben und Zeichnungen sorgen würde. Die Asian Tabby ist kurzhaarig, agoutifarben und zählt zu den beliebtesten Tieren der Asian-Gruppe; inzwischen gibt es sie in vielen Farben und Zeichnungen.

Charakter
Gutmütig, intelligent, spielfreudig und athletisch.

Körperbau
Es handelt sich um einen gut bemuskelten und kräftigen Burma-Typ mit mittellangem Körper. Die Hinterbeine sind etwas länger als die Vorderbeine. Die Länge des abgerundeten Schwanzes sollte im Vergleich zum Körper wohlproportioniert sein. Den keilförmigen Kopf charakterisieren ein sanft gerundeter Schädel und mittelgroße, weit auseinander stehende Ohren.

Fell
Kurz, glatt, eng anliegend. Es kann getickt, getupft oder getigert sein bzw. die Zeichnung der Classic Tabby aufweisen. Auf alle Fälle sollten Grundfarbe und Musterung gleichmäßig verteilt sein.

Augen
Voll und weit auseinander liegend mit leicht orientalischer Form; farblich von Gelb über Chartreuse bis hin zu Grün.

Merkmale
Fellpflege: kaum nötig
Stimme: gesprächig
Temperament: aktiv
Ursprungsländer: Großbritannien oder USA
Varianten: gestromt, getupft, getigert oder getickt; Farben: Schwarz, Blau, Chocolate, Lilac, Caramel, Rot, Creme, Apricot und alle entsprechenden Tortie-Farben. Diese Farben und Zeichnungen werden in Silber- oder den Standardversionen sowie mit voller Burma-Färbung zugelassen
Rasse: in Großbritannien anerkannt

Schwarzer Asian Ticked Tabby

Bombay (und Einfarbige Asian)

Ursprung

Die bekannteste der Einfarbigen Asian ist die schwarze Variante namens Bombay. In England ging diese Rasse aus dem Burmilla-Asian-Zuchtprogramm hervor, in den USA aus einer Kreuzung zwischen Burma und Schwarzer Kurzhaar, woraus eine leicht abweichende Katze entstand. Man nennt sie auch „die Lacklederkatze mit Kupferpenny-Augen", denn sie hat stark leuchtende Augen und ist berühmt für ihr pechschwarzes, glänzendes Fell.

Charakter

Ein intelligentes, extrovertiertes und zugleich anhängliches Tier.

Körperbau

Wie alle Asians ist sie vom Grundtyp her eine Burma, aber mit einem abweichend gefärbten Fell. Charakteristisch sind ihr mittelgroßer, kräftiger Körper sowie ihr runder Schädel. Die Ohren sind mittelgroß und weit auseinander stehend. Die Hinterbeine sind länger als die Vorderbeine. Der gerundet zulaufende Schwanz sollte im Verhältnis zum Körper eine wohlproportionierte Länge aufweisen.

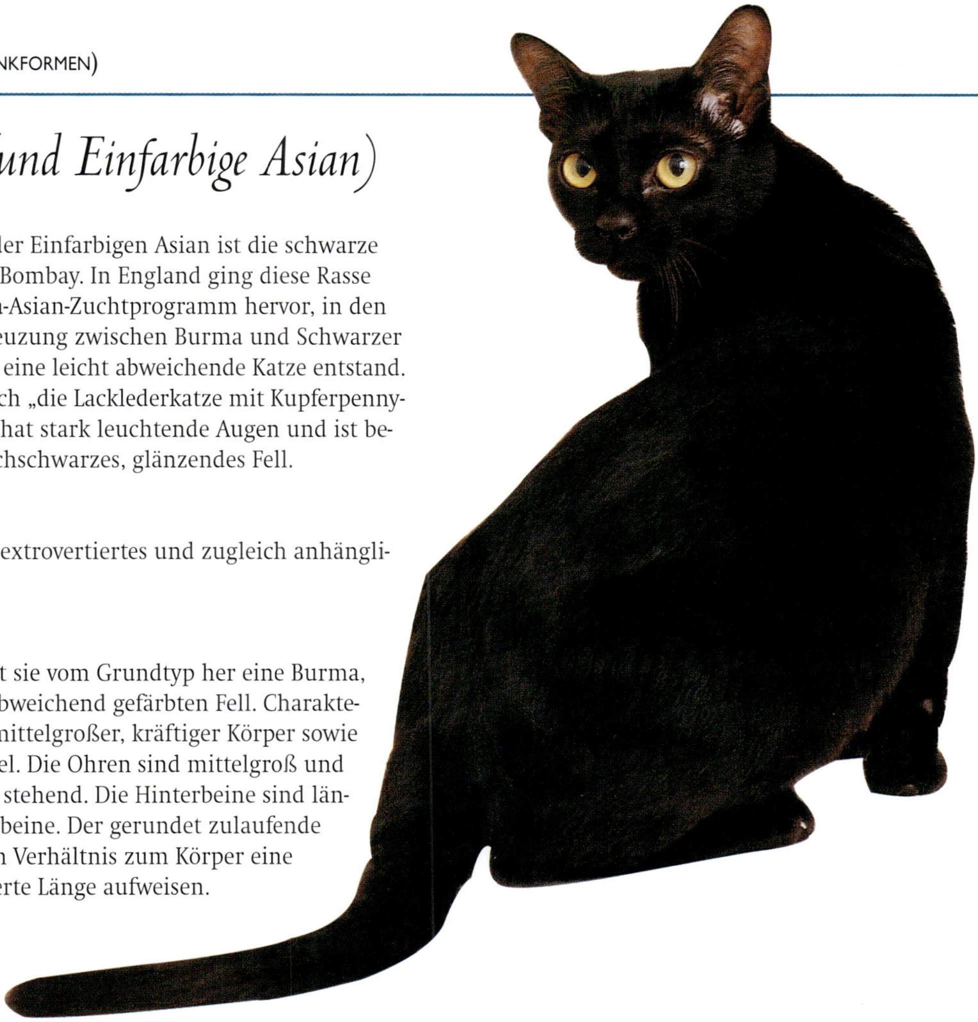

Bombay

Fell

Glatt, glänzend und eng anliegend. Bis zu den Wurzeln reichen sollte die möglichst gleichmäßig verteilte Farbe. Allerdings wird bei helleren Farben etwas Tabby-Zeichnung zugelassen. Für die Bombay dagegen ist die reine pechschwarze Farbe obligatorisch.

Augen

Groß; zugelassene Farben sind Gold, Gelb, Chartreuse oder Grün. In den USA kupferfarben.

Bombay

Merkmale

FELLPFLEGE: kaum nötig
STIMME: still
TEMPERAMENT: mäßig aktiv
URSPRUNGSLAND: Großbritannien
VARIANTEN: Schwarz (bei der Bombay), Einfarbig Blau, Chocolate, Lilac, Rot, Creme, Caramel und Apricot
RASSE: in Großbritannien und den USA anerkannt (nur Bombay)

Bengal

Getupfte Bengal

Ursprung

Die Rasse ist das Resultat einer Versuchskreuzung zwischen einer weiblichen Kurzhaar-Hauskatze und einer asiatischen Leopardenkatze. In den sechziger Jahren erblickten die ersten Bengal-Kätzchen in den USA das Licht der Welt. Zwei Jahrzehnte später wurde ein Zuchtprogramm aufgestellt, das die Ägyptische Mau (siehe Seite 208) sowie indische Straßenkatzen mit einbezog. Das Ergebnis ist durchaus sehenswert. In der heutigen Bengal verbindet sich das Temperament eines zutraulichen Haustiers mit dem Aussehen einer Wildkatze.

Charakter

Intelligent, gutmütig, spielfreudig und liebevoll.

Körperbau

Groß und muskulös mit rundem Kopf, ausgeprägtem Schnurhaarwuchs und kleinen, weit auseinander stehenden, abgerundeten Ohren.

Fell

Für gewöhnlich ist es weich wie ein Wildkatzenpelz. Das Muster darf getupft oder marbled (marmoriert) sein. Katzen mit perlgrauer Grundfarbe heißen Snow-Bengal.

Augen

Groß und oval, dabei etwas schräg gestellt; bei den Snow-Bengal Blau oder Blaugrün, ansonsten ist jede Farbe von Gold bis Grün erlaubt.

Merkmale

FELLPFLEGE: kaum nötig
STIMME: still
TEMPERAMENT: liebt Wasser
URSPRUNGSLAND: USA
VARIANTEN: die Bengal darf getupft oder marbled sein; es gibt sie in Schwarz, mit dem Siamkatzen-/Himalayan-Gen (Blauäugige Snow) oder im Burma- oder im Tonkinese-Muster (Snow mit aquamarin, grüner oder goldener Augenfarbe)
RASSE: weltweit anerkannt

Marbled Bengal (links), Getupfte Bengal (rechts)

Marbled Snow-Bengal

Cornish Rex

Rote Cornish Rex

Ursprung
Die Cornish Rex beruht auf einer natürlichen Mutation und wurde 1950 entdeckt, als in Cornwall von einer Bauernkatze ein gelocktes Kätzchen geworfen wurde. Auf Vorschlag des Tierarzts wurde das Katerchen mit seiner Mutter rückgekreuzt. Zwei Tiere dieses Wurfes besaßen das gelockte Fell, das die Rasse charakterisiert. 1957 wurde die Cornish Rex in die USA gebracht, wo die Züchter einen noch schlankeren Typ entwickelten.

Charakter
Intelligent, freundlich, lebhaft und spielfreudig. Der Charakter der Cornish Rex hat eine schelmische Seite. Bei diesen Katzen handelt es sich meist um Vielfresser; man sollte daher gut auf die Ernährung achten, sonst hat man am Ende einen runden statt eines schlanken Hausgenossen.

Cornish Rex, Tortie und Weiß

Körperbau
Muskulös, mittelgroß, schlank. Keilförmiger Kopf, flacher Schädel und hochangesetzte, große Ohren.

Fell
Kurz, fein, weich und ohne Leithaare. Es sollte Wellen bilden und sich kräuseln.

Augen
Oval und mittelgroß; jede Farbe ist erlaubt.

Merkmale
FELLPFLEGE: kaum nötig
STIMME: gesprächig
TEMPERAMENT: aktiv
URSPRUNGSLAND: Großbritannien
VARIANTEN: alle Farben und Zeichnungen sind zugelassen
RASSE: weltweit anerkannt

Bi-Colour Cornish Rex

Devon Rex

Ursprung

Die Devon Rex ist nicht etwa mit der Cornish Rex verwandt (siehe Seite 205), sondern entsprang einer natürlichen Mutation, die 1960 bei einem verwilderten Kater in Devon beobachtet wurde. Als dieser sich mit einer ebenfalls verwilderten Katze der Gegend paarte, gab es im Wurf ein Kätzchen mit lockigem Fell. Später wurde das Kätzchen mit einem Cornish-Rex-Kater gekreuzt – das Ergebnis waren normalhaarige Kätzchen. Dies bewies, daß die Information für gelocktes Fell auf verschiedenen Genen lag. Nur durch Inzuchtkreuzungen konnte das Gen erhalten werden, ehe die Katzen mit anderen Kurzhaar gekreuzt wurden. Siamkatzen und andere Rassen wurden später eingekreuzt, um verschiedene Fellfarben zu erzielen. 1967 wurde die Devon Rex als eigene Rasse anerkannt.

Charakter

Intelligent und schelmisch. Die Devon Rex sitzt selten still und ist bekannt für ihre Neugier und ihre Freßlust.

Devon-Rex-Kätzchen

Devon Rex, Blau-Tabby

Körperbau

Mittelgroß mit schlankem, festem, muskulösem Körper und langen Beinen. Der Kopf ist keilförmig mit großen, tief angesetzten Ohren und vollen Wangen. Ihren typischen koboldhaften Ausdruck verdankt diese Rasse ihrer Gesichtsform sowie ihren großen Augen.

Fell

Kurz, fein und gelockt oder gewellt, jedoch nicht so dicht wie das Fell der Cornish Rex. Diese Rex-Rasse hat Deckhaare, die ebenfalls gewellt sind. Die Tiere sollten nie kahl aussehen. Die Schnurrhaare sind genauso gewellt wie das Körperfell, können aber schnell brüchig werden und ausfallen. Katzen mit hellem Fell sollten im Sommer nicht mit ungeschützten Ohren in die Sonne gehen.

Augen

Groß, weit auseinander liegend; von beliebiger Farbe.

Merkmale

FELLPFLEGE: kaum nötig
STIMME: gesprächig
TEMPERAMENT: aktiv
URSPRUNGSLAND: Großbritannien
VARIANTEN: alle Fellfarben und -zeichnungen sind zugelassen
RASSE: weltweit anerkannt

Devon Rex Black Smoke

Andere Rex-Katzen

Die Cornish und die Devon Rex sind die bekanntesten der kraushaarigen Katzen, doch stieß man von Zeit zu Zeit auf der ganzen Welt auf ähnliche Mutationen. Viele davon starben rasch aus – gewöhnlich deshalb, weil nicht genügend Interesse für eine Zucht vorhanden war. Kurzlebig waren die Rex-Katzen aus Italien, Ohio, Oregon und die

Selkirk Rex

Langhaarige Selkirk Rex

Preußische Rex. Ein Tier namens Ural-Rex wurde Anfang der neunziger Jahre in Rußland entdeckt. Man weiß nicht, ob mit ihr ein Zuchtprogramm aufgestellt wurde.

Die German Rex stammt von einer verwilderten Katze ab, die in den vierziger Jahren in Ostberlin entdeckt wurde. Sie unterscheidet sich von der Cornish dadurch, daß ihr Fell durch seine dicke und dichte Unterwolle fülliger erscheint. Ernstzunehmende Zuchtprogramme wurden sowohl in Deutschland als auch in den USA erstellt. In den fünfziger Jahren gewann die Rasse, die älter ist als die meisten anderen Rex-Linien, in den USA an Beliebtheit.

Man stellte fest, daß die Mutation des Fells im wesentlichen der der Cornish Rex entspricht, auch wenn die Körperform anders ist. Die Cornish wurde immer beliebter, und die German Rex verlor an Terrain. Die FIFe (der internationale Katzenverband) erkennt sie zwar noch an, trotzdem sieht man die German Rex heute nur noch selten auf Katzenausstellungen.

Die Selkirk Rex ist nach den Selkirk-Bergen in Wyoming, USA, benannt. 1987 wurde erstmals ein Tier in einem Wurf eines Katzenheims entdeckt. Das ungewöhnliche Fell fiel einem Fachmann auf. Ein Zuchtprogramm wurde in Montana erstellt, wo die Katze mit verschiedenen anderen Arten gekreuzt wurde. So entstanden der rundliche Körper und der kurzschnauzige, runde Kopf.

Das rezessive Langhaargen war von Anfang an dabei – langhaarige Selkirk sind besonders auffällig. Die Rasse ist heutzutage in den USA und im benachbarten Kanada sehr beliebt; wegen ihres dicken, gewellten Fells nennt man sie auch scherzhaft „Schafskatze". Angeblich ist dies die einzige dominante Rex-Variante.

Die Züchter sind sich über Rex-Katzen immer noch nicht einig. Manche mögen das gewellte Fell nicht, andere verteidigen die Rasse und bewundern ihre liebevolle, spielfreudige Persönlichkeit.

Schwarze German Rex

Egyptian Mau

Egyptian Mau Silber getupft

Ursprung
Mau heißt in der ägyptischen Sprache „Katze". Mit dieser Rasse haben die Züchter versucht, jene Katze wieder neu zu erschaffen, deren graziöse Gestalt man in altägyptischen Grabmalereien sieht. Begonnen wurde damit im Jahr 1953, als eine russische, in Rom lebende Prinzessin eine getupfte Katze aus Kairo mitbrachte. Sie paarte diese mit einem Tier, das dem ägyptischen Botschafter in Italien gehörte. Ein Kater aus dem Wurf wurde mit seiner Mutter rückgekreuzt. Nach ein paar Jahren reiste die tierliebende Prinzessin in die USA, wo ihre Katzen die Grundlage einer Zucht bildeten. 1968 wurde die Rasse in Amerika schließlich offiziell anerkannt; Ende der siebziger Jahre gelangte die dort entwickelte Linie dann nach Europa. Es kam zu Verwechslungen, weil der Name Mau in England auch für die orientalischen getupften Tabbies verwendet wurde.

Charakter
Sozial, intelligent, extrovertiert, abenteuerlustig.

Körperbau
Langer, eleganter Körper. Die Egyptian Mau ist ein abgewandelter siamesischer bzw. orientalischer Typ mit einem runderen Gesicht als das der übrigen Orientalen. Sie ist eine sehr schöne Katze mit einem auffällig getupften Fell.

Egyptian Mau Silber getupft

Fell
Glatt, kurz und eng anliegend ist das Haarkleid, mit klar abgesetzten Tupfen. Ein deutliches M sollte auf ihrer Stirn stehen.

Augen
Mandelförmig, aber nicht allzu orientalisch; Farbe: Blaßgrün.

Merkmale
Fellpflege: kaum nötig
Stimme: eher still
Temperament: aktiv
Ursprungsland: USA
Varianten: Schwarz, Smoke, Bronze und Silber
Rasse: in den USA und in Europa anerkannt

Japanese Bobtail

Mi-Ke (dreifarbig) – Japanese Bobtail

Ursprung

Die Bobtail ist eine alte Rasse, die möglicherweise bereits vor rund eintausend Jahren aus China nach Japan eingeführt wurde; vielleicht existiert sie sogar noch länger. Zunächst durfte nur der Adel diese Tiere halten – sie wurden damals an Leinen ausgeführt. Doch als Katzen im 17. Jahrhundert dringend als Pestbekämpfer gebraucht wurden, fanden sie größere Verbreitung. Die beliebteste Variante ist die dreifarbige Mi-Ke, die Glück bringen und mit der winkenden Katze von Japan (siehe Seite 245) verwandt sein soll. Bilder und Statuen dieser winkenden Katze, die eine Pfote erhoben hält, sollen Glück bringen. 1968 wurde die Rasse in die USA gebracht, wo sie gezielt zu einer feineren und leichteren Katze weitergezüchtet wurde. Obwohl die Tiere in den USA und in Japan immer beliebter werden, sind sie ansonsten nicht sehr weit verbreitet.

Charakter

Sozial, freundlich und intelligent.

Körperbau

Mittelgroß und gut bemuskelt ist die Erscheinung dieser Rasse. Wie die Manx hat die Bobtail längere Hinter- als Vorderbeine; ihr Gang ist deshalb ungewöhnlich. Ihr Kopf sollte dreieckig sein. Am auffälligsten ist der kurze Schwanz; ruhen die Tiere, rollen sie ihn ein; in Bewegung dagegen halten sie ihn senkrecht. Es ist seltsam, daß die beiden bekanntesten Kurzschwanzkatzen, die Manx (siehe Seite 196) und die Bobtail, jeweils von Inseln stammen. Man vermutet, daß sie aufgrund des eingeschränkten Genpools durch Mutationen entstanden.

Fell

Kurz und eng anliegend. Das Fell sollte rund um den Schwanz abstehen. Eine halblanghaarige Variante kommt ebenfalls vor.

Augen

Groß und oval; die Farbe sollte zum Fell passen.

Merkmale

FELLPFLEGE: regelmäßig, bei Halblanghaar häufiger
STIMME: gesprächig
TEMPERAMENT: mäßig aktiv
URSPRUNGSLAND: Japan
VARIANTEN: die klassische Version ist schwarz, rot oder Tortie mit Weiß, allerdings werden auch andere Farben akzeptiert
RASSE: in den USA, Europa und Japan anerkannt

Rotweiße Japanese Bobtail

Korat

Ursprung

Die Korat ist eine der ältesten bekannten Rassen und gilt in ihrer Heimat Thailand als heiliges Tier und als Glücksbringerin. Ein Korat-Paar war dort das traditionelle Brautgeschenk. Ursprünglich soll die Katze aus Korat, einer östlichen Provinz Thailands, stammen. Gegen Ende der fünfziger Jahre gelangte sie in die USA, wo ein Zuchtprogramm erstellt wurde. Europa erreichten die Korat erst in den siebziger Jahren. Zwar sieht man sie momentan nicht sehr häufig auf Ausstellungen, doch die Züchter schätzen und fördern sie sehr.

Charakter

Intelligent, ruhig, sanft und anhänglich. Die Tiere schätzen die Gesellschaft anderer Korat.

Körperbau

Elegant, mittelgroß und muskulös. Das herzförmige Gesicht und die großen Ohren machen diese Rasse besonders attraktiv.

Fell

Kurz und eng anliegend. Das Fell sollte entlang der Wirbelsäule leicht, aber merklich aufgerichtet sein.

Korat

Augen

Groß, rund und leuchtend; manche Kätzchen haben zunächst gelbe Augen, die erst im Alter von zwei bis drei Jahren die korrekte grüne Färbung annehmen.

Merkmale

FELLPFLEGE: kaum nötig
STIMME: still
TEMPERAMENT: aktiv
URSPRUNGSLAND: Thailand
VARIANTEN: akzeptiert wird nur das ursprüngliche Blau
RASSE: weltweit anerkannt

Korat

RASSEKATZEN
Kurzhaar (Schlankformen)
210

Ocicat

Ursprung
In den sechziger Jahren wurde in den USA ein Zuchtprogramm aufgestellt, um eine Siamkatze mit Abessinier-Abzeichen zu schaffen. In der zweiten Generation kam ein schönes, goldgetupftes Katerchen zur Welt. Er sah aus wie ein junger Ozelot, und so entstand die heute als Ocicat bekannte Rasse. Sie ist in den USA am beliebtesten, hat aber auch in anderen Ländern Bewunderer.

Charakter
Freundlich, intelligent und sozial.

Körperbau
Gut bemuskelt und stämmig. Kennzeichnend für die langgestreckte Katze sind ihr breiter Kopf mit der ebenfalls breiten Schnauze. Die großen, weit auseinander stehenden Ohren tragen an der Spitze Haarbüschel. Die Hauskatze wirkt fast wie eine Wildkatze.

Black Silver Ocicat

Merkmale
Fellpflege: kaum nötig
Stimme: gesprächig
Temperament: aktiv
Ursprungsland: USA
Varianten: Schwarz, Blau, Chocolate, Lilac, Cinnamon, Fawn und die Silbervarianten dieser Farben
Rasse: weltweit anerkannt

Lilac Ocicat

Fell
Glatt, kurz und gut getupft. Außer an der Schwanzspitze sind alle Haare gebändert. Auf der Stirn sollte ein M sichtbar sein. Der Körper ist mit verstreuten Tupfen bedeckt, die am Schwanz eine dunklere Färbung annehmen.

Augen
Groß, weit auseinander liegend, mandelförmig und leicht schräg stehend; mit der Ausnahme von Blau ist jede Augenfarbe zugelassen.

Cinnamon Ocicat

Russisch Blau

Russisch Blau

Ursprung

Diese Tiere hießen ursprünglich einmal Archangel-Katzen, denn sie stammen angeblich aus der Hafenstadt Archangelsk in Nordrußland. Wahrscheinlich wurden sie im Verlauf des 19. Jahrhunderts von Matrosen aus dieser subarktischen Stadt ins wärmere Westeuropa gebracht. Um die Jahrhundertwende erreichte die Russisch Blau schließlich auch Nordamerika. Dort gewann sie besonders im Westen rasch an Beliebtheit. Weil sie immer wieder mit der Britisch Blau verwechselt wurde, kursierte sie in Amerika schon bald unter der Bezeichnung „Foreign Blue" – ihren eigentlichen Namen erhielt sie erst im Jahr 1939 wieder zurück. Obwohl Blau als charakteristische Farbe gilt, sind auch schon Schwarze und Weiße Russisch Blau vorgekommen. Während des Zweiten Weltkriegs wurde die Rasse nämlich so selten, daß sie um ein Haar ausgestorben wäre. Einzig und allein durch Auskreuzen (siehe Seite 160) mit Britisch-Blau-Tieren sowie mit Blue-Point-Siamesen konnte sie vor dem Aussterben bewahrt werden.

Charakter

Typische Eigenschaften sind Intelligenz, Gutmütigkeit und Sanftmut. Bei diesem Tier handelt es sich um eine insgesamt relativ ruhige Rasse.

Körperbau

Mittelgroß bis groß, elegant und graziös mit langen, schlanken Beinen. Mit ihren geschmeidigen Bewegungen sieht diese Katze beinahe aus wie eine Ballerina beim Spitzentanz. Der Kopf hat ein schmales Profil mit vorstehenden Schnurrhaarkissen und großen, auf einem flachen Schädel hoch angesetzten Ohren.

Fell

Fein, weich, seidig und plüschartig. Ungewöhnlich dick ist das Doppelfell dieser Rasse, das wegen der silbrig-getippten Deckhaare leicht schimmert. Der Flaum der Unterwolle ist besonders wasserabweisend. Das dichte Fell ist wohl auf die bitterkalten Winter in ihrer Heimat zurückzuführen.

Augen

Mandelförmig und weit auseinander liegend; in lebhaftem Grün.

Merkmale

FELLPFLEGE: kaum nötig, außer bei Fellwechsel
STIMME: still
TEMPERAMENT: mäßig aktiv
URSPRUNGSLAND: Rußland
VARIANTEN: Blau, Schwarz und Weiß
RASSE: weltweit anerkannt (nur Blau)

Russisch Blau

Singapura

Singapura

Ursprung
Der Ursprung dieser Rasse, die 1975 in die USA gebracht wurde, liegt im dunkeln. Die Züchter, die die Tiere nach Nordamerika einführten, behaupteten, sie stamme von den kleinen verwilderten Gossenkatzen in Singapur ab. Andere glauben, daß die Rasse auch durch zahme orientalische Katzen geprägt ist, die auf Schiffen in die USA gelangten. Nachdem die Rasse in den USA Fuß gefaßt hatte, gelangte sie in den achtziger Jahren nach Europa. Sie ist dort noch nicht sehr verbreitet, erfreut sich aber hier wie dort wachsender Beliebtheit.

Charakter
Intelligent, freundlich und spielfreudig. Die Singapura ist extrovertiert und kann recht gesprächig sein.

Körperbau
Elegant mit spitz zulaufendem Schwanz und langen, schlanken Beinen. Der Kopf ist rund mit stumpfer Schnauze und großen, spitzen Ohren. Die Singapura gilt als die kleinste Rasse der Hauskatzen. Mit Hilfe eines durchdachten Zuchtprogramms erreichte man jedoch, daß die heutigen Katzen schwerer sind als es ihre bescheidene Größe vermuten läßt.

Fell
Glatt und seidig. Das Fell sollte kurz, glatt und dicht sein mit gleichmäßigem Tipping.

Augen
Groß, mandelförmig, leicht schräg stehend; farblich können sie Grün, Gelb oder Haselnußbraun sein, sie sind schwarz umrandet.

Merkmale
Fellpflege: kaum nötig
Stimme: gesprächig
Temperament: ruhig bis aktiv
Ursprungsland: Singapur
Varianten: Schwarz getickt (in den USA Sepia Agouti genannt)
Rasse: in den USA und einigen europäischen Clubs anerkannt

Singapura

Sphynx

Blaue Sphynx

Ursprung

Die natürliche Mutation der Sphynx fiel erstmals 1966 in Kanada auf, als eine Hauskatze ein haarloses Katerchen warf. Die meisten der heutigen Sphynx stammen jedoch von drei haarlosen Kätzchen ab, auf die man 1978 in Toronto stieß. Die Beliebtheit der Sphynx nahm in Nordamerika zunächst ab, wuchs aber in Europa, wo sowohl Holland als auch Frankreich Zuchtprogramme in Angriff nahmen. Heute ist die Rasse sowohl in Nordamerika als auch in Europa beliebt, aber immer noch selten.

Charakter

Schelmisch, freundlich, intelligent. Die Rasse ist sehr gesellig.

Körperbau

Elegant mit langen, schlanken Beinen und einem mittelgroßen, muskulösen Rumpf. Auf einem schlanken Hals sitzt der eher längliche als breite Kopf. Die sich nach unten zu verbreiternden Ohren sind groß und weit angesetzt.

Fell

Auch wenn die Sphynx auf den ersten Blick haarlos aussieht, ist sie doch gleichmäßig mit einem sehr feinen, daunenähnlichen Fell bedeckt, das man an Schwanz und Beinen am besten erkennen kann. Dieses Fell wurde mit der flaumigen Haut eines Pfirsichs verglichen und fühlt sich in der Tat angenehm weich an. Sowohl die Zeichnung als auch die Farbe sollten auf der Haut deutlich sichtbar sein. Asthmatiker, die allergisch auf Katzenhaare reagieren, können mit Vertretern dieser Rasse ausgezeichnet zusammenleben.

Augen

Mittelgroß und zitronenförmig; jede Farbe ist erlaubt, allerdings sollte sie die der Haut ergänzen.

Merkmale

FELLPFLEGE: hin und wieder mit einem Wildleder oder mit der Hand abreiben
STIMME: still
TEMPERAMENT: aktiv
URSPRUNGSLAND: Kanada
VARIANTEN: alle Farben und Muster sind zugelassen
RASSE: in den USA und in Europa von verschiedenen Clubs anerkannt
SPEZIELLE PFLEGE: Man muß aufpassen, daß die Katze keinen Sonnenbrand bekommt; die Sphynx neigt zu fettiger Haut und muß regelmäßig gebadet werden.

Blaue Bi-Colour Sphynx

Tabby mit Weiß Snowshoe

Snowshoe

Ursprung
Irrtümlicherweise werden die Tiere oft als kurzhaarige Birma bezeichnet (siehe Seite 178). Diese Rasse entstand, indem man amerikanische Kurzhaar Bi-Colours mit Siamkatzen kreuzte. Die ersten Hybriden gab es in den USA bereits in den sechziger Jahren, doch erst 20 Jahre später erkannte ein größerer Katzenverein die Snowshoe an. Noch heute wird die Rasse nicht überall akzeptiert.

Charakter
Gutmütig, freundlich und intelligent. Braucht Gesellschaft, um sich wohlzufühlen.

Körperbau
Elegant, kräftig und gut gebaut. Mittelgroßer Körper mit dreieckigem, keilförmigem Kopf, der weniger lang sein sollte als der der Siamkatze. Die mittelgroßen Ohren setzen die Seitenlinien des Gesichts direkt fort.

Fell
Das Fell ist glatt, kurz und eng anliegend; die dunkle Farbe sollte sich allerdings auf Gesicht, Schwanz und Beine beschränken. Schnauze und Pfoten müssen weiß sein; im Gesicht wird ein umgekehrtes V gewünscht.

Augen
Die Augen sind groß und mandelförmig; die Farbe ist strahlendblau.

Merkmale
FELLPFLEGE: kaum nötig
STIMME: leise, aber gesprächig
TEMPERAMENT: aktiv
URSPRUNGSLAND: USA
VARIANTEN: Seal, Blau und Tabby
RASSE: in den USA und in einigen europäischen Clubs anerkannt

Seal Point Snowshoe

Tonkinese

Ursprung
Ähnliche Katzen wurden möglicherweise bereits in den 1880er Jahren aus Burma in den Westen gebracht, aber ihre charakteristischen Züge wurden erst im Rahmen des Burma-Zuchtprogramms etabliert. 1960 kreuzte man in den USA dann Burma mit Siamkatzen und brachte so die ursprünglich als Goldene Siamkatze bekannte Tonkinese hervor. Die Rasse wurde in Kanada aufgebaut und dort sowie in den USA zuerst anerkannt. Inzwischen ist sie in Europa ebenfalls recht beliebt. Die Tonkinese sollte die charakterlichen Eigenschaften der Gründerrassen in sich vereinen, dabei aber über den robusteren Körperbau der Burma verfügen. Für jemanden, der eine ursprüngliche Siamkatze mit apfelförmigem Kopf sucht, ist die Tonkinese ideal.

Charakter
Intelligent, neugierig, freundlich und extrovertiert. Die Tonkinese hat eine leisere Stimme als die Siamkatze und die Burma.

Chocolate Tonkinese

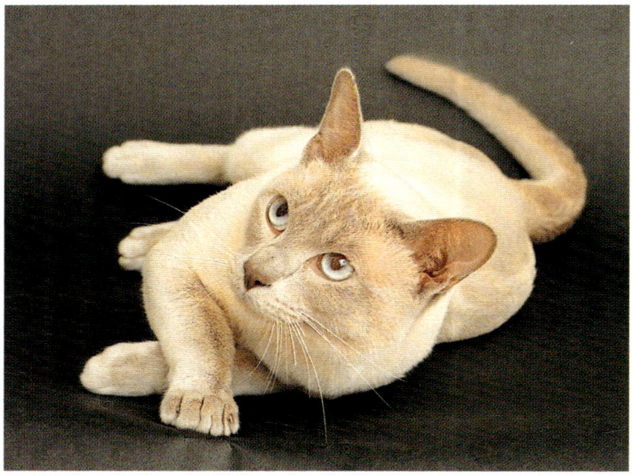

Lilac Tonkinese

Körperbau
Harmonisch und ausgewogen, für ihre Größe überraschend schwer und muskulös. Im Hinblick auf den Körperbau überwiegt der Einfluß der robusteren Burma.

Fell
Eng anliegend, fein, kurz und stark glänzend. Die dunkleren Abzeichen sollten ganz allmählich in die Körperfarbe übergehen.

Augen
Sie sind zwar voller als die der Siamkatzen, aber eigentlich nicht rund; farblich perfekt sind Blaugrün oder Aquamarin, allerdings sind auch alle anderen Nuancen zwischen Grün und Hellblau zugelassen.

Merkmale
FELLPFLEGE: mäßig
STIMME: gesprächig
TEMPERAMENT: sehr aktiv
URSPRUNGSLAND: USA
VARIANTEN: Braun, Blau, Chocolate, Lilac, Rot, Creme und die der entsprechenden Torties, Tabbies und Tortie-Tabbies
RASSE: weltweit in verschiedenen Clubs anerkannt

Creme Tonkinese

American Wirehair

American Wirehair Schwarzgestromt mit Weiß

Ursprung
Auch wenn sie auf den ersten Blick einer Rex-Katze ähnelt, ist die American Wirehair genetisch doch einmalig. Mitte der sechziger Jahre wurde im Wurf einer Bauernkatze eine Mutation entdeckt. Ein Fachmann kaufte das Kätzchen und begann mit einem Zuchtprogramm. In dessen Verlauf stellte sich heraus, daß das Rauhhaar-Gen dominant war. Mit Ausnahme des Fells waren die Standardmerkmale dieser Rasse zunächst mit denen der Amerikanisch Kurzhaar identisch. Dies änderte sich allerdings, als die Züchter die sich konsequent wiederholenden Details bemerkten. Die American Wirehair ist in den USA und in Kanada recht beliebt, in Deutschland und Japan zumindest nicht ganz unbekannt. In England, Australien und allen übrigen Ländern kann man sie jedoch bislang überhaupt noch nicht antreffen.

Charakter
Liebevoll, freundlich, gutmütig und neugierig.

Körperbau
Elegant, gut bemuskelt und mittelgroß. Die American Wirehair ist ein abgewandelter orientalischer Typ. Sie hat einen runden Kopf, hohe Backenknochen und eine ausgeprägte Schnauze. Die Ohren sind groß und hoch angesetzt.

Fell
Dick, rauh und dicht gelockt. Es fühlt sich an wie das eines jungen Lamms. Die Deckhaare sind häkchenartig gekrümmt.

Augen
Mandelförmig; die Farbe sollte zum Fell passen.

Merkmale
FELLPFLEGE: kaum nötig; hellere Varianten, die ins Freie dürfen, benötigen im Sommer eventuell einen Sonnenschutz
STIMME: still
TEMPERAMENT: aktiv
URSPRUNGSLAND: USA
VARIANTEN: alle Farben und Zeichnungen zugelassen
RASSE: in den USA, Kanada und einigen europäischen Clubs anerkannt

American Wirehair Tabby auf Weiß

Havana

Ursprung
Sie darf keinesfalls mit der amerikanischen Rasse, die als Havana Brown bekannt ist, verwechselt werden. Die Havana ist eine schokoladenbraune Katze des siamesischen Typs. Sie wurde in den fünfziger Jahren in England entwickelt, indem zuerst eine Siamkatze mit einer halbsiamesischen einheimischen Kurzhaar gekreuzt wurde. 1952 wurde die erste ihrer Art geboren, und bereits 1958 erkannte man die Rasse offiziell an.

Charakter
Intelligent und extrovertiert. Die Havana wird depressiv, wenn sie lange allein gelassen wird.

Körperbau
Mittelgroß, muskulös, elegant. Mit ihrem langen, schlanken Körper, dem peitschenähnlichen Schwanz und den schlanken Beinen gleicht die Havana einer Siam. Ihr Kopf ist dreieckig und keilförmig mit geradem Profil und großen, weit auseinander stehenden Ohren.

Fell
Kurz, glatt und eng anliegend. Es sollte bis hinunter zu den Haarwurzeln einen warmen kastanienbraunen Ton haben, dabei jedoch keine Schattierung oder auch Zeichnung aufweisen.

Augen
Orientalische Form, schrägstehend; klares, lebhaftes Grün.

Merkmale
FELLPFLEGE: wenig Pflege nötig
STIMME: gesprächig
TEMPERAMENT: sehr aktiv
URSPRUNGSLAND: Großbritannien
RASSE: weltweit anerkannt

Schwarz

Ursprung
Um 1960 wurde ein Programm aufgestellt, um eine einfarbige Katze siamesischen Typs ohne Abzeichen zu züchten. Es soll in Deutschland zwar schon vor dem Zweiten Weltkrieg eine einfarbig schwarze Siamkatze gegeben haben, aber die prächtige Oriental Black von heute ist das Resultat harter Züchterarbeit.

Charakter
Intelligent, zutraulich und extrovertiert. Läßt man das Tier länger allein, wird es depressiv. Es liebt die Gesellschaft eines ähnlich lebhaften Artgenossen.

Körperbau
Elegant, lang und schlank. Die mittelgroße Katze hat einen langen, peitschenähnlichen Schwanz und lange, schlanke Beine. Ihr Kopf ist dreieckig und keilförmig mit geradem Profil und großen, weit auseinander stehenden Ohren.

Fell
Kurz, glatt und eng anliegend. Die Farbe sollte pechschwarz sein und ohne jegliche Schattierung und Zeichnung bis zu den Haarwurzeln reichen.

Augen
Von der Form her orientalisch und schräg stehend; wie bei nahezu allen Orientalen ist die Farbe ein klares Grün.

Merkmale
FELLPFLEGE: wenig Pflege nötig
STIMME: gesprächig
TEMPERAMENT: sehr aktiv
URSPRUNGSLAND: Großbritannien
RASSE: weltweit anerkannt

Blau (und Lilac)

Orientalisch Kurzhaar Lilac

Ursprung

Nachdem man sich ab 1962 bemüht hatte, eine einfarbige Katze des siamesischen Typs zu züchten, erschienen 1965 auf Katzenausstellungen erstmals Weiße Katzen orientalischen Typs; andere Farben folgten. Die Blau und die Lilac Oriental Kurzhaar entstanden aus dem Zuchtprogramm der Havana. In der ersten Generation gab es nur schwarze Kätzchen; spätere Generationen, in denen das rezessive Gen wirksam wurde, enthielten ein paar blaue Tiere. Als die Blau mit einer Katze gekreuzt wurde, die das Chocolate-Gen trug, ergab sich die Lilac.

Charakter

Intelligent, anhänglich und extrovertiert.

Körperbau

Lang, schlank und elegant. Wie die Siamkatzen sind diese Orientalen gut bemuskelt und haben lange, schlanke Beine, einen schlanken Hals und einen langen, peitschenähnlichen Schwanz. Der Kopf ist dreieckig und keilförmig mit geradem Profil und großen, weit auseinander stehenden Ohren.

Fell

Kurz, glatt und eng anliegend. Die Blau ist mittel- bis hellblau ohne Silber, die Lilac gletschergrau mit einem deutlichen rosafarbenen Schimmer. Bei beiden Varianten sollte die Fellfarbe bis zu den Haarwurzeln reichen.

Augen

Orientalisch geformt, schräg stehend; farblich in einem leuchtenden Grün.

Merkmale

Fellpflege: kaum nötig
Stimme: gesprächig
Temperament: sehr aktiv
Ursprungsland: Großbritannien
Rasse: weltweit anerkannt; die Lilac wird manchmal auch Lavender genannt

Orientalisch Kurzhaar Blau

Rot (und Creme)

Ursprung
Wenn Rot mit einer Orientalisch gekreuzt wird, die das blaue Gen trägt, entsteht die hellere Orientalisch, die einen kühlen Farbton aufweist.

Charakter
Intelligent, freundlich und extrovertiert. Diese Katzen brauchen Gesellschaft.

Körperbau
Mittelgroß, schlank, elegant und muskulös. Diese Katze ähnelt dem siamesischen Typ und verfügt über einen langen, peitschenähnlichen Schwanz und lange, schlanke Gliedmaßen. Der Kopf ist dreieckig keilförmig mit geradem Profil und großen, weit auseinander stehenden Ohren.

Fell
Kurz, glatt und eng anliegend. Das Rot ist warm und reicht bis zu den Haarwurzeln. Die Creme ist gleichmäßig kühlfarben. Das Fell sollte möglichst ohne Tabby-Zeichnungen sein.

Augen
Orientalische Form, schräg stehend; farblich sollten sie ein lebhaftes Grün aufweisen.

Merkmale
FELLPFLEGE: kaum nötig
TEMPERAMENT: sehr aktiv
STIMME: gesprächig
URSPRUNGSLAND: Großbritanien
RASSE: weltweit anerkannt

Foreign White

Ursprung
Die einzige weiße Orientalisch mit blauen Augen tauchte zum ersten Mal in den sechziger Jahren auf. Für die so charakteristisch durchdringend blauen Augen wird diese Orientalisch gewöhnlich mit einer Siamkatze und nicht mit einer anderen Orientalisch gekreuzt.

Charakter
Intelligent, freundlich und extrovertiert. Diese Katze bleibt nicht gern allein und wird depressiv, wenn sie längere Zeit ohne Gesellschaft ist.

Körperbau
Mittelgroß, lang, schlank und elegant. Mit ihren langen, schlanken Beinen und dem peitschenähnlichen Schwanz hat sie den Körperbau einer Siamkatze. Der Kopf ist dreieckig keilförmig mit geradem Profil und großen, weit auseinander stehenden Ohren.

Fell
Glatt, kurz, eng anliegend; in reinem, strahlendem Weiß.

Augen
Orientalisch geformt, schräg stehend; in klarem, strahlendem Blau.

Merkmale
FELLPFLEGE: kaum nötig
STIMME: gesprächig
TEMPERAMENT: sehr aktiv
URSPRUNGSLAND: Großbritannien
RASSE: weltweit anerkannt

New Oriental Einfarbig

Cinnamon Orientalisch

Ursprung
Bei der Orientalisch sind viele neue Farben hinzugekommen. Die Cinnamon ergab sich bei der Einführung der Farbe Sorrel bei Siamkatzen, die dann mit Abessiniern gekreuzt wurden. Die verdünnte Version (siehe Seite 160) nennt sich Fawn. Die Caramel sah man erstmals 1974, als ein englischer Züchter mit mehreren neuen Farben und Silber experimentierte und zwei merkwürdig gefärbte Kätzchen geboren wurden.

Charakter
Intelligent, liebevoll und extrovertiert. Diese Katze liebt Gesellschaft und ist nicht gern länger allein.

Körperbau
Elegant, lang, schlank und geschmeidig. Diese Orientalisch haben den Körperbau einer Siamkatze mit langen, schlanken Gliedmaßen und einem langen, peitschenähnlichen Schwanz. Der Kopf ist dreieckig keilförmig mit geradem Profil und großen, weit auseinander stehenden Ohren.

Fell
Kurz, glatt und eng anliegend. Die Cinnamon zeigt ein warmes, gleichmäßiges Braun, das bis zu den Haarwurzeln reicht, ohne Schattierung oder Zeichnung. Die Fawn hat eine warme, rosige Pilzfarbe. Die Caramel ist kühlblau beige, und die geschlechtsgebundene Version der Caramel, Apricot, ist heiß cremefarben mit einem leicht metallischen Glanz.

Augen
Orientalisch geformt, schräg stehend; in klarem Grün.

Merkmale
FELLPFLEGE: kaum nötig
STIMME: gesprächig
TEMPERAMENT: sehr aktiv
URSPRUNGSLAND: Großbritannien
RASSE: weltweit anerkannt

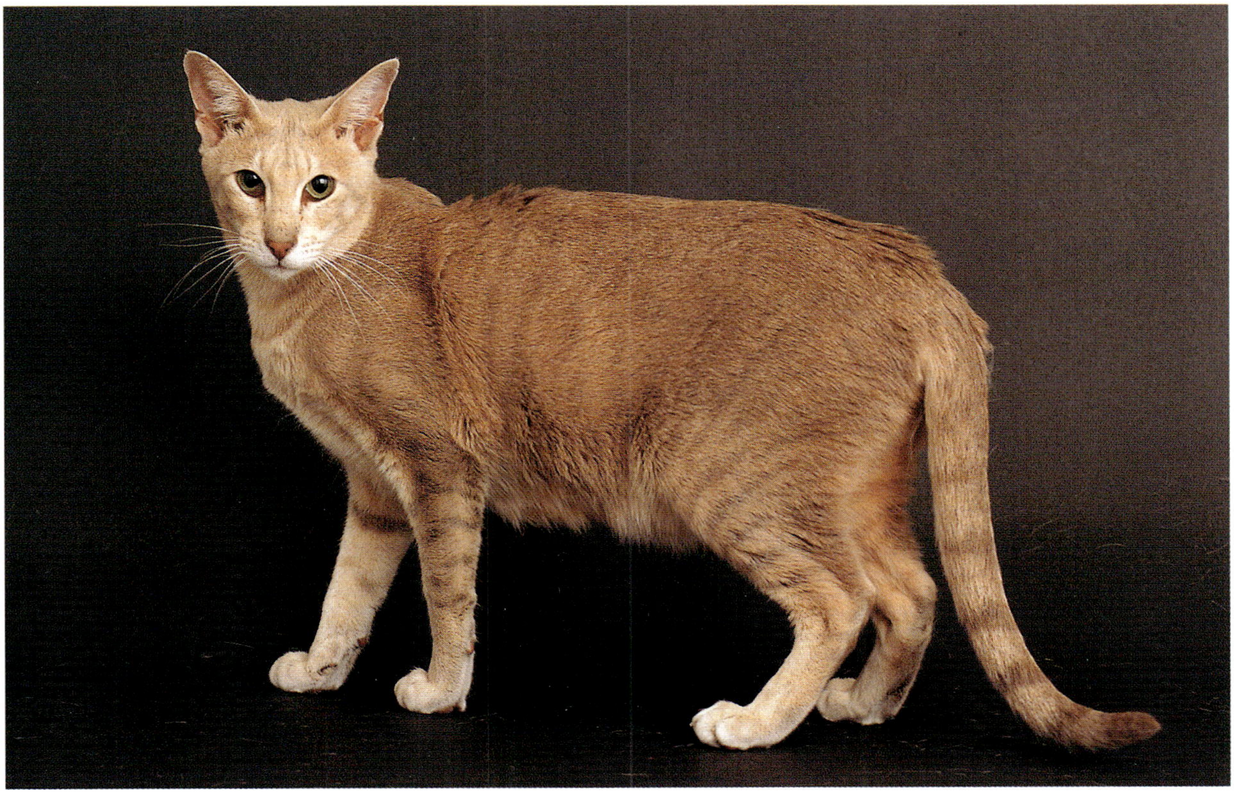

Caramel Shaded Orientalisch

Tabby (getupft)

Ursprung
Die Tabby war in England zunächst als Ägyptische Mau bekannt. Um Verwechslungen mit der amerikanischen Rasse desselben Namens (siehe Seite 208) zu vermeiden, änderte man den Namen 1978 in Oriental Spotted Tabby. Die Rasse tauchte erstmals in den späten sechziger Jahren auf und war die erste der orientalischen Tabbies, die anerkannt wurden.

Charakter
Intelligent, liebevoll, extrovertiert und freundlich.

Körperbau
Mittelgroß, elegant, schlank und gut bemuskelt. Sie hat einen peitschenähnlichen Schwanz sowie lange, schlanke Beine und ähnelt somit der Siam. Ihr Kopf ist dreieckig, die Ohren sind groß und weit auseinander stehend.

Fell
Kurz, glatt und eng anliegend. Die Flecken auf dem agoutifarbenen Fell sollten dunkler und klar abgesetzt sein.

Augen
Orientalisch geformt und schräg stehend; grün.

Merkmale
FELLPFLEGE: kaum nötig
STIMME: gesprächig
TEMPERAMENT: sehr aktiv
URSPRUNGSLAND: Großbritannien
VARIANTEN: Schwarz, Blau, Chocolate, Lilac, Rot, Creme, Apricot, Cinnamon, Caramel und Fawn; alle diese mit Silber, Tortie und Tortie-Silber
RASSE: weltweit anerkannt (jedoch nicht alle Farben)

Orientalisch Kurzhaar Chocolategetupft

Orientalisch Kurzhaar Schwarzgetupft

Orientalisch Kurzhaar Rotgetupft

Tabby (gestromt und getigert)

Ursprung
Die Orientalisch Tabby entstand aus Kreuzungen zwischen Orientalisch und Tabbies mit siamesischen Abzeichen. Das Silbergen wurde durch Rückkreuzung mit der Chinchilla eingeführt. So ergab sich die beliebte Silbertabby.

Charakter
Intelligent, anhänglich, lebhaft und freundlich. Wie ihre siamesischen Vettern liebt diese Katze die Gesellschaft von Menschen und Artgenossen und wird depressiv, wenn sie zu lange allein gelassen wird.

Körperbau
Elegant, mittelgroß und gut bemuskelt. Siamesen-Typ mit schlankem Körper, peitschenähnlichem Schwanz und langen, schlanken Beinen. Der Kopf ist dreieckig und keilförmig, die Ohren sind groß und weit auseinander stehend.

Fell
Kurz, glatt und eng anliegend. Die stark gefärbten Markierungen sollten auf dem Agouti-Fell klar erkennbar sein.

Augen
Weit auseinander liegend, schräg stehend, in der Farbe Strahlendgrün.

Merkmale
FELLPFLEGE: kaum nötig
STIMME: gesprächig
TEMPERAMENT: sehr aktiv
URSPRUNGSLAND: Großbritannien
VARIANTEN: Schwarz, Blau, Chocolate, Lilac, Rot, Creme, Apricot, Cinnamon, Caramel und Fawn; alle diese in Silber, Tortie und Silber-Tortie
RASSE: weltweit anerkannt (jedoch nicht alle Farben)

Ticked Tabby

Ursprung
Diese beliebte Tabby-Variante wurde erstmals 1993 in die Championklasse befördert. Das gleichmäßig getickte Fell erinnert an die wilden Vorfahren der Hauskatze. Das Ticking-Gen wurde schon früh durch Kreuzungen von Siamkatzen mit getickten Abessiniern in die Rasse eingebracht.

Charakter
Intelligent, freundlich, liebevoll und extrovertiert.

Körperbau
Elegant, mittelgroß und gut bemuskelt. Der Tabby ist lang und schlank mit einem peitschenartigen Schwanz und schlanken Beinen. Der Kopf ist dreieckig und keilförmig mit großen, weit auseinander stehenden Ohren.

Fell
Kurz, glatt und eng anliegend. Es sollte gleichmäßig getickt sein und auf jedem Haar mindestens zwei oder drei farbige Bänder haben.

Augen
Sie sind orientalisch geformt und schräg stehend; farblich in einem klaren Grün.

Merkmale
FELLPFLEGE: kaum nötig
STIMME: gesprächig
TEMPERAMENT: sehr aktiv
URSPRUNGSLAND: Großbritannien
VARIANTEN: Schwarz, Blau, Chocolate, Lilac, Rot, Creme, Apricot, Cinnamon, Caramel und Fawn; alle diese in Silber, Tortie und Silber-Tortie
RASSE: weltweit anerkannt (jedoch nicht alle Farben)

Schildpatt

Orientalisch Blau-Schildpatt

Ursprung

Wie alle Schildpatt sind diese Katzen meist weiblich. Hin und wieder wird ein Kater geboren, der aber fast immer unfruchtbar ist. Die Orientalisch Schildpatt wurde erstmals in England gezüchtet. Sie entstammt dem Zuchtprogramm für Orientalisch Rot und Creme.

Charakter

Vom Wesen her ist die Schildpatt intelligent, freundlich und extrovertiert. Häufig ist sie eigenwilliger als Tiere mit anderen Farben und Mustern. Wie alle Orientalen ist sie nur ungern allein. Wenn ihr Besitzer – etwa aus beruflichen Gründen – häufig außer Haus ist, ist es für das Wohlbefinden der Schildpatt wichtig, eine zweite Katze zur Gesellschaft zu haben.

Körperbau

Elegant, mittelgroß und muskulös. Der Körper gleicht mit seinem peitschenartigen Schwanz und seinen langen, schlanken Beinen dem einer Siamkatze. Der Kopf ist dreieckig und keilförmig, die Ohren sind groß und weit auseinander stehend.

Fell

Kurz, glatt und eng anliegend. Die Farben sollten entweder gleichmäßig vermischt oder in deutlichen Flecken vorliegen; die Grundfarbe muß ohne Tabby-Zeichnung bis zu den Haarwurzeln reichen.

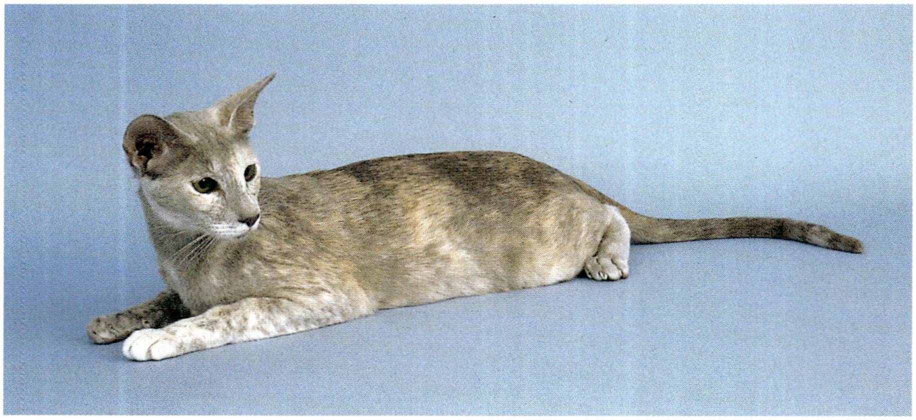

Orientalisch Lilac Schildpatt

Augen

Die Augen sollten orientalisch geformt sein und schräg stehen; Farbe: klares Grün.

Merkmale

FELLPFLEGE: kaum nötig
STIMME: gesprächig
TEMPERAMENT: sehr aktiv
URSPRUNGSLAND: Großbritannien
VARIANTEN: Schwarz, Blau, Chocolate, Lilac, Cinnamon, Caramel und Fawn
RASSE: weltweit anerkannt (jedoch nicht alle Farben)

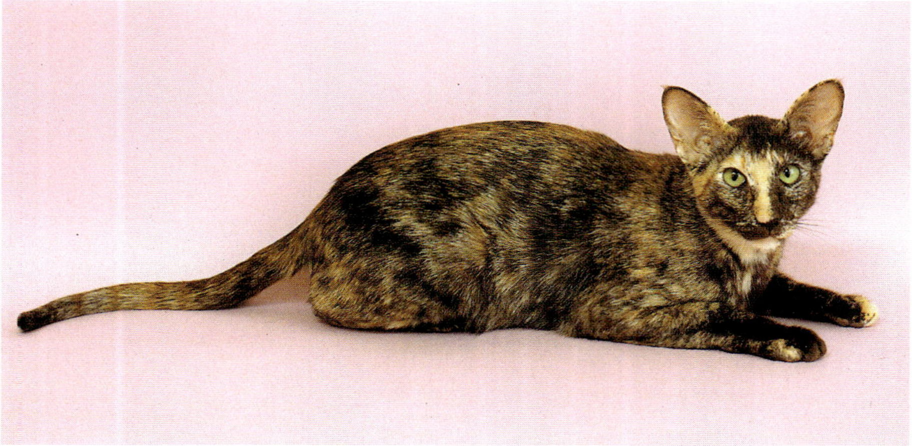

Orientalisch Chocolate Schildpatt

Shaded (und Smoke)

Ursprung

Die Shaded ergab sich aus einer Zufallskreuzung von einer Chinchilla mit einer Chocolate-Point-Siamkatze. Die Jungen hatten ein dunkles Fell, das dicht über der Haut in blasses Silber überging. Zusammen mit ihrer amüsanten, fast clownesken Gesichtszeichnung ist dies das hervorstechendste Merkmal dieser attraktiven Katze. Die erste Shaded wurde mit einer Red-Point-Siamkatze gekreuzt. Sie trug das Gen, das die Non-Agouti-Version, mit anderen Worten die Smoke, produzierte.

Charakter

Intelligent, freundlich und extrovertiert. Wie alle Orientalen lieben Shaded und Smoke die Gesellschaft von Menschen und Tieren und sind ungern allein.

Körperbau

Lang und schlank, jedoch gut bemuskelt. Was den Körperbau betrifft, dominieren die siamesischen Merkmale: Shaded und Smoke verfügen über lange, schlanke Beine und einen peitschenförmigen Schwanz. Der Kopf ist dreieckig und keilförmig mit geradem Profil und großen, weit auseinander stehenden Ohren.

Fell

Kurz, glatt und eng anliegend. Die Shaded ist eine Agouti-Katze mit silbrig-weißer Unterwolle, über der Standardfarben liegen. Die Smoke ist die Non-Agouti-Silbervariante.

Augen

Orientalisch geformt, schräg stehend und in einem klaren Grün leuchtend.

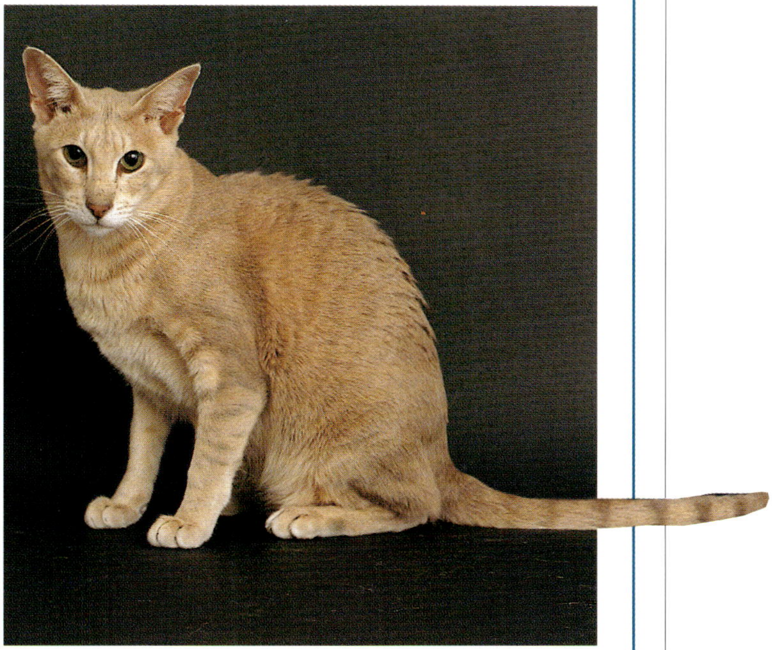

Orientalisch Caramel Shaded

Merkmale

FELLPFLEGE: kaum nötig
STIMME: gesprächig
TEMPERAMENT: sehr aktiv
URSPRUNGSLAND: Großbritannien
VARIANTEN: in allen für Orientalen erlaubten Farben
RASSE: weltweit anerkannt (jedoch nicht alle Farben)

Orientalisch Black Smoke

Braune Burma (Sable Burmese)

Ursprung
Die Burma wurde erstmals in den dreißiger Jahren aus dem Fernen Osten nach Kalifornien gebracht. Die dunkelbraune Katze glich einer Siamkatze ohne Abzeichen und erregte großes Interesse. In den USA gab es damals keine zweite Burma, so daß man das Weibchen namens Wong Mau mit einem Seal-Point-Siamkater kreuzte. Als dann eines der Katerchen mit seiner Mutter rückgekreuzt wurde, fand man im Wurf mehrere einfarbig dunkelbraune Kätzchen. Aus diesen gingen die Burmesen hervor. 1948 brachte man ein Paar nach Europa – heutzutage gehört die Burma zu den beliebtesten Rassen. In den USA heißt sie Sable Burmese.

Charakter
Intelligent, freundlich, extrovertiert. Die Burma liebt Gesellschaft und bleibt ungern allein. Auch mit ihren Artgenossen verträgt sie sich gut, unwohl fühlt sie sich nur, wenn sie sich den Platz mit zu vielen Tieren teilen muß: Die Burma braucht ein sehr großes Territorium.

Körperbau
Elegant, kräftig und gut bemuskelt. Die mittelgroße Katze hat einen runden Schädel mit weit angesetzten Ohren. Im Profil sollte die Nase deutlich vorstehen; das Kinn sollte fest sein. Die Beine sind schlank, der Schwanz läuft zu einer gerundeten Spitze zu und sollte im Verhältnis zum Körper eine wohlproportionierte Länge aufweisen.

Fell
Kurz, glänzend und anliegend. Die Farbe sollte gleichmäßig seal sein.

Augen
Groß, leuchtend, weit auseinander liegend und schräg stehend; Goldgelb ist sehr beliebt, doch von Gelb über Chartreuse bis Bernstein wird alles zugelassen.

Braune Burma

Merkmale
Fellpflege: kaum nötig
Stimme: gesprächig
Temperament: sehr aktiv
Ursprungsländer: Birma und USA
Rasse: weltweit anerkannt

Braune Burma

Blaue Burma

Ursprung
Die erste blaue Burma wurde in England als Junges zweier Brauner Burma geboren. Schon seit langem hatte man vermutet, Siamkatzen und Burma hätten ein gemeinsames genetisches Erbe, und da es die Blue-Point-Siamkatze schon länger gab, war es unvermeidlich, daß einmal eine Blaue Burma entstehen würde. Die neue Farbe erregte trotzdem großes Interesse.

Charakter
Intelligent, freundlich und extrovertiert. Die Blaue Burma liebt Gesellschaft und bleibt nicht gern allein. Auch mit ihren Artgenossen verträgt sie sich gut. Unwohl fühlt sie sich nur, wenn sie sich den Platz mit zu vielen Tieren teilen muß: Die Blaue Burma braucht ein sehr großes Territorium.

Körperbau
Mittelgroß, gut bemuskelt, kräftig. Der Kopf ist rundschädelig mit mittelgroßen, weit angesetzten Ohren. Im Profil sollte sich die Nase deutlich abheben und das Kinn fest sein. Die Beine sind schlank, der Schwanz läuft zu einer gerundeten Spitze zu. Im Verhältnis zum Körper sollte er eine wohlproportionierte Länge aufweisen.

Fell
Kurz, glatt und eng anliegend. Das Fell sollte gleichmäßig silbergrau sein und an Pfoten, Ohren und im Gesicht einen besonders starken silbernen Schimmer aufweisen.

Augen
Groß und leuchtend; weit auseinanderliegend, schräg zur Nase hin stehend; goldgelbe Farbe wird bevorzugt, aber alle Nuancen von Gelb bis Bernstein sind zugelassen.

Blaue Burma

Merkmale
Fellpflege: kaum nötig
Stimme: gesprächig
Temperament: sehr aktiv
Ursprungsland: Großbritannien
Rasse: weltweit anerkannt

Blaue Burma

Chocolate Burma (Champagne)

Ursprung

Eine beiderseits des Atlantiks sehr beliebte Farbe. Die Chocolate tauchte zuerst in den USA auf, wo man sie Champagne nennt.

Charakter

Intelligent, freundlich, spielfreudig, extrovertiert. Wie alle Burma mag sie nicht gern längere Zeit allein sein. Sie sollte eine andere Katze zur Gesellschaft haben, wenn möglich eine wesensähnliche.

Körperbau

Mittelgroß und elegant, aber kräftig. Gut bemuskelt mit schlanken Beinen und einem schmal zulaufenden Schwanz, der im Verhältnis zum Körper eine wohlproportionierte Länge aufweisen sollte. Der Kopf ist rundschädelig mit weit angesetzten, mittelgroßen Ohren. Im Profil sollte sich die Nase deutlich abheben, das Kinn soll fest sein.

Fell

Kurz, glänzend und eng anliegend. Die Farbe sollte gleichförmig milchschokoladen sein; etwas dunklere Stellen können sich am Kopf, an den Beinen und am Schwanz befinden.

Augen

Groß und leuchtend; auffallend weit auseinander liegend, leicht schräg stehend; farblich können sie fast jede Farbe von Chartreusegelb bis hin zu Bernstein haben. Die Tiere mit strahlendgoldgelben Augen sind jedoch die beliebtesten.

Merkmale

Fellpflege: kaum nötig
Stimme: gesprächig
Temperament: sehr aktiv
Ursprungsland: USA
Rasse: weltweit anerkannt

Lilac Burma (Platinum)

Ursprung

Die Lilac ist eine Burma-Variante und wird durch Eltern hervorgebracht, die die Gene von Chocolate und Verdünnung tragen. Diese verdünnte Farbe (siehe Seite 160) wird in den USA, wo die Varietät zuerst entstand, Platinum genannt. Lilacs erreichten Europa um 1970 herum.

Charakter

Intelligent, freundlich, extrovertiert. Wie andere Katzen mit verdünnten Farben ist sie etwas weniger anspruchsvoll als andere Burma.

Körperbau

Mittelgroß, elegant, kräftig. Die gutbemuskelte Katze hat schlanke Beine und einen gerundet zulaufenden Schwanz, der im Verhältnis zum Körper eine wohlproportionierte Länge aufweisen sollte. Der Kopf ist rundschädelig, die Nase muß sich deutlich abheben, und das Kinn sollte fest sein. Die Ohren sind mittelgroß und weit voneinander entfernt angesetzt.

Fell

Kurz, glänzend, eng anliegend. Helles Taubengrau mit einem leicht rosa Einschlag. Kopf, Beine und Schwanz dürfen etwas dunkler sein.

Augen

Groß, weit auseinander liegend, etwas schräg stehend; Goldgelb wird bevorzugt, trotzdem dürfen die Augen jede Nuance von Chartreusegelb bis hin zu Bernstein aufweisen.

Merkmale

Fellpflege: kaum nötig
Stimme: gesprächig
Temperament: sehr aktiv
Ursprungsland: USA
Rasse: weltweit anerkannt

Rote Burma

Ursprung
Von 1965 bis 1975 arbeiteten Züchter an einem Programm, das neue Farben in die Burmesen bringen sollte. Die Red Point Siamese wurde so lange mit roten Kurzhaar gekreuzt, bis sie rote, cremefarbene und Tortie-Tiere hervorbringen konnte.

Charakter
Intelligent, freundlich, gesellig, lebhaft und extrovertiert.

Körperbau
Elegant, mittelgroß und gut bemuskelt mit langen Beinen und einem gerundet zulaufenden Schwanz. Der Kopf ist rundschädelig mit einer sich deutlich abhebenden Nase und einem festen Kinn. Die Ohren sind mittelgroß und weit voneinander entfernt angesetzt.

Fell
Kurz, glatt, eng anliegend und in einem kräftigen Apricot; nur am Kopf ist eine leichte Tabby-Zeichnung erlaubt.

Augen
Groß und leuchtend, etwas schräg stehend. Die Farbe Goldgelb wird bevorzugt, aber alle Nuancen von Gelb bis hin zu Bernstein sind zugelassen.

Merkmale
FELLPFLEGE: kaum nötig
STIMME: gesprächig
TEMPERAMENT: sehr aktiv
URSPRUNGSLAND: Großbritannien
RASSE: weltweit anerkannt

Creme Burma

Ursprung
Wie die rote, ist auch die Cremefarbe eine geschlechtsgebundene Farbe, die die Burmazüchter geschaffen haben. Die verdünnte Version von Rot (siehe Seite 160) ist eine sehr beliebte Burma-Variante.

Charakter
Intelligent, freundlich, lebhaft und extrovertiert.

Körperbau
Mittelgroß und gut bemuskelt mit schlanken Beinen und einem gerundet zulaufenden Schwanz. Rundschädeliger Kopf mit einer sich deutlich abhebenden Nase sowie einem festen Kinn. Die Ohren sind mittelgroß und weit angesetzt.

Fell
Kurz, glatt und glänzend. Gleichförmig creme, im Gesicht mit schwacher Tabby-Zeichnung. Ohren, Gesicht und Pfoten sollten „blühen" (wie leicht eingepudert).

Augen
Groß, leuchtend, weit auseinander liegend und leicht schräg stehend; Goldgelb wird bevorzugt, aber jede Nuance zwischen Chartreusegelb und Bernstein ist zugelassen.

Merkmale
FELLPFLEGE: kaum nötig
STIMME: gesprächig
TEMPERAMENT: sehr aktiv
URSPRUNGSLAND: England
RASSE: weltweit anerkannt

Schildpatt (Tortie)

Lilac Tortie Burma

Ursprung

Die Tortie ist die einzige verschiedenfarbige Burma; es gibt sie in vier Grundfarben. Wie auch die Rote und die Creme entstand sie aus einem speziellen Zuchtprogramm, in dem von 1965 bis 1975 Burma mit roten Kurzhaarhauskatzen gekreuzt wurden. Obwohl die Tortie in vielen Ländern als Burma anerkannt wird, bezeichnen sie nordamerikanische Katzenliebhaber auch gern als Malayan. Wie bei allen Torties gibt es fast nur Weibchen. Die wenigen Männchen, die geboren werden, sind in der Regel unfruchtbar.

Charakter

Intelligent, freundlich, spaßliebend. Die Tortie ist wahrscheinlich die extrovertierteste aller Burmas. Sie steht gerne im Mittelpunkt und bleibt ungern länger allein. Wirft das Probleme auf, sollte man eine zweite Katze anschaffen, damit die Tortie Gesellschaft hat.

Körperbau

Elegant, muskulös, kräftig. Mittelgroß mit schlanken Beinen und einem gerundet zulaufenden Schwanz, der im Verhältnis zum Körper eine wohlproportionierte Länge aufweisen sollte. Der Kopf ist rundschädelig, die Nase sollte sich im Profil deutlich abheben; das Kinn sollte fest sein. Die Ohren sind mittelgroß und weit voneinander entfernt angesetzt.

Fell

Kurz, glänzend, eng anliegend. Die Farbe sollte eine ausgewogene Mischung aus Rot oder Creme mit einer der vier Grundfarben sein.

Augen

Groß und leuchtend; farblich wird Goldgelb bevorzugt, doch jede andere Nuance zwischen Chartreusegelb und Bernstein wird ebenfalls zugelassen.

Chocolate Tortie Burma

Merkmale

Fellpflege: kaum nötig
Stimme: gesprächig
Temperament: sehr aktiv
Ursprungsland: Großbritannien
Varianten: Seal-Tortie, Blue-Tortie, Chocolate-Tortie und Lilac-Tortie
Rasse: weltweit anerkannt

Seal Point

Ursprung
Die Rasse hieß ursprünglich „Königliche Katze von Siam" und wurde in ihrem Heimatland Thailand sehr verehrt. Sie ist wohl die am einfachsten zu identifizierende Rasse: mit ihrem langgestreckten Körper, der hellen Fellfarbe und den dunklen Seal Points auf Gesicht, Ohren, Beinen und Schwanz hebt sie sich eindeutig von anderen Arten ab. Verglichen mit ihren Vorfahren ist die heutige Siamkatze viel geschmeidiger – das Ergebnis einer gezielten Zucht. Momentan denkt man jedoch wieder daran, eine Siamkatze des älteren, gedrungeneren Typs zu züchten.

Charakter
Intelligent, extrovertiert, loyal und liebevoll. Wie alle Siamkatzen sind diese Tiere äußerst anhänglich. Sie gehen eine besonders starke Bindung zu ihren Besitzern ein und verlangen deshalb viel Aufmerksamkeit. Die Siamkatze ist mit Abstand die lauteste aller Katzen. Ihre Eigenart, dauernd zu miauen, zu schreien und zu rufen, ist legendär. Wer Siamkatzen liebt, findet ihre Gesprächigkeit sehr anziehend.

Körperbau
Elegant, schlank und athletisch, mittelgroß und muskulös. Die Beine sind lang und schlank, der Schwanz ist lang und peitschenähnlich. Der Kopf sollte dreieckig sein und das Profil lang und schmal. Die Ohren sind im Verhältnis zum Kopf sehr groß, im Ansatz breit und weit voneinander entfernt angesetzt.

Fell
Kurz, fein, eng anliegend; farblich ein helles, warmes Creme; die dunkelbraunen Abzeichen bleiben auf Gesicht, Ohren, Beine und Schwanz beschränkt.

Seal-Point-Siamkatze

Augen
Leicht schräg gestellt, orientalisch geformt; tiefes, strahlendes Blau.

Merkmale
Fellpflege: kaum nötig
Stimme: lautfreudig und äußerst gesprächig
Temperament: sehr aktiv
Ursprungsland: Siam (Thailand)
Rasse: weltweit anerkannt

Junge Seal-Point-Siamkatze

Blue Point

Ursprung
Als die Blue Point 1896 erstmals ausgestellt wurde, hielt man sie für eine inkorrekt gefärbte Seal Point und schenkte ihr keine Beachtung. Erst in den dreißiger Jahren wurde ein seriöses Zuchtprogramm erstellt, um den Fortbestand dieser Farbe zu sichern. 1932 wurde sie dann in den USA offiziell anerkannt, in England schließlich 1939. Wahrscheinlich hatten Siamkatzen dieses Verdünnungsgen von Anfang an.

Charakter
Intelligent, spielfreudig, extrovertiert und freundlich. Die Blue Point ist äußerst gesellig und verlangt viel Aufmerksamkeit. Sie ist nicht gern lang allein; am besten stellt man ihr eine möglichst wesensverwandte Katze zur Seite.

Körperbau
Lang, schlank, muskulös und elegant. Mittelgroß mit langen, schlanken Gliedmaßen und einem peitschenähnlichen Schwanz. Der Kopf ist dreieckig mit einem langen, schmalen Profil und großen, weit voneinander entfernt angesetzten Ohren.

Blue-Point-Siamkatze

Blue-Point-Siamkatze

Fell
Kurz, fein, eng anliegend. Die Körperfarbe sollte Gletschergrau sein und blaugraue Abzeichen auf Gesicht, Ohren, Beinen und Schwanz aufweisen.

Augen
Leicht orientalisch geformt und schräg stehend. Glänzend, klar und von einem intensiven Blau.

Merkmale
FELLPFLEGE: kaum nötig
STIMME: laut und äußerst gesprächig
TEMPERAMENT: sehr aktiv
URSPRUNGSLAND: Großbritannien, Thailand
RASSE: weltweit anerkannt

Chocolate Point

Ursprung
Die Chocolate Point wurde etwa zur selben Zeit ausgestellt wie die Blue Point; auch sie wurde für eine nicht ausreichend gefärbte Seal Point gehalten. Fast zwanzig Jahre Zucht waren notwendig, bis man sich dazu entschloß, sie offiziell als eigene Varietät anzuerkennen.

Charakter
Intelligent, freundlich, spielfreudig. Wie alle anderen Siamkatzen äußerst gesprächig.

Körperbau
Elegant, lang und schlank. Mittelgroß mit langen, schlanken Beinen und einem peitschenähnlichen Schwanz. Der dreieckige Kopf ist lang mit einem schmalem Profil und großen, weit voneinander entfernt angesetzten Ohren.

Fell
Kurz, glatt und eng anliegend. Elfenbeinfarben; die milchschokoladenbraune Farbe sollte sich auf Gesicht, Ohren, Beine und Schwanz beschränken.

Augen
Etwas orientalisch gefärbt, schräg stehend, in lebhaftem, klarem, strahlendem Blau.

Merkmale
FELLPFLEGE: kaum nötig
STIMME: lautfreudig und äußerst gesprächig
TEMPERAMENT: sehr aktiv
URSPRUNGSLAND: Großbritannien
RASSE: weltweit anerkannt

Merkmale
FELLPFLEGE: kaum nötig
STIMME: lautfreudig und äußerst gesprächig
TEMPERAMENT: sehr aktiv
URSPRUNGSLAND: Großbritannien
RASSE: weltweit anerkannt

Lilac Point (Frost Point)

Ursprung
Diese Siamkatze wurde erst sehr spät entwickelt: Sie soll 1940 aus einer Kreuzung mit Russisch Blau entstanden sein. Doch da es zu jener Zeit schon Blue und Chocolate Point gab, kann diese rezessive Färbung auch auf natürliche Weise entstanden sein. In den USA heißt die Lilac Point Frost Point.

Charakter
Intelligent, freundlich, liebevoll, extrovertiert und laut.

Körperbau
Mittelgroß, elegant und muskulös mit langen, schlanken Beinen und einem peitschenähnlichen Schwanz. Das dreieckige Gesicht hat ein langes, schmales Profil; die Ohren sind groß und weit auseinander stehend.

Fell
Kurz, glatt, anliegend. Das Körperfell sollte magnolienfarben sein, keinesfalls schneeweiß. Die farbigen Abzeichen sind rosagrau und auf Gesicht, Ohren, Beine und Schwanz beschränkt.

Augen
Orientalisch geformt, leicht schräg stehend; tiefblau.

Red Point (Red Colourpoint Shorthair)

Ursprung
Die Red-Point-Siamkatzen entstanden bei einem Zuchtprogramm, das geschlechtsgebundene Farben einführen wollte: Eine Schildpatt-Hauskatze wurde dabei mit einer Siamkatze gekreuzt. 1934 sah man die erste Red Point auf einer Ausstellung. Offiziell wurde die Farbe 1966 anerkannt. In den USA sind die Tiere als Red Point Shorthair bekannt.

Charakter
Intelligent, gesellig, spielfreudig und wie alle Siamkatzen sehr extrovertiert.

Körperbau
Elegant, mittelgroß; schlanker Körper, schlanke Beine. Der Schwanz ist lang und peitschenähnlich, der Kopf dreieckig mit geradem Profil. Die Ohren sind groß und tief angesetzt.

Fell
Kurz, glatt, eng anliegend; farblich ein warmes Weiß; die intensiven, rotgoldenen Abzeichen sind auf Gesicht, Ohren, Beine und Schwanz beschränkt.

Augen
Leicht orientalisch geformt und schräg stehend; die Farbe ist ein intensives, strahlendes Blau.

Merkmale
Fellpflege: kaum nötig
Stimme: lautfreudig und äußerst gesprächig
Temperament: sehr aktiv
Ursprungsland: Großbritannien
Rasse: weltweit anerkannt

Creme Point (Cream Colourpoint Shorthair)

Ursprung
Sobald das rote Gen in die Siamkatzen-Rasse eingeführt war, entstand auch die verdünnte Farbe Creme, die hellste aller Siamfarben (siehe Seite 160). In den USA ist diese Rasse auch als Cream Colourpoint Shorthair bekannt.

Charakter
Intelligent, gesellig, freundlich und spielfreudig.

Körperbau
Elegant, mittelgroß, schlank. Lange, schlanke Beine und langer, peitschenähnlicher Schwanz. Kopf dreieckig mit geradem Profil und großen, weit angesetzten Ohren.

Fell
Kurz, glatt und eng anliegend. Körperfarbe Cremeweiß. Abzeichen in kühler, gepudert wirkender Cremefarbe, die sich auf Gesicht, Ohren, Beine und Schwanz beschränken.

Augen
Leicht orientalisch geformt, schräg stehend; Farbe: ein klares, strahlendes Blau.

Merkmale
Fellpflege: wenig Pflege nötig
Stimme: lautfreudig und äußerst gesprächig
Temperament: sehr aktiv
Ursprungsland: Großbritannien
Rasse: weltweit anerkannt

Tortie Point (Tortie Colourpoint Shorthair)

Blue-Tortie-Point-Siamkatze

Ursprung

In den USA ist die Tortie Point als Tortie Colourpoint Shorthair bekannt: eine attraktive Katze, die aus dem Zuchtprogramm für Rot und Creme entstand. Wie bei allen Schildpattkatzen werden auch bei dieser Rasse meist nur Weibchen geboren. Die hin und wieder auftretenden Männchen sind in der Regel unfruchtbar.

Charakter

Intelligent, gesellig, freundlich und spielfreudig, womöglich sogar extrovertierter als andere Siamkatzen-Farben. Die Tortie ist genauso schelmisch wie andere Variationen dieses Musters. Obschon liebenswert und liebevoll, zeigt sie ein gewisses Maß an Eigensinn.

Körperbau

Elegant mit einem langen, schlanken, muskulösen Körper, schlanken Beinen und einem langen, peitschenartigen Schwanz bei mittlerer Größe. Der Kopf ist dreieckig mit geradem Profil und großen, weit angesetzten Ohren.

Fell

Kurz, glatt und eng anliegend. Die helle Körperfarbe sollte deutlich mit den dunkleren Abzeichen kontrastieren. Diese sind auf Gesicht, Ohren, Schwanz und Beine beschränkt und farblich eine Mischung einer der anerkannten Grundfarben mit Rot oder Creme.

Augen

Leicht orientalisch geformt und schräg stehend; Farbe: ein tiefes, intensives, strahlendes Blau.

Merkmale

Fellpflege: kaum nötig
Stimme: lautfreudig und äußerst gesprächig
Temperament: sehr aktiv
Ursprungsland: Großbritannien
Varianten: Seal, Blau, Chocolate, Lilac, Cinnamon, Caramel und Fawn
Rasse: weltweit anerkannt (jedoch nicht in allen Farben)

Chocolate-Tortie-Point-Siamkatze

Tabby Point (Lynx Colourpoint Shorthair)

Chocolate-Tabby-Point-Siamkatze

Ursprung

Über die Jahre hinweg wurde diese Varietät mit vielen unterschiedlichen Namen versehen. Zuerst hieß sie Shadow Point, dann Lynx Colourpoint Shorthair (so wird sie in den USA noch immer genannt). Schließlich setzte sich Tabby Point durch. Zwar wurde sie bereits 1902 erwähnt, gelangte aber erst 1961 auf eine Ausstellung. Sie erregte damals großes Interesse. Inzwischen gibt es die Varietät in vielen Farben und unterschiedlichen Zeichnungen.

Charakter

Intelligent, extrovertiert, loyal und liebevoll. Wie alle Siamkatzen braucht auch die Tabby Gesellschaft und ist ungern allein. Wenn der Besitzer jeden Tag längere Zeit abwesend ist, sollte er seiner Katze einen Gefährten geben, am besten eine Siamkatze oder eine Orientalisch Kurzhaar.

Körperbau

Mittelgroß, elegant, muskulös. Körper und Beine sind lang und schlank, der Schwanz ist lang und peitschenartig. Den dreieckigen Kopf charakterisieren das gerade Profil und die großen, weit voneinander entfernt angesetzten Ohren.

Chocolate-Tabby-Point-Siamkatze

Fell

Kurz, glatt und eng anliegend. Die Körperfarbe sollte hell sein und einen starken Kontrast zu den Tabby-Abzeichen bilden. Diese befinden sie deutlich ausgebildet auf Gesicht, Ohren, Beinen und Schwanz. Auf der Stirn läßt sich ein klar erkennbares M ausmachen.

Augen

Leicht orientalisch geformt und schräg stehend; Farbe: ein tiefes, intensives, strahlendes Blau.

Merkmale

FELLPFLEGE: regelmäßig
STIMME: lautfreudig und äußerst gesprächig
TEMPERAMENT: sehr aktiv
URSPRUNGSLAND: Großbritannien
VARIANTEN: Seal, Blau, Chocolate, Lilac, Rot, Creme, Apricot, Cinnamon, Caramel, Fawn und die Tortie-Tabby-Muster (US Torbie) aller dieser Farben
RASSE: weltweit anerkannt, jedoch nicht immer in allen Farben.

Neue Siamkatzen-Farben

Caramel-Tabby-Point-Siamkatze

Die größten Katzenliebhaber leben in England – dort wurden auch die neuesten Farben der uralten Siamkatze entwickelt. Drei Farbvarianten wurden 1993 vorläufig akzeptiert. Diese sogenannten neuen Farben gab es wahrscheinlich schon seit vielen Jahren, wurden dann aber vermutlich falsch eingetragen. Die meisten Farben, die wir heute sehen, sind ein Resultat aus gezielten Kreuzungen zwischen Siamkatzen und Orientalen. Die letzteren sind mit den Siamkatzen verwandt, haben aber im Vergleich zu diesen keine Abzeichen. Auch sie gibt es in einer Vielzahl von Farben.

Die neuen Farben, die jetzt zwar genehmigt wurden, aber noch nicht zu Ausstellungen zugelassen werden, sind Cinnamon und dessen Verdünnung Fawn (siehe Seite 160), zusammen mit Caramel und der geschlechtsgebundenen Version Apricot. Diese Farben treten nicht nur bei einfarbigen Abzeichen, sondern im gesamten Spektrum von Tortie, Tabby und Tortie Tabby Points auf. Alle diese Farben gibt es auch mit Silber, obwohl derartige Katzen in Europa oder Nordamerika erst noch anerkannt werden müssen.

Fawn-Point-Siamkatze

Ständig tauchen neue Katzenrassen auf. Manche sind nur eine flüchtige Modeerscheinung, während sich andere als eine echte Bereicherung erweisen. Einige der selteneren Rassen, die noch nicht von allen Verbänden anerkannt werden, sind folgende:

California Spangled

Diese relativ junge Rasse ist das Ergebnis intensiver Bemühungen, eine Katze mit der Zeichnung des vom Aussterben bedrohten afrikanischen Leoparden zu züchten. Für dieses aufwendige Zuchtprogramm wurden acht verschiedene Linien von Rasse- und Hauskatzen einschließlich einer ägyptischen Straßenkatze herangezogen. Die California Spangled hat markante schwarze Tupfen und eine schwarze Schwanzspitze. Ihr geduckter Gang erinnert an die Bewegungen eines wilden Leoparden. Ihr Debüt im Jahre 1986 war von heftigen Kontroversen begleitet, weil sie nicht auf einer Katzenausstellung vorgestellt, sondern nur über einen Versandkatalog angeboten wurde. Nachdem sie rasch in den Ruf einer „Designer-Katze" kam, zählte sie bald zu den teuersten Katzen. Heute gibt es die Varietäten Schwarz, Blau, Bronze, Braun, Charcoal, Golden, Rot, Silber und Weiß.

Californian Spangled

Kartäuser

Kartäuser

Diese blaue Kurzhaarkatze ähnelt der Britisch Blau (siehe Seite 187), ihre Augen sind jedoch kupferfarben oder orange. Die Kartäuser kann auf eine Geschichte zurückblicken, die vermutlich bis in das 14. Jahrhundert zurückreicht. In einem holländischen Lexikon aus dem Jahre 1723 wird bereits berichtet, daß diese Katzen in den Klöstern der Kartäusermönche lebten und dort möglicherweise gezüchtet wurden. In den zwanziger Jahren begannen zwei Schwestern in Frankreich gezielt mit der Kartäuserzucht. Nach dem Zweiten Weltkrieg gab es jedoch nur noch wenige Exemplare, so daß die Zucht mit blauen Nichtrassekatzen neu aufgebaut werden mußte.

American Bobtail

Über den Ursprung dieser Stummelschwanzrasse, die genetisch nichts mit der wildlebenden amerikanischen Bobcat zu tun hat, gibt es ganz unterschiedliche Auffassungen. Fest steht jedoch, daß die American Bobtail von einem stummelschwänzigen Kätzchen abstammt, das in den sechziger Jahren in Arizona entdeckt wurde. Als diese Katze mit einer Siam gekreuzt wurde, hatten einige der Jungen wieder kurze Schwänze. Deren Nachkommen waren alle kurzschwänzig und wurden weitergezüchtet. Die American Bobtail kann langes oder halblanges Fell haben. Sie ist eine freundliche, ruhige und intelligente Katze mit einem gedrungenen Körper. Sie hat ein breites, rundes Gesicht mit großen Augen.

Karelische Bobtail

Diese Rasse, deren Herkunft nicht eindeutig geklärt werden konnte, sieht aus wie eine langhaarigere Variante der japanischen Bobtail (siehe Seite 209). Die Karelische Bobtail wurde 1995 erstmals auf einer Katzenausstellung in Deutschland gezeigt.

La Perm

Der Vorläufer dieser Zucht wurde 1986 auf einem amerikanischen Bauernhof in der Nähe von Dallas in Oregon in einem Wurf gewöhnlicher Katzen entdeckt. Das Kätzchen war zunächst kahl, bekam dann aber ein besonderes lockiges Fell. Die La Perm („Dauerwelle") wurde 1995 in den USA von der „International Cat Association" anerkannt, von anderen Verbänden allerdings noch nicht. Bis heute gibt es allerdings nur sehr wenige Exemplare.

Nebelung

Diese langhaarige Version der Russisch Blau mit Silberspitzen entstand in den achtziger Jahren in den USA. 1987 wurde sie von der „International Cat Association" in den Varietäten Blau und Weiß anerkannt. Die Anerkennung durch andere Züchterverbände steht noch aus.

Blaue Nebelung

Munchkin

Diese Mutation wurde 1983 in den USA entdeckt und löste zunächst große Kontroversen aus. Die für Katzen so typische Anmut fehlt ihr völlig und ihre Kritiker meinen sogar, sie könne sich selbst kaum richtig pflegen. Aufgrund ihres extrem langgestreckten Körpers und der kurzen Beine sind Gesundheitsprobleme vorprogrammiert. Kurzbeinige Katzen gab es in England zwar schon in den dreißiger Jahren und in Rußland in den fünfziger Jahren, doch nach dem deutschen Tierschutzgesetz dürfte die Zucht solcher Rassen nicht zulässig sein.

Munchkin

Ojos Azules

1984 wurde in New Mexico eine Schildpattkatze mit strahlendblauen Augen entdeckt (der spanische Name bedeutet „blaue Augen"). Normalerweise kommen blaue Augen nur bei weißen Tieren oder bei Siamkatzen vor, so daß diese Rasse äußerst selten ist. Ob sich die Ojos Azules in der Katzenzucht wirklich durchsetzen kann, muß sich erst noch zeigen.

Ojos Azules

Peke-Face

Diese Langhaarkatze hat eine Nase, die an einen Pekinesen erinnert. Durch das flache Gesicht können bei dieser Rasse Gesundheitsprobleme auftreten.

Sokoke

Die 1977 in Ostafrika entdeckte Katze hat eine ungewöhnliche Tabby-Zeichnung, die an eine Holzmaserung erinnert. Der Körper ist schlank und elegant, der Schwanz mittellang und spitz zulaufend. Die Herkunft der Sokoke ist umstritten. Man fand sie zwar als tropische Wildkatze, doch wird vermutet, daß sie von entlaufenen Hauskatzen abstammt, weil sie sich ohne weiteres zähmen ließ. Heutzutage wird diese Rasse hauptsächlich in Dänemark gezüchtet.

Australische Schleierkatze

Diese Katze wurde Ende der siebziger Jahre in Australien unter dem Namen „Spotted Mist" gezüchtet und ist die erste aus diesem Land stammende Rassekatze. Sie entstand durch eine Kreuzung von Burmesen mit Abessiniern und Tabbys. Der Burma-Typ überwiegt – dennoch hat die Spotted Mist ein kurzes, dichtes, glänzendes Fell mit einer schimmernden Grundfärbung und Tupfen an Flanken und Bauch. 1986 wurde die Rasse in Australien offiziell anerkannt und hat seither mehrere Champions hervorgebracht.

Sibirische Katze

Diese große, kräftige Katze stammt aus dem nördlichen Rußland, wo ihr langes, dichtes Fell sie vor der Winterkälte schützt. Die Rasse ist schon seit langem bekannt; angeblich sollen aus ihr sogar die meisten der heutigen Langhaarkatzen hervorgegangen sein. Die Sibirische Katze wird heute insbesondere in Deutschland und in ihrer Heimat Rußland gezüchtet.

Sibirische Katze

Katzen-Stars

Es gibt Millionen von Hauskatzen – doch für ihren Besitzer ist jede von ihnen einmalig! Einige wenige Katzen haben es jedoch aufgrund ihrer besonderen Leistungen zu größerem Ruhm gebracht. Manche von ihnen sind sogar wegen ihres Körpergewichts, ihres Alters oder der Anzahl ihrer Jungen in die Rekordbücher eingegangen.

Es gibt sogar Katzen, die für ihre Heldentaten ausgezeichnet wurden: In England verlieh man Tieren, die sich während des Zweiten Weltkriegs besonders bewährt hatten, eine Tapferkeitsmedaille. Die meisten Preisträger waren Hunde oder Pferde, doch auch eine Katze war darunter: Kater Simon hatte das britische Kriegsschiff HMS Amethyst gegen Mäuseattacken zu verteidigen. Als das Schiff von einer chinesischen Militäreinheit unter Beschuß genommen wurde, hielt Simon trotz seiner Verwundung solange die Stellung, bis man wieder in den heimischen Hafen einlief.

TV-Stars

Arthur, ein weißer Kater, der sein Lieblingsfutter mit der Pfote aus der Dose holen konnte, trat zwischen 1966 und 1975 in England in über 300 Fernsehspots auf. Als er 1976 im hohen Alter von 17 Jahren starb, war er so berühmt, daß sogar schon seine Biographie erschienen war. Zehn Jahre nach seinem Tod entdeckte die Tiertrainerin Anne Heat in einem Tierheim einen abgemagerten weißen Kater namens Snowy. Sie päppelte ihn wieder hoch und brachte ihm den Pfotentrick bei. Trotz seines beklagenswerten Zustands hatte sie sein Talent richtig eingeschätzt.

Wenn Arthur II. einmal in Ruhestand geht, wartet hinter den Kulissen zweifellos schon Arthur III. auf seinen Auftritt.

In den Vereinigten Staaten hieß der entsprechende TV-Held Morris – auch er wurde in einem Tierheim entdeckt und machte Werbung für Katzenfutter. Wie Arthur brachte es der sympathische Darsteller in nur zehn Jahren auf über vierzig Fernsehauftritte.

Ein Katzensprung?

Darüber, wie Katzen wieder nach Hause gefunden haben, gibt es die erstaunlichsten Geschichten. Ninja, ein Kater aus dem Staat Washington, USA, zog mit seiner Familie um und verschwand. Ein Jahr später tauchte er wieder in seiner alten Heimat auf – 1.370 Kilometer von seinem neuen Zuhause entfernt!

Geflügelte Katzen

In den letzten 100 Jahren wurde mehrfach von Katzen mit fellbedeckten Flügeln berichtet. 1949 soll man in Schweden eine Katze mit einer Flügelspannweite von 58 cm geschossen haben; höchstwahrscheinlich eine Fälschung – vielleicht aber auch eine seltene Mutation.

„FIRST CATS"

„Socks", so genannt wegen seiner weißen Pfoten, ist Amerikas „First Cat". Das herumstreunende Tier wurde erst von Clintons Nachbarn aufgenommen, bevor es 1991 zu Chelsea, Hillary und dem damaligen Gouverneur Clinton kam. 1993 wurde sein Tagebuch „Socks geht nach Washington" veröffentlicht – angeblich bekommt das Tier noch heute 75.000 Briefe und Päckchen pro Woche. Eine Biographie war jedoch auch schon von Theodore Roosevelts Katze „Tom Quartz" erschienen.

1989 nahm sich das Personal der Downing Street Number 10, des Amtssitzes des britischen Premierministers, einer schwarzweißen Straßenkatze an. Das Tier wurde feierlich auf den Namen „Humphrey" getauft, zum Beamten ernannt und mit dem Titel „Erster Mäusefänger des Regierungssitzes" 1997 in den Ruhestand verabschiedet.

Tierquälerei

Katzen haben neun Leben, so sagt man. Dieses erbarmungswürdige Geschöpf wurde in London aus der Themse gefischt – man hatte ihm einen schweren Ziegelstein um den Hals gebunden. Das Kätzchen fand ein liebevolles Zuhause. Dennoch steht dieses Bild stellvertretend für unzählige mißhandelte oder ausgesetzte Katzen.

R E K O R D I N H A B E R

Die älteste Katze
Ma, ein weiblicher Tabby aus dem englischen Devon, starb 1957 im Alter von 34 Jahren.

Kätzchensegen
Die Tigerkatze Dusty aus Texas warf in ihrem Leben 420 Kätzchen.

Die älteste bekannte Katzenmutter ist Kitty aus dem englischen Croxton. Ihr letztes Kätzchen, das 218., warf sie 1987 im Alter von dreißig Jahren.

Eine vierjährige Burma namens Tarawood Antigone paarte sich mit einem Halbsiamesen und warf daraufhin die Rekordzahl von 19 Kätzchen – 15 davon überlebten.

Die dickste Katze
Himmy, ein kastrierter Kater aus dem australischen Queensland, soll 21,3 kg gewogen haben; er starb an einer Lungeninsuffizienz.

Die kleinste Katze
Den Rekord als kleinste Katze hält Tinker Toy aus dem amerikanischen Illinois: Er ist nur 7 cm groß und 19 cm lang.

Die beste Mäusefängerin
Den Titel „Beste Mäusefängerin" hält Towser, eine Schildpatt aus Tayside, Großbritannien. In 24 Jahren fing sie 28.899 Mäuse – das sind durchschnittlich drei am Tag.

Mythen & Legenden

Beim Thema Katze scheiden sich häufig die Geister: Von jeher haben die Tiere beim Menschen starke Emotionen ausgelöst, und so ranken sich in allen Ländern zahlreiche Mythen und Legenden um sie. Katzen wurden sowohl als Götter verehrt wie auch als Teufel verbrannt. Einerseits gelten sie als Talismane und Glücksbringer, andererseits werden sie aber auch als Unglücksboten interpretiert. Der französische Kaiser Napoleon Bonaparte (1769-1821) beispielsweise hatte eine regelrechte Katzenphobie: Während eines Feldzugs schrie er eines Abends in seinem Zelt laut um Hilfe. Als sein Adjudant zu ihm eilte, sah er, wie der große Korse mit gezücktem Degen vor einem Kätzchen stand ...

SCHWARZE KATZEN

✦ Schwarze Katzen bringen Unglück, sagt man. Doch woher kommt dieser Aberglaube? Im mittelalterlichen Europa wurde die Katze mit dem Teufel in Verbindung gebracht: Angeblich schlüpft dieser in ihr schwarzes Fell, um seine Opfer zu peinigen.

✦ Auch in China gelten schwarze Katzen als Boten von Armut und Krankheit. Weiße Katzen dagegen werden oft als Glücksbringer betrachtet. Ganz anders die Engländer: Sie halten Weiß für die Farbe der Gespenster.

✦ Läuft einem Brautpaar eine schwarze Katze voraus, wird es eine glückliche Ehe führen.

✦ Besonders die Ehefrauen von Seeleuten hielten schwarze Katzen, auf daß ihre Männer wieder wohlbehalten zu ihnen zurückkehrten. Auf den Schiffen selbst galt eine schwarze Katze als Glücksbringerin, doch Vorsicht: Sprach jemand auf der Reise das Wort „Katze" aus, drohte großes Unglück.

✦ Angeblich läßt sich mit der Hilfe von Katzen auch das Wetter vorhersagen: Leckt sich die Katze am Hintern, gibt es Regen. Dreht sie den Schwanz zum Ofen, gibt es Frost. Und wer sich Katzen gegenüber nicht gut benimmt, bekommt zum Hochzeitstag Regen.

Katze und Hexenglauben

Während die Katze in vielen alten Kulturen überaus verehrt wurde, verleumdete und verfolgte man sie im mittelalterlichen Europa wegen ihrer angeblichen Verbindung zu Hexen und Schwarzer Magie. Schon im Jahr 962 ist der Glaube bezeugt, daß sich Hexen in Katzen verwandeln können und diese böse, gefährliche Tiere mit furchterregenden Kräften seien. Im 16. und 17. Jahrhundert wurden Tausende von unschuldigen Frauen als Hexen den Inquisitionsgerichten vorgeführt und auf dem Scheiterhaufen verbrannt – zusammen mit ihnen auch viele Katzen.

Die winkende Katze

In Japan steht ein Tempel, der Katzen geweiht ist. Er stammt aus dem 18. Jahrhundert und heißt „Gotoku-ji". Dort teilten die Mönche selbst in Hungerszeiten ihre Nahrung mit Katzen. Eines Tages wurden einige wohlhabende Samurai von einer Katze in den Tempel hereingewunken. Wenig später erhob sich ein schweres Unwetter – die Samurai hatten gerade noch Schutz suchen können. Einer von ihnen studierte später bei den Mönchen und hinterließ diesen ein Vermögen. Als Symbol für die dort begrabenen Katzen stellte man in der Mitte des Tempels eine „Geistkatze" auf; rings um den Altar stehen zahlreiche Figuren, die eine Katze mit erhobener Pfote zeigen. Diese Katzen heißen „Maneki-neko" und sind in Japan nach wie vor beliebte Talismane.

Bastet

Im alten Ägypten war die Katzengöttin Bastet sehr beliebt. Man glaubte, daß sie bei der Geburt helfe und vor Unfruchtbarkeit, Krankheit und giftigen Tieren schütze. Darüber hinaus war sie die Göttin des Genusses, der Musik und des Tanzes. In Bubastis nordöstlich von Kairo errichtete man einen großen Bastet-Tempel, zu dem alljährlich Tausende ihrer Anhänger pilgerten. Auf dem dazugehörigen Katzenfriedhof wurden vermutlich Millionen von Katzen mumifiziert und zu Ehren der Katzengöttin bestattet.

ABERGLAUBE

✦ In Europa glaubte man früher, daß Katzen schlafenden Kindern den Atem absaugten. In Rußland dagegen setzte man eine Katze in die neue Wiege, um die bösen Geister vom schlafenden Kind fernzuhalten.

✦ In Skandinavien gewährt die sogenannte „Butterkatze" Schutz und Hilfe. Die Vorliebe der Katzen für Sahne wurde hier mit Geschenken von Milch und Butter in Verbindung gebracht. In England dagegen glaubte man über viele Generationen hin, daß Katzen Milch gerinnen ließen und Insektenplagen über die Ernte brächten.

✦ In Peru fürchtet das Indiovolk der Quechua die „Ccoa", eine gestreifte Katze mit glühenden Augen. Angeblich soll sie Blitz und Hagel über Feldfrüchte und Menschen bringen.

✦ Fremde Katzen an Bord gelten bei Seeleuten als verwandelte Hexen. Dem liegt der alte Aberglaube zugrunde, daß Hexen die Gestalt einer Katze annehmen, wenn sie auf hoher See einen Sturm entfachen wollen.

✦ In Frankreich gibt es die Legende von der schwarzen Katze namens Matagot: Kommt sie zu jemandem an die Haustür, sollte man sie hereinlassen und gut behandeln, denn dann bringt sie dem Betreffenden großen Reichtum.

✦ In einer alten japanischen Legende ist von einer Vampirkatze die Rede, die junge schöne Mädchen tötet: Sie beißt ihnen in den Hals und saugt ihnen das Blut aus. Danach nimmt die Vampirkatze die Identität des Mädchens an und stürzt sich auf dessen Liebsten.

„Muse-katzen“

Viele berühmte Schriftsteller haben sich von ihren Katzen inspirieren lassen und diese oft genug auch zum Thema ihrer Romane oder Gedichte gemacht. Aldous Huxley schrieb: „Wer schreiben will, muß sich eine Katze halten“, und von Henry James heißt es, daß er beim Schreiben eine Katze auf der Schulter sitzen hatte. Raymond Chandler besaß eine schwarze Perserkatze namens Taki, der er die ersten Entwürfe seiner Krimis vorlas. Auch die französische Schriftstellerin Colette (oben) war eine leidenschaftliche Katzenliebhaberin und schrieb viele Erzählungen über Katzen. In ihrem Roman *Eifersucht* erzählt sie die Geschichte eines Mannes, der seine Frau verläßt, weil diese seine Katze mißhandelt hatte.

Die Lachkatze

Eine andere berühmte Katzengestalt ist die Lachkatze in Lewis Carrolls Buch ***Alice im Wunderland*** (1865). Als Alice sie zum erstenmal sieht, liegt die Katze mit breitem Grinsen auf dem Küchenherd. Später begegnet Alice ihr im Wald, wo das Tier ganz langsam verschwindet – zuerst die Schwanzspitze und zuletzt sein Grinsen. Zur Lachkatze hat sich Lewis Carroll möglicherweise von einem Käse aus Cheshire inspirieren lassen: Auf der Schachtel prangte ein Etikett, auf dem zu Werbezwecken der Kopf einer lachenden Katze abgebildet war.

MÄRCHEN

Der gestiefelte Kater gehört zu den berühmtesten Katzengeschichten überhaupt. Gegen Ende des 17. Jahrhunderts brachte der französische Schriftsteller Charles Perrault das Märchen für seine Kinder erstmals in eine literarische Form. Die Geschichte handelt von einem armen Müllerssohn, der von seinem Vater nichts weiter als einen Kater erbt. Der Kater überredet den Müllerssohn, ihm ein Paar Stiefel machen zu lassen und verspricht ihm dafür große Reichtümer. Der elegante Kater beginnt Kaninchen und Rebhühner zu fangen, die er dem König zum Geschenk macht – als Geschenk seines Herrn, den er als Marquis von Carabas vorstellt. Daraufhin verlieben sich die schöne Königstochter und der „Marquis“ und heiraten. Der gestiefelte Kater wird in den Adelsstand erhoben und „ging nur noch auf die Mäusejagd, wenn er sich ein Vergnügen bereiten wollte“.

„Die Katze grinste Alice schweigend an ..., aber sie hatte ... so schrecklich viele Zähne, daß Alice es für ratsam hielt, die Katze mit ... Respekt zu behandeln.“

LEWIS CARROLL

FOSS

Katzen müssen nicht unbedingt schön sein, um geliebt zu werden. Der viktorianische Dichter und Maler Edward Lear schuf mit seiner pummeligen, verdattert dreinblickenden, stummelschwänzigen Katze eine berühmte Cartoonfigur. Diese hatte auch ein Vorbild im richtigen Leben: 1871 kam der Kater Foss in Lears Haushalt. Zu diesem Zeitpunkt sah er noch ganz normal aus. In England glaubte man allerdings, daß Katzen nie den Ort verlassen, an dem ihr Schwanz liegt. Um das Tier am Fortlaufen zu hindern, schnitt ein Bediensteter Kater Foss kurzerhand den Schwanz ab. Ob das geholfen hat, ist mehr als zweifelhaft. Lear liebte seinen Kater in der Tat sehr. Bei seinem Umzug beschloß er, das neue Haus genau nach dem Vorbild des alten errichten zu lassen – auf diese Weise wollte der Dichter seinem gelieben Kater die Eingewöhnung erleichtern. Foss starb im Alter von vierzehn Jahren und wurde in Edward Lears Garten in allen Ehren bestattet.

„Wenn ich mit meiner Katze spiele, wer weiß, ob sie sich nicht mit mir mehr amüsiert als ich mich mit ihr?“

MICHEL DE MONTAIGNE

Die verrückte Katze

Vor über vierzig Jahren hat Dr. Seuss ***The Cat in the Hat*** geschrieben – es ist das meistverkaufte Kinderbuch in englischer Sprache. Mit ihren gestreiften Hüten, den grotesken Possen und ihren Reimgeschichten bezauberte die verrückte Katze Millionen von Kindern und Erwachsenen gleichermaßen.

Katzen & Kunst

Ihre Anmut, ihr Stolz und ihre Unabhängigkeit haben die Katze zu einem äußerst beliebten Sujet in der bildenden Kunst werden lassen. Schon die alten Ägypter verewigten Katzen in Wandmalereien und Skulpturen. Auch bildende Künstler waren und sind Katzen nicht weniger zugetan als Dichter. Viele Maler von Leonardo da Vinci über Rubens bis hin zu Andy Warhol, haben Katzen porträtiert.

Heute treten Katzen in Filmen und in der Werbung auf. Tom von *Tom und Jerry* oder *Fritz the Cat* zählen zu den beliebtesten Zeichentrickfilmfiguren. Selbst auf zahlreichen Briefmarken wurden Katzen bereits abgebildet.

Frühe Katzenillustrationen

Im alten Rom waren Katzen zwar nicht so beliebt wie im alten Ägypten, dennoch zieren Katzenmotive viele römische Skulpturen und Mosaiken. Eine besonders schöne Darstellung wurde in Pompeji entdeckt (rechts): Sie zeigt eine Katze auf der Vogeljagd.

K a t z e n i n d e r W e r b u n g

Tiere werden in der Werbung besonders gern eingesetzt. Hauskatzen sollen dann häufig eine Atmosphäre von Häuslichkeit und Behaglichkeit vermitteln; Großkatzen wie Tiger dagegen stehen für Kraft und Ausdauer. Katzen machen also nicht nur Werbung für ihr eigenes Futter (siehe Seite 242), sondern kurbeln auch den Verkauf vieler anderer Produkte an. So nützte die englische Zigarettenmarke *Black Cat* geschickt den Ruf der schwarzen Katze als Glücksbringerin. Berühmt sind auch die Werbeplakate (links) des Katzenmalers Théophile Steinlen (1859–1923). Auf ihnen wirken die Katzen elegant und anschmiegsam zugleich.

Briefmarken

In über 100 Ländern sind Briefmarken erschienen, auf denen Katzen abgebildet sind. In den USA gibt es sogar eine Studiengruppe „Katzen auf Briefmarken". Die erste Katzenbriefmarke erschien 1887 in Deutschland. Sie zeigte eine Katze mit einem Fisch im Maul.

Zu Ehren kam auch die schwarze Katze Patsy, die Charles Lindbergh auf dessen erstem Flugabschnitt von San Diego nach New York begleitete – ihr Bild zierte 1930 eine spanische Briefmarke, die an Lindberghs historischen Flug erinnerte.

Katzen im Film

Eine der berühmtesten Katzengestalten im Film ist Catwoman, die in ***Batmans Rückkehr*** von Michelle Pfeiffer (links) gespielt wurde. Wie Batman kann sich Catwoman von einem normalen Menschen in ein halb menschliches, halb tierisches Wesen mit besonderen Fähigkeiten verwandeln. Catwoman ist klug, schön, sinnlich und unabhängig – die perfekte Kombination von Frau und Katze.

Trotzdem sind Katzen auf der Leinwand nie so berühmt geworden wie ***Lassie*** oder ***Kommissar Rex*** – vermutlich deshalb, weil sie sich nicht so gut dressieren lassen. Trotzdem hatten sie einige denkwürdige Auftritte. Jeder erinnert sich noch an Blofelds Katze in der ***James-Bond***-Serie oder an Spacewoman Ripleys Katze im Film ***Alien*** (rechts oben).

COMIC-KATZEN

✦ *Krazy Kat*, eine freche schwarze Hauskatze, war die erste Comic-Katze überhaupt. Sie war die Hauptfigur einer Comicserie, die ab 1910 in einer amerikansichen Zeitung veröffentlicht wurde. 1916 begann dann ihre Karriere als Trickfilmheldin, die bis in die dreißiger Jahre hinein andauerte.

✦ In den zwanziger Jahren wurde eine weitere berühmte Katze geboren: Damals war der Kater *Felix* (ganz rechts) bekannter als Charlie Chaplin. Er war ein intelligenter, großzügiger und furchtloser Held, der in über 80 Filmen auftrat. Die Titelmelodie *Felix Kept on Walking* ging millionenfach über den Ladentisch. Der Kater *Felix* war auch der Held des ersten Zeichentrickfilms mit Ton und während einer Versuchssendung sogar im ersten bewegten Bild auf einem Fernsehschirm zu sehen.

✦ 1939 entstanden die Zeichentrickfilmhelden *Tom und Jerry*, eine Katze und eine Maus (links). Das streitlustige Gespann wurde innerhalb von 18 Jahren mit sieben Oscars ausgezeichnet.

Nützliche Adressen

Allgemeine Adressen

Deutscher Tierschutzbund e. V.
Baumschulallee 15
53115 Bonn
Tel. 02 28-63 10 05/7
darüber auch
Urlaubs-Hotline „Nimmst Du mein Tier, nehm' ich Dein Tier"
Tel. 02 28-6 04 96 27

Bundesverband Tierschutz
Dr.-Boschheidgen-Str. 20
47447 Moers
Tel. 0 28 41-2 52 44/6

Bund gegen Mißbrauch der Tiere e. V.
Viktor-Scheffel-Str. 15
80803 München
Tel. 0 89-39 71 59

Verein Deutscher Katzenfreunde e. V.
Silberberg 11
22119 Hamburg
Tel. 0 40-45 48 42

Katzenschutz-Bund
Cat-Sitter-Club
Grafenberger Allee 147
40237 Düsseldorf
Tel. 02 11-66 32 06

Klub der Katzenfreunde Österreichs (KKÖ)
Castellezgasse 8/1
A-1020 Wien
Tel. 00 43-1-2 14 78 60

Waltham-Forschung für Heimtiere
Eine deutsche Broschüre kann unter folgender Telefonnummer bestellt werden:
Tel. 0 40-83 96 09 80

Internet-Adressen

Katzen, Online-Magazin
Website: http://www.katzen-online.de

Die internationale Rassekatzenbörse
www.catconnect.com

Internationale Katzenzüchterliste
www.ikzl.com

Rassekatzen

Féderation Internationale Féline (FIFe)
Little Dene
Lenham Heath
Maidstone
GB-Kent MEE 17 2 BS
Tel. 00 44-1622-85 09 13

Erster Deutscher Edelkatzenzüchter-Verband e. V.
(1. DEKZV e. V.)
Berliner Str. 13
35614 Aßlar
Tel. 0 64 41-84 79

Deutsche Rassenkatzen Union e. V. (DRU)
Hauptstr. 56
56814 Landkern
Tel. 0 26 53-62 07

Österreichischer Verband für die Zucht und Haltung von Edelkatzen (ÖVEK)
Liechtensteinstr. 126
A-1090 Wien
Tel. 00 43-1-3 19 64 23

Fédération Féline Helvetique (FFH)
Solothurner Str. 83
CH-4053 Basel

Für fast jede Rasse gibt es überregionale Interessengemeinschaften. Eine vollständige Liste wird vom Deutschen Edelkatzenzüchter-Verband (1. DEKZV, siehe oben) herausgegeben. Nachfolgend die Adressen von Züchtern der beliebtesten Rassekatzen:

Jungtiervermittlung

Abessinier und Somali
Peter Forster
An der alten Fabrik 2
30629 Hannover
Tel. 05 11-58 31 84

Britisch Kurzhaar und Europäisch Kurzhaar
Renate Wiesekopsieker
Hagensche Str. 97
32791 Lage
Tel. 0 52 32-59 95

Burma
Egon Hinrichs
Im Hurring 3
26632 Ihlow
Tel. 0 49 41-47 50

Exotic
Irene Züblin
Ottmachauer Steig 11
14163 Berlin
Tel. 0 30-8 13 27 37

Maine Coon
Raymonde Harland
Vogt-Kölln-Str. 35
22527 Hamburg
Tel. 0 40-5 40 51 53

Norwegische Waldkatzen
Margarete Lehleitner
Adenauerstr. 12
97209 Veitshöchheim
Tel. 09 31-9 64 97
Fax 96 00 35

Ocicat
Waltraut Sattler
Eisensteinstr. 21
35396 Gießen
Tel. 06 41-5 26 41

Perser (Bi- und Tri-Colour) sowie Exotic Shorthair
Milli Dahl
Bergerstr. 100
42657 Solingen
Tel. 02 12-81 07 93

Cameo und Smoke sowie Perser und Exotic
Ulrike Schürmann
Hans-Hoppe-Str. 17
49757 Werlte
Tel. 0 59 51-45 09

Weiterführende Literatur

Ragdoll
Karin Hughes-Dentler
Sperberstr. 45
90461 Nürnberg
Tel. 09 11-4 46 72 60
Fax 45 76 37

Russisch Blau
Kerstin Bake
Stader Landstr. 37
27711 Osterholz-Scharmbeck
Tel. 0 47 91-8 96 03

Siam und
Orientalisch Kurzhaar
über die Geschäftsstelle des Ersten Deutschen Edelkatzenzüchter-Verbands (1. DEKZV)
(siehe Seite 250)

Zeitschriften

Das Tier
Hallwag Verlag
Brunnwiesenstr. 23
73760 Ostfildern

die edelkatze
Illustrierte Fachzeitschrift für Katzenfreunde des 1. DEKZV
Berliner Str. 13
53614 Aßlar

Katzen extra
Symposion Verlag
Postfach 61 02 65
73728 Esslingen

whiskas katzenwelt
20660 Hamburg
kostenlos zu bestellen unter:
Tel. 0 18 05-30 03 11

Bücher

Becvar, Wolfgang
Naturheilkunde für Katzen
Franckh-Kosmos

Behrend, Katrin; Wegler, Monika
Der große GU Ratgeber Katzen
Gräfe und Unzer

Bulla, Gisela
Katzen-Lexikon
Rowohlt

Cutts, Paddy
Katzen
Das neue kompakte Bestimmungsbuch
Könemann

Fogle, Dr. Bruce
Die BLV-Enzyklopädie der Katzen
BLV

Fogle, Dr. Bruce
Katzen kennen und verstehen,
Körpersprache und Verhalten
BLV

Just, Renate
Kleine Philosophie der Passionen, Katzen
dtv

Morris, Desmond
Catwatching
Heyne

Müller, Ulrike
Die Katze
Gräfe und Unzer

Rellingen, M. Robert
Katzen!
DuMont

Rousselet-Blanc, Pierre (Hrsg.)
Knaurs großes Handbuch der Katzen
Droemer Knaur

Tabor, Roger
That's Cats
Müller Rüschlikon

Register

Hinweis: Die fettgedruckten Seitenzahlen verweisen auf den Rassenteil.

A
Aberglaube 245
Abszesse 135
Adressen, nützliche ~ 250
Ägypten 17, 245
afrikanische Wildkatze 9, 17, 19
Aggressivität 106, 107
„Agouti" 25
Akupunktur, 144-5
Alltag einer Katze 66–7
Alter 57, 118–9, 243
alternative Heilverfahren 144–5
American Bobtail **238**
Anämie 128, 132
Ankunft, Vorbereitung der ~ 82–3
Aortenthrombose 132
Appetitmangel 122, 130
Atemwegserkrankungen 132–3
Aufzucht 63, 107
Aufzuchtkäfig 85, 86–7, 104, 113, 114
Augen 22, 30–1, 63
  Reinigen der ~ 99, **159**
  Zustand der ~ bei der gesunden Katze 81
Augenerkrankungen 123, 138–9
Augenfarbe 31, 63
Augenkontakt 44
Augenlid, drittes ~ 30, 81
Augensalbe 141
Aussehen 18
Aussuchen einer Katze 78–9
Australische Schleierkatze **240**
Auswahl der Katze 72–5
Auto, Katzen im ~ 104

B
Babys & Katzen 102, 103
Bach-Blüten 145
Baden 99, **158–9**
Balance 34–7
Ballen 18, 26, 27, 29, 40
Bandwürmer 127
Bastet (ägyptische Katzengöttin) 245
Baumozelot 9
Berührungsrezeptoren 26
Bestattung 146
Besucher
  Katzen 41
  Menschen 41, 114–5
Beute 39
  Mitbringen der ~ 39
  Spielen mit der ~ 39 siehe auch: Jagen, Jagd, Jäger etc.
Bewegung 34–7, 95, 96, 97
Bewertungsgrundlagen bei Katzenausstellungen **157**
Blasen- und Darmfunktion bei Kätzchen 61, 63, 64
Blutungen 142, 143
Blutzellen 128
Briefmarken, Katzen auf ~ 248
Brustraumerkrankungen 133
Burma(katze) 37, 43, 61, 63, 72, 96, 101, 115, **160**, **161**, **226–30**, **243**
  Blaue ~ **227**
  Champagne ~ **228**
  Chocolate ~ **228**
  Creme ~ **229**
  Fell der ~ **160**
  Graue ~ **226**
  Lilac ~ **228**
  Platinum ~ **228**
  Rote ~ **229**
  Sable Burmese **226**
  Schildpatt **230**
Burmesen siehe Burma(katze)
„Butterkatze" 245

C
California Spangled **238**
Carroll, Lewis 246
Ccoa 245
Chandler, Raymond 246
Charakter 78, 80, 107
Chlamydien 125
Colette 246
Comic-Katzen 248, 249
Cushing-Syndrom 131

D
Deutsche Rassekatzen-Union e. V. (DRU) 77, 250
Diabetes mellitus 131, 137
Diät 136–7
Domestikation 16–7
Dosenfutter 90, 91
Duftdrüsen 46–7
Duftmarkierungen 41, 42, 46–9, 53, 108, 109, 111
Durchfall 123, 131
Durst, übermäßiger 131

E
Edelkatzen **155, 156** siehe auch: Rassekatzen
einfarbige und verschiedenfarbige Katzen **160–1**
Eingewöhnung 86–7, 88, 90
Einschläferung 146, 147
Embryos 59, 60
Entwöhnung 63–4, 116, 117
eosinophiles Granulom 135
Erkrankungen 122–45, 146
Ernährung 90–1, 136–7, 140–1
  siehe auch: Futter; Nahrung
Erste Hilfe 142–3
Ersticken 142–3
Ertrinken 143
erwachsene Katzen als Haustiere 72, 73, 74, 75, 76, 149
Erwerb der Katze 76–7
Erziehung zur Sauberkeit 89

F
Fallen, auf die Füße ~ 36, 37
Farbwahrnehmung 30–1, 40
Feline allergische Dermatitis 134, 135
Feline Infektiöse Peritonitis (FIP) 124, 125, 129
Feline Panleukopenie 125 siehe auch: Katzenseuche
Felines Coronavirus 128–9, 133
Felines Immunodefizienzvirus (FIV) 128
Felis 17
Felis catus 18
Felix the Cat 249
Fell 16, 24–5, 73, 81, 123, 160–1
Fellfarben 17, 25, **160–1**
Fellpflege
  durch den Menschen 73, 98–9, **158–9**, **161**
  eigene und gegenseitige ~ 49, 64, 67
  zwanghafte ~ 115
Felltypen **160–1**
Fieber 122
Fischkatze 17
Flaschenkätzchen 107
Fledermaus 28
„Flehmen" 32–3
Fleischfresser 18, 22–3
Flöhe 125, 126–7, 134
Follikel 26
Fortpflanzungsorgane 100
Frankreich 245
Futter 18, 82, 90–1,
  Spezialfutter 136–7, 140–1
  siehe auch: Nahrung; Ernährung
Futterschale 82, 90-1
Futterspender 90-1

G
Gastroenteritis 131
Geburt 60–1, 116–7
Gefahren für Katzen 92-3, 94-5
Gehen 18, 36–7
Gehör 18, 28–9
Gepard 17, 18
Geräuschwahrnehmung 28–9
Geruch 40–1, 48-9 siehe auch: Duftmarkierungen
Geruchssinn 32–3, 40–1, 46
Geschlecht 74–5, 80
Geschlechtsreife 57, 101
Geschmack 32–3
Gesichtssinn 30–1, 40
Gestiefelter Kater 246–7
Gesundheit 6, 121–47
  allgemeine Pflege der ~ 122–5
  ~ sprobleme 125–47
  ~ szustand der Katze 80–1, 112
  von Katzenmutter und Kätzchen 116–7
Gewicht 91, 101, 136–7, 243
  Übergewicht 101, 136–7, 243
Giftige Pflanzen 92, 93
Giftige Substanzen 93
Gleichgewicht und Gleichgewichtssinn 18, 34–7
Gotoku-ji-Tempel 245
Gras 23, 96, 97 siehe auch: Katzengras
Größe 17
Großkatzen 8–9, 17
Gruppe 17-8, 42, 48, 49

H
Haarballen 98
Haare 24–5, 26-7, 73, **160–1**
  Sträuben der ~ 43, 44, 45
Haarfilz 99
Haartypen 25, 26-7
Halblanghaar 24, **160**, **161**, **175–85**
  American Curl **175**
  Angora **176**
  Balinese **177**
  Birma **178**
  Cymric **179**
  Maine Coon **73-4**, **160**, **161**, **180**
  Norwegische Waldkatze **181**
  Ragdoll **182**
  Somali **183**
  Tiffanie (Großbritannien) **184**
  Türkisch Van **185**
halbwilde Katzen 56–7
Halsband 82–3, 94, 95, 105
Halskrause 140
Harn 22, 88, 131
  Spritzen von ~ 47, 48
  Siehe auch: Urin
Harnsystem 22
Harnwegserkrankungen 130–1, 136
Hauskatzen 6, 8, 9, 17, 18, 19, 23, 55, 56, 65, 66, 72, 99, 149, 242

Haut 24–5, 26–7
Hauterkrankungen, ~ probleme 125, 134–5, 136
Hautparasiten 126–7
Herz 133
Herzerkrankungen 132, 133
Hexen 45, 242, 244, 245
Hitze(empfindlichkeit) 26, 27
Hörvermögen 29
Hohe Sitzplätze 40–1, 92
Homöopathie 145
Hormone 58–9
Hunde 6, 16, 17, 19, 20, 28, 42, 70, 79, 97, 126
~ und Katzen 87
Hunger 39, 50
Huxley, Aldous 246
Hyperadrenalismus 131

I

Impfungen 57, 103, 124, 125
wichtige ~ 124
Infektiöse Peritonitis (FIP) 129
Insektizide 126, 127

J

Jacobsonsches Organ 32–3
Jagd, Jagen, Jäger(in) 18–9, 20, 28, 29, 38–9, 64, 66, 148, 149
Jaguar 9, 17, 25
Jaguarundi 17
James, Henry 246
Japan 245
Junge Katzen siehe Kätzchen

K

Kätzchen 44, 61, 62–5, 79, 100-1, 116–7, 148, 243
Auswahl eines ~s 80–1
Bewegung von ~ 35, 36, 64
Entwöhnen von ~ 63–4, 116, 117
Ernährung von ~ 90–1
Gehör von ~ 28
Geschlecht von ~ 74, 80
Gewöhnung an Menschen und andere Tiere 65
Kauf eines ~s 77
Kommunizieren von ~ 50, 51
neugeborene ~ 27, 60–4, 67, 117
Selbständigkeit des ~s 65
Sozialisierung von ~ 52, 64, 65, 78–9, 107, 114
Spielen von ~ 38, 63, 64
Tragen von ~ 65
und ihre Mütter 51, 52, 55, 61–4, 76, 79, 80, 116, 117
Vorteile von ~ 72–3, 74, 75
(halb)wilde ~ 52, 56, 57
Karelische Bobtail **239**
Kartäuser **238**
Kastration, Kastrieren 75, 95, 100–1, 123
Kater 47, 48, 49, 50, 52, 100, 101, 123
Deckkater 100
Katzenausstellungen **156–9**, **161**
Katzenbesitzer 18, 55, 70, 86, 89, 95, 96, 106, 107, 242, 246
berühmte ~ 242, 246
Katzenbiskuit 91
Katzenbuckel 44
Katzengehege 95
Katzengras 96, 97
Katzen im Film 249
Katzen in der Werbung 242, 248
Katzenklappe 82, 94–5, 110
Katzenkörbchen 82
Katzenkratzkrankheit 124
Katzenleukose 124, 125, 128
Katzenminze 32
Katzenmütter 55, 60–1, 116–7
und Kätzchen 51, 52, 61–4, 76, 79, 80, 116, 117
Rekordkatzenmütter 243
Katzenpension 105
Katzenschnupfen 124, 125, 133, 141
Katzenseuche 124, 125, 129
katzensichere Wohnung 97
Katzensprache 50–1
Katzen-Stars 242–3
Katzenstreu 88–9, 112
Katzentoilette (Katzenklo) 88–9, 112–3
im Freien 89
Katzenviren 128–9
Katzenweibchen, rollige ~ 32, 33, 43, 46, 58, 59, 123
Kennung 82–3
Kiefer 22
Kinder 55, 70, 77, 84, 85, 86, 103, 107, 245
Kleiebad **158**
Kleinkatzen 17
Klettern 36, 37, 119
Knochen 20
Knochenbrüche 142
Körperbau 20–1
Körperpflege, zwanghafte 115
Körpersprache 42–5
Körpersysteme 22–3
Kolostrum 61, 117
Kommunikation 42–51
Kot 46, 47
als Virenüberträger 128
zur Markierung des Reviers 46-7
Krämpfe 143
Kräuterheilkunde 144, 145
Krallen 22, 23, 97, 125
bei älteren Katzen 119
beim Klettern 36
~ schärfen 46–7, 82, 83
~ schneiden 99
Krallenzange 97, 99
Krankheiten 122–45, 146
Krankheitssymptome 122–3
Checkliste für ~ 123
Kratzbaum 83, 97, 108
Kratzen 46, 108–10, 125
Krazy Kat 249
Krebs 95, 128, 146
Kreislaufbeschwerden 132–3
Kreosot 23, 93
Kuhmilch 90
Kuhpocken 129
Kunst & Katzen 6, 248–9
Kurzhaar (Britisch und Amerikanisch) 24, **160**, **186–98**
~ einfarbig **186–90**
Britisch Blau **187, 238**
Britisch Chocolate **188**
Britisch Creme **186**
Britisch Lilac **189**
Britisch Schwarz **186**
Britisch Weiß **190**
~ verschiedenfarbig **191–98**
Amerikanisch Kurzhaar **195**
Britisch Bi-Colour **191**
Britisch Blau-Creme **194**
Britisch Colourpoint **191**
Britisch Schildpatt **194**
Britisch Smoke **192**
Britisch Spotted **194**
Britisch Tabby **193**
Britisch Tipped **192**
Exotisch Kurzhaar **161**, **197**
Manx 36, **196**
Scottish Fold **198**
Kurzhaar (Schlankformen) **199–217**
Abessinier 75, 81, **160**, **199**
Ägyptische Mau **208**
American Wirehair **217**
Asian Smoke **201**
Asian Tabby **202**
Bengal **204**
Bombay **203**
Burmilla **160**, **200**
Cornish Rex **205**, **207**
Devon Rex **206**, **207**
Einfarbige Asian **203**
Japanische Bobtail **209**, **239**
Korat **210**
Ocicat **211**
Rex-Katzen 24, **206–7**
Russisch Blau **161**, **212**, **239**
Singapura **213**
Snowshoe **215**
Sphynx **214**
Tonkinese **216**

L

Lachkatze 246
Läuse 134
Langhaar (Langhaar- oder Perserkatzen) 6, 16, 24, 25, 73, 98, 99, 101, 127, **156**, **159**, **160**, **161**, **162–74**, **240**
~ einfarbig **162–5**
Blau **162**
Chocolate **164**
Creme **163**
Lilac **164**
Rot **163**
Schwarz **162**
Weiß **165**
~ verschiedenfarbig **166–74**
Bi-Colour **166**
Blau-Creme **173**
Calico **167**
Cameo **171**
Chinchilla **168**
Colourpoint **172**
Goldene Perser **169**
Himalayan **172**
La Perm **239**
Pewter **170**
Schildpatt **173**
Schildpatt und Weiß **167**
Shaded Silver **170**
Smoke **171**
Tabby **174**
Tabby und Weiß **167**
Laufen 36–7
Lautäußerungen 17, 50–1
Lear, Edward 247
Lebenserwartung 57
Lebensrhythmen 58
Lebenszyklus 56–9
Leber 23
Lebererkrankungen 137
Legenden 6, 244–5
Leine, an der ~ gehen 95
Leonardo da Vinci 39, 248
Leopard 9, 17
Lindbergh, Charles 248
Literatur, weiterführende ~ 251
Löwe 8, 9, 18, 17, 49
Luchs 9, 25
Lungenentzündung 133
Lungenwürmer 127

M

Mäuse 16, 28, 38, 243
Mäusefängerin, beste ~ 243
Magen 23, 137
Magen-Darm-Erkrankungen 23, 131
Markieren im Haus 108–11
Matagot 245
Maul 81, 123
wunde Stellen im ~ 138
Maulerkrankungen 139
Medikamente 141
Verabreichung von ~n 141
Meerschweinchen 28
Mensch
Beziehung von ~ und Katze 16, 17, 19, 50, 54–5, 70, 106, 107, 244–5
Schwangere und Katzen 102–3, 124 Siehe auch: Katzenbesitzer
Miauen siehe Lautäußerungen
Mikrochip, Kennung durch ~ 83
Milben 127
Milch 90, 91
Kolostralmilch 61
Vormilch 117
Milchfluß 51, 55, 62
Mineralstoffe 90
mißhandelte Katzen 242
Mohammed (Prophet) 37
„Morris“, TV-Katze 242
„Muezza“, Katze Mohammeds 37
Munchkin 240
Mund 81 Siehe auch: Maul
Muskeln 20–1, 34
Muttermilch 62
Mythen 6, 244–5

N

Nachtsicht 30
nächtliches Rufen 119
Nährstoffe 23, 90
Nahrung 22–3, 90–1, 136–7, 140–1
Siehe auch: Ernährung; Futter
Napoleon Bonaparte 244
Nase 27, 32, 81, 123
Naturheilkunde 144–5
Nebelung 239
Nerven 21, 25, 26, 29, 124
nervöse Katzen 114–5
neuere Züchtungen 238–41
Nieren 130, 131, 136
Nierenerkrankungen 130, 136
Notfälle 142–3

O

Ohren 28, 29
als Indikator für die Stimmung 43, 44
Erkrankungen der ~ 123, 138–9
und Gleichgewicht 35
reinigen 99
Zustand der ~ bei einer gesunden Katze 81
Ohrentropfen 138, 141
Ohrmilben 81, 125, 127, 138
Ojos Azules **240**
Operationen 140
Orientalisch **160**, **161**, **218–25**
~ einfarbig **218–21**
Black **218**
Blue **219**
Caramel **221**
Cinnamon **221**
Creme **220**
Fawn **221**
Foreign White **220**
Havana **218**
Lilac **219**
New Oriental einfarbig **221**
Rot **220**
~ verschiedenfarbig **222–5**
Tabby, getupft **208**, **222**
Tabby, klassisch getigert **223**
Tabby, Ticked **223**
Schildpatt **224**
Shaded **225**
Smoke **225**
Ozelot 9

P

Paarungsakt 59
Paarungsbereitschaft 42, 46, 58, 59
Pampaskatze 17
Panthera 17
Parasiten 125, 126–7, 134
Partnersuche 58–9
Peke-Face **240**
Perser(katzen) siehe Langhaar(katzen)
Peru **245**
Pflanzenfresser 18
pflanzliche Mittel 144, 145
pflanzliches Material 23, 96
Pflege
durch den Menschen 73, 98–9, 158–9, 161
eigene und gegenseitige ~ 49, 64, 67
einer älteren Katze 118–9
kranker Katzen 140–1
zwanghafte ~ 115
Pflegegrundausstattung 98–9
Pfoten 22
Physiotherapie 144
Polydipsie 131
Pompeji 248
Puma 17
Pupillen, Veränderung der ~ 31, 44
Putzen 46, 47

R

Rassekatzen 6, 16, 56, 72, 76, 77, 81, **155–241**
Ratten 16, 39
Rattengift 93
Reflexe 34–5, 37
„Reiben" 46, 48, 49, 55
Reisen mit der Katze 104–5
Rekordgewicht 243
Rekordinhaber, Katzen als ~ 242, 243
Revier 52–3
Richtungssinn 28
Riechen 32–3
rollige Katzen 32-3, 43, 46, 58-9, 123
Rom, altes ~ 248
Roosevelt, Theodore 242
Rudel 16, 42
„Rufen" 46, 50, 58, 101, 119

S

Salmonellen 125
Saugreflex 62
Schädel 21, 22
Schilddrüsenüberfunktion 132
Schlafen 58, 66–7
Schlafplatz 82
Schlankformen **199–217**
Schlüsselbein, fehlendes ~ 20, 34
Schmecken 32–3
Schnurren 50, 51, 55
Schnurrhaare 26
Schock 142
Schottische Wildkatze 52
Schwangere 102–3, 124
Schwanz 36, 44–5, 55
„schwarze Katzen" 244
Schwarzfußkatze 17
Schweißdrüsen 25
Sehen siehe Gesichtssinn
Sehnen 20–1
„Selbstdomestikation" 16
Shampoonieren **158**
Siamesen siehe Siamkatzen
Siamkatzen 6, 61, 72, 73, 78, 96, 101, 115, **160**, **161**, **231–7**
Blue Point **232**
Chocolate Point **233**
Cream Colourpoint Kurzhaar **234**
Cream Point **234**
Frost Point **233**
Lilac Point **233**
Lynx Colourpoint Kurzhaar **236**
neue Farben **237**
Red Colourpoint Kurzhaar **234**
Red Point **234**
Seal Point **231**
Tabby Point 81, **236**
Tortie Colourpoint Kurzhaar **235**
Tortie Point **235**
Sibirische Katze **240**
Sinne 26–33, 34–5, 40–1, 46
Skelett 20–1, 34
Sokoke **240**
Sonnendermatitis 135
Sozialisierung, Sozialverhalten 52–3, 64–5, 78–9, 107, 114
Spezialfutter 136–7, 140–1
Spiele 38, 39, 63, 64
Spielzeug 38, 82, 97
Spotted Mist **240**
Springen 21, 34–5
Spritzen von Urin 47, 48, 49, 101, 111
Spulwurm 127
Steinlen, Théophile 248
Sterilisieren siehe Kastrieren
Stimmungslage der Katze 43
Stomatitis 139
Streß 103, 111
Stubenreinheit 88–9, 112–3

T

Tabletten, Verabreichen von ~ 141
Tagsicht 30–1
Talgdrüsen 25, 47
Tapetum lucidum 30
Tasthaare 26–7
Tastsinn 18
Taubheit 138
Territorium 52–3, 84, 86, 106
Markieren des ~s 47 Siehe auch: Revier!
Tierarzt 121, 122, 123, 124, 125, 127, 136, 146
Tierhandlungen 76
Tierheime 76–7, 79, 80, 105, 242
Tierquälerei 242–3
Tiger 9, 17, 18
Tinea 134, 135
„Tobstunde" 115
Tod 146–7
Tötungsbiß 38–9, 64
Tollwut 124–5
Tom und Jerry 249
Toxoplasmose 102–3, 124
Trächtigkeit 59, 60–1, 116–7
Träumen der Katze 67
Tragzeit 117
Transportbox bzw. -korb 82, 83, 104–5, 122, 142
Trockenfutter 90, 91, 136
TV-Katzen 242

U

Übergewicht 101, 136–7, 243
Unfall 142–3
Ungeziefer siehe Parasiten
Urin 32, 46, 48, 49, 111, 131 Siehe auch: Harn

V

Vampirkatzen 245
Verbände 140
Verbrennungen 143
Verdauungsprobleme 130–1
Verdauungssystem 23, 137
„verdünnte" Fellfarben **160**
Vergiftungen 23, 130, 143
Verhaltensprobleme und -störungen 95, 106–15
Verletzungen 130, 142, 143
„verrückte halbe Stunde" 115
Verwandtschaftsmerkmale 18
verwilderte Katzen 17–8, 42
Vestibularapparat 28, 35
Vibrissae 25, 26–7, 44, 45
Vitamine 90
Vögel, Jagd auf ~ 38
Vorbeugemaßnahmen 124
Vormilch 117

W

Wärme(empfindlichkeit) 26, 27, 119
Wasserbedarf der Katze 22, 91, 131
Wieselkatze 17
Wildkatzen 8, 17–8, 19, 25, 52
wildlebende Katzen 52–3
„winkende" Katze 245
Wohnungskatzen 94, 95, 96–7, 115
Markierungsverhalten von ~ 108–11
Wolf 42
Würmer 127
Wurf 57, 65, 100
von verschiedenen Vätern 59
Wurflager 60, 117
Wurmkuren 103

Z

Zähne 22, 81, 99, 138–9
Zähneputzen 99, 138, 139
Zahnerkrankungen 138–9
Zecken 127
Zeichentrickfilm, Katzen im ~ 248, 249
Zerrungen 142
Ziehmutter, die Katze als ~ 19
Zuchtkatzen 116, **160–1**
Zuckerkrankheit 131
Züchter 77, 79, 100, 116
Adressen von ~n 250
Züchtung, Zucht 16, 17, 56, 100
neuere ~en 238–41
Zuhause 84–7, 88
neues ~ 88, 104–5, 247
Zunge 32, 33, 134, 138
zwanghafte Körperpflege 115

Bildnachweis

Abbildungsnachweis

Abkürzungen
u. unten
M. Mitte
l. links
r. rechts
o. oben

Seite 1 John Daniels; 2–3 Tony Stone; 4–5 Ardea/John Daniels; 6–7 Tony Stone/Thomas Peterson; 8–9 NHPA/Laurie Campbell; 10 o. l. Tony Stone/Kevin Schafer, o. r. Tony Stone/James Martin, u. FLPA/Terry Whittaker; 10–11 Stockmarket; o. 1. Ardea/FerreroLabat, u. Tony Stone/Daryl Balfour; 12 o. FLPA/K. Delport, M. & u. l. FLPA/Terry Whittaker, u. r. Tony Stone; 12–13 FLPA/Panda; 13 l. Robert Harding/Franz Lanting, r. Tony Stone; 14 FLPA/David Hosking; 14–15 Animals Unlimited; 16 Warren Photographic; 17 o. FLPA/E. & D. Hosking, M. l. Ardea/John Daniels, M. r. FLPA/Foto Natura, u. Animals Unlimited; 18 o. l. Ardea/Ferrero/Labat, o. r. Ardea/E Dragesco, u. Tony Stone/B. Dittrich; 19 o. Ardea/John Daniels, u. Cats Survival Trust; 21 Ardea/John Daniels; 22 FLPA/Yossi Eshbol; 23 Ardea/John Daniels; 24 l. FLPA/Gerard Lacz, r. FLPA/Foto Natura; 25 l. FLPA/Gerard Lacz, r. Ardea/Jean-Paul Ferrero; 26 l. Ardea, 26 r.– 27 Ardea/John Daniels; 28 FLPA; 29 o. Ardea/John Daniels, u. Ardea; 30 o. Warren Photographic/Jane Burton, u. FLPA/E. Coppola; 31 o. l. Warren Photographic/Jane Burton, o. r. FLPA/Gerard Lacz, M. r. Ardea/C. Martin Bahr, u. r. Warren Photographic; 32 Ardea; 33 l. Ardea/John Clegg, r. Warren Photographic; 34–35 o. Ardea/John Daniels, u. FLPA/Foto Natura; 36 Warren Photographic/Kim Taylor; 37 Animals Unlimited; 38 l. Animals Unlimited, r. FLPA/Gerard Lacz; 39 FLPA/David T. Grewcock; 40 Ardea/John Daniels; 41 o. FLPA/Gerard Lacz, 41 u.–42 l. Ardea/John Daniels, r. Ardea; 43 o. Warren Photographic/Jane Burton, u. Animals Unlimited; 44 o. l. Warren Photographic/Jane Burton, o. r. Ardea, u. Warren Photographic/Jane Burton; 45 o. Ardea/John Daniels, u. Warren Photographic/Jane Burton; 46 Ardea/John Daniels; 47 o. Warren Photographic/Jane Burton, u. FLPA/Gerard Lacz; 48 FLPA/W. Rohdich; 49 l. Warren Photographic, r. FLPA/H. D. Brandt, u. Ardea/John Daniels; 50 o. Warren Photographic/Jane Burton, u. FLPA/Gerard Lacz; 51 o. FLPA/Tony Hamblin, 51 u. - 52 u. Warren Photographic/Jane Burton; 53 Ardea; 54 o. Ardea/John Daniels, u. Warren Photographic/Jane Burton; 55 l. FLPA/Silvestris, 55 r.–56 o. Warren Photographic/Jane Burton, 56 u. Animals Unlimited; 57 l. FLPA/C. Mullen, r. Ardea/ John Daniels; 58 o. Ardea/Ian Beames, u. FLPA/R. Tidman; 59 Ardea/John Daniels; 60–63 Warren Photographic/Jane Burton; 64 o. Ardea/John Daniels, 64 u.–65 Warren Photographic/Jane Burton; 66 o. FLPA/Panda, u. Ardea; 67 Marc Henrie; 68–69 Stockmarket/H. Reinhard; 70 FLPA/Silvestris; 71 FLPA/Gerard Lacz; 72 l. Ardea/John Daniels, r. FLPA/David Dalton; 73 o. Ardea/John Daniels, M. Ardea/Jean-Paul Ferrero, u. FLPA/Gerard Lacz; 74 o. FLPA/Leo Batten, u. FLPA/Silvestris; 75 o. Ardea/John Daniels, u. Ardea/Jean-Paul Ferrero; 76 o. RSPCA Photo Library/Geoff Langan, 76 u.–77 o. Animal Photography/Sally Anne Thompson, 77 u. Sylvia Cordaiy/Monica Smith; 78 o. Warren Photographic/Jane Burton, M. Ardea/John Daniels, u. FLPA/Gerard Lacz; 79 o. Warren Photographic/Jane Burton, u. Tony Stone/Pal Hermansen; 80 o. Warren Photographic/Jane Burton, u. Ardea/John Daniels; 81 Animal Photography/Sally Anne Thompson; 82 Warren Photographic/Jane Burton; 83 o. FLPA/T. Bastable, 83 u.–84 o. Warren Photographic/Jane Burton, 84 u. FLPA/Silvestris; 85 o. Warren Photographic/Jane Burton, u. Pet Magazine/Emap; 86 FLPA/Silvestris; 87 o. FLPA/Foto Natura, u. Trip/Anon; 88 o. Ardea/John Daniels, 88 u. l.–89 M. u. l. Your Cat/Emap, 89 u.–90 o. Warren Photographic/Jane Burton, 90 M. Your Cat/Emap, u. Animal Photography/Sally Anne Thompson; 90–91 Team Media; 91 o. l, o. r. & u. r. Your Cat/Emap, u. l. Warren Photographic/Jane Burton; 92 l. FLPA/N. Newman, r. FLPA/Gerard Lacz; 93 Warren Photographic/Jane Burton; 94 o. Trip/C. Ellison, u. FLPA/W. Rohdich; 95 o. FLPA/Gerard Lacz, u. Animal Photography/Sally Anne Thompson; 96 o. Solitaire/Angela Rixon, u. Warren Photographic/Jane Burton; 97 o. Tony Stone/Timothy Shonnard, u. Solitaire/Angela Rixon; 98 o. Warren Photographic/Jane Burton, u. Your Cat/Emap; 99 o.–u. M. Warren Photographic/Jane Burton, u. r. Solitaire/Angela Rixon; 100 Solitaire/Angela Rixon; 101 o. l. Warren Photographic/Jane Burton, o. r. Sylvia Cordaiy, u. Trip/Viesti Associates; 102 o. Tony Stone/Laurence Monnerer, u. Bubbles/Frans Rombout; 103 o. Tony Stone/Laurence Monnerer, u. Bubbles/Jaqui Farrow; 104 o. Your Cat/Emap, u. l. Sylvia Cordaiy, u. r. Your Cat/Emap; 105 o. Your Cat/Emap, u. Solitaire/Angela Rixon; 106 l. FLPA/Gerard Lacz, r. Tony Stone/Terry Vine; 107 o. Tony Stone/Laurence Monnerer, u. Warren Photographic/Jane Burton; 108 o. Ardea/John Daniels, 108 u.–109 o. Warren Photographic/Jane Burton, 109 u. Solitaire/Angela Rixon; 110 o. Tony Stone/Frank Siteman, u. Ardea/Ian Beams; 111 o. Ardea/John Daniels, u. Sylvia Cordaiy/Eddy Mayhew; 112–113 o. Warren Photographic/Jane Burton, 113 u. l. Solitaire/Angela Rixon, u. r. Ardea/John Daniels; 114 Solitaire/Angela Rixon; 115 Animal Photography/R. T. Willbie; 116 Solitaire/Angela Rixon; 117 Tony Stone/Peter Code; 118 o. Stockmarket, u. Sylvia Cordaiy/Monica Smith; 119 o. l. FLPA/J. & P. Wegener/Foto Natura, o. r. Solitaire/Angela Rixon, u. Ardea/John Daniels; 120–121 Ardea/Yann Arthus-Bertrand; 122 o. FLPA/ Foto Natura, u. Solitaire/Angela Rixon; 123 o. FLPA/Gerard Lacz, u. Warren Photographic/Jane Burton; 124 o. FLPA/David Hosking, M. Warren Photographic/Jane Burton, u. John Daniels; 125 l. Warren Photographic/Jane Burton, r. Sylvia Cordaiy/James de Bouverlalle; 126 o. Tony Stone/S. Lowry, u. l. Ardea, o. r. Bradley Viner; 127 Warren Photographic/Jane Burton; 128 o. Science Photo Library/EM Unit, CVL Weybridge, u. Solitaire/Angela Rixon; 129 Bradley Viner; 130 Ardea/John Daniels; 131 FLPA/R. Bird; 132 o. Warren Photographic/Jane Burton, 132 u.–133 Bradley Viner; 134 o. Warren Photographic/Kim Taylor, u. Warren Photographic/Jane Burton; 135 Bradley Viner; 136 o. Ardea/John Daniels, u. Bradley Viner; 137–138 Warren Photographic/Jane Burton; 139 l. FLPA/Gerard Lacz, r. FLPA/Martin B. Withers; 140 o. Trip/H. Rogers, u. Solitaire/Angela Rixon; 141 Warren Photographic/Jane Burton; 142 o. M. Bradley Viner, u. Solitaire/Angela Rixon; 143 Bradley Viner; 144 o. FLPA/Life Science Images, u. Warren Photographic/Jane Burton; 145 Ardea/J. L. Mason; 146 o. Tony Stone/Dale Durfee, u. Warren Photographic/Jane Burton; 147 Tony Stone/Claire Hayden; 148–150 Warren Photographic/Jane Burton; 150–151 Animals Unlimited; 151 o. l. Ardea/John Daniels, o. r. Animals Unlimited, u. Warren Photographic/Jane Burton; 152 o. Ardea/François Gohier, M. Animal Photography/Sally Anne Thompson, u. FLPA/David T. Grewcock; 153 o. l. Animal Photography/R. T. Willbie, o. r. Ardea/John Daniels, u. FLPA/David T. Grewcock; 154–155 John Daniels; 156 o. Marc Henrie, u. Chanan Photography; 157 o. Solitaire/Angela Rixon, u. Chanan Photography; 158 o. Animals Unlimited, 158 M.–159 M. Marc Henrie, 159 u. Animal Photography/Sally Anne Thompson; 160 o. Marc Henrie, M. Warren Photographic/Jane Burton, u. Animals Unlimited; 161 l. Marc Henrie, r. John Daniels; 162 o. Animals Unlimited, u. Solitaire/Angela Rixon; 163 o. Animals Unlimited, u. FLPA/Gerard Lacz; 164 Animals Unlimited; 165 o. Solitaire/Angela Rixon, M. Animals Unlimited, u. l. Ardea/Jean-Paul Ferrero, u. r. FLPA/Gerard Lacz; 166–168 o. Animals Unlimited, 168 u. Solitaire/Angela Rixon; 169 FLPA/Gerard Lacz; 170 o. Ardea/Eric Dragesco, u. Animals Unlimited; 171 Solitaire/Angela Rixon; 172–174 Animals Unlimited;

175 o. Ardea/Yann Arthus-Bertrand, u. FLPA/Gerard Lacz; 176 o. Animals Unlimited, u. John Daniels; 177 o.–M. Animals Unlimited, u. John Daniels; 178 Animals Unlimited; 179 o. FLPA/Gerard Lacz, M. Marc Henrie, 179 u. FLPA/Gerard Lacz; 180 o. & u. Animals Unlimited, M. John Daniels; 181 o. Animals Unlimited, u. l. John Daniels, u. r. Ardea/John Daniels; 182 o. & u. Animals Unlimited, M. Warren Photographic/Jane Burton; 183 o. & u. r. FLPA/Gerard Lacz, u. l. John Daniels; 184–185 o. Animals Unlimited, 185 u. Ardea/Yann Arthus-Bertrand; 186 o. Solitaire/Angela Rixon, 186 M.–187 o. Animals Unlimited, 187 M. Chanan Photography, 187 u.–188 o. Animals Unlimited, 188 M. Marc Henrie, 188 u.–192 o. Animals Unlimited, 192 u. John Daniels; 193 o. & u. r. FLPA/Gerard Lacz, M. John Daniels, u. l. Solitaire/Angela Rixon; 194 Animals Unlimited; 195 o. Solitaire/Angela Rixon, u. FLPA/Gerard Lacz; 196 o., M. & u. r. Animals Unlimited, u. l. Solitaire/ Angela Rixon; 197 o. FLPA/Gerard Lacz, u. Animals Unlimited; 198 o. Solitaire/Angela Rixon, u. r. Bruce Coleman, u. l. Marc Henrie; 199 o. FLPA/Gerard Lacz, 199 u. l.–202 o. Animals Unlimited, 202 u. John Daniels; 203 o. Animals Unlimited, u. Marc Henrie; 204 o.–205 o. Animals Unlimited, 205 M. FLPA/Foto Natura, 205 u.–206 o. FLPA/Gerard Lacz, 206 M. Ardea/John Daniels, u. Bruce Coleman/H. Reinhard; 207 o. l. Chanan Photography, o. r. Marc Henrie, u. Animals Unlimited; 208 o. FLPA/Gerard Lacz, u. Ardea/Yann Arthus-Bertrand; 209 Chanan Photography; 210 o. Animals Unlimited, 210 u.–211 o. John Daniels, 211 M. Ardea/Jean-Michel Labat, 211 u.–212 o. John Daniels, 212 u. FLPA/Gerard Lacz; 213 Animals Unlimited; 214 o. John Daniels, u. FLPA/Gerard Lacz; 215 o. Animals Unlimited, u. Ardea/John Daniels; 216 o. FLPA/Gerard Lacz, M. & u. Animals Unlimited; 217 Chanan Photography; 218 o. Animals Unlimited, u. John Daniels; 219 Marc Henrie; 220 o. Animals Unlimited, u. Solitaire/Angela Rixon; 221–224 o. Animals Unlimited, 224 M. & u. Marc Henrie; 225 o. Animals Unlimited, u. Marc Henrie; 226 Animals Unlimited; 227 o. FLPA/Gerard Lacz, 227 u. –229 o. Animals Unlimited, 229 u. FLPA/Gerard Lacz; 230–232 o. Animals Unlimited, 232 u. Ardea/François Gohier; 233 o. Animals Unlimited, 233 u. – 234 o. John Daniels; 234 u.–235 o. Solitaire/Angela Rixon; 235 u.–236 o. Animals Unlimited; 236 u. FLPA/Gerard Lacz; 237 Animals Unlimited; 238 o. Oxford Scientific Films/Robert Pearcy, M. Chanan Photography, u. Ardea/Francois Gohier; 239–240 Chanan Photography; 241 Ardea/Yann Arthus-Bertrand; 242 o. Mirror Syndication International, u. Fortean Picture Library; 242–243 Mirror Syndication International; 243 o. Popperfoto/Mike Nelson, u. Mirror Syndication International; 244 o. Corbis, M. & u. Fortean Picture Library; 245 o. Eye Ubiquitous, M. & u. e. t. archive/Musée du Louvre Paris; 246 o. AKG London, u. Hulton Getty; 247 o. e. t. archive, u. l. Cliche/J.-L. Charmet, o. r. Corbis; 248 o. l. e. t. archive/Victoria & Albert Museum, o. r. e. t. archive/Naples Museum, u. l. AKG London/Musée de la Publicité, Paris, u. M. Retrograph Archive, u. r. Isle of Man Post Office; 249 o. l. mit freundlicher Genehmigung von Warner Bros./Ronald Grant Archive, o. r. mit freundlicher Genehmigung von 20th Century Fox/Ronald Grant Archive, u. l. mit freundlicher Genehmigung von MGM/Ronald Grant Archive, u. r. mit freundlicher Genehmigung von King Features/Ronald Grant Archive; 251 John Daniels; 256 John Daniels.

Jegliche Anstrengung wurde unternommen, die Urheber der Abbildungen in diesem Buch ausfindig zu machen. Personen oder Organisationen, deren Urheberrecht hier nicht vermerkt ist, möchten sich bitte an den Verlag wenden.